मुहावरा कोश

राजपाल

मुहावरा कोश

पाँच हज़ार से अधिक हिन्दी मुहावरे,
उनके अर्थ और प्रयोग
श्रेष्ठ लेखकों द्वारा प्रयुक्त उदाहरणों सहित

सम्पादक
हरिवंश राय शर्मा
एम. ए. (अंग्रेज़ी), साहित्यरत्न

राजपाल

₹ 450
ISBN : 9788170285076

MUHAVARA KOSH (Dictionary of Literary Idioms)
by Harivansh Rai Sharma
मुद्रक : जी.एस. ऑफसेट, दिल्ली

राजपाल एण्ड सन्ज़
1590, मदरसा रोड, कश्मीरी गेट, दिल्ली-110006
फोन : 011-23869812, 23865483, 23867791
e-mail : sales@rajpalpublishing.com
www.rajpalpublishing.com
www.facebook.com/rajpalandsons

आमुख

बहुत दिन हुए मैंने अंग्रेजी में एक मुहावरा कोश देखा था जिसमें प्रयोग-वाक्य मानक लेखकों से उद्धृत किए गए थे। हिन्दी में इस प्रकार का कोई मुहावरा कोश नहीं था जिसके प्रयोग-वाक्य लब्धप्रतिष्ठ लेखकों तथा विद्वानों द्वारा निर्मित हों। मुझमें यह आकांक्षा जागृत हुई कि हिन्दी में भी इस प्रकार का कोश तैयार किया जाए। अतएव मैंने अनेक गद्य तथा काव्य-ग्रंथों को इसी दृष्टिकोण से पढ़ा और उनमें प्रयुक्त मुहावरों को वर्णमाला-क्रम से सज्जित किया। मानक ग्रंथों के अतिरिक्त मैंने अनेक पत्र-पत्रिकाओं से भी मुहावरों और उनके प्रयोग-वाक्यों का संकलन किया। संकलन करते समय मैंने इस बात का ध्यान रखा है कि पद्यात्मक कोई उदाहरण ऐसे न हों जिनके समझने में पाठक को कोई विशेष कठिनाई हो। मैं जानता हूं कि इस कोश में अनेक त्रुटियां होंगी तथापि मुझे पूरा विश्वास है कि विद्वत्समाज में इस प्रयास का समुचित स्वागत किया जाएगा। जिन विद्वानों के ग्रन्थों अथवा लेखों से मैंने प्रयोग-वाक्यों का संकलन किया है और जिनसे प्रयोग-वाक्य निर्मित कराया है, उन सबके प्रति मैं अपना हार्दिक आभार ज्ञापित करता हूं।

मुहावरा परिभाषा

'मुहावरा' अरबी भाषा का शब्द है जिसका अर्थ है बातचीत करना या उत्तर देना। कुछ लोग मुहावरे को 'रोज़मर्रा', 'बोलचाल', 'तर्ज़ेकलाम', या 'इस्तलाह' कहते हैं, किन्तु इनमें से कोई भी शब्द 'मुहावरे' का पूर्ण पर्यायवाची नहीं बन सका। संस्कृत वाङ्मय में 'मुहावरा' का समानार्थक कोई शब्द नहीं पाया जाता। कुछ लोग इसके लिए 'प्रयुक्तता', 'वाग्रीति', 'वाग्धारा' अथवा 'भाषा-सम्प्रदाय' का प्रयोग करते हैं। वी. एस. आप्टे ने अपने 'इंगलिश-संस्कृत कोश' में मुहावरे के पर्यायवाची शब्दों में 'वाक्-पद्धति, 'वाक्रीति', 'वाक्-व्यवहार' और 'विशिष्ट स्वरूप' को लिखा है। पराड़कर जी ने 'वाक्-सम्प्रदाय' को मुहावरे का पर्यायवाची माना है। काका साहेब कालेलकर ने 'वाक्-प्रचार' को 'मुहावरे' के लिए 'रूढ़ि' शब्द का सुझाव दिया है। यूनानी भाषा में 'मुहावरे' को 'ईडियोमा', फ्रेंच में 'इडियाटिस्मी' और अंग्रेजी में 'इडिअम' कहते हैं।

विभिन्न विद्वानों ने विभिन्न प्रकार से 'मुहावरे' की परिभाषा की है। मोटे तौर पर हम कह सकते हैं कि जिस सुगठित शब्द-समूह से लक्षणाजन्य कभी-कभी व्यंजनाजन्य कुछ विशिष्ट अर्थ निकलता है उसे 'मुहावरा' कहते हैं। कभी-कभी यह

व्यंग्यात्मक होते हैं। इनकी गठन विशेष शब्दों या क्रिया-प्रयोगों के योग से होती है। यदि इनकी गठन में किसी प्रकार का परिवर्तन कर दिया जाए तो उनके लाक्षणिक अर्थ का लोप हो जाता है और वे 'मुहावरे' नहीं रह जाते। डॉ. उदय नारायण तिवारी ने लिखा है, "हिन्दी-उर्दू में लक्षण अथवा व्यंजना द्वारा सिद्ध वाक्य को ही 'मुहावरा' कहते हैं।"

'Advanced Learners' Dictionary' में A. S. Hornby ने लिखा है कि 'मुहावरा' शब्दों का वह क्रम या समूह है जिसमें सब शब्दों का अर्थ एक साथ मिलाकर किया जाता है। Chamber's Twentieth Century Dictionary के अनुसार, किसी भाषा की विशिष्ट अभिव्यंजना-पद्धति को 'मुहावरा' कहते हैं। Oxford Concise Dictionary के अनुसार, किसी भाषा की अभिव्यंजना के विशिष्ट रूप को 'मुहावरा' कहते हैं। एक अन्य पक्ष है कि विशिष्ट शब्दों विचित्र प्रयोगों एवं प्रयोग-सिद्ध विशिष्ट वाक्यांशों या विशिष्ट वाक्य-पद्धति को 'मुहावरा' कहते हैं।

'मुहावरा' की सबसे अधिक व्यापक तथा सन्तोषजनक परिभाषा डॉ. ओमप्रकाश गुप्त ने निम्न शब्दों में दी है :

"प्रायः शारीरिक चेष्टाओं, अस्पष्ट ध्वनियों, कहानियों और कहावतों अथवा भाषा के कतिपय विलक्षण प्रयोगों के अनुकरण या आधार पर निर्मित और अभिधेयार्थ से भिन्न कोई विशेष अर्थ देने वाले किसी भाषा के गठे हुए रूढ़ वाक्य, वाक्यांश या शब्द-समूह को मुहावरा कहते हैं।" मुहावरे साधारणतः निम्न प्रकार से निर्मित होते हैं :

1. **लक्षणा का प्रयोग होने से :** शब्दों की तीन शक्तियां होती हैं : (क) अभिधा, (ख) लक्षणा, और (ग) व्यंजना। जब किसी शब्द या शब्द-समूह का सामान्य अर्थ में प्रयोग होता है, तब वहां उसकी अभिधा शक्ति होती है। अभिधा द्वारा अभिव्यक्त अर्थ को अभिधेयार्थ या मुख्यार्थ कहते हैं; जैसे 'सिर पर चढ़ाना' का अर्थ किसी चीज को किसी स्थान से उठाकर सिर पर रखना होगा। परन्तु जब मुख्यार्थ का बोध न हो और रूढ़ि या प्रसिद्धि के कारण अथवा किसी विशेष प्रयोजन को सूचित करने के लिए, मुख्यार्थ से सम्बद्ध किसी अन्य अर्थ का ज्ञान हो तब जिस शक्ति के द्वारा ऐसा होता है उसे लक्षणा कहते हैं। यह शक्ति 'अर्पित' अर्थात् कल्पित होती है। इसीलिए 'साहित्य-दर्पण' में विश्वनाथ ने लिखा है :

"मुख्यार्थ बाधे तद्युक्तो यथान्योऽर्थः प्रतीयते।
रूढ़े प्रयोजनाद्वासौ लक्षणा शक्तिरर्पिता।।"

लक्षणा से 'सिर पर चढ़ने' का अर्थ आदर देना होगा। मम्मट ने भी 'काव्य प्रकाश' में और अधिक बोधगम्य शब्दों में उनके अभिमत का समर्थन किया है। उदाहरणार्थ, 'अंगारों पर लोटना', 'आंख मारना', 'आंखों में रात काटना', 'आग से खेलना', 'आसमान पर दीया जलाना', 'दूध-घी की नदियां बहाना', 'खून चूसना', 'चैन की वन्शी बजाना', 'ठहाका लगाना', 'लम्बी बांह होना', 'विजय का डंका बजाना' और 'शेर बनना' आदि में लक्षणा शक्ति का प्रयोग हुआ है। इसीलिए वे मुहावरे हैं। परन्तु इस सन्दर्भ से यह द्रष्टव्य है कि लक्षणा के समस्त उदाहरण मुहावरे के अन्तर्गत नहीं आ सकते। लक्षणा के केवल वही उदाहरण मुहावरों के अन्तर्गत आ सकते हैं जो चिर अभ्यास के कारण रूढ़ या प्रसिद्ध हो गए हैं।

2. **व्यंजना का प्रयोग होने से :** जब अभिधा और लक्षणा अपना काम करके विरत हो जाती हैं तब जिस शक्ति से शब्द-समूहों या वाक्यों के किसी अर्थ की सूचना मिलती है उसे 'व्यंजना' कहते हैं। व्यंजना द्वारा जो अर्थ अभिव्यक्त होता है उसे व्यंग्यार्थ कहते हैं। मुहावरों में जो व्यंग्यार्थ रहता है, वह किसी एक शब्द के अर्थ के कारण नहीं बल्कि सब शब्दों के शृंखलित अर्थों के कारण होता है, अथवा यह कहें कि पूरे मुहावरे के अर्थ में रहता है। इस प्रकार 'सिर पर चढ़ाना' मुहावरे का व्यंग्यार्थ न तो 'सिर' पर निर्भर करता है न 'चढ़ाने' पर वरन् पूरे मुहावरे का अर्थ होता है 'उच्छृंखल, अनुशासनहीन अथवा ढीठ बनाना।' यह व्यंग्यार्थ अभिधेयार्थ तथा लक्षणा अभिव्यक्त अर्थ से भिन्न होता है।

3. अनेक मुहावरों में अलंकारों का प्रयोग हुआ रहता है। परन्तु इसका यह अर्थ नहीं है कि प्रत्येक मुहावरा अलंकार होता है अथवा प्रत्येक अलंकारयुक्त वाक्यांश मुहावरा होता है। नीचे कुछ मुहावरे दिए जाते हैं जिनमें अलंकारों का प्रयोग हुआ है :

(क) सादृश्यमूलक मुहावरे : लाल अंगारा होना (उपमा), पैसा ही पुरुषत्व और पुरुषत्व ही पैसा है (उपमेयोपमा), अंगार बरसना (रूपक), सोना सोना ही है (अनन्वय), आदि।

(ख) विरोधमूलक मुहावरे : इधर-उधर करना, ऊंच-नीच देखना, दाएं-बाएं न देखना, पानी से प्यास न बुझना।

(ग) सन्निधि अथवा स्मृतिमूलक मुहावरे : चूड़ी तोड़ना, चूड़ी पहनना, दिया गुल होना, दुकान बढ़ाना, मांग-कोख से भरी-पूरी रहना, आदि।

(घ) शब्दालंकारमूलक मुहावरे : अंजर-पंजर ढीले होना, आंय-बांय-शांय बकना, कच्चा-पक्का, देर-सबेर, बोरिया-बिस्तर बांधना, आदि।

4. **कथानकों, किंवदन्तियों, धर्म-कथाओं आदि पर आधारित मुहावरे :** कुछ मुहावरे प्रथाओं पर आधारित होते हैं; जैसे—बीड़ा उठाना। मध्य युग में

राज-दरबारों में यह प्रथा थी कि जब कोई दुष्कर कार्य करना होता था तब सामन्तों और वीरों आदि को बुलाकर उन्हें उसके सम्बन्ध में सब बातें बता दी जाती थीं और थाली में पान का बीड़ा रख दिया जाता था। जो वीर उस काम को करने का दायित्व अपने ऊपर लेता था, वह थाली से बीड़ा उठा लेता था। कुछ मुहावरे कहानियों पर आधारित होते थे, जैसे टेढ़ी खीर होना, ढपोरशंख होना, सोने का मृग होना, आदि।

5. **कभी-कभी व्यक्तिवाचक संज्ञाओं का प्रयोग जातिवाचक संज्ञाओं की भांति करके मुहावरे बनाए जाते हैं;** जैसे—कुंभकरण की नींद, द्रौपदी का चीर, जयचंद होना, युधिष्ठिर बनना, विभीषण होना, हरिश्चन्द्र बनना, आदि।

6. **अस्पष्ट ध्वनियों पर आधारित मुहावरे :** जब मनुष्य प्रबल भावावेश में होते हैं तब उनके मुंह से कुछ अस्पष्ट ध्वनियां निकल जाती हैं जो बाद में किसी एक अर्थ में रूढ़ हो जाती हैं और मुहावरे कहलाने लगती हैं। ऐसे कुछ भावावेशों और उनमें निकली हुई ध्वनियों के आधार पर बने हुए मुहावरों के उदाहरण निम्नांकित हैं :

(क) हर्ष में : आह-हा, वाह-वाह, आदि।

(ख) दुःख में : आह निकल पड़ना, सी-सी करना, हाय-हाय मचाना, आदि।

(ग) क्रोध में : उंह-हूं करना, धत् तेरे की, आदि।

(घ) घृणा में : छि-छि करना, थू-थू करना।

7. **मनुष्येतर चैतन्य सृष्टि की ध्वनियों पर आधारित मुहावरे :** (क) पशु-वर्ण की ध्वनियों पर आधारित : टर-टर करना, भों-भों करना, में-में करना, आदि। (ख) पक्षी और कीट-पतंगों की ध्वनियों पर आधारित : कांव-कांव करना, कुकडूं-कूं बोलना, भिन्ना जाना आदि।

8. **जड़ वस्तुओं की ध्वनियों पर आधारित मुहावरे :** (क) कठोर वस्तुओं की संघर्ष-जन्य ध्वनियों पर आधारित : खट-खट करना, चट-चट करना, चर्र-मर्र होना, आदि। (ख) कोमल वस्तुओं की रगड़ से उत्पन्न ध्वनियों के अनुकरण पर आधारित : फुस-फुस करना, फुस-फुस होना, आदि। (ग) तरल पदार्थों की गति से उत्पन्न ध्वनि पर आधारित : कल-कल करना, कुल-कुल करना या होना, गड़-गड़ करना, आदि। (घ) वायु की गति से उत्पन्न ध्वनि पर आधारित : सर-सराहट होना, सांय- सांय करना, आदि।

9. **शारीरिक चेष्टाओं के आधार पर बने हुए मुहावरे :** शारीरिक चेष्टाएं मनोभाव प्रकट करती हैं और उनके आधार पर कुछ मुहावरे बनते हैं; जैसे—छाती कूटना या पीटना, दांत पीसना, नाचने लगना, पूंछ हिलाना, पैर पटकना, मुंह

बनाना, मूंछों पर ताव देना, आदि।

10. **मनोवैज्ञानिक कारणों से मुहावरों की उत्पत्ति :** (क) अचानक किसी संकट में आने से सम्बन्धित मुहावरे : आठों पहर सूली पर रहना, आवे का आवा बिगड़ना, कहीं का न रहना, तकदीर फूटना, आदि। (ख) अतिशयोक्ति की प्रवृत्ति से उद्‌भूत मुहावरे : आसमान के तारे तोड़ना, कलेजा बांसों उछलना, खून की नदियां बहाना, आदि। (ग) भाषा को अलंकृत और प्रभावोत्पादक बनाने के प्रयास से उद्‌भूत मुहावरे : ईद का चांद होना, गूलर का फूल होना, सरसों-सा फूलना, आदि।

11. **किसी शब्द की पुनरावृत्ति पर आधारित मुहावरे :** अभी-अभी, छिः छिः, थुड़ी-थुड़ी करना, छिप-छिप कर, तिल-तिल भर, थोड़ा-थोड़ा करके, आदि।

12. **दो क्रियाओं का योग करके बनाए हुए मुहावरे :** उठना-बैठना, खाना-पीना, पढ़ाना-लिखाना, आदि।

13. **दो संज्ञाओं को मिलाकर बनाए हुए मुहावरे :** कपड़ा-लत्ता, चूल्हा-चौका, दवा-दारू, गाजर-मूली, नदी-नाला, भोजन-वस्त्र, रोज़ी-रोटी, आदि।

14. **हिन्दी के एक शब्द के साथ उर्दू के दूसरे शब्द का योग करके बनाए हुए मुहावरे :** दान-दहेज, मेल-मुहब्बत होना, मेल-मुलाकात रखना, दिशा-मैदान जाना, आदि।

15. **अन्य भाषाओं से लिए मुहावरे :** (क) संस्कृत से—अर्द्धचन्द्र लेकर निकालना : अर्द्धचन्द्र दत्वा निस्सारिता (पंचतंत्र)। कटे पर नमक छिड़कना : क्षते क्षारमिवासह्यम्। (भवभूति)

(ख) फारसी और उर्दू से—एक जान दो कालिब, काफूर हो जाना, कारूं का खजाना, कैफियत तलब करना, शीरो-शकर होना।

(ग) अंग्रेजी से—ताश के महल या ताश के पत्तों के महल की तरह ढह जाना : fall or collapse like a house of cards; घोड़े के आगे गाड़ी रखना : put the cart before the horse; मूर्खों का स्वर्ग : fool's paradise.

मुहावरों में शब्दों की अपरिवर्तनीयता

अनेक मुहावरे किसी-न-किसी व्यक्ति के अनुभव पर आधारित होते हैं। अतएव यदि उनमें किसी प्रकार का परिवर्तन या उलट-फेर किया जाता है तो उनका अनुभव-तत्व नष्ट हो जाता है। उदाहरणार्थ, 'पानी जाना' एक मुहावरा है, इसके बदले में हम 'जल जाना' नहीं कह सकते। इसी प्रकार हम 'पानी-पानी होना' के स्थान पर 'जल-जल होना' नहीं कह सकते। ऐसे ही हम 'गधे को बाप

बनाना' की जगह पर 'बैल को बाप बनाना' और 'मटरगश्ती करना' की जगह पर 'गेहूंगश्ती या चनागश्ती करना' नहीं कह सकते।

मुहावरों के शब्दों में परिवर्तन

यद्यपि उपर्युक्त शीर्षक के अन्तर्गत जो कुछ कहा गया है वह सामान्यतः सत्य है तथापि कुछ मुहावरों में हम एक संज्ञा के स्थान पर उसकी पर्यायवाची संज्ञा का प्रयोग कर सकते हैं : 'छाती से लगाना' के स्थान पर 'सीने से लगाना', 'तातील मनाना' के स्थान पर 'छुट्टी मनाना', 'दिल बहलाना' की जगह पर 'जी या मन बहलाना', और 'आंख भर देखना' की जगह पर 'दृष्टि भर देखना' कह सकते हैं।

कभी-कभी प्रान्तीय प्रयोगों की विशिष्टता के कारण मुहावरों के शब्द-भेद हो जाते हैं, जैसे—

राम नाम जपै जैहे **जिय की जरनि**। (जी की जलन)

मधुवन वसत आस दरसन की नयन **जोहि मग** हारे। (राह देखकर)

मुहावरों की उपादेयता

"मुहावरे ही भाषा की नींव के पत्थर हैं, जिस पर उसका भव्य भवन आज तक रुका हुआ है, और मुहावरे ही उसकी टूट-फूट को ठीक करते हुए गर्मी, सर्दी और बरसात के प्रकोप से अब तक उसकी रक्षा करते चले आ रहे हैं; संक्षेप में, ये दोनों एक-दूसरे के पूरक हैं।"

मुहावरे भाषा को सुदृढ़, गतिशील और रुचिकर बनाते हैं। कुछ मुहावरों में लक्षणा और व्यंजना का प्रयोग निहित होता है। अतएव उनके प्रयोग से भाषा में प्रभावोत्पादकता और चित्रमयता आती है; जैसे—अपने पैरों में कुल्हाड़ी मारना, दांतों तले उंगली दबाना, रंगा सियार होना, मुंह धो रखना आदि मुहावरों के प्रयोग के कारण भाषा बहुत प्रभावोत्पादक और चित्रमय हो जाती है।

मुहावरों में प्रायः कई प्रकार के अलंकार पाए जाते हैं, जैसे—लाल अंगारा होना, आप तो आप ही हैं, बरफ को मात करना, आदि। इस कारण मुहावरों के प्रयोग से भाषा की सौन्दर्य-वृद्धि होती है। मुहावरों से वंचित भाषा निस्तेज, नीरस और निष्प्राण हो जाती है।

मुहावरों के प्रयोग से भाषा में माधुर्य और ओज आता है। वे भाषा को प्रांजल और टकसाली बनाते हैं। उनकी सहायता से लेखक को 'गागर में सागर भरने' में सहायता मिलती है। हरिऔधजी के शब्दों में "मुहावरे भाषा के शृंगार हैं, सुविधा एवं सौन्दर्य-सृष्टि अथवा भाव-विकास से उनका सर्जन हुआ है।"

—हरिवंश राय शर्मा

संकेताक्षर

अज्ञेय : सच्चिदानन्द हीरानन्द वात्स्यायन 'अज्ञेय'
अ० प्र० बा० : अम्बिका प्रसाद बाजपेयी
अ० प्री० : अमृता प्रीतम
अ० रा० : अमृत राय
अ० बे० च० : अज़ीम बेग चग़ताई
अ० ला० ना० : अमृतलाल नागर
अ० सिं० उ० : अयोध्या सिंह उपाध्याय 'हरिऔध'
इ० चं० जो० : इलाचन्द्र जोशी
उ० ना० अ० : उपेन्द्र नाथ 'अश्क'
क० : कबीर
कम० : कमलेश्वर
कृ० वि० मि० : कृष्ण विहारी मिश्र
गं० प्र० गु० : गंगा प्रसाद गुप्त
गु० भ० सिं० : गुरु भक्त सिंह
गु० रा० : गुलाब राय
गो० श० सिं० : गोपाल शरण सिंह
चं० मौ० सु० : चन्द्रमौलि सुकुल
च० : आचार्य चतुरसेन
च० वि० : चन्द्रगुप्त विद्यालंकार
ज० झा० : जनार्दन झा
ज० दा० र० : जगन्नाथ दास 'रत्नाकर'
ज० श० प्र० : जयशंकर प्रसाद
जै० कु० : जैनेन्द्र कुमार
तु० : तुलसीदास
दिनकर : रामधारी सिंह 'दिनकर'
दे० प्र० शु० : देवी प्रसाद शुक्ल
ध० वी० : धर्मवीर
धी० व० : धीरेन्द्र वर्मा
न० : नगेन्द्र
न० दा० : नरोत्तमदास
न० श० : नरेन्द्र शर्मा
ना० : नागार्जुन
नि० : सूर्यकान्त त्रिपाठी 'निराला'
प० सिं० श० : पद्म सिंह शर्मा
प्र० ना० मि० : प्रताप नारायण मिश्र
प्रे० च० : प्रेमचन्द
फ० ना० रे० : फणीश्वर नाथ रेणु
बच्चन : हरिवंशराय 'बच्चन'
ब० ना० कपूर : बदरी नाथ कपूर
ब० चं० : बहादुर चंद
ब० दा० च० : बनारसी दास चतुर्वेदी
बा० कृ० भ० : बालकृष्ण भट्ट
बा० मु० गु० : बाल मुकुन्द गुप्त
ब्र० म० व० : ब्रजमोहन वर्मा
भ० च० व० : भगवती चरण वर्मा
भ० दी० : भगवान दीन
भ० प्र० बा० : भगवती प्रसाद बाजपेयी
भु० चं० जो० : भुवन चंद जोशी
भु० ना० मि० : भुवनेश्वर नाथ मिश्र
भू० वन० : भूषण वनमाली
भो० ना० ति० : भोला नाथ तिवारी
म० : मतिराम
म० भं० : मन्नू भंडारी
म० व० : महादेवी वर्मा
म० प्र० द्वि० : महावीर प्रसाद द्विवेदी
म० प्र० पो० : महावीर प्रसाद पोद्दार

म० सिं० सि० : मलखान सिंह सिसौदिया
मा० ला० च० : माखन लाल चतुर्वेदी
मी० बा० : मीरा बाई
मुं० ला० श० : मुंशी लाल शर्मा
मै० श० गु० : मैथिली शरण गुप्त
मो० रा० : मोहन राकेश
मो० सिं० सें० : मोहन सिंह सेंगर
य० पा० : यशपाल
र० : रहीम
र० नि० : रसनिधि
र० प्र० व० : रघुनाथ प्रसाद वर्मा
रा० कु० त्रि० : राम कुमार त्रिपाठी
रा० कु० व० : राम कुमार वर्मा
रा० कृ० दा० : राय कृष्ण दास
रा० कै० उ० : राम कैलाश उपाध्याय
रा० च० उ० : राम चरित उपाध्याय
रा० च० व० : राम चन्द्र वर्मा
रा० चं० शु० : राम चन्द्र शुक्ल
रा० दे० सें० : राजेन्द्र देव सेंगर
रा० या० : राजेन्द्र यादव
रां० रा० : रांगेय राघव
रा० रा० प्र० सिं० : राजा राधिका रमण प्रसाद सिंह
रा० वि० श० : राम विलास शर्मा
रा० वृ० बे० : राम वृक्ष बेनीपुरी
रू० ना० पां० : रूप नारायण पांडे
ल० का० व० : लक्ष्मी कान्त वर्मा
ल० ना० अ० : लक्ष्मी नारायण अग्रवाल
ल० ना० मि० : लक्ष्मी नारायण मिश्र
वि० ना० श० कौ० : विश्वम्भर नाथ शर्मा 'कौशिक'
वि० स० खा० : विष्णु सखाराम खाण्डेकर

वि० ह० : वियोगी हरि
वृ० : वृन्द
वृ० ला० व० : वृन्दावन लाल वर्मा
शि० : शिवानी
शि० कु० मि० : शिव कुमार मिश्र
शि० प्र० : राजा शिव प्रसाद 'सितारे हिन्द'
श्या० ना० पां० : श्याम नारायण पांडे
श्या० सु० दा० : श्याम सुन्दर दास
श्री ना० च० : श्री नारायण चतुर्वेदी
श्री ना० सिं० : श्री नाथ सिंह
श्री भा० : श्री भारतीय
श्री म० ना० अ० : श्रीमन नारायण अग्रवाल
श्री रा० श० : श्रीराम शर्मा
सं० : संकलनकर्त्ता
स० जी० व० : सत्य जीवन वर्मा
स० श० अ० : सद्गुरु शरण अवस्थी
सी० रा० च० : सीता राम चतुर्वेदी
सु० : सुदर्शन
सु० आ० : सुशीला आगा
सु० कु० चौ० : सुभद्रा कुमारी चौहान
सु० कु० सि० : सुमित्रा कुमारी सिन्हा
सु० ला० : सुन्दर लाल
सु० सि० : सुरेश सिन्हा
से० : सेनापति
सो० ला० द्वि० : सोहन लाल द्विवेदी
ह० : भारतेन्दु हरिश्चन्द्र
ह० प्र० द्वि० : हजारी प्रसाद द्विवेदी
ह० भा० उ० : हरिभाऊ उपाध्याय
ह० शं० श० : हरिशंकर शर्मा
ह० शर्मा : हरिवंशराय शर्मा
हि० मु० को० : हिन्दी मुहावरा कोश
हि० श० सा० : हिन्दी शब्द सागर
हो० व० दे० : होमवती देवी

अ

अंक में भरना : आलिंगन करना, हृदय से लगाना।

नहीं ठहर सकती थी, जिसकी अनुपम आभा देख नज़र।
ऐसी कन्या को माता ने, लिया अंक में अपने भर॥ (गु० भ० मि०)

अंक लगाना : दे० अंक (में) भरना।

अंकुश देना, रखना या लगाना : नियंत्रण करना, दबाव में रखना।

अंग-अंग ढीला होना : थक जाना।

आज दिन भर मेहमानों के स्वागत में लगे रहने से अंग-अंग ढीला हो रहा है। (गु० रा०)

अंग टूटना : शरीर में दर्द होना। आज मेरा अंग-अंग टूट रहा है। (व्य० हृ०)

अंग में अंग न समाना : अत्यन्त प्रसन्न होना।

कहि पठई जिय भावती, पिय आवन की बात।
फूली आंगन में फिरै, अंग न अंग समात॥ (वि०)

अंगारे उगलना : कठोर बातें कहना।

वह बातें क्या कर रहा है मानो अंगारे उगल रहा है। (व्य० हृ०)

अंगारों पर पैर रखना : 1. हानिप्रद कार्य करना।

भाई, सोच-समझकर काम करो। इस काम को करना अंगारों पर पैर रखना है। (हि० मु० को०) 2. इतराना, इतराकर चलना।

अंगारों पर लोटना : 1. झल्लाना, आग-बबूला होना।

मेरे सुख को देखकर वह अंगारों पर लोटता है। (हि० मु० को०) 2. ईर्ष्या से व्याकुल होना।

अंगुली या अंगुलियां उठाना : ज्ञान, चरित्र या ईमानदारी आदि पर सन्देह व्यक्त करना, इंगित करना।

वह बाहर निकलेगा तो लोग अंगुलियां उठावेंगे कि यही वे संगीत-विशारद हैं जो रात के ग्यारह बजे भैरवी गा रहे थे। (उ० ना० अ०)

अंगुली पकड़कर पहुंचा पकड़ना : थोड़ा आश्रय पाकर विस्तृत अधिकार प्राप्त करने का उपाय करना।

कहां ऐसी चतुराई पढ़ी आय यदुराई।
अंगुरी पकरि पहुंचो को पकरत हैं। (से०)

अंगूठा चूसना : बच्चों की सी हरकतें करना।

अंगूठा दिखाना : 1. कुछ न देना। 2. चिढ़ाना, काम बिगड़ने पर उपहास करना। जो अंगूठा हैं हमें दिखला रहे, क्यों अंगूठा है उन्हीं का चूमते ?(अ० सिं० उ०) 3. कुछ करने से इन्कार करना।

अंगूठा छाप : निरक्षर, अनपढ़ जो दस्तखत भी न कर सके।

अंगूठे पर मारना : उपेक्षा करना, कुछ महत्व न देना; जैसे—अरे होगा साहब, हम तो उसे अंगूठे पर मारते हैं।

अंगूर खट्टे होना : किसी चीज़ के न मिलने पर उससे विरक्त होना। शनैः-शनैः ज्ञानशंकर को इन खेल-तमाशों से अरुचि होने लगी, अंगूर खट्टे हो गए। (प्रे० चं०)

अंचल पसारना या फैलाना : दीनतापूर्वक किसी चीज़ के लिए प्रार्थना करना।

अंजर-पंजर ढीला होना : शरीर शिथिल होना, दुर्बल हो जाना। बुढ़ापे से अंजर-पंजर ढीला हो गया। (अं० प्र० बा०)

अंट शंट/अंट संट बकना : ऊटपटांग बातें करना, असम्बद्ध बातें करना।

अंड-बंड बकना : दे० 'अंट शंट बकना।'

अंडा सेना : 1. चिड़ियों का अंडों पर बैठकर उन्हें गर्मी पहुंचाना।

बैठा शुक उस घनी डाल पर, जो खोंते पर छाया देती।
पंख फुला नीचे खोंते में, शुकी बैठ अंडे है सेती। (दिनकर)

2. घर में बैठे रहना, बाहर न निकलना।

अंत पाना : रहस्य जानना, भेद पाना।

अंत बिगड़ना : परलोक बिगड़ना।

अंत होना : किसी प्रथा या व्यक्ति का समाप्त हो जाना।

अंतड़ी टटोलना : 1. रोग की पहचान के लिए पेट को दबाकर देखना। 2. यह देखना कि भूख लगी है या नहीं।

अंतड़ियों का बल खोलना : बहुत दिनों के बाद भोजन प्राप्त होने पर भरपेट खाना।

अंतड़ियों में बल पड़ना : पेट में दर्द होना।

अंतिम घड़ियां गिनना या अंतिम घड़ी आना : अंतिम समय आना, मौत के निकट पहुंचना।

अंधा बनना : जान-बूझकर किसी बात पर ध्यान न देना। भाई, तुम्हारी मर्जी है, तुम जान-बूझकर अंधे बन रहे हो। (ल० सा० वा०)

अंधा बनाना : धोखा देना, आंखों में धूल झोंकना। मैं तुम्हें खूब समझता हूं, मुझे अंधा मत बनाओ।

अंधे की लकड़ी या लाठी : 1. निर्बल, दीन या अपाहिज का सहारा। 2. एकमात्र पुत्र।

यह विमल राय बुड्ढे की, आंखों का प्यारा तारा।
उस अंधे की वह लकड़ी, उसका वह एक सहारा। (गु० भ० सिं०)

अंधे के हाथ बटेर लगना : संयोगवश किसी अनाड़ी आदमी को किसी काम में सफलता प्राप्त होना। दिल्ली तक के अखबारों ने उनकी बड़ी कीर्ति छापी है और आप कहते हैं कि अंधे के हाथ बटेर लग गई। (अ० ला० ना०)

अंधे को आंखें मिलना : मनोरथ सिद्ध होना। आखिर एक दिन उनकी सास ने मतलब की बात कह दी। अमृत राय तो प्रेमा के रूप और गुण पर मोहित हो ही चुके थे, अंधे को जैसे आंखें मिल गईं। (प्रे० चं०)

अंधेर मचाना : अत्याचार करना, जुल्म ढाहना। दयाशंकर यों तो पहले से ही अपने थाने में अंधेर मचाए हुए थे, लेकिन जब से ज्वालासिंह उनके इलाके के मैजिस्ट्रेट हो गए थे तब से वह पूरे बादशाह बन बैठे थे। (प्रे० चं०)

अक्ल का अंधा : मूर्ख, बेवकूफ, जैसे—जैसा तुम समझते हो वह अक्ल का अंधा नहीं।

अक्ल का दुश्मन : मूर्ख। समझ से काम लो, कोरे अक्ल के दुश्मन न बनो। (गु० रा०)

अक्ल का पुतला : बहुत बुद्धिमान् आदमी (व्यंग्य)। चौधरी साहब ने समझा होगा यह लौंडा क्या मतलब समझेगा। पर यहां ईश्वर की दया से अक्ल के पुतले थे। सारी दास्तान समझ में आती जाती थी। (प्रे० च०)

अक्ल के घोड़े दौड़ाना : अनेक प्रकार की कल्पना करना। बहुतेरे अक्ल के घोड़े दौड़ाए पर कुछ समझ में न आया। (ब० चं०)

अक्ल के पीछे लट्ठ लिए फिरना : हर समय मूर्खता का काम करना।

अक्ल चरने जाना : समय पर बुद्धि का काम न करना। मगरूर लड़की! तेरी अक्ल कहीं घास चरने तो नहीं गई? (वि० स० खा०)

अक्ल ठिकाने लगना : होश ठीक होना। गलती समझ में आना। फिर देखो कैसे चार दिन में सबकी अकल ठिकाने लगती है। (अ० रा०)

अक्ल पर पत्थर पड़ना : बुद्धि का काम न करना और उल्टे-सीधे काम करना। मेरी अक्ल पर पत्थर पड़ गया था। (प्रे० चं०)

अक्ल पर परदा पड़ना : किसी के सामने निस्तेज होना, बुद्धि मारी जाना।

अक्ल सठियाना : साठ वर्ष की अवस्था के बाद बुद्धि का ह्रास होना।

अगर-मगर करना : 1. हुज्जत करना, तर्क करना। 2. बातें बनाना, टाल मटोल करना।

अगवा करना : अपहरण करना (लड़की आदि का)

अच्छे दिन आना : सुख शान्ति के दिन आना, समय पलटना।

अटकल पच्चू : अनुमान से, अंदाज से।

अठखेलियां सूझना : दिल्लगी करना, छेड़छाड़ करना।

अड्डा जमाना : नित्य रहने लगना। किसी वर्ग के लोगों का नित्य इकट्ठे होना।

अति करना : सीमा या मर्यादा का उल्लंघन करना।

अथ और इति : प्रारम्भ और अन्त। जीवन का अथ और इति उसके लिए उसी संकुचित घेरे में समाहित हो गया था। (इ० चं० जो०)

अनर्थ होना : अत्यधिक या बहुत बड़ी हानि होना।

अन्न-जल उठना : किसी स्थान से संबंध समाप्त होना, किसी दूसरे स्थान पर जाने को विवश होना।

अनाप-शनाप बकना : अंड-बंड बातें करना, गाली देना।

अपना अपना राग अलापना : दूसरे व्यक्ति के हित अथवा बात का ध्यान न करके अपनी बात कहते जाना, किसी की न सुनना।

अपना अरमान पूरा करना : अपनी मनोकामना पूरी करना।

अपना उल्लू सीधा करना : स्वार्थ सिद्ध करना, अपना मतलब निकालना। उनकी आंखों में बस करके गुलछर्रे खूब उड़ाऊंगी। अपना उल्लू सीधा करने को बुलबुल उन्हें बनाऊंगी। (गु० भ० सिं०)

अपना घर समझना : ऐसा स्थान समझना जहां घर का सा व्यवहार हो।

अपना मुंह देखना : अपनी शक्ति और योग्यता देखकर कोई बड़ा काम करने का यत्न करना।

अपना रास्ता नापना या लेना : चला जाना। मैंने उसकी कृपा के लिए धन्यवाद देकर अपना रास्ता नापा। (इ० चं० जो०)

अपना-सा मुंह लेकर रह जाना : असफलता से लज्जित होना।

अपना सिक्का जमाना : अपना प्रभुत्व जमाना, अपने को सर्वश्रेष्ठ सिद्ध करना। बीस वर्षों से वह धीरे-धीरे अपने जन्मजात कूटनीतिक हथकंडों से सारे परिवार पर अपना सिक्का जमा चुकी थी। (इ० चं० जो०)

अपना सिर ओखली में देना : जानते-बूझते हुए संकट मोल लेना।

अपनी-अपनी पड़ना : अपनी-अपनी चिन्ता या स्वार्थ में व्यग्र होना।

पद्माकर कछु निज कथा, कासौं कहौं बखान।
नाहि लखौं ता है परी, अपनी अपनी आन॥ (प०)

अपनी आदत से बाज न आना : अपनी आदत को न छोड़ना।

अपनी ओर देखना : अपनी मर्यादा, प्रतिष्ठा या मर्यादा का ध्यान रखना।

अपनी खाल में मस्त रहना या होना : अपने-आपसे संतुष्ट रहना, किसी अन्य बात की ओर ध्यान न देना।

अपनी खिचड़ी अलग पकाना : सबसे अलग रहना। आप लोग किसी के साथ मिलकर काम करना नहीं जानते, अपनी खिचड़ी अलग पकाते हैं। (गु० रा०)

अपनी चादर के बाहर पैर फैलाना : अपनी आमदनी से अधिक खर्च करना। फिर रमा नए सिरे से जीवन-संग्राम में प्रवेश करेगा, हाथ-पाँव बचाकर काम करेगा, अपनी चादर के बाहर जौ भर भी पांव न फैलाय़ेगा। (प्रे० चं०)

अपनी नाक कटाकर दूसरों का असगुन चाहना या मनाना : दूसरों को थोड़ी हानि पहुंचाने के लिए अपनी बड़ी हानि करना।

अपनी नींद सोना और अपनी नींद जगना : अपनी इच्छा के अनुसार काम करना।

अपनी बात का एक : दृढ़प्रतिज्ञ। राणा प्रताप अपनी बात के एक थे।

अपनी बात का पक्का या धनी : अपना वचन पूरा करने वाला, दृढ़प्रतिज्ञ।

अपनी बात पर आना : हठ पकड़ना, ज़िद करना।

अपनी बीती सुनाना : अपने भोगे हुए कष्टों का बयान करना। श्रद्धा और गायत्री दोनों आधी-आधी रात तक बैठी अपनी बीती सुनाया करतीं (प्रे० चं०)

अपनी मां का दूध पिए होना : वीर और साहसी होना।

छका दिया कितने जन को, कितनों को लड़ना सिखा दिया।
हमने भी अपनी माता का, दूध पिया है दिखा दिया॥

(श्या० ना० पां०)

अपनी हांकना : अपनी बात कहते जाना, किसी की न सुनना।

अपनी रामकहानी सुनाना : अपना हाल बताना। अब तुम अपनी रामकहानी सुनाओ। (इ० चं० जो०)

अपने काम से काम रखना : अपना काम करना, दूसरों के मामलों में दखल न देना। मैं अपने काम से काम रखूंगी। (जै० कु०)

अपने किए का फल पाना : अपने किये कर्मों का फल भुगतना।

अपने काम से काम : अपने काम से मतलब रखना।

अपने दिन भूल जाना : अपने कष्ट के समय को भूल जाना। इस काल में नेकी किसी को याद नहीं रहती, अपने दिन भूल जाते हैं। (प्रे० चं०)

अपने दिनों/दिन को रोना : अपनी दुर्दशा पर शोक प्रकट करना। वह खेत से लौटता तो कादिर के पास जा बैठता और अपने दिनों को रोता। (प्रे० चं०)

अपने पैरों पर (या अपने पैरों के बल) खड़ा होना : आत्मनिर्भर होना, स्वावलम्बी होना।

अपने पैरों में/पर कुल्हाड़ी मारना : अपनी हानि स्वयं करना। जान-बूझकर चम्पा ने अपने पैरों में कुल्हाड़ी मार ली थी। (शि०)

अपने मुंह मियां मिट्ठू बनना : अपने मुंह अपनी बड़ाई करना, अपने कामों का

बखान करना। मिर्जा : अस्मत (सतीत्व) हिन्दुस्तानी तहजीब की आत्मा है। मेहता : अपने मुंह मियां मिट्ठू बन लीजिए। (प्रे० चं०)

अपने रंग में रंगना : किसी को अपनी प्रकृति के अनुकूल बना लेना।

अफवाह उड़ाना : झूठी खबर फैलाना।

अफवाह गर्म होना : किसी निराधार बात की चर्चा होना।

अब-तब करना : हीला-हवाला करना, टाल-मटोल करना।

अरक निकालना : सार निकालना; किसी आदमी से काम ले लेकर बेदम कर देना।

अरमान निकालना : इच्छा पूरी करना। अब तो तुम्हारे मन की हो गई न ! अब निकाल लो दिल के अरमान। (ब० ना० कपूर)

अरमान रह जाना : इच्छा न पूरी होना। मैंने समस्त सांसारिक सुखों का उपभोग कर लिया है, अब मेरा कोई अरमान रह नहीं गया है। (ब० ना० श०)

अर्द्धचन्द्र देना : गर्दन पकड़कर निकाल देना।

अलख जगाना : 1. 'अलख', 'अलख' पुकार कर भगवान् का स्मरण करना या कराना। 2. 'अलख', 'अलख' पुकार कर परमात्मा के नाम पर भीख मांगना।

अलाउद्दीन का चिराग : आश्चर्यजनक वस्तु। चेतन इस प्रकार माल की ओर चल पड़ा जैसे अचानक अलाउद्दीन का चिराग उसके हाथ आ गया हो। (उ० ना० अ०)

अल्लाह को प्यारा होना : मर जाना। पहले इसकी औरत अल्लाह को प्यारी हो गई। (अ० प्री०)

अवसर चूकना : अवसर खोना। मेरी अक्ल पर परदा पड़ा था जो मैं इतना बढ़िया अवसर चूक गया। (शि०)

आ

आंखें अंगारे बरसाना : अत्यधिक क्रोध के कारण आंखों का लाल होना।

आंख आना/उठना : आंख में लाली, पीड़ा और सूजन होना।

आंख उठाना : हानि पहुंचाने की चेष्टा करना। घबराओ मत, मेरे रहते कोई तुम्हारे ऊपर आंख नहीं उठा सकता। (ल० ना० अ०)

आंख उठाकर न देखना : ध्यान न देना, तिरस्कार करना।

आंख का अंधा, गांठ का पूरा : विवेकहीन/मूर्ख धनी। (दे०) 'गांठ का पूरा, आंख का अंधा।'

आंख का कांटा : अप्रिय व्यक्ति या वस्तु, दुःखद व्यक्ति या वस्तु।

आंख का काजल चुराना : बड़ी सफाई से चोरी करना। असंभव काम करना।

आंखों (या आंख) का तारा : बहुत प्रिय व्यक्ति।

आंख का तेल निकालना : ऐसा महीन काम करना जिससे आंखों पर बहुत जोर पड़े।

आंख-कान खुले रखना : सतर्क रहना।

आंख का पानी गिरना : निर्लज्ज हो जाना।

उस लड़के के फंदे में, इतनी हो गई दिवानी।
क्या शर्म हया सब छूटी ? गिर गया आंख का पानी ? (शु० भ० सिं०)

आंख का पानी मर जाना : निर्लज्ज हो जाना। (दे०) 'आंख का पानी गिरना।'

आंख की किरकिरी : खटकने वाला व्यक्ति या वस्तु। विद्या मुझे अपनी सौत समझती होगी, मुझे आंखों की किरकिरी, अपने हृदय का कांटा ख्याल करती होगी। (प्रे०चं०)

आंख की पट्टी खुलना : अज्ञान या भ्रम दूर होना।

जो रसातल जाति को हैं भेजते,
क्यों न उनकी आंख की पट्टी खुली ? (अ० सिं० उ०)

आंख की पुतली : बहुत प्रिय व्यक्ति। (दे०) 'आंख का तारा'। मां मुझे अपनी आंखों की पुतली बनाए रखतीं। (रा० वृ० बेनी०)

आंखों के आगे अंधेरा छाना : विपत्ति के कारण कड़ी निराशा होना। विद्या को लग रहा था कि उसकी आंखों के आगे अंधेरा छा गया था। (रां० रा०)

आंखों के आगे चिनगारी छूटना या तारे नाचना : मस्तिष्क पर धक्का या चोट लगने से चकाचौंध होना। पूरे जन्नाटे के साथ एक थप्पड़ उनकी कनपटी पर पड़ा और उनकी आंखों के आगे तारे नाचने लगे। (उ० ना० अ०)

आंखों के आगे/सामने नाचना या फिरना : ध्यान पर चढ़ना, स्मृति में बना रहना। कार-दुर्घटना में क्षत-विक्षत उसका चेहरा, हरदम मेरी आंखों के सामने नाचता रहता है। (ब० ना० कपूर)

आंख खुलना : 1. नींद खुलना, जागना। 2. वास्तविकता का ज्ञान होना।

इन खुशामदी मित्रों ही ने मेरा करवाया है नाश।
अब आंखें खुल गईं विश्व में, नहीं किसी का है विश्वास। (गु० भ० सिं०)

आंख खोलना : 1. अज्ञान या भ्रम दूर करना। 2. ज्ञान का अनुभव करना, सावधान होना।

भाई-बंधु और कुटुंब कबीला, झूठे मित्र गिनावे।
आंख खोल जब देख बावरे, सब सपना कर पावे॥ (क०)

आंख गड़ाना : 1. टकटकी बांधना, एकटक देखना। 2. प्राप्ति की इच्छा करना।

आंखें चढ़ना : 1. नशे, नींद या पीड़ा से पलकों का तन जाना और नियमित रूप से न गिरना। 2. क्रुद्ध हो जाना।

आंखें चढ़ाना : क्रोध करना। जैसे, इतनी आंखें चढ़ाकर तुम मेरा क्या बिगाड़ लेंगे।

आंखें चरने जाना : सामने की वस्तु दिखाई न देना।

आंखें चार होना : आंख से आंख मिलना। कुन्ती से चेतन की आंखें चार हुईं। (उ० ना० अ०)

आंखें चुराना : 1. कतराना, सामने न होना। दूसरा दिन अन्त:पुर जाने और प्रज्ञा से आंखें चुराने में बीता। (अ० ला० ना०) 2. लज्जा से बराबर न ताकना।

आंख चूकना : ध्यान हटते ही किसी चीज़ की चोरी हो जाना, जैसे—आंख चूकी नहीं कि नौकर ने मालमत्ता साफ कर दिया।

आंखें चौंधियाना : तेज प्रकाश और सौंदर्य आदि के कारण कुछ समय के लिए देखने में असमर्थ हो जाना।

आंख झपकना : पलक गिरना, नींद आना।

आंखें टंगना : मरने से पहले आंख की पुतली का पथराना।

आंख डालना : 1. देखना। 2. प्राप्ति की इच्छा करना, चाहना।

आंख तरेरना : क्रोध से देखना। राजा साहब ने आंखें तरेरकर मेरी ओर देखा। (च०)

आंखों तले अंधेरा छाना : (दे०) 'आंखों के आगे अंधेरा छाना।'

आंख/आंखें दिखाना : क्रुद्ध दृष्टि से देखना। तू हमें आंखें दिखाने आया है? (रां० रा०)

आंख निकालना : 1. क्रोधपूर्वक देखना। अमर ने आंखें निकालकर कहा—यह शादी नहीं हो सकती। (प्रे० चं०) 2. आंख फोड़ना।

जो कि टेढ़ी आंख से हो देखता,
आंख उसकी काढ़ ली जाती नहीं। (अ० सि० उ०) 3. भारी हानि पहुंचाना, कठोर दण्ड देना।

आंख/आंखें नीची होना : लज्जित होना, सिर नीचा होना। मैं विधवा हो गई तो क्या, किसी के सामने आंख तो नीची न हुई। (प्रे० चं०)

आंखें पथराना : मरने के पहले पलकों का नियमित रूप से न गिरना और पुतली की गति रुक जाना।

आंख पर चढ़ना : 1. नजर में खटकना।

मत घबड़ा तेरी मस्ती तो, अभी उतर जाती है।
देखें आंखों पर चढ़कर, कैसे तू बच जाती है? (गु० भ० सिं०) 2. प्रेम तथा विश्वास होना, अच्छा लगने के कारण सदा ध्यान में बने रहना।

आंख पर पर्दा पड़ना : अज्ञान, भ्रम आदि के कारण अच्छाई-बुराई न दिखाई पड़ना अथवा सूझना। तुम्हारी आंखों पर पर्दा पड़ा होगा, लेकिन मैं इस छोकरे का रुख साल भर से देख रही हूं। (प्रे० चं०)

आंखों से परदा हटना : असलियत का पता लगना।

आंखें बंद कर लेना : होते हुए किसी गलत काम को देखकर भी उसे बंद करने या रोकने का यत्न न करना।

आंखों पर बिठाना : बहुत आवभगत या आदर-सत्कार करना।

आंखों पर रखना : सम्मानपूर्वक रखना, सुखपूर्वक रखना।

आंखें फटी की फटी रह जाना : अत्यधिक आश्चर्य या उत्सुकता के कारण आंखें खुली रह जाना।

आंख फड़कना : पलकों का थोड़ी-थोड़ी देर बाद सहज रूप से हिलना। (आखें फड़कने को शुभ या अशुभ मानते हैं)।

आंखें फाड़-फाड़कर देखना : आश्चर्य या उत्सुकता के साथ देखना। सहस्रों की बात सुनकर रामेश्वर आंखें फाड़-फाड़कर तीनों स्त्रियों की ओर देखने लगा। (गु० द०)

आंखें फेरना : 1. पहले की सी कृपा और स्नेह न रहना।

की मैंने मनुहार बहुत, पर आंख नहीं उसने फेरी। (दिनकर)

2. देखना, आंख घुमाना।

किसी ओर मैं आंखें फेरूं दिखलाई देती हाला। (बच्चन)

आंख बंद करके कुछ करना : 1. बिना सोचे-समझे कोई काम करना। 2. दूसरी बातों की ओर ध्यान न देकर अपना काम करना।

आंख बंद होना : मर जाना। कुछ दिनों में जब मेरी आंखें बन्द हो जायेंगी, तब मैं सब चिन्ताओं से मुक्त हो जाऊंगा।—(ह० शर्मा)

आंख बचाकर कोई काम करना : छिपाकर चोरी छिपे कुछ करना। मैं एक दिन दोपहर को सबकी आंख बचाकर बिन्दा के घर पहुंची। (म० व०)

आंखें बदल जाना : पहले की सी कृपा या स्नेह न रहना। मुझे भय था कि चार ही दिनों में ताज बहादुर की आंखें बदल जायेंगी। (सु०)

आंखें बिछाना : 1. प्रेम से स्वागत करना। सुख मेरे पैरों के नीचे आंखें बिछाये रहता है। (प्रे० चं०) 2. प्रेमपूर्वक प्रतीक्षा करना। इस्कान्द्रिया आंखें बिछाए थायस की राह देखता था। (प्रे० चं०)

आंखें भर आना : आंखों में आंसू आना। विद्या की आंखें भर आईं। (रां० रा०)

आंख भर देखना : जी भर देखना, देखकर सन्तुष्ट होना।

आंख मटकाना : 1. आंख खोलना और फिर बन्द करना। ओछे ढंग से आंखें नचाना। 2. इशारा करना।

आंख मारना : 1. इशारा करना। मैंने अमल को हल्के से आंख मारी थी (अ० रा०) 2. इशारे से मना करना। वह तो रुपए दे रहा था पर उन्होंने आंख मार दी। (अ० प्र० बा०)

आंख/आंखें मिलाना : सामना या मुलाकात होने पर किसी की ओर अच्छी तरह देखना।

आंख मूंदकर कुछ करना : (दे०) 'आंख बंद कर अर्थात् बिना सोचे-समझे कुछ करना।' तुम्हारे दादा, पिता और चाचा लोग परम्परा से जैसा करते चले आए हैं उसे आंख मूंदकर मानते हुए चलने में ही सबका कल्याण है। (इ० चं० जो०)

आंखों में आंखें डालना : 1. आंख से आंख मिलाना। थोड़ी देर आंखों में आंखें डालकर दोनों ने एक दूसरे को जमकर देखा। (अ० ला० ना०) 2. ढिठाई से देखना।

आंखों में खटकना : बुरा लगना। यह बात आंखों में खटकने वाली है।

आंखों में खून उतरना : क्रोध से आंखें लाल हो जाना।

आंखों में गड़ना : 1. अप्रिय लगना, दिल में चुभना, खटकना। कभी एकाध वस्तु बनवा लेती हूं तो वह आंखों में गड़ने लगती है(प्रे० चं०) 2. प्रिय लगना, मन में बसना, पसंद आना।

आंखों में घर करना : हृदय में स्थान बनाना, बहुत ही अच्छा मालूम पड़ना।

आंखों में चढ़ना : नजर में जंचना, पसंद आना। 'मीना बाजार' में जो युवती सम्रा ज्ञी आंखों में चढ़ जाती, वह महलों में पहुंच जाती। (उ० ना० अ०)

आंखों में चरबी छाना : मदान्ध होना, घमंड में चूर होना।

जायगी चरबी उतारी क्यों नहीं,
छा गई आंख में चरबी अगर? (अ० सिं० उ०)

आंखों में चुभना : 1. दिल में खटकना, बुरा लगना। देखते नहीं हो सबकी आंखों में कैसे चुभते हो। (प्रे० चं०) 2. पसंद आना, प्रिय लगना। 3. आंख में धंसना।

आंखों में धूल झोंकना : सरासर धोखा देना। मैं आज तक तुम्हारी और सारे गांव की आंख में धूल झोंकती रही। (रां० रा०)

आंखों में पानी होना : शर्म-लिहाज होना। जो पानी में आग लगाने आए थे, वे चुल्लू भर पानी की तलाश में रह गए। आंख में पानी होता तो पानी-पानी हो जाते। (रा० रा० प्र० सिं०)

आंखों में फिरना : आंखों के सामने नाचना, बराबर स्मृति में बने रहना।

आंखों में बसना : दिल में घर कर लेना। सुधीन्द्र की स्मृति सदेह उसकी आंखों में बस गई। (च०)

आंखों में बैठाना : अत्यन्त आदर-सत्कार या लाड़-प्यार करना।

जननि निछावर होगी तुम पर, जनता बलि बलि जावेगी।
श्रद्धा और प्रीति से तुमको, नयनों में बिठलावेगी। (सु० कु० चौ०)

आंखों में रखना : 1. बहुत लाड़-प्यार से रखना। 2. बहुत सावधानी से किसी पर नज़र रखना।

आंखों में रात कटना : कष्ट या चिन्ता के कारण नींद न आना। सारी रात आंखों में कट गई। (प्रे० चं०)

आंखों में समाना : सदा ध्यान में रहना। उनकी तस्वीर मेरी आंखों में समा रही है। (गु० रा०)

आंख लगना : 1. नींद आना। 2. प्रेम होना। बकरी चराती पहाड़िन से आंख क्या लग गई, उसे रानी बना बैठे। (य० पा०) 3. टकटकी लगना। उसकी आंखें द्वार पर ही लगी रहीं। (शि०)

आंख लगाना : 1. दृष्टि जमाकर देखना, प्रतीक्षा करना। 2. प्रेम करना।
रमणी हृदय सरस होता है, कैसे प्रेम दिखाकर।
आंख लगाकर आंख बदल दी, उसने आंख चुराकर॥ (गु० भ० सिं०)

आंखें लड़ाना : नजर से नजर मिलाना। प्रेम से अभिभूत होकर प्रेमियों का एक-दूसरे को देखना।

आंख/आंखों से अंगारे निकलना/बरसना : अत्यन्त क्रुद्ध होना। उसकी आंखों से अंगारे-से निकलने लगे। (रां० रा०)

आंखों से आंख मिलना : आंखें चार होना, दृष्टि बराबर होना।

आंखों से आग बरसना : बहुत क्रोध आना, अत्यन्त क्रुद्ध होना।

आंख से उतरना/गिरना : सम्मान या मूल्य कम हो जाना।

आंखों से चिनगारियां निकलना : क्रोध से आंखें लाल हो जाना।

आंखों से लगाना : बहुत प्यार करना या श्रद्धा से सम्मान करना।

आंखों में सरसों फूलना : हरियाली ही हरियाली दिखाई देना।

आंख होना : 1. अभिमान या घमंड होना, 2. परख होना, 3. किसी व्यक्ति की हरकतों पर नजर रखना।

आंगन में कौवा बोलना : स्त्रियों का विश्वास है कि यदि किसी के आंगन में कौवा बोलता है तो उसके किसी प्रिय जन का आगमन होता है।

आंच आना : हानि पहुंचना, कष्ट होना, कलंक लगना। मेरे कारण उनके कुटुम्ब पर आंच आवे, यह मुझे मंजूर नहीं है। (उ० ना० अ०) बेटा, जाकर खेल, मां को कोई आंच नहीं आवेगी। (अ० प्री०)

आंचल थामना : विश्वासपूर्वक किसी का सहारा लेना।

आंचल पसारना : गिड़गिड़ाकर कुछ मांगना या किसी बात के लिए प्रार्थना करना। भगवान् ! आंचल पसारकर यही मांगती हूं कि मेरा यह लाल चिरजीवी हो। (ब० चं०)

आंचल में बात बांधना : अच्छी तरह याद रखना, कभी न भूलना। किसी के झगड़े

में पड़ना बुरा है, यह बात आंचल में बांध रक्खो। (ब० चं०)

आंट पर चढ़ना : दांव पर चढ़ना, घात में आना।

आंतों का बल खुलना : बहुत समय तक भूखा रहने के बाद भोजन मिलना।

आंतें कुलकुलाना या कुलबुलाना : बहुत भूख लगना।

आंतें गले/मुंह में आना : बहुत परेशान होना।

आंतों में बल पड़ना : पेट में दर्द होना, पेट ऐंठना।

आंधी के आम : 1. बिना परिश्रम या सस्ते दाम पर मिली हुई चीज। 2. थोड़े दिन टिकने वाली वस्तु।

आंय बांय शांय करना : अंट शंट बकना, व्यर्थ बकवाद करना। (ये) सब प्रकार के पौरुष से रहित हैं, केवल जीभ नहीं मानती। इससे आंय बांय शांय किया करते हैं। (प्र० ना० मि०)

आवां का आवां बिगड़ना : परिवार के सब प्राणियों का बिगड़ जाना।

आंधी के आम : अनायास सस्ते में मिल जाने वाली वस्तु।

आंसू पी जाना या पीकर रह जाना : घोर दुःख पड़ने पर भी शान्त रहना और आंखों में आंसू न आने देना, मन मसोस कर रह जाना। अपनी इस हालात पर मेरे आंसू आ गए। लेकिन मैंने बरबस उन्हें अन्दर-ही-अन्दर पी लिया। (उ० ना० अ०)

आंसू पोंछना : सान्त्वना देना, ढाढस बंधाना। सहृदयता और शालीनता इसी में थी कि वह मुझसे सहानुभूति प्रकट करते, मेरे आंसू पोंछते। (प्रे०चं०)

आंसू बहाना : किसी बात पर दुख या पछतावा प्रकट करना।

आईना होना : स्पष्ट होना।

आईने में मुंह देखना : जब कोई व्यक्ति अपनी योग्यता से अधिक काम करना चाहता है तब उसके लिए इस मुहावरे का प्रयोग होता है। इसका अर्थ है 'अपनी योग्यता को जांचो।'

आए दिन : प्रायः, नित्य, अक्सर।

आक की बुढ़िया : बहुत बूढ़ी स्त्री जिसके बाल आक की रुई से सफेद एवं भुरभुरे हों।

आक़बत में दिया दिखाना : परलोक में काम आना।

आकाश का फूल : अप्राप्य वस्तु।

आकाश के तारे गिनना : नींद न आने के कारण बेचैनी से रात काटना।

आकाश के तारे तोड़ लाना : असम्भव काम करना।

आकाश चूमना/छूना : बहुत ऊंचा होना।

आकाश पर दिया जलाना : बड़ी वीरता और साहस का काम करना।

अरे बाबा, चुप भी रह, आया है बड़ा मर्द बनकर। जब तेरी उमर थी तो हम भी आकाश पर दिया जलाते थे। (प्रे० चं०)

आकाश-पाताल एक करना : बहुत उद्योग, परिश्रम या यत्न करना।

आकाश-पाताल का अन्तर : बहुत अधिक अन्तर।

आकाश से बातें करना : बहुत ऊंचा होना। पतंग आकाश से बातें करेंगे। (प्रे०चं०)

आखिरी सांसें गिनना : मरणासन्न होना। पिताजी आखिरी सांसें गिन रहे हैं। (वि० स० खां०)

आग उगलना : 1. कड़वी क्रोधपूर्ण बातें कहना। 2. गोले/गोलियां बरसाना।

आग का बाग : 1. सुनार की अंगीठी। 2. आतिशबाजी।

आग की तरह फैल जाना : तेजी से फैल जाना। राजा साहब के खून की खबर आग की तरह शहर में फैल गई। (च०)

आग देना : मृतक का दाह-संस्कार करना।

आग पर तेल छिड़कना : ऐसा काम करना जिससे आवेश, रोष, विरोध आदि और बढ़े।

आग पर लोटना : 1. बेचैन होना, 2. ईर्ष्या से जलना।

आग-बबूला होना : अत्यधिक क्रुद्ध होना। उसने नन्दलाल को वार्तालाप का सार सुनाया तो वह आगबबूला हो गया। (गु० द०)

आग बरसना : 1. बहुत अधिक गर्मी पड़ना या लू चलना। 2. गोलियों की बौछार होना। युद्ध-क्षेत्र में आग बरस रही थी।

आग बांधना : मंत्र आदि के जोर से आग को बढ़ने से रोकना। जड़ियां तो ऐसी होती हैं कि चाहे आग बांध लो, पानी बांध लो, मुर्दे को जिला दो, मुद्दई को घर बैठे मार डालो। (प्रे० चं०)

आग भड़कना : 1. क्रोध का बहुत बढ़ना, विद्रोह भड़कना। 2. लड़ाई-झगड़ा शुरू होना। 3. आग धधकना। इलाके में बहुत देर से आग सुलग रही थी, हवा पाते ही भड़क उठी। (प्रे० चं०)

आग में कूदना : बहुत बड़ा जोखिम उठाना। यह सच है पर आग में कूदना ठीक नहीं। (प्रे०चं०)

आग में घी का काम करना : आवेश, क्रोध आदि को बढ़ाना। लीना का शान्त स्मित आग में घी का काम कर रहा था। (अ० ग०)

आग में घी/तेल डालना : आवेश, उत्तेजना, क्रोध आदि को और बढ़ाना। बारी साहब के इस अपमान ने आग में घी डाल दिया और अन्ततः सरकार को झुकना पड़ा। (रा० वृ० बेनी०)

आग में झोंकना : 1. संकट में डालना। जब वह हम सभी लोगों की खातिर आगे बढ़ा तो यह कहां का न्याय है कि मुचलके के डर से हम उसे आग में झोंक दे? (प्रे० चं०) 2. लड़की को ऐसे घर ब्याह देना जहां उसे कष्टमय जीवन व्यतीत करना पडे।

आग में पानी डालना : क्रोध शान्त करना, झगड़ा मिटाना।

आग लगना : 1. किसी वस्तु का आग में जलना। 2. क्रोध उत्पन्न होना। गोदावरी के सिर से पैर तक आग लग गई। (प्रे० चं०) 3. प्रेम होना।
कह नहीं सकता यह आग मेरे दिल में क्योंकर लगी,
लेकिन जिस दिन से तुम्हें पहली बार देखा उसी
दिन से एक चिनगारी-सी अंदर पैठ गई और अब वह
एक शोला बन गई है। (प्रे० चं०) 4. महंगाई बढ़ना। 5. ईर्ष्या या क्रोध से जलने लगना। (सी० रा० च०) 6. नष्ट होना (स्त्रियों द्वारा प्रयुक्त)।

आग लगने पर कुआं खोदना : ऐन मौके पर विपत्ति निवारण का प्रयास करना, आने वाले समय के लिए कोई तैयारी न होना। अभी तक तो तुम चुपचाप बैठे थे। शादी का दिन आ जाने पर तुम बस और टैक्सी ढूंढ़ने निकले हो। इसी को कहते हैं आग लगने पर कुआं खोदना।

आग लगाना : 1. किसी वस्तु को आग से जलाना। 2. जलन पैदा करना। 3. क्रोध, उद्वेग या ईर्ष्या बढ़ाना 4. नाश करना। उठो, अमन-आमान और आराम-विश्राम की आशा को आग लगा दो। (सु०) 5. चुगली करना। 6. झगड़ा बढ़ाना या लगाना। मामा ने जो आग लगा दी है वह मेरे बुझाए नहीं बुझ सकती। (प्रे० च०)

आग लगाकर तमाशा देखना : झगड़ा या उपद्रव खड़ा करके अपना मनोरंजन करना; दूसरों को झगड़े में फंसाकर आप अलग हो जाना।

आग लगाकर पानी को दौड़ना : झगड़ा या उपद्रव खड़ा करके शान्त करने का प्रयत्न करना। मुहल्ले में उपद्रव करवाकर शान्ति समिति बनाना आग लगाकर पानी के लिए दौड़ने के समान है।

आग लगे : नष्ट हो जाए, एक प्रकार का शाप जिसका प्रयोग बहुधा स्त्रियां करती हैं।

आग लगे पर कुआं खोदना : कोई कठिन काम आ पड़ने पर उसके करने के सीधे उपाय को छोड़ बहुत लम्बी-चौड़ी युक्ति में लगना।
जो पहिले कीजै जतन, सो पाछे फलदाय।
आग लगे खोदै कुआं, कैसे आग बुझाय॥ (वृ०)

आग लेने आना : आकर तुरन्त लौट जाना।

आग से खेलना : खतरनाक काम करना।

आग से पानी हो जाना : क्रोध शान्त हो जाना।

आग हो जाना : बहुत क्रोधित हो जाना।

आगा-पीछा करना : असमंजस में पड़ना, हिचकिचाना। आप देख रहे हैं कि हिन्दू जाति की एक स्त्री कुएं में गिरी हुई है, और आप उसी जाति के एक विचार-

वान् पुरुष होकर उसे निकालने में इतना आगा-पीछा कर रहे हैं। (प्रे० चं०)

आगा-पीछा सोचना या न सोचना : लाभ-हानि पर विचार करना। आगा-पीछा सोचे बिना काम करना उचित नहीं।

आगे आगे : क्रमशः, कुछ दिनों के पश्चात्।

इब्तदाये इश्क है, रोता है क्या ?

आगे-आगे देखिए, होता है क्या ?

आगे-पीछे कोई न होना : कोई रिश्तेदार या अपना कोई न होना।

आगे से लेना या आगे होकर लेना : आगे बढ़कर किसी आते हुए व्यक्ति का स्वागत करना।

आजकल करना : टालमटोल करना।

आटा-दाल/आटे-दाल का भाव मालूम होना : परिस्थिति की कटुता का ज्ञान होना, संसार के व्यवहार का ज्ञान होना। स्वदेशी सरकार है न, अंग्रेजी सरकार होती तो आटे-दाल का भाव मालूम होता। (इ० चं० जो०)

आटा-दाल/आटे-दाल की फिक्र : जीविका की चिन्ता।

आटे की आया : भोली स्त्री। बेचारी आटे की आया है, तुम व्यर्थ उस पर दोषा-रोपण करते हो।

आटे के साथ घुन पिसना : अपराधी के साथ निरपराध का भी दंडित होना।

आठ-आठ आंसू रोना : बहुत रोना। शर्मिष्ठा हस्तिनापुर के राजप्रासाद के भयानक सन्नाटे में आठ-आठ आंसू रोती बैठी थी। (वि० स० खां०)

आठ/आठों पहर चौंसठ घड़ी : हर समय, रात-दिन। दो खिदमतगार आठों पहर चौंसठ घड़ी उनकी खिदमत में हाजिर रहते थे। (च०)

आठों गांठ कुमैत : घुटा हुआ, पूरा चालाक। वह आठों गाँठ कुमैत है, कभी धोखा नहीं खा सकता।

आड़े आना : 1. विघ्न या बाधा डालना, बाधक होना। जब कभी समाज नारी के आड़े आता है तो वह विद्रोह कर उठे तो कोई आश्चर्य नहीं। (शि०)
2. विपत्ति या कठिनाई में सहायता देना।

आड़े हाथों लेना : व्यंग्य के द्वारा लज्जित करना, खरी खोटी सुनाना, हंसी उड़ाना।

आधा तीतर आधा बटेर : बेजोड़ या बेमेल चीजें। हिन्दुस्तानी रईसों के कमरे में मेज-कुर्सियां नहीं होतीं। फर्श होता है। आपने मेज-कुर्सी लगाकर इसे अंग्रेज़ी ढंग पर तो बना दिया; अब आईने के लिए हिन्दुस्तानियों की मिसाल दे रहे हैं या तो हिन्दुस्तानी रखिए या अंग्रेजी। यह क्या कि आधा तीतर आधा बटेर। (प्रे० चं०)

आन का पक्का : वचन का पक्का, दृढ़व्रती।

आन की आन में : तुरन्त, शीघ्र ही। गायत्री भी मेरे पंजे में है, मेरी तरफ से ज़रा भी निगाह मोटी करे तो आन की आन में उसे इस उच्चासन से गिरा सकता हूं। (प्रे० चं०)

आनाकानी करना : किसी काम को करने से हिचकिचाना।

आना-जाना : 1. एक दूसरे के पास बराबर मिलने जाते रहना। 2. जन्म और मृत्यु—जीव का आना-जाना। 3. नफा-नुकसान।

आपाधापी पड़ना या होना : अपने-अपने काम में लगना; अपनी-अपनी चिन्ता में रहना।

आपा खोना : 1. घमंड छोड़ना, अभिमान का त्याग करना।

ऐसी बानी बोलिए, मन का आपा खोय।
औरन को सीतल करै, आपहु सीतल होय ॥ (क०)

आपे में न रहना : 1. आनन्दातिरेक से आत्म-विस्मृत होना, आत्म-विभोर होना। सोमाहुति के प्रेम की बात सोचते ही इज्या का मन आनन्द-सिन्धु में ऐसा डूबता है कि वह आपे में नहीं रह जाती। (अ० ला० ना०) 2. बहुत क्रुद्ध होना। यह शब्द सुनकर वह आपे में न रही। 3. घबराना, बदहवास होना।

आपे से बाहर होना : 1. अत्यधिक आनन्द होना। 2. मदिरा आदि के नशे के कारण बेसुध होना। एक मनुष्य सड़क पर शराब में मस्त पड़ा था और आपे से बाहर था। (प्रे० चं०) 3. अत्यधिक क्रोध के कारण संयम खो देना। 4. बहुत घबड़ाना। रमेश सहसा आपे से बाहर हो गया। (अ० ला० ना०)

आफ़त का परकाला : 1. किसी विकट काम को शीघ्रता से करनेवाला, कार्यपटु। 2. अथक परिश्रमी। 3. क्रान्तिकारी व्यक्ति, उथल-पुथल करनेवाला व्यक्ति। 4. बहुत खुराफाती आदमी।

आफ़त का मारा : अभागा, संकट-ग्रस्त, दुखी। एक रोज आफत के मारे वे शिकारी फिर उस जगह आए। (जै०कु०)

आफ़त की पुड़िया : कष्टदायक या भयानक व्यक्ति।

आफ़त ढाना : 1. उपद्रव मचाना, मुश्किल खड़ी करना। 2. दुःख पहुंचाना, सताना, कष्ट देना। मैं उसी मुखबिर की बदनसीब औरत हूं जिसने इन कैदियों पर यह आफ़त ढाई है। (प्रे० चं०) 3. अनहोनी बात कहना।

आफ़त मोल लेना, आफ़त सिर पर लेना : 1. व्यर्थ का झगड़ा मोल लेना। 2. संकट में पड़ना।

आया-गया : अभ्यागत, अतिथि। वह आये-गये की खातिर करने से नहीं चूकता है। (प्र० सिं०)

आरती उतारना : 1. थाली में धूप, दीप अक्षत आदि रखकर किसी व्यक्ति के सिर के ऊपर घुमाकर उसके प्रति श्रद्धा प्रकट करना और उसके कल्याण की कामना करना। 2. किसी मूर्ति के ऊपर दीपक घुमाकर उसकी पूजा करना।

आव देखना न ताव : बिना झिझके और बिना सोच-विचार किए कोई काम कर डालना।

उसने आव देखा न ताव, बाप की भरी बन्दूक उठा लाया और घोड़ा दबा दिया। (शि०)

आवाज उठाना : 1. आन्दोलन करना ! 2. विरोध करना।

आवाज/आवाजें कसना : व्यंग्य करना, व्यंग्यात्मक बातें करना।

कैदी लोग चक्रधर पर ऐसी अश्लील, ऐसी अपमानजनक आवाजें कसते थे कि क्रोध और घृणा से उनका खून खौल उठता था। (प्रे० च०)

आवाज देना : जोर से पुकारना।

आसन जमाना : डेरा डालना, स्थिर भाव से बैठना, किसी पद पर अधिकार-पूर्वक बैठना।

आसन डिगना/डोलना : 1. चित्त चलायमान होना। 2. बैठने में स्थिर भाव न रहना। 3. गद्दी, पद आदि से हटने या हटाये जाने की स्थिति उत्पन्न होना।

साधना की ज्वाला जब बढ़ी,
गया वासव का आसन डोल। (दिनकर)

4. मन में भय या घबड़ाहट पैदा हो जाना।

शोषण का आसन डोल-डोल जाता,
अत्याचारी शासन थर्राता है। (म० सि० सि०)

5. दया आना, सहानुभूति होना।

आसन डिगाना : 1. जगह से विचलित करना।

कांग्रेस आन्दोलन ने ब्रिटिश राज का आसन डिगा दिया। (ल० सा० वा०)

2. चित्त चलायमान करना।

इन्द्र ने अप्सराओं द्वारा न मालूम कितने ऋषियों का आसन डिगा दिया है। (ल० सा० वा०)

आसमान के तारे तोड़ना/लाना : कठिन-से-कठिन काम को पूरा करना।

आसमान टूट पड़ना : भारी विपत्ति आना।

जब वह पुत्र का जन्मोत्सव मनाने जा रहा था तभी उसके ऊपर आसमान टूट पड़ा। महाजन ने उसकी सारी सम्पत्ति नीलाम करा दी।

आसमान पर उड़ना : अवास्तविक विचारों में विचरण करना बेकार इतराना।

क्षुद्र व्यक्ति चार पैसे कमा लेने पर आसमान में उड़ने लगता है।

आसमान पर चढ़ना : अत्यधिक अभिमान करना।

उनका मिजाज आसमान पर चढ़ा हुआ दिखाई देता है। (गु० रा०)

आसमान पर चढ़ाना या चढ़ा देना : 1. बहुत अधिक प्रशंसा करना। माना कि वे विद्वान् हैं, पर आप तो उन्हें एकदम आसमान पर चढ़ा दे रहे हैं। (ब० च०) 2. तारीफ़ करके घमंडी बना देना।

आसमान पर थूकना : किसी महात्मा पर दोषारोपण करने के कारण स्वयं तिरस्कृत होना।

आसमान पर मिजाज/दिमाग होना : बहुत अभिमान होना। आज गायत्री का मिजाज भी आसमान पर होगा। (प्रे० च०)

आसमान फट जाना : बहुत आश्चर्यजनक काम होना, अनहोनी बात होना। "शराब!" गोपालन के मुंह से निकला। ऐसा लगा उसे जैसे आसमान फट गया हो, या ज़मीन खिसक गई हो। (रां० रा०)

आसमान में चकत्ती/थिगली लगाना : अनहोना काम करने की चेष्टा करना।

आसमान में (या पर) दिया जलाना : बहुत सम्पन्न या शक्तिशाली होना। अभी कल बुद्धू लंगोटी लगाए खेतों में कौआ हंकाया करता था, आज उसका आसमान में दिया जलता है। (प्रे० च०)

आसमान सिर पर उठाना : शोर करना, ऊधम मचाना।

आसमान सिर पर टूट पड़ना : दे० 'आसमान टूट पड़ना।'

आसमान से गिरना : 1. आप से आप आ जाना। 2. बिना परिश्रम के प्राप्त होना।

आसमान से गिरे खजूर पर अटके : 1. उपयुक्त या उत्तम स्थान से हटकर ऐसे स्थान पर आना जहां बहुत अधिक कष्ट हो। 2. किसी काम का बड़ी जगह में ठीक होकर छोटी जगह में रुक जाना।

आसमान से बातें करना : बहुत ऊंचा होना, दे० 'आकाश से बातें करना।'

आस्तीन का सांप : मित्र बनकर हानि पहुंचानेवाला व्यक्ति। आपकी आस्तीन के सांप ने डंसने का यत्न किया है। (गु० द०)

आस्तीन चढ़ाना : लड़ने की तैयारी करना। क्यों गरीब पर आस्तीन चढ़ाते हो? (अं० प्र० बा०)

आह पड़ना/लगना : किसी को दुख पहुंचाने का फल मिलना।

आह/आहें भरना : ठंडी सांस के साथ आह करना, विलाप करना, निराश होकर उसने आहें भरना भी छोड़ दिया। (य० पा०)

आह मारना : ठंडी सांस खींचना।

लोग हैं बेमौत लाखों मर रहे,
हम नहीं हैं आह तब भी मारते (अ० सि० उ०)

आह लेना : किसी के सताने का फल अपने ऊपर लेना।

आहुति देना : 1. अपने आपको अर्पित करना, 2. नियमित आहार ग्रहण करना।

इ

इतना बड़ा मुंह हो जाना : बहुत लज्जित होना।

इंतकाल होना : मर जाना, मृत्यु होना।

इन्द्र का आखाड़ा : वह सजी हुई सभा जिसमें खूब नाच-रंग होता हो।

इन्द्र की परी : बहुत सुन्दर स्त्री।

इज्जत उतारना/खाक में मिलाना/बिगाड़ना/लेना : अपमानित करना, प्रतिष्ठा नष्ट करना।

इज्जत पर पानी फेरना/इज्जत मिट्टी करना : मर्यादा, प्रतिष्ठा या सम्मान नष्ट करना।

इज्जत बेचना : पैसा लेकर अपनी इज्ज़त लुटाना।

आप क्या समझते हैं कि मज़दूर इस तरह अपनी इज्ज़त बेचते फिरते हैं? (वृ० ला० व०)

इज्जत लुटना : जोर-जबरदस्ती सतीत्व नष्ट करना।

इज्जत से खेलना : किसी स्त्री का सतीत्व नष्ट करके आमोद-प्रमोद करना।

इतिश्री होना : अन्त होना।

इधर-उधर करना : 1. कहीं का कहीं कर देना, उलट-पुलट करना। 2. टाल-मटोल करना 3. तितर-बितर कर देना, भगा देना।

इधर-उधर की बात : 1. अफवाह। 2. गपशप।

इधर-उधर की लगाना : चुगली करना।

इधर-उधर की लगाने वाले बहुत होते हैं (शकुन्तला शर्मा)

इधर की उधर करना या लगाना : दे० 'इधर-उधर की लगाना।'

इधर की दुनिया उधर हो जाना : असम्भव बात का सम्भव हो जाना; परिणाम चाहे जो कुछ हो।

इधर-उधर झांकना : निरुत्तर हो जाने पर बचने का उपाय सोचना।

इधर-उधर की हांकना : गप मारना, व्यर्थ बकवाद करना।

मुझे सब बातें मालूम हैं; इधर-उधर की मत हांको।

इशारे पर नाचना : किसी के संकेत या कहने के अनुसार व्यवहार करना।

इस कान की बात उस कान तक न जाने देना : किसी बात को अत्यन्त गोपनीय रखना।

इस कान सुनना उस कान उड़ा देना : किसी व्यक्ति की बात पर ध्यान न देना।

इस हाथ देना उस हाथ लेना : तत्काल फल मिलना।

कलजुग नहीं करजुग है यह, यहां दिन को दे और रात को ले।
क्या खूब सौदा नकद है, इस हाथ से दे उस हाथ से ले।। (नज़ीर)

ई

ईंट का जवाब पत्थर से देना : दुष्ट के साथ दुष्टता या कठोर के साथ कठोरता का व्यवहार करना, मुंह तोड़ जवाब देना।

ईंट का जवाब पत्थर से देन. अहिंसा सिद्धान्त के विरुद्ध है।

ईंट से ईंट बजना : किसी इमारत या नगर आदि का ध्वस्त हो जाना, लड़ाई या युद्ध होना।

ईंट से ईंट बज जाना : सर्वनाश हो जाना।

आग लगे ऐसी कमाई में ! आग लगे ऐसे लालच में ! इन लोगों की ईंट से ईंट बज जाए। (य० पा०)

ईद का चाँद होना : बहुत कम दिखाई देना, बहुत अरसे के बाद दिखाई देना।

आप तो ईद के चांद हो गए। (च०)

ईमान का सौदा : सच्चा व्यापार जिसमें बहुत अधिक लाभ न हो।

ईमान बेचना : झूठा व्यवहार करना, बेईमानी करना।

दुनिया में अनेक आदमी एक-एक कौड़ी के लिए ईमान बेचते हैं। (म० भं०)

उ

उंगली उठना : निन्दा होना, बदनामी होना।

आपको कोई ऐसा आचरण नहीं करना चाहिए जिससे असहाय अबला की ओर उंगली उठे। (च०)

उंगली उठाना : 1. दोषारोपण करना, कलंक लगाना, बदनाम करना। 2. टेढ़ी नजर से देखना, तनिक-सी हानि पहुंचाना। 3. (किसी के लिए)—थोड़ी सहायता करना।

बिना कुंडार के संकेत के कोई हमारे लिए उंगली भी न उठावेगा।

(वृ० ला० व०)

उंगली चटकाना : 1. उंगली फोड़ना, उंगलियों को इस प्रकार दबाना या खींचना कि उनमें से चट-चट की आवाज़ हो। 2. शाप देना।

उंगलिया चमकाना/नचाना/मटकाना : बातचीत या झगड़ा करते समय हाथ और और उंगलियों को हिलाना या मटकाना। ऐसा स्त्रियां और जनखे किया करते हैं।

उंगली दिखाना : दोषी बताना, अपराधी की ओर संकेत करना।

उंगली पकड़ते/पकड़कर पौंहचा पकड़ना : थोड़ा-सा सहारा पाकर विशेष की प्राप्ति के लिए प्रयास करना।

उंगलियों पर गिने जा सकना : संख्या में बहुत कम होना।

अब उसके नामलेवा उंगलियों पर गिने जा सकते हैं। (अ० ला० ना०)

उंगलियों पर नचाना : इच्छानुसार काम कराना।

मैं इन दोनों को उंगलियों पर नचाऊंगा। (अ० रा०)

उंगली रखना : किसी की कृति में दोष दिखाना।

कुछ अन्य असाधारण संपर्कों के संकेत भी मुझे मिलते थे, पर मैं उन पर उंगली रख सकने में असमर्थ था। (बच्चन)

उखड़ी-उखड़ी बातें करना : सौजन्य/सौहार्द छोड़कर विरक्ति सूचक बातें करना।

उगल देना : रहस्य/भेद प्रकट कर देना।

पुलिस का डंडा पड़ते ही उसने सारा भेद उगल दिया।

उघड़कर नाचना : खुल्लमखुल्ला, लोकलज्जा छोड़कर, मनमाना व्यवहार करना।

उठ जाना : 1. मर जाना, इस संसार से विदा हो जाना 2. बंद हो जाना, समाप्त हो जाना। 3. खर्च हो जाना।

उठती जवानी : युवावस्था में प्रवेश, नवयौवन।

उठते-बैठते 1. हर समय/क्षण। 2. सरलता से।

उठते-बैठते मैं चार-छः रुपये पैदा कर लेता हूं। (अं० प्र० बा०)

उठल्लू का चूल्हा, या उठल्लू चूल्हा, या उठाऊ चूल्हा : निकम्मा, इधर-उधर फिरने वाला।

उठा लेना : 1. कोई बात वापिस लेना, जैसे मुकदमा उठा लेना, 2. किसी के मर जाने पर प्रायः लोग कहते हैं कि उसे ईश्वर ने उठा लिया।

उड़ जाना : 1. व्यय हो जाना।

सैकड़ों रुपये हर साल कर्मचारियों की नज़र-नियाज़ में उड़ जाते हैं।(प्रे०च०) 2. बिक जाना। उसका सब सामान दो दिन में उड़ गया। 3. शीघ्रतापूर्वक चला जाना। एक बार तो उन्होंने यहां तक सोच डाला कि नन्दराम की तरह वह भी जस्सो को लेकर कहीं उड़ जाय। (वि० ना० श० कौ०) 4. गायब हो जाना, न रह जाना। विनोद में दुःख उड़ गया। (प्रे० च०)

उड़ती खबर : अफवाह।

उड़ती चिड़िया पकड़ना या पहचानना : रहस्य की बात तत्काल जानना।

मैं उड़ती चिड़िया पहचानूं, उस चींटी की क्या हस्ती है? मुझ से ही भेद छिपाती है, देखो तो कैसी मस्ती है। (गु० भ० सिं०)

उड़न-छू हो जाना : चला जाना, गायब हो जाना।

एक दिन जो भी हाथ लगा वही लेकर वह उड़न-छू हो गई। (शि०)

उधार खाये बैठना या रहना : कुछ करने के लिए तैयार रहना।

दीन-दुखियों की सेवा और सहायता के लिए मानो वह उधार खाये बैठे थे। (त्र०)

उधेड़-बुन में पड़ना/रहना : फिक्र में रहना, चिन्ता करना।

खां साहेब सदैव इसी अधेड़-बुन में रहते थे कि इस शैतान को कैसे पंजे में लाऊं। (प्रे० च०)

उन्नीस-बीस का अन्तर/फर्क : थोड़ा-सा फर्क।

उफ़ तक न करना : चुपचाप कष्ट/व्यथा/चोट को सह लेना, सी तक न करना।

उबल पड़ना : दबा हुआ असन्तोष/क्रोध एकाएक प्रकट करना।

पापा ने मुझे बिल्कुल निर्लज्ज, आत्म-सम्मानहीन, विलास-लोलुप समझ रखा है, तभी तो ज़रा-सी बात पर उबल पड़े। (प्रे० च०)

उम्र ढलना : यौवनावस्था का उतार, जैसे—उम्र ढलने के साथ बहुत से व्यक्ति गम्भीर होने लगते हैं।

उलटा पाठ पढ़ाना : किसी को उलटी-सीधी बातें समझाकर बहकाना।

उलटी गंगा बहाना : अनहोनी बात करना, शिष्टाचार के विपरीत व्यवहार करना।

जब वृद्ध पुरुष ने सोमाहुति के चरण स्पर्श करने के लिए झुकना शुरू किया तब उन्होंने उन्हें उठाते हुए कहा, "गुरुदेव, कृपया उलटी गंगा न बहाएं।" (अ० ला० ना०)

उलटी माला फेरना : बुराई चाहना, अनिष्ट सोचना, किसी के अमंगल की कामना करना।

उलटी सांस लेना/चलना : जल्दी-जल्दी सांस लेना, मरने के निकट होना।

वह उलटी सांस ले रहा है और थोड़ी ही देर में देवताओं का प्यारा हो जाएगा। (रा० कु० त्रि०)

उलटी-सीधी जड़ना : झूठी शिकायत करना।

खिसियाई रूपा मामा से कहीं उलटी-सीधी न जड़े। (वृ० ला० व०)

उलटी-सीधी सुनना : डांट-फटकार सुनना।

अजी और क्या कहें, कभी घर में एक बीड़े पान के लिए भी चले जाते हैं तो वह दस-पांच उलटी-सीधी सुने बिना नहीं मिलता। (प्रे० च०)

उलटी-सीधी सुनाना : खरी खोटी सुनाना, डांटना-फटकारना।

लो, तुमने अब अकारण मुझे उलटी-सीधी सुनाना आरम्भ कर दिया। (इ० चं० जो०)

उलटे छुरे से मूड़ना : किसी को उल्लू बनाकर उससे धन ऐंठना या अपना काम निकालना।

प्रयाग राज में अगर मुंडन कराना है तो संगम तक जाने की जरूरत नहीं है।

स्टेशन पर ही पण्डे और मुस्तण्डे पुलिस वाले, फेरीवाले, कुली और रिक्शे-वाले गरीब गांव वालों को उलटे उस्तरे से मूंड देते हैं। (स० ना० जा०)

उलटे पाँव/पैर लौट जाना/वापस जाना : तुरन्त बिना ठहरे हुए लौट जाना।

टीटू की अम्मा की बात सुनकर उसका मन हुआ था कि उलटे पैरों लौट जाय। (म० भ०)

उलटे मुंह गिरना : दूसरे को नीचा दिखाने के प्रयास में स्वयं नीचा देखना।

उल्लू का पट्ठा : निपट मूर्ख।

क्या उपयोगिता है बच्चे की ? बुढ़ापे का सहारा ? अंधे की लकड़ी ? कौन बाप ऐसा उल्लू का पट्ठा है जो यह समझकर अपने बच्चे को प्यार करता है ? (अ० रा०)

उल्लू बनाना : बेवकूफ बनाना, मूर्ख बनाकर अपना स्वार्थ सिद्ध करना।

उल्लू बोलना : (किसी स्थान के सम्बन्ध में)—वीरान होना।

उल्लू सीधा करना : दे०—'अपना उल्लू सीधा करना।'

ऊ

ऊंच-नीच समझाना/सुझाना : भलाई-बुराई, लाभ-हानि समझाना/दिखाना या बताना।

ग़ज़नवी ने बहुत ऊंच-नीच सुझाया, लेकिन सलीम पर कोई असर नहीं हुआ। (प्रे० च०)

ऊंचा सुनना : कम सुनना, कुछ बहरा होना।

ऊंचे नीचे पैर पड़ना : गलती/अपराध/पाप होना, पर पुरुष/पर स्त्री से अवैध संबंध होना। स्वाभाविक था। (म० व०)

ऊंट के मुंह में जीरा : अधिक आवश्यकता वाले के लिए थोड़ा सामान।

एक लड्डू का तो मुझे कुछ पता ही नहीं चला। अच्छा लगने की वजह से वह बिल्कुल वैसे ही लगा जैसे ऊंट के मुंह में जीरा। (सुरेश सिन्हा)

ऊंट के गले में बिल्ली बाँधना : अनमेल काम करना।

अल्पवयस्क बालिकाओं का विवाह बहुत अधिक आयुवाले पुरुषों के साथ न होने दें क्योंकि ऊंट के गले में बिल्ली बांधने से राष्ट्र पतन की ओर अग्रसर होता है। (भु० च० गो०)

ऊपर की आमदनी : इधर-उधर से फटकारी हुई नाजायज रकम; वह प्राप्ति जो नियत स्रोत से न हो।

उन्होंने परिश्रम करके कोई 250) ऊपर से कमाये थे। (प्रे० च०)

ऊपरी मन से कुछ कहना/करना : केवल दिखावे के लिए कुछ कहना / करना,

सच्चे हृदय से न कहना/करना।

महेन्द्र कुमार ने ऊपरी मन से कहा—आपके आने की ज़रूरत नहीं है, मैं स्वयं भेज दूंगा। (प्रे० च०)

ऊल-जलूल बकना/बातें करना : अंट-शंट बोलना/बातें करना।

मनोहर, तुम सठिया गए हो, तभी तो ऐसी ऊल-जलूल बातें करते हो। (वि० ना० श० कौ०)

ऊसर में बीज बोना/डालना : निष्फल काम करना।

ऋ

ऋण उतारना/चुकाना : कर्ज अदा करना।

यह अपने घरवाले से लड़-झगड़ कर अपना ऋण उतारने आई है। (गु० द०)

ऋण चढ़ना : कर्ज होना/बढ़ना।

उसके ऊपर बहुत अधिक ऋण चढ़ गया है। (श० कु० त्रि०)

ऋण पटाना : धीरे-धीरे कर्ज अदा करना।

वह बहुत परिश्रमी व्यक्ति है। उसने धीरे-धीरे अपना सब ऋण पटा दिया।

ऋण भरना : कर्ज लौटाना, उपकार का बदला देना।

ए

एक आँख न भाना : तनिक भी अच्छा न लगना।

भाभी को अपनी देवरानी का यों रानी बने बैठे रहना एक आंख न भाता था। (उ० ना० अ०)

एक आँख से सबको देखना : सबके साथ समान व्यवहार करना।

एक आँख से हंसना और एक आँख से रोना : हर्ष और विषाद एक साथ होना।

एक आवे के बर्तन : एक ही कुटुम्ब, एक ही प्रकार के व्यक्ति।

एक-एक करके : 1. एक के पीछे दूसरा, धीरे-धीरे। 2. सबको अलग-अलग।

एक-एक रग जानना : भली-भांति परिचित होना।

एक और एक ग्यारह : संगठन में शक्ति बढ़ जाती है।

एक कलम : 1. बिल्कुल। 2. सब।

इस खेत में एक कलम ईख ही बो दी गई। (हि० श० सा०)

एक कान सुनना और/सुनकर/दूसरे कान से निकाल देना : (किसी बात पर) ध्यान न देना।

विभाग के अध्यापकों ने यह सूचना एक कान से सुनी और दूसरे से निकाल दी। (बच्चन)

एक की दो कहना : थोड़ी बात के लिए बहुत अधिक भला-बुरा कहना।
कड़ी बात तक चिन्ता नहीं, कोई एक की दो कह ले। (प्रे० च०)

एकटक देखना : बिना पलक गिराए देखते रहना, दृष्टि जमाकर देखना।
मग्गी उसे मुग्ध होकर, एकटक देखती रहती। (शि०)

एक तरफा डिग्री : वह डिग्री जो वादी की अनुपस्थिति में प्रतिवादी को या प्रतिवादी की अनुपस्थिति में वादी को, प्राप्त हो।

एक तीर से दो शिकार करना : एक युक्ति या साधन से दो काम करना।
इस बार उसने ऐसी बुद्धिमानी से काम किया कि उसके शत्रु पराजित हो गए और उसके मित्रों तथा सम्बन्धियों को अच्छे-अच्छे पद प्राप्त हो गए। इस प्रकार उसने एक तीर से दो शिकार कर लिए। (रा० कु० त्रि०)

एक ही थैली के चट्टे-बट्टे : एक ही प्रकार के लोग।
भगवती ने ज़रा व्यंग्य से कहा, "सब एक ही थैली के चट्टे-बट्टे हैं।" (त्र०)

एक-न-एक दिन : कभी-न-कभी।
एक-न-एक दिन मुझे भी विवाह करना ही पड़ेगा। (वि० स० खां०)

एक न चलना : कोई युक्ति सफल न होना।
भगवती ने बहुत तर्क-कुतर्क किया, पर प्रवीण के आगे उसकी एक न चली। (च०)

एक न चलने देना : कुछ न करने देना।
जज ने तो पुलिस का पक्ष करना चाहा था, पर डॉक्टर इर्फ़ान अली ने उसकी एक न चलने दी। (प्रे० च०)

एक न सुनना : कुछ भी ध्यान न देना।

एक पेट के : एक ही मां-बाप से उत्पन्न, सहोदर।

एक मुंह/स्वर से कहना/बोलना : एकमत होकर कहना।
सब लोग एक मुख से यही बात कहते हैं। (हि० श० सा०)

एक मुट्ठी अन्न को तरसना : गरीब होना।
बंगाल के अकाल में लोग एक मुट्ठी अन्न को तरस गए।

एकमुश्त : इकट्ठा।
जो कुछ देना हो एक मुश्त दीजिए, थोड़ा-थोड़ा करके नहीं। (हि० श० सा०)

एक लकड़ी/लाठी से हांकना : सबके साथ एक समान व्यवहार करना।
आप सबको एक लाठी से हांकना चाहते हैं। यह अनुचित है। आपको मित्र-शत्रु, योग्य-अयोग्य, तथा बुद्धिमान-मूर्ख का विचार करके व्यवहार करना चाहिए। (रा० कु० त्रि०)

एक सूत्र में बाँधना : संघटित करना, जोड़ना।

एक से इक्कीस होना : बढ़ना, उन्नति करना, फलना-फूलना, सम्पन्न होना।

एक से एक : एक से एक बढ़कर।

कलकत्ते में एक से एक भड़कीले प्रासाद हैं। (शि०)

एक से दिन न रहना : भाग्य में उलट-पलट होना, कभी धनी और कभी गरीब होना। दिन सदा किसी के भी एक-से नहीं रहते। (भ० दी०)

एक हज़ार एक : अनेक।

यों तो मेरी समझ में दुनिया की एक हज़ार एक बातें नहीं आतीं। (प्रे० च०)

एक ही कहना : अनोखी/विचित्र बात कहना।

एक ही कही। भला चिड़िया मारने में कौन-सी वीरता और क्षत्रीयपन है? (वि० ना० श० कौ०)

एक ही नौका में सवार होना : एक सदृश परिस्थिति में होना।

अब हम दोनों एक ही नौका में हो जाएंगे। (गु० द०)

एक ही सांचे में ढलना : समान होना, शकल-सूरत में एक-सा होना।

एड़ियां घिसना/रगड़ना : 1. एड़ियों को मल-मलकर धोना। 2. बहुत दिनों से क्लेश/बीमारी में पड़ा रहना। क्या बुरें-से-बुरे दुखों को सह, एड़ियां ही घिसा करेंगे हम। (अ० सि० उ०) 3. कहीं पर कई बार जाना।

लड़कीवालों को लड़केवालों के यहां एड़ियां घिसनी ही पड़ती हैं। (ब० ना० कपूर)

एड़ी-चोटी का जोर लगाना : कठिन परिश्रम करना।

एड़ी-चोटी का पसीना एक करना/बहाना : कठिन परिश्रम करना।

एहसान उतारना : जिसने उपकार किया हो उसका प्रत्युपकार करना।

अगर हमारे उन पर कुछ एहसान थे भी, तो आज उन्होंने सब उतार दिए। (भूषण वनमाली)

एहसान मानना : आभारी होना।

ऐ

ऐंठकर रह जाना : दिल मसोस कर रह जाना, लाचारी के कारण कोई काम न कर सकना, एकाएक मर जाना।

ऐरा-गैरा : मामूली आदमी।

बड़े-बड़ों को हम लोग ठीक कर लेंगे; और ऐरे-गैरों के लिए लठैत काफी हैं। (प्रे० च०)

ऐरा-गैरा नत्थू-खैरा : तुच्छ/मामूली आदमी जिसकी कोई हैसियत न हो।

ऐरे-गैरे पंच कल्यान : नीच, तुच्छ, मुफ्तखोर या बेकार आदमी; ऐसे आदमी जिनकी कोई इज्ज़त न हो।

ऐसा-वैसा : तुच्छ, साधारण ।

ऐसी की तैसी करना : अपमानजनक मुहावरा जो गाली देने के लिए प्रयुक्त होता है, अपमान करना ।

ऐसी की तैसी उनकी, बरात लौटा के ले जाना कोई हंसी-खेल है ? (अ० ला० ना०)

ऐसी तैसी में जाना : भाड़ में जाना, नष्ट होना, खीझ या उपेक्षा प्रकट करने के लिए प्रयुक्त ।

ओ

ओंठ चबाना/काटना : निचले ओंठ को दातों तले दबाकर क्रोध व्यक्त करना, ऐसा विवशता में होता है ।

ओखली में सिर देना या डालना : जान-बूझकर झंझट में फंसना, कष्ट और हानि सहने पर उतारू होना ।

उन्होंने पतलून ऊपर चढ़ाया, रूमाल से मुंह पोंछा और इस तरह हिरन को देखा मानो ओखली में सिर देने जा रहे हों । (प्रे० च०)

ओंठ काटना : दे० 'ओंठ चबाना ।'

स्त्री ने अपने ओंठ काट लिए । (ज० शं० प्र०)

ओर-छोर न मिलना : भेद का पता न चलना ।

तुम विचित्र आदमी हो; तुम्हारी योजनाओं का ओर-छोर नहीं मिलता । (रा० कु० त्रि०)

औ

औंधी खोपड़ी : उलटी बुद्धि, बुद्धिहीनता ।

मिट गए पर ऐंठ है अब भी बनी ।
है अज़ब औंधी हमारी खोपड़ी ।। (अ० सिं० उ०)

औंधे मुंह गिरना : बेतरह धोखा खाना !

औने के पौने करना : खरीदने के लिए दिए दाम में से कुछ पैसे चुरा लेना ।

उसे काट-कपट की आदत न थी, औने के पौने करना न जानता था । (प्रे० च०)

औने-पौने निकाल देना/बेचना : कम दाम पर या घाटा उठाकर बेचना ।

मैंने तो यही सोचा है कि कोई गाहक लग जाय तो एक्के को औने-पौने निकाल दूं । (प्रे० च०)

निदान प्रेमवती का चित्त वहां से ऐसा उचाट हुआ कि एक मास के भीतर सब सामान औने-पौने बेचकर मंझगांव चली गई। (प्रे० च०)

और का और होना : कुछ का कुछ होना, विशेष परिवर्तन होना। इस विमाता के आते ही हमारे पिता और के और हो गए।

और क्या : हां, ऐसा ही है।

और तो क्या : अन्य बातों का तो जिक्र ही क्या ?

और ही कुछ होना : सबसे निराला होना।

क

कंघी-चोटी करना : शृंगार करना, बनाव-सिंगार करना।

आज सवेरे से मेरी ही सेवा में लगी रही। नहलाया-धुलाया, कंघी-चोटी की, कपड़े-वपड़े पहनाये—सभी उसी ने किया।

कंचन/सोना बरसना : बहुत अधिक लाभ होना !

सुजान की खेती में कई साल से कंचन बरस रहा था। (प्रे० च०)

कंठ का हार/कंठहार होना/रहना : बहुत प्रिय होना/रहना !

मतिरामजी के 'रसराज' के समान पद्माकरजी का 'जगद्विनोद' भी काव्य-रसिकों और अभ्यासियों दोनों का कंठहार रहा है। (रा० च० शु०)

कंठ खुलना : मुंह से शब्द निकलना !

सुधीन्द्र के बहुत बार कहने पर सुधा का कंठ खुला। (च०)

कंठ फूटना : 1. वर्णों का स्पष्ट उच्चारण आरम्भ होना। तुम्हारे बच्चे का कंठ फूट रहा है। 2. मुंह से शब्द निकलना। 3. जवानी शुरू होने पर आवाज़ में परिवर्तन होना।

कंठी छूना : गुरु की दी हुई कंठी छूकर अर्थात् शपथ खाकर कुछ कहना।

मैं कंठी छूता हूं, मैंने उसे यहां नहीं देखा। (रा० कु० त्रि०)

कंठी देना : शिष्य बनाना।

दशाश्वमेघ घाट पर उन्होंने बहुतों को कंठी दी थी। (रा० कु० त्रि०)

कंठी बांधना : 1. गले में कंठी बांधकर शिष्य बनाना। 2. भक्त होने के चिह्न स्वरूप गले में तुलसी/रुद्राक्ष की कंठी पहनना।

कंठी लेना : 1. भक्त होना 2, मांस-मदिरा आदि छोड़ना।

कंधा डालना/डाल देना : हिम्मत छोड़ देना, हार मान लेना।

वह इतना साहसी है कि सरलता से कंधा नहीं डाल सकता। (रा० कु० त्रि०)

कंधा देना/लगाना : 1. सहायता करना। 2. लाश की अरथी कंधे पर रखना।

कंधे से कंधा छिलना : बहुत अधिक भीड़ होना।

कंधे से कंधा भिड़ाकर : मिलजुल कर काम करना।

नारियां, पुरुषों की भांति, दुर्ग की रक्षा-प्राचीर बनवाने में कंधे-से-कंधा भिड़ाकर सहायता दे रही थीं। (प्र० ना० श्री०)

कंपकंपी छूटना/दौड़ना : कांप जाना/डर के मारे शरीर कांपना।

ककड़ी-खीरा करना/समझना : तुच्छ समझना/बनाना।

तुमने हमारे माल को ककड़ी-खीरा दिया है। (हि० श० सा०)

कचहरी लगना : बहुत लोगों का एकत्र होना।

कचूमर निकलना : 1. अत्यधिक व्यय होना, बरबादी होना। 2. बहुत पिटना।

कचूमर निकालना : खूब पीटना।

कचूर होना : खूब हरा होना।

कच्चा करना : कपड़े का ढांचा तैयार करना।

कच्चा खा जाना/चबाना : 1. कठोर दण्ड देना।

नारायणी भी तो आनेवाली थी, कब आएगी ? उसे भी तो तेरी भाभी कच्चा ही चबा जायगी। (च०) 2. क्रोध के समय मार डालने की धमकी देना।

उसका बस चले तो मुझे कच्चा ही चबा जाए। (अ० रा०)

कच्चा चिट्ठा : ऐसा सविस्तार वर्णन जिसमें कोई बात छिपाई न गई हो।

कच्चा चिट्ठा खोलना/बताना/सुनाना : गुप्त बातों का उद्‌घाटन करना/बताना/सुनाना।

कच्चा जी/दिल : साहसहीन मन, विचलित होनेवाला चित्त।

कच्चा पड़ना : 1. सिटपिटाना।

हमें देखते ही वे कच्चे पड़ गए। (हि० श० सा०) 2. झूठा ठहरना।

यदि उन्हें रुपया न देंगे तो हमारी बात कच्ची पड़ेगी। (हि० श० सा०)

कच्चा बैठना : मरने के समय ऊपर और नीचे के दांतों का इस प्रकार मिल जाना कि वे अलग न हो सकें।

रोगी का कच्चा बैठ गया है; अब उसके बचने की आशा नहीं है।

कच्ची गोली खेलना : अनाड़ीपन/अनुभवहीनता का बर्ताव करना, ऐसा काम करना जिससे विफलता हाथ लगे।

आप शायद चाहते होंगे, जब आपको राजा साहब से रुपये मिल जाते तो आप मुझे दो हज़ार रुपये दे देते तो मैं ऐसी कच्ची गोली नहीं खेलता। (प्रे० च०)

कच्ची नींद जगाना/उठाना : जब नींद पूरी न हुई हो उस समय जगाना।

कच्ची पक्की बात कहना : भली-बुरी, गालियां।

बिना दो-चार कच्ची-पक्की सुने वह ठीक काम नहीं करता। (हि० श० सा०)

कच्ची बात : गाली।

कटकर रह जाना : अत्यन्त लज्जित होना।

चित्रकार ने प्रत्येक चित्र के मुख पर उसका व्यक्तित्व ऐसी कुशलता से अंकित कर दिया था कि लोग मन-ही-मन कटकर रह जाते थे। (प्रे० च०)

कट जाना : बहुत लज्जित होना।

जब मैं स्त्रियों के ऊपर दया दिखाने का उत्साह पुरुषों में देखती हूं तो जैसे कट जाती हूं। (ज० शं० प्र०)

कटा-कटा रहना : अलग-थलग रहना, विरक्त रहना।

कठपुतली की तरह नचाना : दूसरों से अपनी इच्छा के अनुसार काम कराना।

यही लोग उन बेचारों को कठपुतली की तरह नचा रहे हैं। (प्रे० च०)

कड़ाका होना : फाका होना।

प्रायः एक जून तो चबैने पर ही कटता था, दूसरे जून भी कभी आधा पेट भोजन मिला कभी कड़ाका हो गया। (प्रे० च०)

कड़ाके का जाड़ा : बहुत कड़ी सर्दी।

कड़ाही चढ़ना : पूरी-कचौड़ी तथा मिष्ठान आदि बनना।

कड़ी आंख रखना : पूरी निगरानी रखना।

कड़ी आंख से देखना : निर्दयता करना।

कोई उनकी ओर कड़ी आंख से नहीं देख सकता। (प्रे० च०)

कड़ुआ करना : धन/रुपया लगाना।

जहां इतना खर्च किया वहां दो रुपये और कड़ुए करेंगे। (हि० श० सा०)

कड़ुआ/कड़वा घूंट पीना : चुपचाप अपमान सह लेना।

कड़ुआ मुंह : कटुभाषी व्यक्ति।

खीरा को मुंह काटि के, मलियत लोन लगाय।
रहिमन कड़ुए मुखन को, चहियत यही सजाय॥ (र०)

कढ़ी का-सा उबाल : शीघ्र ही समाप्त हो जाने वाला जोश!

मैं उस पर विश्वास नहीं कर सकता, क्योंकि उसमें कढ़ी का-सा उबाल आता है।

कतरब्योंत से : हिसाब से, समझ-बूझकर।

वह ऐसी कतरब्योंत से चलते हैं कि थोड़ी आमदनी में अपनी प्रतिष्ठा बनाए हुए हैं। (हि० श० सा०)

कतरनी-सी जबान चलना : बिना अवसर और छोटे बड़े का विचार किए जो मन में उलटी-सीधी बात आवे उसको कह देना।

कतरा जाना/कतारकर निकल जाना : बचकर निकल जाना।

कथा बैठाना : दुर्गासप्तशती, रामायण, महाभारत आदि के पाठ करने की व्यवस्था करना।

उन लोगों ने ठाकुरद्वारे में श्रीमद्भागवत की कथा बैठाई है। (रा० कु० त्रि)

कदम उखड़ना : भाग जाना, हार मान लेना।

अन्त में दुश्मनों के कदम उखड़ गए।

कदम उठाना : 1. अग्रसर होना, आगे बढ़ना।

तारा ने गली में कदम रखकर दाएं-बाएं देखा कि किस ओर कदम बढ़ाए। (य० पा०)

2. कोई काम आरम्भ करना, कोई कार्रवाई करना।

कदम चूमना : गुरुजनोचित सम्मान करना, गुरु मान लेना।

अगर यह काम कर दो तो तुम्हारे कदम चूम लूं। (हि० श० सा०)

कदम छूना : 1. चरण स्पर्श करना, प्रणाम करना।

वह रोज़ सवेरे अपने माता-पिता के कदम छूता है।

2. शपथ खाना।

वह मेरे कदम छूकर कहने लगा कि मैंने रुपया नहीं चुराया है। (रा० कु० त्रि०)

3. विनती करना।

कदम निकालना : 1. घर से बाहर जाना।

कुछ समय तक दुल्हनें घर से कदम नहीं निकालतीं। (हौ० प्र० सिं०)

2. किसी की बात या राय से बाहर जाना। 3. घोड़े को कदम की चाल सिखाना।

सवार घोड़े को कदम निकाल रहा है।

कदम पर कदम रखना : ठीक पीछे-पीछे चलना, अनुकरण करना।

कदम पीछे हटाना : किसी काम से पीछे हटना।

जब कभी ऐसा अवसर आया है, मैंने कदम पीछे नहीं हटाया। (प्रे० च०)

कन्नी काटना : कतराकर/बचकर/ किनारे से निकल जाना।

कपाल क्रिया करना : जलते हुए शव के सिर को बांस से फोड़ देना। यह हिन्दुओं का एक परंपरागत कृत्य है।

कफन को कौड़ी न रखना : जो कमाना वह खर्च कर डालना।

कफन को कौड़ी न होना/रहना : अत्यन्त दरिद्र होना!

कफन फाड़ कर उठना : सहसा उठ बैठना।

कफन सिर से बांधना : मरने के लिए तैयार रहना।

वीर सैनिक अपनी मातृभूमि की रक्षा के लिए सदैव सिर से कफन बांधे रहते हैं। (रा० कु० त्रि०)

कबाब करना : जलाना, भूनना, बहुत दुःख देना।

यह किसे प्रकट नहीं है कि आपस की नाइत्तिफ़ाक़ी के बीज, दूसरे की तरक्की पर जलने ने ही हिन्दुस्तान को मुद्दत से कबाब कर रखा है। (बा० कृ० भ०)

कबाब में हड्डी : सुखोपभोग में बाधक होना !

एक बार तो मेरे जी में आया कि चलो लौट चलो, क्यों खामखाह किसी के कबाब में हड्डी बन रहे हो ? (अ० रा०)

कबाब होना : 1. जलना, भुनना।

कपड़े में आग लग जाने से उसका सारा शरीर कबाब हो गया।

2. क्रोध से जलना।

तुम्हारी बात सुनकर तो देह कबाब हो जाती है। (हि० श० सा०)

कब्र का मुंह झांक आना : मरते-मरते बचना।

कब्र में पांव लटकाना : मौत के निकट आना, वृद्ध या जर्जर होना।

अब मुझे अम्मा कब्र में पैर लटकाए दीख पड़ती थीं। (अ० बे० च०)

कभी कुछ कभी कुछ : एक ढंग पर नहीं, बदलते रहना।

उनका कुछ ठीक नहीं, कभी कुछ कभी कुछ। (हि० श० सा०)

कभी न कभी : किसी न किसी समय ।

यदि लगे रहोगे तो कभी न कभी अवश्य सफल हो जाओगे। (ब० ना० श०)

कमर कसना : तैयार होना, उद्यत होना।

उसने निश्चय किया कि वह कमर कसकर नए सिरे से अपना जीवन-संघर्ष आरम्भ करेगा। (सत्येन्द्र शरत्)

कमर खोलना : 1. आराम करना। 2. इरादा छोड़ना, संकल्प/विचार बदल देना। 3. हिम्मत हारना।

कमर टूटना : पहले जैसी शक्ति, उत्साह, साहस या सहारा न रहना।

उसने पति की पत रख ली। वे छूट तो गए, पर कमर टूट गई। (रा० रा० प्र० सिं०)

कमर तोड़ना : शक्ति, उत्साह या साहस समाप्त करना।

चार बेटे और पांच बेटियां किसी लखपति की कमर तोड़ने के लिए काफी हैं। (रा० रा० प्र० सिं०)

कमर पकड़ कर बैठ जाना : बहुत-सी विपत्तियों के पड़ने के कारण निराश और निरुत्साह हो जाना।

कमर बांधना : उद्यत/सन्नद्ध/तैयार होना।

तुम्हें देश पर मर-मिटने के लिए कमर बांधना है । (रा० रा० प्र० सिं०)

कमर सीधी करना : लेटकर थोड़ा आराम करना।

कमान चढ़ना/तानना : त्योरी में बल पड़ना, क्रुद्ध होना।

यों ही बे-बात की बात पर दोनों ओर से कमान चढ़ जाती। (रा० रा० प्र० सिं०)

कमान चढ़ाना : त्योरी चढ़ाना, क्रोध करना।

न जाने मैंने तुम्हारा क्या बिगाड़ा है कि सदैव मेरे ऊपर कमान चढ़ाये रहते हो। (रा० कु० त्रि०)

कमान से तीर निकल जाना : कोई काम, विशेषकर हानिप्रद काम हो चुकना।

उनको बोध हुआ, मगर कब ? जब तीर कमान से निकल चुका था, जब उनके वश में कुछ न रह गया था। (सु०)

कयामत ढाना/बरपा करना : घोर संकट उत्पन्न करना, उपद्रव करना।

करम फूटना : अभागा/भाग्यहीन होना, भाग्य बिगड़ना।

मेरे तो करम फूटे हैं ही। (रां० रा०)

करवट न लेना : किसी कर्त्तव्य का ध्यान न रहना; सन्नाटा खींचना।

करवट बदलना/लेना : 1. पल्टा खाना, और का और हो जाना। 2. दूसरी ओर घूमकर लेटना।

कल एंठना : किसी के दिल को किसी ओर फेरना।

तुमने तो ऐसी कल ऐंठ दी है कि अब वह किसी की सुनता ही नहीं। (हि० श० सा०)

कल पड़ना : चैन/आराम मिलना।

कल न पड़ना : वेचैन रहना।

कलई खुलना : रहस्य प्रकट होना, वास्तविक बात ज्ञात होना।

उन्हें सबसे विषम वेदना यही थी कि मेरे मनोभावों की कलई खुल गई। (प्रे० च०)

कलई खोलना : गुप्त रहस्य/ वास्तविकता प्रकट करना, भंडाफोड़ करना।

मैं मिस मालती से आपकी कलई खोलूंगा। (प्रे० च०)

कलम करना : 1. (पौधों आदि को) काटना, छांटना।

गुलाब के इन पौधों की कलम कर दो।

2. (सिर आदि को) काट देना।

"मैं प्राण-दंड हूं देता, कल की उस गुस्ताखी पर।"
"तो कलम अभी कर दीजे हाजिर है मेरा यह सर।" (गु० भ० सिं०)

कलम घिसना : लिखना।

कलम चलाना : 1. लिखना। 2. लेख आदि में संशोधन काट छांट या परिवर्तन करना।

कलम चूमना : शैली, लिखावट आदि की अत्यन्त प्रशंसा करना।

उसकी लिखावट कितनी सुन्दर है; जी चाहता है कि उसकी कलम चूम लूं। (रा० कु० त्रि०)

कलम तोड़ देना/तोड़कर रख देना : अत्यन्त अनूठा, मार्मिक या हृदयस्पर्शी वर्णन लिखना।

उनके भक्त पत्रकारों ने उनकी प्रशंसा में कलम तोड़कर रख दी थी। (शि०)

कलेजा उछलना : उद्वेग, आशंका आदि से दिल धड़कना।

वह रोमांचकारी दृश्य देखकर मेरा कलेजा उछलने लगा।

कलेजा कांपना : भय से विचलित होना, दिल दहलना।

कलेजा काढ़ना या निकालना : अत्यन्त क्लेश देना, मार्मिक पीड़ा पहुंचाना।

आंख तो आप काढ़ते ही थे,
अब लगे काढ़ने कलेजा क्यों? (अ० सिं० उ०)

कलेजा खाना : बहुत तंग/परेशान करना।

कलेजा छलनी करना : तानों, व्यंग्य-बाणों आदि से कलेजा छेद देना।

निन्दाओं ने सुशीला का कलेजा छलनी कर डाला। (प्रे० च०)

कलेजा छलनी होना : दुःख सहते-सहते हृदय जर्जर होना, कठोर वचन सुनते-सुनते अत्यन्त दुखी होना।

कलेजा छेदना : कड़वी, दुःखद और मर्मभेदी बातें कहना।

कलेजा जलना : दुःख से सन्तप्त होना, मानसिक पीड़ा होना।

इनके मारे कलेजा और भी जला करता है। (वि० ना० श० कौ०)

कलेजा टुकड़े-टुकड़े/टूक-टूक होना : शोक से हृदय विदीर्ण होना।

उसे ललाते देख टुकड़े के लिए।
आज कलेजा टुकड़े-टुकड़े हो गया। (अ० सिं० उ०)

कलेजा टूटना : हौसला पस्त होना, हिम्मत समाप्त होना।

इस बार फिर परीक्षा में फेल हो जाने के कारण उसका कलेजा टूट गया।

कलेजा ठंडा करना : शान्ति/सुख/हर्ष/सन्तोष प्रदान करना।

कलेजा ठंडा होना : शान्ति/सुख/हर्ष/सन्तोष प्राप्त होना।

कलेजा थर-थर करना : शरीर कांपना, हृदय दहलना।

कलेजा थामकर बैठ जाना/रह जाना : शोक के वेग को रोककर रह जाना, शिथिल और हतोत्साह होकर चुपचाप बैठ जाना।

कलेजा थाम लेना या पकड़ लेना : शोक के वेग को रोक लेना, पीड़ा/व्यथा को बाहर न आने देने के लिए दिल को पकड़ लेना।

झोंपड़े के द्वार पर बाप और बेटा दोनों एक बुझे हुए अलाव के सामने चुपचाप बैठे थे और अन्दर बेटे की जवान बीवी बुधिया प्रसव-वेदना से पछाड़ खा रही थी। रह-रहकर उसके मुंह से ऐसी दिल हिला देने वाली आवाज़ निकलती थी कि दोनों कलेजा थाम लेते थे। (प्रे० च०)

कलेजा दूना होना : साहस/उत्साह बढ़ना।

धनिया का कलेजा दूना हो गया। (प्रे० च०)

कलेजा धक-धक करना / कर उठना / धड़कना : भय से व्याकुल हो जाना,

दिल दहल जाना ।

मेरा कलेजा धक-धक कर उठा । (शि०)

कलेजा धक-से हो जाना : डर से स्तब्ध हो जाना, क्षण-भर के लिए हृदय की गति रुक जाना ।

कलेजा निकालकर धर/रख देना : 1. अति प्रिय वस्तु अर्पण कर देना । 2. जान दे देना ।

कलेजा निकालना/निकाल लेना : 1. बहुत दुःख देना । 2. प्राण ले लेना ।

कलेजा पक जाना : कटु वचन/व्यंग्य सुनते या दुःख सहते-सहते अधीर/विकल हो जाना ।

कलेजा पत्थर का करना : 1. भारी दुख सहने के लिए चित्त को नियन्त्रित करना । 2. निर्दयता का कोई काम करने के लिए चित्त को कठोर बनाना ।

कलेजा पसीजना : दया आना ।

उसका करुण क्रन्दन सुनकर सबका कलेजा पसीज गया । (रा० कु० त्रि०)

कलेजा फटना : मार्मिक वेदना होना, घोर दुःख होना ।

आज मज़दूरों की दशा पर उनका कलेजा फटता है । (प्रे० च०)

कलेजा बांसों/बल्लियों/हाथों उछलना : 1. आनन्द से चित्त प्रफुल्ल होना ।

पुत्र के विवाह के अवसर पर गुप्तजी का कलेजा बांसों उछलता था ।

2. भय, आशंका या मानसिक आघात से चित्त का धक-धक करना ।

अयोध्या की उदास तथा निर्जन गलियों को देखकर भरत का कलेजा बांसों उछलने लगा ।

कलेजा बैठना : घोर दुःख या ग्लानि होना, उत्साह मंद पड़ना, ।

यह याद करके मेरा कलेजा बैठा जा रहा है कि अब मैं आप लोगों के लिए कुछ भी न कर सकूंगा । (च०)

कलेजा मसोसना : अत्यधिक आन्तरिक वेदना/व्यथा होना । विवशता से चुप रह जाना ।

जाल्पा ने कहा—रोज़ हीले-हवाले करते हो; अच्छा, कल चन्द्रहार ला दोगे न ? रमानाथ का कलेजा मसोस उठा । यह चन्द्रहार के लिए इतनी विकल हो रही है ! इसे क्या मालूम कि दुर्भाग्य इसका सर्वस्व लूटने का सामान कर रहा है ! (प्रे० च०)

कलेजा मुंह को/मुंह तक आना : किसी कष्ट या व्यथा के कारण बहुत घबराना, व्याकुल होना ।

सोमा का दिल घबरा रहा था और कलेजा मुंह को आ रहा था । (य०)

कलेजा सन्न हो जाना : स्तब्ध हो जाना, होश उड़ जाना ।

एक दिन संयोगवश किसी लड़के ने पिंजरे का द्वार खोल दिया । तोता उड़

गया। महादेव ने सिर उठाकर जो पिंजरे की ओर देखा तो कलेजा सन्न से हो गया। (प्रे० च०)

कलेजा सुलगना : कठोर दुःख होना।

कलेजे का टुकड़ा : पुत्र।

वे अपने ही कलेजे के टुकड़े हैं। (य० पा०)

कलेजे के टुकड़े होना : शोक से हृदय विदीर्ण होना, अत्यन्त शोकाकुल होना।

कलेजे पर छुरी/बर्छी चलना : घोर शोक/सन्ताप होना, बातें चुभना।

कलेजे पर छुरी/बर्छी चलाना : घोर दुःख/सन्ताप देना, आघात पहुंचाना।

कलेजे पर पत्थर रखना : जी कड़ा करना।

यह सशंकिता विधवा अपने कलेजे पर पत्थर रखकर अपनी इस प्यारी संतान को त्याग देने के लिए बाध्य हुई। (अ० सिं० उ०)

कलेजे पर सांप लोटना : 1. व्यथा से बेचैन होना।

बहू को उस कुटिया से ऐसी ममता—ऐसा प्रेम हो गया था कि उस स्थान को छोड़ते उसके कलेजे पर सांप लोटने लगा। (च०)

2. ईर्ष्या से जल उठना।

रोहिणी का यह अनुराग देख-देखकर वसुमति के कलेजे पर सांप-सा लोट रहा था। (प्रे० च०)

कलेजे पर हाथ रखना : अपने दिल से पूछना।

ज़रा कलेजे पर तो हाथ रखो कि मैंने जो कहा वह ठीक है या नहीं। (गु० रा०)

कलेजे में आग लगना : 1. द्वेष होना, ईर्ष्या होना। 2. प्यास लगना। 3. शोक होना।

कलेजे में चुभना : दुःख देना।

यह शब्द उसके कलेजे में चुभ गए थे। (प्रे० च०)

कलेजे में डालना : समीप रखना।

कलेजे में पैठना/घुसना : किसी के मन की थाह लगाने के लिए उससे घनिष्ठता बढ़ाना।

कलेजे में बर्छी-सी चुभना/लगना : बहुत दुःख होना।

बिरजन के कलेजे में बर्छी-सी लग गई। (प्रे० च०)

कलेजे में भाले चुभना : बहुत दुःख होना।

तारा यह बातें सुनती तो उसके कलेजे में भाले चुभ जाते। (सु०)

कलेजे से लगाना : छाती/गले से लगाना।

कलेवर बदलना : 1. एक शरीर त्याग कर दूसरा शरीर धारण करना।

मृत्यु का अर्थ होता है आत्मा का कलेवर बदलना; इसलिए मृत्यु से भयभीत

नहीं होना चाहिए। (ल० ना० अ०)

2. एक रूप से दूसरे रूप में आना।

बुद्धू को कोट, पतलून और टाई में देखकर महेश बोला—आज तो अच्छा कलेवर बदल रखा है। (ल० ना अ०)

3. पुरानी मूर्ति के स्थान पर नई मूर्ति का स्थापित होना।

कलेवा करना : 1. प्रातःकाल का जलपान करना। 2. खा जाना, मार डालना।

कस में रखना : अधिकार या दबाव में रखना।

वह अपने बच्चों को कस में रखता है। (ह० शर्मा)

कसक निकालना : बैर या बदला चुकाकर शान्त होना।

कसक मिटाना : हौसला पूरा करना।

कसम उतारना : 1. नाम मात्र के लिए कोई काम करना। 2. शपथ का प्रभाव दूर करना।

कसम खाना : किसी बात के करने या न करने की प्रतिज्ञा करना।

भई वाह, लगता है, आज तुमने हंसने-बोलने की कसम खा ली हो। (शि०)

कसम खाने को : नाम मात्र को।

कसम देना/दिलाना/धराना/रखना : किसी-को-किसी शपथ द्वारा बाध्य करना।

पहले तो इच्छा हुई कि कह दूं वह जिन्दा है; पर तुमने कसम धरा दी थी। इससे मैंने नहीं कहा। (वि० ना० श० कौ०)

कसर न उठा रखना : किसी बात के करने में पूरी शक्ति, बुद्धि आदि लगा देना।

कसर निकालना : 1. बदला लेना। 2. कमी पूरी करना।

कसाई के खूंटे से बांधना : निर्दय मनुष्य के हाथों देना, क्रूर मनुष्य के साथ विवाह करना।

कसाला पड़ना : कष्ट होना!

कसौटी पर कसना : अच्छी तरह जांच करना, परीक्षा लेना।

निस्सन्देह कृष्ण भगवान् ने मुझे प्रेम-कसौटी पर कसा और मैं खोटी निकली। (प्रे० च०)

कहकहा मारना/लगाना : खूब जोर से हंसना।

कमला प्रसाद ने ज़ोर से कहकहा मारकर कहा—और ये सभाओं वाले क्या करेंगे? (प्रे० च०)

कहर टूटना : भारी विपत्ति पड़ना।

कहां का कहां : बहुत दूर।

कहां की बात : झूठी बात।

कहा-सुनी हो जाना : झगड़ा/वाद-विवाद होना।

प्रायः बच्चों के पीछे पति-पत्नी में कहा-सुनी हो जाती थी। (वि०ना०श०कौ०)

कहानी समाप्त होना : मृत्यु हो जाना।

जिस समय उसने जबरदस्ती मुझे अपनी विशाल भुजाओं में घेर लिया उस समय मैंने सोचा कि कहानी समाप्त हो गई।

कहीं का न रखना : किसी काम का न छोड़ना, निराश्रय कर देना।

आपने सारी जायदाद चौपट कर दी, हम लोगों को कहीं का न रखा। (प्रे० च०)

कहीं का न रहना : 1. बरबाद हो जाना, भारी हानि उठाना।

कांटा निकालना : बाधा या खटका दूर करना।

यह न समझो कि मैं अपने लिए, अपने पहलू का कांटा निकालने के लिए, तुमसे ये बातें कर रही हूं। (प्रे० च०)

कांटा बोना : अनिष्ट/बुराई करना।

मैं ऐसा पागल नहीं हूं कि जो मुझे कांटे बोये, मैं उसके लिए फूल बोता फिरूं। (प्रे० च०)

कांटे-सा/कांटे की तरह खटकना चुभना : खलना, दुःख देना।

कांटा होना : बहुत दुबला होना।

कांटे की तौल : ठीक-ठीक, न कम न अधिक।

कांटों पर लोटना : दुःख/व्यथा से तड़पना, बेचैन होना।

कांटों में घसीटना : 1. बहुत दुःख देना।

"हैं क्या किया!" चौंककर वह बोली, "आकर व्यर्थ दिखाया। कांटों में घसीट कर मुझको लज्जित बहुत बनाया।" (गु० भ० सिं०)

वह हाथ में आ जाता तो कांटों में ऐसा घसीटता कि उसे होश हो जाता।

2. योग्यता से अधिक प्रशंसा करके लज्जित करना।

कांव-कांव करना : शोरगुल करना, हल्ला मचाना।

बिरादरी का झंझट जो है, सारा गांव कांव-कांव करने लगेगा। (प्रे० च०)

काग़ज़ काला करना या रंगना : व्यर्थ कुछ लिखना।

काग़ज़ की नाव : अस्थायी/क्षणिक/न टिकने वाली वस्तु।

हमारा शरीर काग़ज़ की नाव है। अतएव इस पर गर्व नहीं करना चाहिए। (ब० ना० श०)

काग़ज़ी घोड़े दौड़ाना : लिखा-पढ़ी करना, केवल काग़ज़ी कार्रवाई करना।

आप क्या करते हैं, सिर्फ काग़ज़ी घोड़े दौड़ाते हैं। (अं० प्र० बा०)

काजल की कोठरी : कलंक का स्थान।

काटने/काटने को/काट खाने को दौड़ना : 1. चिढ़कर/क्रोधपूर्वक बोलना।

मैं तेरा क्या बिगाड़ लेता हूं जो काटने दौड़ती है? (प्रे० च०)

2. बहुत दुःखद प्रतीत होना।

जब वह लौटी तो सूना घर उसे एक बार फिर काट खाने को दौड़ा। (शि०)

काटे खाना : बहुत अप्रिय और दुःखद लगना।

काटो तो खून नहीं : स्तब्ध हो जाना, सन्न हो जाना।

मुझे काटो तो खून नहीं, तब क्या बात सचमुच ही यहां तक बढ़ गई थी? (शि०)

काठ का उल्लू : बज्र मूर्ख।

काठ का कलेजा : निर्दय हृदय।

उन लोगों का काठ का कलेजा होगा जो इतने गरीबों को बेकसूर फांसी पर चढ़वाए देते हैं। (प्रे० च०)

काठ मार जाना : 1. स्तब्ध/सुन्न/किंकर्त्तव्यविमूढ़ हो जाना।

यह सुनकर आभा को काठ मार गया। (च०)

काठ मारना : स्तब्ध हो जाना, हत्बुद्धि रह जाना।

काठ में पांव देना : जान-बूझकर बंधन/विपत्ति में पड़ना।

विवाह करके तुमने काठ में पांव दे दिया है।

कान उमेठना (या ऐंठना) : दण्ड या चेतावनी देने के लिए कान मरोड़ना।

कान करना : ध्यान देना, सुनना।

कान का कच्चा : बिना सोचे-विचारे दूसरों की बातों पर विश्वास कर लेने वाला।

पन्तजी ऐसे पहले महाकवि नहीं थे जो ऐसे मामलों में कान के कच्चे थे। (अज्ञेय)

कान काटना : चालाकी, धूर्तता आदि में किसी से बढ़कर होना।

मान गया बहू जी तुम्हें। वाह, क्या हिकमत निकाली है। हम सबके कान काट लिए। (प्रे० च०)

कान का परदा/के परदे फटना : बहुत शोर-गुल से परेशान होना।

कान खड़े होना : आशंका या खटका होने पर चौकन्ना या सतर्क होना।

बाबूजी के कान तब खड़े हुए जब ऊंची आवाज़ में इंस्पेक्टर की कुछ गालियां सुनाई पड़ीं। (कम०)

कान खाना/खा जाना : किसी बात को बार-बार पूछना, किसी चीज़ के लिए बार-बार तगादा करना, किसी बात को बार-बार कहना।

जब तब मिलने पर हम बन्धुवर डा० रामविलास शर्मा के कान खाने लगे। (अ० ला० ना०)

कान खोलकर सुनना : ध्यान या सावधानी से सुनना।

कान गर्म करना : दंड देना, कान उमेठना।

समाज में दो-चार ऐसी स्त्रियां बनी रहें तो अच्छा, पुरुषों के कान तो गर्म

करती रहें। (प्रे० च०)

कान देकर सुनना/कान देना : ध्यान से सुनना।

कान धरना : 1. ध्यान देना।

सदन मां-बापों की बातों पर कान न धरता, प्रायः सम्मुख विवाद करता। (प्रे० च०)

2. कोई बात न करने की प्रतिज्ञा करना।

मैं कान धरता हूं; ऐसा काम फिर कभी न करूंगा।

कान न दिया जाना : 1. कानों के लिए असहनीय शोर-गुल होना। 2. करुण क्रन्दन न सुना जाना, हृदय द्रवीभूत होना।

कान पकड़ना : 1. कान उमेठना।

आप मेरे बड़े भाई हैं। जब कभी मैं गलती करूं आप मेरे कान पकड़ सकते हैं।

2. किसी बुरे काम को फिर न करने की प्रतिज्ञा करना, तोबा करना।

कान पकना/पक जाना : एक ही बात सुनते-सुनते परेशान हो जाना।

कान/कानों पर जूं न रेंगना : बार-बार कहने पर भी बात को ध्यान में न लाना, अप्रभावित रहना, चुपचाप पड़े रहना।

बच्चे लाख चीखें, रोएं-चिल्लाएं, उस सहिष्णु जननी के कान पर कभी जूं नहीं रेंगती। (शि०)

कान-पूंछ दबाकर चला जाना : चुपचाप चला जाना, बिना विरोध किए टल जाना।

कान फूंकना : 1. गुरुमंत्र देना, दीक्षा देना। 2. कान भरना, बहकाना, किसी के मन में किसी के विरुद्ध कोई बात बैठा देना।

कान फटना : इतना अधिक शोरगुल होना जिससे कानों को तकलीफ हो।

कान फूटना : बहरा होना।

कान बंद कर लेना : ध्यान न देना।

गवर्मेन्ट कोई इतनी निर्बुद्धि नहीं है कि वह व्यवसायियों की सम्मिलित ध्वनि पर कान बन्द कर लें। (प्रे० च०)

कान बहना : कान में से पानी या पीब निकलना।

कान बहरे कर देना : एक ही बात बार-बार कहना जिससे श्रोता ऊब जाए।

कान बहरे होना : सुनते-सुनते ऊब जाना।

कान भरना/भर देना : किसी के मन में किसी के विरुद्ध कोई बात बैठा देना।

कान मलना : कान उमेठना, दण्ड देना।

माता ने पुत्री के कान मले।

कान में डाल देना : कह देना, बता देना।

अधिकारियों के कान में यह डाल दिया था कि नया मालिक अत्यधिक व्यवस्था प्रिय है। (अ० ल० ना०)

कान में तेल/रुई डालना/डालकर बैठना : 1. सुनकर भी ध्यान न देना।

अधिकारी कान में तेल डाले बैठे हैं। (अ० ल० ना०)

2. बेखबर या लापरवाह रहना।

तमाम सरकारी महकमे जो साल भर कान में तेल डाले सोते पड़े रहते हैं, 31 मार्च पास आते ही ऐसे भड़भड़ाकर जागते हैं कि जैसे अर्थी पर का मुर्दा यक-ब-यक जाग उठे। (अ० रा०)

कान/कानों में पड़ना : सुनाई पड़ना।

उसी समय ऊपरी तल्ले से अत्यन्त क्षीण कंठ के कराहने की ध्वनि उनके कानों में पड़ी। (ह० प्र० द्वि०)

कान में बात डालना : किसी से कोई बात कहना या बता देना।

इस महान् दुख को आज मैंने उजागर हो स्वामी के सामने निवेदन किया है, उनके कान में बात डाल दी है। (प्रे० च०)

कान लगना : कुछ सुनने के लिए इच्छुक रहना।

कान लगाकर सुनना : ध्यान से सुनना।

कान लगाना : ध्यान से सुनना।

मैं खम्भे की ओट रहकर आगे की बातों पर कान लगाए रहा। (अज्ञेय)

काना-फूसी करना : 1. चुपके-चुपके/बहुत धीमे-धीमे बातें करना।

कुछ लोग आपस में काना-फूंसी कर रहे थे, माया शंकर कितना भाग्यवान लड़का है। (प्रे० च०)

2. चुपके-चुपके निन्दा करना, गुप्त परामर्श/षड्यन्त्र करना।

कानी कौड़ी न होना : अकिंचन होना, कुछ भी न होना।

कानून अपने हाथ में लेना : कानून की परवाह न करके स्वेच्छानुसार काम करना।

लोग पागल हो जाते हैं और कानून अपने हाथ में ले लेते हैं।

कानों-कान खबर न लगना या होना : किसी को ज्ञात न होना।

सब काम ऐसी उस्तादी से होगा कि कानों-कान किसी को खबर न पड़ेगी। (च० से०)

कानों पर हाथ धरना / रखना : 1. किसी बात को करने से बिल्कुल इन्कार कर देना, अत्यन्त बुरा समझना।

2. आश्चर्य प्रकट करना, दंग रह जाना।

बेटा, तुम तो बिना सिखाए ही ऐसा अच्छा गा लेते हो। तुम्हें तो मैं थोड़े ही दिनों में ऐसा बना दूंगा कि अच्छे-अच्छे उस्ताद कानों पर हाथ धरेंगे। (प्रे० च०)

कानून छांटना/बघारना : व्यर्थ की दलीलें देना, निरर्थक तर्क उपस्थित करना।

कानों में उंगली/उंगलियां डालना : किसी बात को न सुनने का प्रयास करना, सुनने की इच्छा न होना।

काफिया तंग करना : बहुत परेशान करना।

काफिया तंग होना : बहुत परेशान होना।

तुम तो दिल्लगी करती हो और यहां काफिया तंग हो रहा है। (प्रे० च०)

काफिया मिलाना : 1. छंद में तुक मिलाना, 2. एक-सी दो बातें, गुण या उदाहरण, 3. किसी के समान बनना या बनाना।

काफूर हो जाना : एकाएक गायब हो जाना।

द्वारकादास की नैराश्य उत्पादक दशा से तारा की कठोरता काफूर हो गई। (सु०)

काम आना : 1. वीरगति प्राप्त करना, युद्ध क्षेत्र में मारा जाना। 2. उपयोगी होना। 3. सहायक सिद्ध होना।

काम उठाना : काम करने का ज़िम्मा लेना।

जन सेवक प्रभु सेवक को दिखा देना चाहते थे कि मैंने तुम्हारे ही बल-बूते पर यह काम नहीं उठाया है। (प्रे० च०)

काम करना : गुण या प्रभाव दिखाना, सफल होना।

हमारी यह उक्ति काम कर गई। (अ० ला० ना०)

काम का : उपयोगी।

काम चलना : 1. काम पूरा होना, प्रयोजन सिद्ध होना। 2. काम जारी रहना। 3. गुजर-बसर होना।

काम तमाम करना : मार डालना।

काम निकलना : प्रयोजन सिद्ध होना।

काम पड़ना : आवश्यकता होना।

काम पड़ना (किसी से) : किसी से पाला पड़ना, किसी प्रकार का सम्बन्ध या व्यवहार होना।

काम से काम रखना : अपना काम करना और व्यर्थ की बातों में न पड़ना।

कामधेनु होना : हर इच्छा को पूरी करने का साधन होना।

कायल करना : तर्क आदि के द्वारा किसी को अपनी बात मना लेने को बाध्य करना।

उनके मन में मंत्र की बात बैठ गई थी और तर्क द्वारा उन्हें कायल करना कठिन था। (प्रे० च०)

कायल होना : किसी व्यक्ति की योग्यता, शक्ति, गुण आदि का लोहा मानना।

काया पलट जाना/काया पलट हो जाना : रूप, गुण, दशा, स्थिति आदि पूर्णतया

बदल जाना, और का और हो जाना।

अभी यह मेरे साथ बैठा हुआ कैसी-कैसी बातें कर रहा था। इतनी ही देर में इसकी ऐसी कायापलट हो गई कि मेरी जड़ खोदने पर तुला हुआ है। (प्रे० च०)

कारूं का खजाना : कुबेर का कोष, अतुल धनराशि।

काल का कलेवा होना/बनना : मौत का कौर होना, मरणशील होना।

काल की भेंट होना : मरना !

एक-एक करके मेरी दो सन्तानें काल की भेंट हो चुकीं। (म० प्र० यो०)

काल के गाल/मुंह में जाना : मरना।

काला चोर : बहुत भारी चोर; बुरे से बुरा आदमी।

कसम खा चुका हूं कि यह रकम चाहे आप दें चाहे काला चोर। (प्रे० च०)

काला धन : बेईमानी और तस्करी आदि से पैदा किया हुआ धन।

मैं उनके काले धन का हिसाब रखा करता था। (गु० द०)

काला नाग : बहुत हानिकर व्यक्ति या वस्तु।

काला पानी होना : देश निकाले का दण्ड मिलना; दण्ड रूप में अंडमान और निकोबार द्वीप में भेजा जाना।

काला बाजार : वह बाजार जहां चोरी और तस्करी आदि की चीजों का क्रय-विक्रय होता है।

आजादी के बाद आया फूट, असंगठन, विलास, व्यभिचार, लूट, डाके, खून और काले बाजार का जमाना। (अ० ला० ना०)

काला मुंह : कलंकित चेहरा।

कालिख पोतना : कलंकित करना।

अब मेरी जान बख्शो मालती क्यों मेरे मुंह में कालिख पोत रही हो? (प्रे० च०)

काली नागिन : भयानक स्त्री।

काली भेड़ : गद्दार आदमी, जो व्यक्ति अपने साथियों को धोखा देकर शत्रुओं से मिल जाय।

काले कोसों : बहुत दूर।

सुबह दस बजे इसे तरकारी लाने के वास्ते भेजा था और वह भी काले कोसों नहीं। (अ० ला० ना०)

काले पानी भेजना/काले पानी की सज़ा देना : देश निकाले का दंड देना, अंडमान द्वीप में भेजना जहां पहले आजीवन कैद का दंड पाने वाले अपराधी भेजे जाते थे।

काशी करवट लेना : 'काशी करवट' नामक काशी में एक तीर्थ-स्थान है जहां

प्राचीन काल में लोग आरे के नीचे कटकर प्राण देना बहुत पुण्य समझते थे। इससे 'काशी करवट लेना' का अर्थ 'कठोर-से-कठोर दुःख सहना' होता है।

कितने पानी में है : स्थिति, योग्यता या औकात।

किताब/किताबों का/किताबी कीड़ा : जो मनुष्य केवल पुस्तक पढ़ता रहता हो, जिसके पास केवल किताबों का ज्ञान हो, बुद्धि तथा अनुभव न हो।

मेरे जैसे किताब के कीड़े को कौन औरत पसन्द करेगी? (प्रे० च०)

किधर आया, किधर गया : किसी के आने-जाने की कुछ भी खबर न होना।

किनारा करना : अलग होना, दूर होना।

किनारा खींचना : दूर हटना, सम्बन्ध-विच्छेद करना।

किनारे न जाना : अलग/दूर रहना; बचना!

किनारे न लगना : दूर रहना, कार्य पूर्ण होना।

किनारे बैठना : अलग होना/रहना।

किनारे रहना : दूर रहना, बचना।

किनारे लगना : समाप्त होना।

किनारे लगाना : काम पूरा करना।

किरण फूटना : सूर्योदय होना। अस्त होना।

किर-किरी होना : किसी के सामने अप्रतिष्ठा होना, अपमान समझना।

किला फतह करना : अत्यन्त कठिन काम करना।

यह कहकर मानों उन्होंने किला फतह कर लिया। (च०)

किल्ला गाड़ कर बैठना : अटल होकर बैठना।

किल्ली घुमाना/ऐंठना : युक्ति लगाना, उपाय करना।

किस खेत का बथुआ/की मूली : तुच्छ, नगण्य।

किस मर्ज की दवा : कौन-सा काम करने के लिए उपयुक्त।

किस मुंह से : अपनी हीनता, अयोग्यता आदि का विचार करके। अपने को दीन-हीन समझते हुए।

बहू से अब वह कहती भी तो किस मुंह से? (श०)

किस लेखे में : नगण्य, तुच्छ।

किसी का खून पीना : किसी को मार डालना या कठोर से कठोर दंड देना।

किसी का नमक खाना : किसी के सहारे या अधीन होकर अपनी जीविका कमाना।

किसी की आ बनना : किसी को लाभ उठाने का अच्छा अवसर मिलना।

किसी की चलना : 1. गुजर होना। 2. किसी का प्रभाव या अधिकार होना।

किसी की मरम्मत करना : किसी को पीटना।

कई आदमी आमादा थे कि सुबह होते ही जेलर साहब की मरम्मत की जाय। **(प्रे० च०)**

किसी की लाली रखना : किसी की प्रतिष्ठा/सम्मान की रक्षा करना।

भारत-भूमि हाय ! वीरों से हुई एकदम खाली;
क्या कोई न रहा, जो रखता अपने कुल की लाली। (रा० च० उ०)

किसी के आगे पानी भरना : किसी की तुलना में अति तुच्छ होना, फीका पड़ना।

उन पांच दिनों क्या ठाट रहते हैं वोटर के, बारात का दूल्हा भी उसके आगे पानी भरे। (अ० रा०)

किसी के कंधे से बंदूक चलाना : दूसरे के द्वारा कोई काम कराना।

किसी के घर में आग लगाकर अपना हाथ सेकना : अपने काम के लिए दूसरों को भारी हानि पहुंचाना।

डाक्टर साहब उन लोगों में हैं जो दूसरों के घर में आग लगाकर अपना हाथ सेकते हैं। (प्रे० च०)

किसी के आगे दुम हिलाना : किसी की खुशामद करना।

किसी के नाम पर थूकना : किसी को भला-बुरा कहना।

किसी के नाम पर रोना : 1. किसी चीज़ का प्रयोग न होना। 2. उदास, शोभाहीन, बेरौनक होना।

किसी के पीछे दीवाना होना : अत्यन्त प्रेमासक्त होना।

किसी के बल/जोर पर कूदना : किसी का सहारा पाकर बढ़-बढ़कर बातें करना।

किसी के लिए कुआं खोदना : किसी को हानि पहुंचाने की चेष्टा करना।

किसी की ढाल बनना : संकट-काल में किसी की रक्षा करना।

किसी के लिए प्राण/जान देना : किसी से अत्यधिक प्रेम/स्नेह करना।

माताजी हमारे लिए प्राण देती थीं।

किसी के साथ मुंह काला करना : किसी के साथ व्यभिचार करना।

सारा दोष बुढ़िया का है, अरे दिन-दहाड़े जो यह डाक्टरनी उसके बेटे के साथ मुंह काला किए फिर रही है, उससे अच्छा यह नहीं है कि इसे बहू बना ले ? (शि०)

किसी के सामने/आगे आंखें उठाना : मुंह ऊंचा करना, बराबर देखना।

मेरी आंखें उनके सामने कैसे उठेंगी ? (प्रे० च०)

किसी के सिर देवता/प्रेत आना : किसी के ऊपर देवता/प्रेत का प्रभाव/आवेश होना।

कोई देवता तो अनूप के सिर आता ही है, लक्ष्मी तक को उसने बस में कर रखा है। (वृ० ला० व०)

किसी के सिर सेहरा बंधना : किसी को (किसी काम को करने का) श्रेय मिलना।

उन्हें लगा कि तीन राज्यों के आतंक रूपी दस हजार इनाम के इश्तहारी डाकू

और उसके गिरोह को पकड़ने का सेहरा आज अवश्य ही उनके सिर बंधेगा। (अ० ला० ना०)

किसी के हाथ बिकना : किसी के अधीन/वश होना, अत्यन्त आभारी होना।

किसी को थूकना : धिक्कारना, भला-बुरा कहना।

किसी को देखकर जीना : किसी से अत्यधिक स्नेह करना।

किसी को न गिनना : सबको तुच्छ/नगण्य समझना।

इस सफलता से मनीराम का सिर फिर गया था। वह किसी को न गिनता था। (प्रे० च०)

किसी को नचाना : किसी से अपनी इच्छा के अनुसार काम कराना।

इसी मंत्र से मैं उसे नचाया करता हूं। (प्रे० च०)

किसी को पड़ना : रूप-रंग, प्रकृति आदि में किसी के समान होना।

किसी को बनाना : किसी को बेवकूफ बनाना, हंसी उड़ाना।

किसी को भरना : किसी के मन में ऐसी बात बैठाना कि वह अन्य किसी व्यक्ति का विरोधी हो जाय।

किसी को मूड़ना : किसी को ठगना / धोखा देना।

किसी खूंटे से बांधना : किसी के साथ विवाह करना।

तेरी दीदी तो ऐसी गऊ है जिसे हमें ही किसी खूंटे से बांधना होगा। (शि०)

किसी खेत की मूली न समझना : बहुत तुच्छ/नगण्य समझना।

मैं आपको किसी खेत की मूली नहीं समझता।

किसी के गीत गाना : किसी व्यक्ति/वस्तु की प्रशंसा करना।

किसी चीज/काम आदि का नाम न लेना : कभी न करना।

फिर इधर आने का नाम न लेना। (प्रे० च०)

किसी चीज पर लात मारना : किसी वस्तु को तुच्छ समझकर छोड़ देना, उपेक्षा/घृणा करना।

किसी-न-किसी : एक न एक।

किसी पर आ बनना : किसी पर विपत्ति पड़ना।

किसी पर क्रोध/गुस्सा उतारना : क्रोध एक व्यक्ति पर हो और दूसरे को डांट-फटकार कर या दंड देकर अपने दिल को शान्त करना।

किसी पर जाना : किसी के अनुरूप रूप-रंग या शील-स्वभाव होना; दे० 'किसी को पड़ना।'

किसी पर जी/तबियत आना : आशक्त होना।

किसी पर बरस पड़ना : एकाएक किसी से क्रोधपूर्ण बातें करना।

उनके जाते ही वह अपनी मां पर बरस पड़ी। (शि०)

किसी पर बीतना : किसी पर विपत्ति पड़ना।

किसी पर मरना : किसी पर जान देना, किसी से अत्यधिक प्रेम करना।

किसी पर हाथ छोड़ देना : किसी को मारना-पीटना।

कभी-कभी हरसिंह मानी पर हाथ छोड़ देता था। (य० पा०)

किसी से अच्छी तरह समझना : किसी से खूब बदला लेना, किसी को भली भांति दण्ड देना।

किसी से जी फिरना : किसी से विरक्त हो जाना।

किसी स्थान पर गीदड़ बोलना : किसी स्थान का निर्जन या उजाड़ हो जाना।

किसी से कुछ लेना-देना : किसी से कोई सरोकार रखना।

विवेक, तुम्हें किसी से क्या लेना-देना है?

किस्मत आजमाना : कोई काम करके देखना कि शायद उसमें सफलता मिल जाय।

किस्मत का धनी : भाग्यशाली।

किस्मत का फेर : अभाग्य, दुर्भाग्य, जमाने का उलट-फेर।

किस्मत का फेर देखिए, जो राजा थे वे रंक हो गए और जो रंक थे वे राजा हो गए।

किस्मत का मारा : अभागा।

किस्मत का लिखा : जो भाग्य में बदा हो।

किस्मत को/पर रोना : दुर्भाग्य पर शोक करना।

किस्मत खुलना/चमकना/जागना : बढ़ती/ उन्नति के दिन आना।

किस्मत ठोंकना/ठोंककर रह जाना : अपने दुर्भाग्य पर शोक करना।

किस्मत लड़ना : 1 भाग्य की परीक्षा होना।

इस समय कई आदमियों की किस्मत लड़ रही है, देखें पुरस्कार किसे मिलता है। (हि० श० सा०)

2. भाग्य खुलना। उनकी किस्मत लड़ गई, तभी तो वे इतने ऊंचे पद पर पहुंच गए। (हि० श० सा०)

किस्सा खतम/तमाम/पाक हो जाना : 1. झगड़ा समाप्त होना। 2. किसी वस्तु का समूल नष्ट हो जाना। 3. मर जाना।

कीचड़ उछालना : कलंकित या बदनाम करना, निन्दा करना।

कुछ नादान लोग मुझको अभारतीय कहकर मेरे ऊपर कीचड़ उछालते हैं। (अ० रा०)

कीचड़ में फंसना : झंझट/संकट/कठिन परिस्थिति में पड़ना।

कीड़े काटना : बेचैनी होना, जी उकताना।

दस मिनट पढ़ने के बाद उसे कीड़े काटने लगते हैं। (सुधाराय)

कीड़े पड़ना : 1. सड़ी हुई चोट या फोड़े में कीड़े पैदा हो जाना। 2. दोष/खराबी/ऐब होना।

क्या इस चीज में कीड़े पड़े हैं जो आप इसे नहीं खरीदना चाहते ?

कीड़े लगना : कीड़ों का किसी वस्तु को खाना या नष्ट करना।

कुआं खोदना : 1. दूसरों की बुराई या अहित का सामान करना। 2. रोजी के लिए परिश्रम करना।

कुआं/कुएं झांकना : बहुत जगह खोजना।

कुएं का मेंढ़क/कूप मंडूक : बहुत अल्पज्ञ या कम अनुभव का व्यक्ति।

कुएं पर से प्यासा आना/लौटना/लौट आना : ऐसे स्थान पर पहुंचकर भी निराश लौटना जहां कार्य के सिद्ध होने की पूरी आशा रही हो।

कुएं में कूदना : विपत्ति/संकट/जोखिम का काम करना।

कुएं में डाल देना/ढकेलना : जन्म नष्ट कर देना।

कुएं में बांस डालना : बहुत खोज करना।

उसके लिए कुओं में बांस डाले गए, पर उसका पता नहीं चला।

कुएं में भांग पड़ना : सबकी बुद्धि मारी जाना, सबका पागल / मूर्ख जैसा व्यवहार करना।

कुएं में/से बोलना : इतने धीमे बोलना कि सुनाई न पड़े।

कुछ उठा न रखना : यथाशक्ति प्रयत्न करना।

तुम्हें न्याय मिले इसके लिए मैंने कुछ उठा नहीं रखा था।

कुछ ऐसा-वैसा : 1. साधारण, मामूली, तुच्छ। 2. गड़बड़।

डर है कि वह कहीं कुछ ऐसा-वैसा न कर बैठे।

कुछ कर देना : जादू-टोना कर देना।

प्रतीत होता है कि किसी ने उस पर कुछ कर दिया है।

कुछ कहना : अपशब्द/कटु वचन कहना, गाली देना।

जान पड़ता है कि आपको किसी ने कुछ कह दिया है।

कुछ कहते न बनना : कुछ कहा न जाना।

कुछ का कुछ : और का और, विपरीत।

कुछ पल्ले न पड़ना : कुछ न मिलना, कुछ समझ में न आना।

कुछ/कोई बात होना : कुछ/कोई रहस्य होना।

भगवती ने कहा, "कुछ बात तो जरूर है।" (च०)

कुछ लेना न देना : कोई प्रयोजन न रखना।

कुछ हाथ न आना : कुछ लाभ/प्राप्ति न होना।

कुछ हो : चाहे जो हो, प्रत्येक परिस्थिति में।

कुछ हो जाना : 1. शारीरिक विकार, रोग, दुर्घटना, प्रेत बाधा आदि हो जाना।

उसे लगता था कि पुत्री के लौटने तक निश्चय ही उसे कुछ हो जाएगा। (शि०)

कुट्टी करना : साथ छोड़ना, अलग होना।

कुत्ता काटना : पागल होना।

क्या हमें कुत्ते ने काटा है जो हम इतनी रात को वहां जाएंगे ? (ब० च०)

कुत्ते की चाल जाना, बिल्ली की चाल आना : बहुत जल्द जाना-आना।

कुत्ते की नींद सोना : ऐसा सोना कि थोड़ी-सी आवाज से नींद खुल जाय।

कुत्ते की मौत मरना : अत्यन्त दुर्दशा भोगते हुए मरना।

कुप्पा होना/हो जाना : 1. फूल जाना, सूजना। 2. मोटा होना। 3. रूठना। 4. अत्यन्त प्रसन्न होना।

जिस समय वह परीक्षा में पास होने की बात सुनेगा फूलकर कुप्पा हो जाएगा। (ब० च०)

कुबेर का कोष/खजाना/धन : अतुल धनराशि।

कुम्हड़े की बतिया : कोमल और अशक्त व्यक्ति।

कुरसी देना : सम्मान करना।

बड़े-बड़े हाकिम उसे कुरसी देते हैं। (ब० च०)

कुल का दीपक बुझना : निर्वंश होना। (ल० ना० मि०)

कुल्हिया में गुड़ फोड़ना : छिपाकर काम करना।

कुश्ती खाना : कुश्ती में हार जाना।

कुश्ती मारना : कुश्ती जीतना।

कुहराम मचना : हाहाकार मचना, कई आदमियों का एक साथ रोना-पीटना।

कुहराम मचाना : हाहाकार मचाना, अशान्ति फैलाना।

कूच कर जाना : मर जाना; चल देना।

कूच का डंका/नक्कारा बजाना : सेना का युद्ध के लिए प्रस्थान करना/रवाना होना।

कूच बोलना : प्रस्थान की आज्ञा देना, रवाना हो जाना।

कूट-कूट कर भरा होना : गुण, दोष आदि से भरा होना/की अधिकता होना।

कूप मंडूक : सीमित ज्ञान और अल्प अनुभव का मनुष्य; दे० 'कुएं का मेंढक।'

केंचुल बदलना : रूप, वस्त्र, व्यवहार बदलना।

कैफियत तलब करना : कारण पूछना। अपने अधीनस्थ अधिकारी से यह पूछना कि अमुक काम कैसे बिगड़ा अथवा उसने ऐसा कदाचार क्यों किया।

कोई उपाय उठा न रखना : यथाशक्ति सब उपायों से काम लेना, कड़ा-से-कड़ा परिश्रम करना।

कोई चीज है : बहुत महत्त्वपूर्ण वस्तु है।

लड़कियों के विवाह में साल-दो साल का विलम्ब हो जाता है, तो चारों ओर हंसी होने लगती है। लड़कों का विवाह कभी न हो तो भी कोई नहीं हंसता।

लोकरीति भी तो कोई चीज है। (प्रे० च०)

कोई-न-कोई : यह नहीं तो वह, एक नहीं तो दूसरा।

कोई बात उठा न रखना : यथाशक्ति सब उपायों से काम लेना, दे० 'कोई उपाय उठा न रखना।'

कोई बात नहीं : कोई चिन्ता/परवाह नहीं।

कोई बात होना : मामला/घटना/रहस्य होना।

कोख उजड़ना : सन्तान मर जाना।

कोख की आंच : सन्तान का वियोग।

कोख खुलना : बच्चा पैदा होना, बन्ध्यात्व दूर होना।

कोख बंद होना/मारी जाना : गर्भ न रहना, सन्तान न होना।

कोख भरना : बच्चा पैदा होना।

कोख-मांग से भरी-पूरी रहना : पुत्र तथा पति का सुख प्राप्त होना।

कोठा बिगड़ना : अपच/ बदहजमी होना।

कोठा साफ होना : पेट साफ होना।

कोठी खोलना : लेन-देन का काम शुरू करना, आढ़त की दुकान खोलना।

कोठी चलना : लेन-देन का व्यवहार होना।

कोठी बैठना : दिवाला निकलना।

कोठे पर बैठना : वेश्या का पेशा करना; दे० 'बाजार में बैठना।'

कोठों में चित्त भरमाना : अनेक प्रकार की आशंकाएं होना।

तुम्हारे चले जाने पर मुझे बहुत चिन्ता हुई, न जाने कितने कोठों में चित्त भरमा। (हि० श० सा०)

कोढ़ में खाज : दुख पर दुख, संकट पर संकट।

कोदों दलना : किसी को दिखाकर उसे जलाने के काम करना।

कोदों देकर पढ़ना/सीखना : अधूरी/गलत/बेढंगी शिक्षा पाना।

कोना-कोना ढूंढ़ना : हर जगह ढूंढ़ना, बहुत अधिक ढूंढ़ना।

कोना झांकना : किसी बात के पड़ने पर भय या लज्जा से जी चुराना।

कोर-कसर न रखना : हर सम्भव प्रयास करना।

वह भिन्न-भिन्न प्रकृति और संस्कृति की इन युक्तियों को संघर्ष से बचाने और प्रेम से रखने में कुछ कोर कसर न रखती थी। (च०)

कोर दबना : 1. दबाव/वश में होना।

मैंने हमेशा फटकार बताई है, तभी तो मुझसे लालाजी की कोर दबती है। (प्रे० च०)

2. किसी के सामने/हल्का/फीका पड़ना।

कोरा जवाब देना : साफ इन्कार करना।

अगर सोफिया को क्लर्क से प्रेम न था, तो क्या वह उन्हें कोरा जवाब न दे सकती थी ? (प्रे० च०)

कोल्हू का बैल : बहुत अधिक परिश्रम करने वाला व्यक्ति।

कोल्हू के बैल की तरह खटकर सारी उम्र काट दी इसके यहां, कभी एक पैसे की जलेबी भी लाकर दी है इसके खसम ने ? (क० ना० रे०)

कोल्हू काटकर मुंगरी/मोंगरी बनाना : थोड़े-से लाभ के लिए अपनी बहुत बड़ी हानि करना।

कोसों दूर रहना/भागना/होना : बहुत दूर रहना/भागना।

कोहराम मचना/मचाना : दे० 'कुहराम मचना/मचाना।'

कौआरोर मचाना : लगातार और जोर-जोर से शोर करना।

पानी भरने वालों ने 'जल्दी करो, जल्दी करो' की कौआरोर मचा दी। (अ० ला० ना०)

कौड़ियों के मोल बिकना : बहुत ही सस्ते या कम दाम पर बिकना।

कौड़ी कफन का न होना : बिल्कुल गरीब होना, मुहताज होना।

कौड़ी काम का न होना : बेकार होना।

कौड़ी के तीन/तीन-तीन होना : 1. बहुत सस्ता होना। 2. बहुत तुच्छ होना।

कौड़ी को न पूछना/कौड़ी को न लेना : 1. बहुत निकम्मा/तुच्छ समझना। 2. मुफ्त भी न लेना।

कौड़ी-कौड़ी अदा करना/चुकाना/भरना : सब ऋण/कर्ज पूरा-पूरा चुका देना।

कौड़ी-कौड़ी को मुहताज : अत्यन्त निर्धन।

कौड़ी-कौड़ी जोड़ना : बहुत थोड़ा-थोड़ा करके और बड़े कष्ट से रुपया इकट्ठा करना।

कौड़ी-कौड़ी दांतों से पकड़ना : बहुत कंजूसी करना।

प्रतिदिन आय-वृद्धि होने पर भी सुवामा ने व्यय किसी प्रकार न बढ़ाया। कौड़ी-कौड़ी दांतों से पकड़ती और यह सब इसलिए कि प्रताप धनवान हो जाए। और अपने जीवन-पर्यन्त सानन्द रहे। (प्रे० च०)

कौड़ी जलना : भूख या क्रोध आदि से शरीर में ताप होना।

उसकी कौड़ी तो यों ही जल रही है, क्यों चिढ़ाते हो ? (हि० श० सा०)

कौड़ियों के पीछे ईमान बेचना : थोड़े-से लाभ के लिए बेईमानी करना।

कौन-सा मुंह लेकर : लज्जा के कारण कोई काम करने में असमर्थ होना।

कौन किसका होता है : कोई दूसरे की सहायता नहीं करता। (नि०)

कौल का पूरा/पक्का/धनी : अपनी प्रतिज्ञा पूरी करने वाला व्यक्ति।

वह कौल का पक्का है, तुम्हें कभी धोखा नहीं दे सकता।

क्या कहना है/क्या कहने हैं : वाह-वाह ! प्रशंसासूचक वाक्य।

क्या कहने हैं उनके बड़े आदमी हैं।

क्या किया : बहुत बुरा काम किया।

क्या कुछ/क्या-क्या कुछ : सब कुछ, बहुत कुछ।

क्या-क्या न किया : सब कुछ किया, बहुत कुछ किया।

उसने तुम्हारे लिए क्या-क्या न किया ?

क्या खाकर/क्या खाके : किस बूते पर, असम्भव बात व्यक्त करने के लिए इसका प्रयोग होता है।

क्या खूब : बहुत अच्छा, वाह-वाह, प्रशंसासूचक अभिव्यक्ति।

क्या चलाते हो : क्या चर्चा करते हो ? बराबरी नहीं हो सकती।

क्या चीज है : तुच्छ है, कुछ नहीं है।

क्या जाता है : कुछ हानि नहीं है।

क्या जाने : मालूम नहीं।

क्या पड़ी है : कुछ जरूरत नहीं।

क्या भुना लेंगे : क्या कर लेंगे ? क्या लाभ उठा लेंगे ?

क्या मुंह दिखाओगे : लज्जित होना पड़ेगा, क्या उत्तर दोगे ?

क्या यह और क्या वह : 1. जैसा यह वैसा वह। 2. दोनों तुच्छ हैं।

क्या समझना : कुछ न समझना।

क्या से क्या कर डालना/बना देना : भारी अन्तर/परिवर्तन उत्पन्न कर देना।

क्या से क्या हो जाना : स्थिति/दशा बिल्कुल बदल/उलट जाना।

क्यों नहीं : अवश्य।

क्रोध पी जाना : क्रोध को दबा देना।

ख

खजाना भरना : धन खूब कमाना।

खटाई में डालना : काम को टाल देना, लटकाए रखना, कुछ निर्णय न करना।

खटाई में पड़ना : काम/पैसा/मज़दूरी/अदायगी आदि स्थगित हो जाना, टल जाना।

दुलहन यदि बैलगाड़ी से जाती तो कहारों का पैसा खटाई में पड़ जाता। (वृ० ला० व०)

खड्ग का शिकार बनना : मरना।

अन्त में सबको हत्यारों के खड्ग का शिकार बनना ही पड़ा। (हि०श०सा०)

खड़ा करना : 1. रोकना।

यहां गाड़ी न खड़ी करो। (अं० प्र० बा०)

2. गाड़ना।

शामियाना कहां खड़ा करोगे ? (अं० प्र० बा०)

3. खोलना, स्थापित करना।

मैंने नया कारखाना खड़ा किया। (अं० प्र० बा०)

4. बनाकर तैयार करना। 5. चुनाव में उम्मीदवार बनाना।

खड़ा होना : रुकना। 2. गड़ना। 3. खुलना, स्थापित होना।

वहां एक नया कारखाना खड़ा हो गया है।

4. बनकर तैयार होना।

उसका एक नया मुद्दई खड़ा हो गया है।

5. सहायता देना।

कोई किसी की विपत्ति में नहीं खड़ा होता। (हि० श० सा)

6. चुनाव में उम्मीदवार होना।

खड़िया में कोयला : बेमेल बात, अच्छे के साथ बुरे का संयोग।

खड़ी पछाड़ें खाना : खड़े हो-होकर गिर पड़ना।

पति की मृत्यु का समाचार पाते ही विमला खड़ी पछाड़ें खाने लगी।

खड़ी सवारी आना: तुरन्त लौट जाने को तैयार होना।

खड़े-खड़े फिरना/लौटना : तुरन्त लौटना।

खतम करना : मार डालना।

डाकुओं ने घर के सब आदमियों को खतम कर दिया।

खबर उड़ना/फैलना : चर्चा फैलना, अफवाह फैलना।

खबर लगना : पता लगना।

खबर लेना : 1. किसी की सेवा-सुश्रूषा करना, सहायता करना। 2. दंड देना, मारना-पीटना, किसी के विरुद्ध कोई घोर कार्रवाई करना।

खम खाना : हारना, नीचा देखना।

खम ठोंकना/बजाना/या भरना : 1. लड़ने के लिए ताल ठोंकना, ललकारना। 2. संकल्प करना, दृढ़ता दिखाना।

खरा-खोटा परखना : भले-बुरे की पहचान करना।

खराद पर चढ़ाना : 1. खरादने के लिए चरख पर चढ़ाना।

कारीगर ने लोटे को खराद पर चढ़ाकर चमका दिया।

2. सुधारना, दुरुस्त करना।

खरी-खरी सुनाना : सच्ची बात कहना चाहे किसी को भला लगे या बुरा; भला-बुरा कहना, भर्त्सना करना।

खरी-खोटी सुनाना : भला-बुरा कहना।

खर्च उठाना : व्यय-भार वहन करना, खर्च बरदाश्त करना।

खर्चे का हिसाब लगाया तो मैंने पाया कालेज की फीस और थीसेस-प्रस्तुतीकरण से सम्बद्ध और खर्चे मैं उठा लूंगा। (बच्चन)

खर्च चलना : खर्च पूरा पड़ना।

खर्च चलाना : गृहस्थी आदि की व्यवस्था के लिए धन व्यय करना।

खर्राटे भरना/लेना : गहरी नींद सोना, बेखबर सोना।

खलबली पड़ना/मचना : हलचल मचना, भगदड़ मचना, आतंक फैलना।

सिनेमा घर के बाहर भीड़ में एक खलबली-सी मच गई। (गु० न०)

खलियान करना : 1. काटी हुई फसल का ढेर लगना। 2. नष्ट करना, तितर-बितर करना।

पृथ्वीराज ने मुहम्मद गोरी की सेना का खलियान कर दिया।

खाई से निकलकर खंदक में कूदना : एक कठिनाई / विपत्ति से निकलकर दूसरी में जाना।

तब कौन जानता था कि बेचारी कुसुम खाई से निकल कर खंदक में कूदने जा रही है। (शि०)

खाक उड़ना : उजाड़ होना।

खाक उड़ाना/छानना : मारा-मारा फिरना, भटकना।

वह इधर-उधर की खाक उड़ाता फिरता। (हि० श० वि०)

खाक उड़ाना (किसी की) : उपहास करना, हंसी उड़ाना।

खाक छानना : 1. मारा-मारा फिरना। 2. बहुत ढूंढ़ना।

खाक डालना : (ऐब पर) पर्दा डालना, छिपाना। 2. भूल जाना। 3. धिक्कारना, अपमानित करना।

खाक फांकना : इधर-उधर घूमना, मारा-मारा फिरना।

वह नौकरी की तलाश में चारों तरफ खाक फांकता था। (ब० च० स०)

खाक बरसना : नष्ट/उजाड़/वीरान हो जाना।

प्राचीन काल में जो नगर सभ्यता की पराकाष्ठा पर पहुंच गए थे वहां आज खाक बरस रही है। (ल० ना० प्र०)

खाक में मिलना : नष्ट हो जाना। 2. दरिद्र/धनहीन/अकिंचन हो जाना।

खाक में मिलाना : नष्ट/बरबाद करना; निर्धन बनाना।

खाका उड़ाना : उपहास करना, दिल्लगी उड़ाना।

खा जाना : मार डालना; (कच्चा खा जाना दे०)।

खाट कटना (किसी की) : किसी का इतना बीमार होना कि उसके पेशाब-पाखाना करने के लिए चारपाई की बुनावट काटनी पड़े।

खाट पकड़ना : इतना बीमार/दुर्बल हो जाना कि चारपाई से उठ न सके।

खाट से उतारा जाना : मरणासन्न होना। हिन्दुओं का ऐसा विश्वास है कि

चारपाई पर मरना अशुभ होता है। इसलिए जब कोई मरने के करीब होता है तब वह चारपाई से उतार दिया जाता है।

खाट से लगना : इतना बीमार पड़ना कि चारपाई से उठ न सके, अत्यन्त दुर्बल हो जाना।

खाता खोलना : किसी से लेन-देन आरम्भ करना।

खातिर जमा रखना : विश्वास/इतमिनान रखना।

खाना कमाना : मेहनत मजदूरी से पैसा कमाकर गुजर-बसर करना।

खाना न पचना : चैन न पड़ना, बेचैन होना।

खा पका डालना/खा पी डालना : व्यय कर डालना।

खाने को दौड़ना : बहुत क्रुद्ध होकर ऐसी मुद्रा बनाना मानों खाने को तैयार हो।

खार खाना : किसी की तरक्की देखकर उससे ईर्ष्या करना।

खार खाए बैठना : पहले ही से द्वेष करना।

खाल खिचवाकर उसमें भूसा भरवा देना/खाल खिचवाना : बहुत कड़ी सजा देना।

खाल खींचना/उधेड़ना . कठोर दंड देना, बुरी तरह पीटना।

खालसा करना : सरकार का किसी जमीन, जायदाद का प्रबन्ध अपने हाथ में ले लेना, जब्त कर लेना।

खिचा-खिचा रहना : अलग किनारे पर दूर रहना।

खिचड़ी खिलाना : वर और बरातियों को कन्या पक्षवालों के द्वारा कच्ची रसोई खिलाई जाना।

खिचड़ी पकना : गुप्त परामर्श/षड्यन्त्र होना।

खिचड़ी पकाना : गुप्त मंत्रणा/षड्यन्त्र/साजिश करना।

खिचड़ी होना : दो वस्तुओं का मिलना; कुछ बाल काले और कुछ सफेद होना। उसके बाल खिचड़ी हो गए थे।

खिल्ली उड़ाना : हंसी उड़ाना, उपहास करना।

खिसिया जाना : खीझ उठना।

खिसियानी हंसी : झेंप मिटाने के लिए हंसने का प्रयत्न करना।

खींच लेना[1] (दर्द) : दवा आदि से दर्द दूर करना।

खींच लेना[2] (मन या चित्र) : आकर्षित करना।

खींच लेना[3] (हाथ) : कोई काम बन्द कर देना। उसने एकदम हाथ खींच लिया है। (हि० श० सा०)

खीर चटाना : बच्चों को पहले-पहल अन्न खिलाना। कल बच्चे को खीर चटाई गई

खीरे-ककड़ी की तरह काटना : धड़ाधड़, बिना प्रयास, काटना।

खीस काढ़ना/निकालना : 1. इस तरह हंसना कि दांत दिखाई पड़ें।

बेढ़ंगी हंसी हंसना। 2. दीन होकर मांगना/किसी चीज के लिए गिड़गिड़ाना। 3. मर जाना।

खीस निपोरना : दीन भाव से कृपा अथवा अनुग्रह की प्रार्थना करना।

खुगीर की भर्ती : व्यर्थ के लोगों/पदार्थों का संग्रह।

खुतबा पढ़ा जाना : : सर्व-साधारण को सूचना देने के लिए किसी मुसलमान बादशाह के गद्दी पर बैठने की घोषणा।

खुदा की पनाह : ईश्वर बचाए।

बीबी की जूती पैंजार से खुदा की पनाह। (प्रे० च०)

खुदा खुदा करके : बड़ी कठिनाई से।

खुलता रंग : हल्का साफ रंग, हल्का सुहावना रंग।

खुली बात/खुला भेद : जो बात/ भेद सबको ज्ञात हो।

आग किसने लगाई, यह खुला हुआ भेद था। (प्रे० च०)

खुले आम/खुले खजाना/खुले खाते/खुले बाजार/खुले मैदान : खुली तरह, बिना छिपाए हुए।

खुशामदी टट्टू : खुशामद करने वाला व्यक्ति।

भगतजी के विषय में कोई कहता खुशामदी टट्टू है, कोई कहता खुफिया पुलिस का भेदी है। (प्रे० च०)

खुशी से फूला न समाना : बहुत ही प्रसन्न होना।

खूंट में बांधना : अच्छी तरह याद रखना।

यह बात खूंट में बांध लो कि वे लोग तुम्हारा हित नहीं कर सकते।

खूंटा गाड़ना : 1. सीमा निर्धारित करना। 2. ठहरने/रहने का स्थान निर्धारित करना।

खूंटे के बल पर कूदना : किसी व्यक्ति की सहायता की आशा पर अभिमान करना।

तुम जिस खूंटे के बल पर कूद रहे हो उसको मैं मिनटों में खतम कर दूंगा। (भो० ना० ति०)

खूंटे पर मारना : तिरस्कार करना।

खून उबलना (या खौलना) : क्रोध से लाल हो जाना, अत्यन्त क्रुद्ध हो जाना।

खौल रहा है खून रगों में, लड़ने को हथियार कहां ? (श्या० ना० पां०)

खून (और) पसीना एक करना : कठिन परिश्रम करना।

वे बेचारे खून-पसीना एक करके पढ़ाते थे। (अ० रा०)

खून करना : हत्या/कतल करना, मार डालना।

खून का घूंट पीकर रह जाना : अत्यधिक क्रोध का आवेग सह लेना।

खून का प्यासा : हत्या/बध करने का इच्छुक, जानी दुश्मन।

खून की नदी/नदियां बहाना : नर-संहार करना, बहुत लोगों को मार डालना।

खून के आंसू रुलाना : बहुत अधिक सताना।

स्वर्ग का रास्ता बन्द पाकर राजा साहब अपनी रियासत को ही खून के आंसू रुलाना चाहते थे। (प्रे० च०)

खून के आंसू रोना : अत्यन्त असह्य कष्ट से बहुत दु:खी होना।

खून-खच्चर होना : लड़ाई-झगड़ा/मार-पीट होना।

तुमने बहुत अच्छा किया जो उनके साथ न हुए, नहीं तो खून-खच्चर हो जाता। (प्रे० च०)

खून खुश्क होना : अत्यन्त भयभीत होना।

खून खौलना/खौल उठना : बहुत क्रोध आना।

खून गर्दन/सिर पर चढ़ना/सवार होना : किसी को मार डालने को तैयार होना।

खून गर्म होना : दे० 'खून खौलना'।

खून चूसना : धन हड़प करना, शोषण करना।

खून ठंडा/सर्द होना : 1. अत्यन्त भयभीत होना। 2. उत्साह की कमी होना।

खून पीना : 1. मार डालना, जान लेना। 2. शोषण करना।

खून बहाना[1] (दूसरे का) : बहुत बड़ी संख्या में मार डालना।

खून बहाना (अपना) : 1. दूसरे के लिए। 2. कठोर परिश्रम करना।

खून लगाकर शहीद होना/शहीदों में नाम लिखना : थोड़ा-सा दिखावटी काम करके बड़े आदमियों में शामिल होने का प्रयत्न।

खून सवार/खून सिर पर सवार होना : किसी को मार डालने या अन्य कोई अनिष्ट करने पर उद्यत होना। दे० 'खून गर्दन पर सवार होना।'

खून आना : रणक्षेत्र में मारा जाना।

खेत कमाना : खाद आदि डालकर खेत को उपजाऊ बनाना।

खेत करना : 1. खेत को समतल करना। 2. चांदनी फैलाना।

चैत का महीना था, चारों तरफ चांदनी खेत किए हुए थी।

3. युद्ध करना।

मेवाड़ के वीरों ने मुगलों से जमकर खेत किया।

खेत छोड़ना : रणभूमि छोड़कर भाग जाना।

खेत रहना : युद्ध में मारा जाना।

खेल करना : ठीक से काम न करना, तमाशा करना।

खेल खेलना : चाल चलना।

खेल खेलाना : 1. तंग करना, बहुत परेशान करना। 2. व्यर्थ के काम में फंसाए रखना।

खेल बिगड़ना : काम चौपट होना।

मदन ने सोचा—कब तक बैठा रहूंगा, एक बजे रेल जाती है, देर हो जाएगी

तो सारा खेल ही बिगड़ जाएगा। (प्रे० च०)

खेल बिगाड़ना : काम चौपट करना।

खेल समझना : किसी काम को बहुत आसान समझना।

खेलना खाना : मौज करना, सुख भोगना।

खेलने खाने के दिन : बचपन या जवानी का समय जब मनुष्य चिन्तामुक्त जीवन व्यतीत करता है।

खेला खेला कर मारना : कष्ट दे-देकर मारना।

खैर मनाना : भगवान से कुशल-मंगल की प्रार्थना करना।

तुम मेरी क्या सहायता करोगे ? अपनी खैर मनाओ।

खोज-खबर मिलना : समाचार मिलना, कुशल-मंगल ज्ञात होना।

खोज-खबर लेना : हाल-चाल/कुशल-मंगल पूछना।

खोज मारना : लीक या पैर आदि का चिह्न इस प्रकार नष्ट करना जिससे कोई पता न लग सके।

खोटा पैसा : 1. खराब, नकली, जाली सिक्का। 2. बुराई कमाई। 3. दुष्ट, आयोग्य लड़का जैसे—खोटा पैसा भी कभी काम आ जाता है।

खोटी-खटी खरी सुनाना : डांटना-फटकारना; दे० 'खरी-खोटी सुनाना।'

खोटे सिक्के चलना : कपट का व्यवहार चलना।

खोदकर गाड़ देना : कठोर-से-कठोर दण्ड देना, खूब पीटना।

खोद-खोदकर पूछना : तर्क/शंका/ अनेकानेक प्रश्न करके पूछना।

उसने खोद-खोद कर पूछने की चेष्टा तो बहुत की परन्तु उसके पल्ले कुछ नहीं पड़ा। (ब० ना० कपूर)

खोपड़ी खाना या खा जाना : दिमाग चाटना, बहुत बातें/प्रश्न करके परेशान करना।

खोपड़ी खाली हो जाना : किसी की बकवास या मानसिक श्रम से दिमाग का थक जाना।

खोपड़ी खुजलाना : ऐसे काम करना जिससे मार पड़ने की सम्भावना हो।

क्या आज तुम्हारी खोपड़ी खुजला रही है जो इतनी गलतियां कर रहे हो ? (भो० ना० ति०)

खोपड़ी गंजी करना : मारकर सिर के बाल उड़ा देना, सिर पर बहुत मारना।

खोपड़ी गंजी होना : मार पड़ने से सिर के बाल गिर जाना।

खोपड़ी चाटना/चाट जाना : दे० 'खोपड़ी खाना।'

खोपड़ी पर लादना : जबरदस्ती किसी के जिम्मे कोई काम मढ़ना।

खोपड़ी मानना : दिमाग की तारीफ करना, किसी की बुद्धि का लोहा मानना।

खोपड़ी रंग जाना : मार खाने के कारण सिर से खून निकलना।

चाहिए था रंग बिगड़े ही नहीं,

रंग गई जो खोपड़ी तो क्या रहा ? (अ० सिं० उ०)

खोलकर कहना : साफ-साफ कहना।

कई बार प्रेमवती ने विरजन से खोलकर कह भी दिया कि तुम्हारे चिकने रूप ने मुझे ठग लिया। (प्रे० च०)

ख्याल पड़ना/ख्याल पर चढ़ना : ध्यान में आना, याद आना।

ख्याली पोलाव पकाना : असम्भव बातें सोचना, अव्यावहारिक कल्पनाएं करना।

ग

गंगा उठाकर कहना/गंगा उठाना/गंगाजली उठाना : हाथ में गंगाजल/गंगाजल से भरा पात्र लेकर कोई बात शपथपूर्वक कहना।

गंगा नहाना : कर्त्तव्य/ दायित्व पूरा करके निश्चिन्त होना, सब झंझटों से छुटकारा पाना।

गंगा लाभ लेना/ होना : मर जाना।

गंडा तावीज करना : झाड़-फूंक करना, तावीज बांधकर बीमारी/भूत-प्रेत का प्रभाव दूर करना।

गंध मिलना : ज़रा-सा पता चलना।

गच्चा खाना : किसी फेर में पड़ धोखा खाना।

चौधरी उसे धक्का देकर—नारी जाति पर बल का प्रयोग करके गच्चा खा चुका था। (प्रे० च०)

गजब करना : 1. आश्चर्यजनक काम करना। 2. जुल्म करना।

गजब का : विलक्षण, बड़ा भारी।

गजब टूटना/पड़ना : 1. विपत्ति पड़ना। 2. कोई झगड़ा-झमेला होना।

गजब ढाना : 1. कमाल करना, अद्भुत/विचित्र काम करना। 2. किसी के लिए घोर विपत्ति/संकट उत्पन्न करना। 3. अपने रूप-सौन्दर्य आदि से किसी को विकल कर देना।

गज भर की छाती होना : बहुत अधिक उत्साह होना।

जब राणा प्रताप ने देखा कि शक्ति सिंह उनकी सहायता को आ रहा है तब उनकी गजभर की छाती हो गई। (रा० कु० त्रि०)

गज भर की जीभ होना : 1. खाने के लिए बहुत अधिक लालच होना। 2. बहुत बोलना।

गठरी कटना : भारी रकम का हाथ से निकल जाना।

गठरी कर देना : हाथ-पैर तोड़ या बांधकर काम कर देना, मार गिराना।

गठरी मारना : ठगना, लूटना ।

गड़ जाना (ग्लानि/लज्जा से) : अत्यन्त लज्जित होना ।

गड्ढा गड़हा/गढा खोदना . 1. बुराई/हानि पहुंचाना, 2. ऐसा काम करना जिससे संकट का सामना करना पड़े ।

गड़हा (या गढ़ा) भरना (या पाटना) : 1. कमी या घाटा पूरा करना । 2. रूखी-सूखी रोटी से पेट भरना ।

गड़हे (या गढ़े) में पड़ना (या गिरना) : विपत्ति में पड़ना; पतन होना ।

गड़े मुर्दे उखाड़ना : दबी-दबाई या पुरानी बातें उठाना, ऐसी पुरानी बातों को छेड़ना जिनसे झगड़ा-फसाद होता हो ।

गढ़-गढ़ कर बातें करना/बनाना : झूठ-मूठ की बातें बनाकर कहना, नमक-मिर्च लगा कर बातें करना ।

गढ़ फतह करना/जीतना/तोड़ना : बहुत कठिन काम करना ।

गढ़े में ढकेलना : अनिष्ट/बुराई करना, बुरे रास्ते पर ले चलना ।

गत बनाना : 1. दुर्गति करना, दण्डित करना, पीटना । 2. हंसी-ठट्ठे में लज्जित करना । 3. आकृति बिगड़ना ।

गति देना : मोक्ष देना ।

गति पाना : मोक्ष पाना ।

गति बनाना : दुर्गति होना, तरह-तरह के कष्ट सहना ।

मेरे मां-बाप होते, तो क्या मेरी यह गति बनती ? (च० से०)

गति होना : किसी विषय की जानकारी होना ।

हमारी इस विषय में कुछ भी गति नहीं है । (ब० ना० कपूर)

गदहे का हल चलना : बिल्कुल उजड़ जाना ।

गदहे को बाप कहना (या बनाना) : काम निकालने के लिए मूर्ख की सिफारिश करना।

गदहे पर चढ़ना : अपमान/बदनाम करना ।

गधा बनाना : मूर्ख बनाना ।

गप/गप्प उड़ाना/मारना/लड़ाना/हांकना : 1. डींग/शेखी मारना । 2. इधर-उधर की बातें करना, बकवास करना ।

गपड़ चौथ करना/गप-शप करना : गप उड़ाना, व्यर्थ की बातें करना ।

गम खाना : 1. सह लेना, बरदाश्त करना, शान्त रहना, क्षमा करना ।

जन्म तो उन्हीं ने दिया, पाल-पोसकर जवान तो उन्हीं ने किया, अब वह हमें चार बात भी कहें, तो हमें गम खाना चाहिए । (प्रे० च०)

2. धैर्य रखना, सब्र करना, ठहरना, अपमान सह लेना ।

गया करना : गया में जाकर पिण्डदान आदि करना ।

गया गुजरा/गया बीता : नीच, पतित, मर्यादाहीन, निकम्मा।

क्या मैं ही सबसे गया-बीता हूं कि वही पुरानी लकीर पीटे जाऊं? (प्रे० च०)

गरज का बावला : अपनी गरज के लिए उचित-अनुचित सब कुछ करने वाला।

गरदन उठना : विरोध, प्रतिरोध या विद्रोह करना।

गरदन उड़ाना/ उतारना/काटना : सिर काटना, मार डालना।

गरदन ऐंठी रहना : घमण्ड से चूर रहना या अकड़ में रहना।

गरदन झुकना : 1. नतमस्तक होना, अधीन होना, पराजय स्वीकार करना। 2. लज्जित होना। 3. बेहोश होना।

गरदन दबाना : कुछ करने, देने, हानि सहने आदि के लिए विवश करना।

ऐसे आदमियों से हम मिल जाते हैं और उनकी मदद से दूसरे आदमियों की गरदन दबाते हैं। (प्रे० च०)

गरदन दबना : बहुत अभारी होना, गरदन न उठना।

गरदन न उठाना : 1. लज्जित होना। 2. बीमारी से पड़े रहना। 3. सब कुछ सह लेना।

गरदन नापना : 1. दण्डित करना, अपमानित करना। 2. गरदन पकड़ कर बाहर लाना।

गरदन पकड़कर करा लेना : दबाव डालकर/जबरदस्ती करा लेना।

गरदन पकड़कर निकालना : अपमानपूर्वक निकालना।

गरदन पर छुरी फेरना/चलाना : 1. हलाल करना। 2. अन्याय करना। अपना हित सिद्ध करने के लिए दूसरे को भारी हानि पहुंचाना।

गरदन पर जुआ रखना : सिर पर भारी बोझ/दायित्व रखना।

गरदन पर तलवार चलाना : भारी हानि पहुंचाना।

गरदन पर सवार होना : पीछे पड़ना, सिर पर सवार रहना।

गरदन फंसना : कठिनाई या झंझट में पड़ना।

गरदन मारना : सिर काटना, भारी हानि पहुंचाना।

गरदन में हाथ देना/डालना : गरदन पकड़कर बाहर निकाल देना।

गरदन रेतना : धोखा देकर रुपया लेना, ठगना।

मालूम होता है कि आजकल कहीं कोई रकम मुफ्त हाथ आ गई है। सच कहना, किसकी गरदन रेती है? (प्रे० च०)

गरदनिया देना : दे० 'गरदन में हाथ देना/डालना।'

गरम हो उठना/हो जाना/होना : क्रुद्ध होना, गुस्सा करना।

गरमी करना : प्रकृति में उष्णता लाना।

गरमी निकालना : घमंड चूर करना, अभिमान निकाल देना।

गर्द को न पहुंचना : बहुत पिछड़ जाना।

दौड़ में मैं सबसे आगे निकला, कोई मेरी गर्द को भी न पहुंचा। (प्रे० च०)

गला काटना : 1. सूरम/जमींशंद आदि का गले के भीतर हल्की खुजली, चुनचुनाहट या जलन पैदा करना। 2. किसी को ठगना, हानि या कष्ट पहुंचाना।

गला जलना : दबी हुई आवाज का साफ हो जाना।

कुछ देर गाने के बाद उसका गला खुल गया।

गला घुटना : दम घुटना, धुएं आदि के कारण सांस लेना कठिन होना।

गला घोंटना : 1. गले को ऐसा दबाना कि सांस रुक जाय, गले को दबाकर जान लेना। 2. नाश करना, हत्या करना। 3. जबरदस्ती करना। 4. हानि पहुंचाना।

गला छुड़ाना : पिण्ड/पीछा छुड़ाना, छुटकारा पाना।

ऐसे लोग बहुत कम हैं जो लोभ से अपना गला छुड़ा सकें। (प्रे० च०)

गला छूटना : पिण्ड/पीछा छूटना, त्राण/छुटकारा मिलना।

रंज करने की कोई बात नहीं; यह तो और खुशी की बात है कि जिस काम के करने में अधर्म था उससे गला छूट गया। (प्रे० च०)

गला दबाना : अनुचित दबाव डालकर कोई काम कराना, जबरदस्ती रुपया वसूल करना।

गला पकड़ना : किसी काम के लिए किसी को उत्तरदायी ठहराना।

नुकसान चाहे जिसने किया हो, वह गला हमारा ही पकड़ेगा।
(ब० ना० कपूर)

गला पड़ना/बैठना : शोथ, जुकाम, बहुत बोलने-गाने आदि से साफ आवाज न निकलना, स्वर स्वर विकृत हो जाना।

गला फंसाना : 1. संकट/बंधन/कठिनाई में डालना। 2. अपने ऊपर कोई कठिन उत्तरदायित्व लेना।

गला फाड़ना : जोर से चिल्लाना।

गला बैठना : दे० गला पड़ना।

गला भर आना : भावातिरेक के कारण गले मे आवाज न निकलना, रुलाई आना।

गला रेतना : 1. गले को काट देना। 2. भारी हानि/कष्ट पहुंचाना।

अब भी आप मौके पर चलकर जांच नहीं करते कि ठीक-ठीक तखसीना हो जाए, गरीबों के गले रेत रहे हैं। (प्रे० च०)

गली-गली मारे फिरना : 1. इधर-उधर व्यर्थ घूमना। 2. जीविका के लिए इधर-उधर भटकना। 3. चारों ओर अधिकता से मिलना।

जब हमको मेहनताना देना ही है तो क्या यही एक वकील है? गली-गली तो मारे-मारे फिरते हैं। (प्रे० च०)

गले उतरना : 1. मन में जमना। 2. निगलना, पेट में जाना।

गले का हार : 1. बहुत ही प्रिय व्यक्ति/वस्तु। 2. सदा साथ रहने वाला व्यक्ति या वस्तु।

गले के नीचे उतरना : 1. मन में जमना/बैठना; दे० 'गले उतरना।' 2. निगला जाना, खाया/ घोंटा जाना। 3. खा जाना। 4. जबरदस्ती याद कराना।

गले पड़ना : 1. किसी व्यक्ति की इच्छा के विरुद्ध उसके पास किसी का रहना, उसके पीछे पड़े रहना। 2. इच्छा के विरुद्ध किसी वस्तु, दुःख आदि का प्राप्त होना।

गले पर छुरी चलाना/फेरना : भारी हानि पहुंचाना, अहित करना दे० 'गरदन पर छुरी चलाना/फेरना।'

गले बांधना/मढ़ना : 1. इच्छा के विरुद्ध सौंपना।

गृहस्थी का सारा काम मेरे भाइयों ने मेरे गले मढ़ दिया है।

2. व्यर्थ पास रखना। 3. इच्छा के विरुद्ध विवाह करना।

गले में जंजीर/जूआ पड़ना : अनिच्छापूर्वक विवाह होना, विवाह के बाद स्वतन्त्रता के बेघर पड़ना।

गले में फांसी डालना : अत्यधिक दुःख देना।

गले माला डालना : वर चुनना, पति बनाना।

गले लगाना : 1. आलिंगन करना। 2. अपनाना।

ये हरिजन हमारे भाई हैं। इन्हें गले लगाइए। (ब० ना० कपूर)

गले न उतरना (बात आदि) : पसन्द न आना; न जंचना।

गहरा पेट : 1. गम्भीर हृदय जिसका भेद न मिले।

अच्छा तो तुम्हीं अब तक मेरे साथ यह त्रिया-चरित्र खेल रही थीं। मैं जानती तो तुम्हें यहां बुलाती ही नहीं। ओफ्फोह ! बड़ा गहरा पेट है तुम्हारा। (प्रे० च०)

2. अधिक माल हजम करने वाला।

गहरा हाथ मारना : 1. काफी धन/लाभ प्राप्त करना, धन-दौलत। सामान उड़ा लाना। 2. हथियार से जोर से चोट करना, कठिन प्रहार करना।

गहरी घुटना/छनना : घनिष्ठता/बहुत अधिक मेल/दिली दोस्ती होना।

गांठ काटना/कतराना : जेब काटना, गिरह काटना, चोरी या चालाकी से किसी का धन हरण करना।

गांठ पूरा : धनी।

आंख के अंधों और गांठ के पूरी की तलाश आपको भी उतनी ही है जितननी मुझको। (प्रे० च०)

गांठ का पूरा आंख का अंधा : विवेकहीन या मूर्ख धनी। दे० 'आंख का अंधा, गांठ का पूरा।'

गांठ खोलना : 1. समस्या का निराकरण करना, कठिनाई/अड़चन दूर करना। 2. रहस्य प्रकट करना।

गांठ जोड़ना : विवाह आदि के समय वर-कन्या/पति-पत्नी के दुपट्टे में गांठ बांधने की धार्मिक रीति। किसी से घनिष्ठ सम्बन्ध स्थापित करना।

गांठ पड़ना (मन/हृदय में) : मनमुटाव होना, द्वेष/वैर होना।

गांठ पर गांठ पड़ना : 1. उलझन बढ़ती जाना। 2. मनमुटाव बढ़ते जाना।

गांठ बांधना/गांठ में बांधना : सदा स्मरण रखना।

गांठ निकालना : बैर निकालना, बदना लेना।

गागर में सागर भरना : थोड़े-से शब्दों में बहुत अधिक भाव/विचार व्यक्त करना, थोड़े-से शब्दों में बड़ी महत्वपूर्ण बात कहना।

'मुक्तक' की रचना में कवि को गागर में सागर भरना पड़ता है। (प० सिं० श०)

गाज गिरना/पड़ना : बिजली गिरना, विपत्ति/आफत आना।

गाजर-मूली समझना : तुच्छ व्यक्ति/वस्तु मानना।

गाड़ी अटकना : चलते-चलते काम बंद होना, काम में रुकावट आना।

गाढ़ी छानना : घनिष्ठ मित्रता होना, बहुत अधिक मेल-जोल होना; दे० 'गहरी घुटना/छनना।'

गाढ़ी कमाई/गाढ़े की कमाई : कड़ी मेहनत से कमाया हुआ पैसा धन।

गाढ़े का साथी : विपत्ति में काम आने वाला मित्र।

गाढ़े की नाव : संकट के समय का सहायक।

गाढ़े दिन : विपत्ति का समय, कठोर दिन, संकटपूर्ण समय।

गाढ़े पीने की कमाई : कड़ी मेहनत से कमाया हुआ धन; दे० 'गाढ़ी कमाई'

गारद में डालना/छोड़ना/देना/रखना : हवालात में बंद करना, नजर बंद करना।

गाल करना : बढ़-बढ़कर उद्दण्ड ढंग से बातें करना।

गाल फुलाना : रूठना, अप्रसन्न/नाराज होना।

गाल बजाना : डींग मारना, बढ़-बढ़कर बातें करना। (नि०)

गाल मारना : बढ़-बढ़कर बातें करना।

गाली खाना : दुर्वचन सुनना।

ब्याह करूंगा तो जन्म भर गालियां खाने को मिलेंगी। (वृ० ला० व०)

गाली गाना : विवाह आदि के शुभ अवसर पर गाली के गीत गाना।

गाली देना : दुर्वचन कहना।

गिन-गिनकर पैर रखना : संभलकर चलना, बहुत सावधानी से धीरे-धीरे चलना।

गिनती कराने/गिनती गिनाने के लिए : नाम मात्र के लिए।

गिनती के : बहुत थोड़े।

वहां गिनती के लोग आए थे। (हि० श० सा०)

गिनती न होना : संख्या में इतने अधिक कि गिनना कठिन हो।

उसके पास सभी भाषाओं की पुस्तकें थीं। अंग्रेजी उपन्यासों की तो गिनती न थी। (ब० ना० कपूर)

गिनती में आना : महत्वपूर्ण समझा जाना।

गिनती होना : कुछ समझा जाना, महत्वपूर्ण होना।

माना, इनके निकट नहीं है
इन्द्रासन की कुछ गिनती।
किन्तु अप्सरा की भी क्यों ये
सुनते नहीं नम्र विनती? (मै० श० गु०)

गिरगिट की तरह रंग बदलना : अपनी बातों को सदा बदलते रहना, अपना मत/व्यवहार/वृत्ति बदलते रहना, कभी कुछ और कभी कुछ बनना।

गिरह बांधना : सदा स्मरण रखना, दे० 'गांठ बांधना।'

गीत गाना : यशोगान/गुणगान/प्रशंसा करना।

गुज़र जाना : मर जाना।

कई दिन हुए वे गुज़र गए। (हि० श० सा०)

गुड़ गोबर कर देना : बना-बनाया काम बिगाड़ देना।

गुड़ गोबर होना : बना-बनाया काम बिगड़ जाना।

गुड़हर का फूल : झगड़े का कारण।

वाही दिन से ना मिट्यो, मानु कलह कौ मूल।
भलै पधारे, पाहुने, ह्वै गुड़हर कौ फूल॥ (वि०)

गुड़िया संवारना : हैसियत के अनुसार लड़की का ब्याह कर देना।

गुड़ियों का खेल : बहुत आसान काम।

गुण गाना : प्रशंसा करना।

गुण मानना : कृतज्ञ होना।

गुबार निकालना : भड़ास निकालना, मन में भरी हुई बातें कह डालना।

गुरु घंटाल : दुष्टों का नेता, धूर्तों का सरताज।

वह अंधकार का गीदड़, वह दुर्गन्धमय राक्षस, जो इन सभी दुरात्माओं का गुरु घंटाल था, वह पापी मार्कस ग्रियन खुदी हुई कब्र की भांति मुंह खोल रहा था। (प्रे० च०)

गुल कतरना : दीपक की बत्ती का वह जला हुआ भाग काट देना जो प्रकाश को रोकता है।

गुल करना (दीपक या चिराग) : बुझा देना।

वह चिराग गुल करके सो गया।

गुल खिलना : 1. कोई अजीब बात/घटना होना। 2. अचानक कोई बखेड़ा होना। 3. भेद खुलना।

गुल खिलाना : 1. कोई अद्‌भुत, अचम्भे की बात करना; कोई कठिन परिस्थिति उत्पन्न करना। 2. बखेड़ा उठाना/खड़ा करना।

गुलछर्रे उड़ाना : मौज करना, आमोद-प्रमोद करना।

गुस्सा उतारना/निकालना : 1. क्रोध की शान्ति के लिए किसी पर बिगड़ना, मारना आदि। 2. क्रोध एक व्यक्ति पर हो और दूसरे को डांट-फटकार कर या दण्ड देकर अपने दिल को शान्त करना; दे० 'किसी पर क्रोध/गुस्सा उतारना।'

गुस्सा पीना/पी जाना : क्रोध आने पर चुप रह जाना, क्रोध को दबा देना; दे० 'क्रोध पी जाना।'

देवयानी होंठ चबाते हुए बड़ी मुश्किल से अपना गुस्सा पी गई। (वि० स० खां)

गुहार लगाना : रक्षा के लिए पुकारना।

चीते ने गुहार लगाई; 'भैया बढ़ई, जरा मेरी भी सुने जाओ।' (वृ० ला० व०)

गूंगे का गुड़ : वह आनन्दानुभूति/सुख का अनुभव जिसका वर्णन न किया जा सके।

भक्त को भगवान के चिन्तन में जो आनन्द मिलता है वह कहा नहीं जा सकता। वह तो गूंगे का गुड़ ही रहेगा। (गु० रा०)

गूलर का कीड़ा : कूपमंडूक, अल्पज्ञ व्यक्ति।

गूलर का फूल : अलभ्य/दुर्लभ व्यक्ति/वस्तु, जो व्यक्ति/वस्तु बहुत कम दृष्टिगोचर हो।

गोटी जमना/बैठना : युक्ति/चाल सफल होना।

गोटी जमाना/बैठाना : युक्ति लगाना, उपाय करना।

गोटी लाल करना : अपना प्रयोजन सिद्ध करना, स्वार्थ सिद्ध करना।

अपनी गोटी लाल करने के लिए ज्ञानशंकर गायत्री का एकान्त सेवन आवश्यक समझते थे। (प्रे० च०)

गोटी लाल होना : स्वार्थ सिद्ध होना, काम बनना, लाभ होना।

गोता खाना : 1. डूबना। 2. धोखा खाना।

उसकी चिकनी-चुपड़ी बातों से मैं गोता खा गया।

गोता मारना/लगाना : 1. डुबकी लगाना। 2. बीच-बीच में अनुपस्थित हो जाना। 3. बहुत विचार/मनन करना।

गोद का : 1. गोद में खेलने वाला, छोटा बच्चा। 2. बहुत समीप का।

गोद देना : अपना पुत्र दत्तक बनाने के लिए दूसरे को देना।

रात को जब शहर के लोग जमा हों, जाकर भरी सभा में कह दो, मैं अपने पुत्र को गोद नहीं देना चाहती। (प्रे० च०)

गोद बिठाना : गोद लेना, दत्तक बनाना।

गोद पसारकर : 1. अत्यन्त दीनतापूर्वक प्रार्थना करना। 2. अत्यन्त श्रद्धा के साथ ग्रहण करना।

गोद भरना : 1. सन्तान होना। 2. सौभाग्यवती स्त्री के आंचल में नारियल आदि देना।

गोद लेना : दत्तक बनाना, अपना पुत्र न होने पर किसी लड़के को विधिवत् अपना पुत्र बनाना।

गोद सूनी होना : सन्तानहीन होना।

गोबर गणेश : मूर्ख, बुद्धू, निकम्मा।

गोरख धंधा : बखेड़ा, झंझट।

सूक्ष्म शरीर और कारण शरीर—ये सब विद्वानों के गोरख धंधे हैं। (प्रे० च०)

गोलमाल करना : गड़बड़ करना, काम बिगाड़ना।

भोला अच्छा आदमी है, लेकिन लड़के बड़े कपूत हैं। मुझे तो डर लग रहा है कि कहीं सभी ने गोलमाल न कर दिया हो। (प्रे० च०)

गोली खाना : बन्दूक की गोली से घायल होना।

गोली मारना : 1. बन्दूक की गोली से आहत करना या मार डालना। 2. उपेक्षा-पूर्वक त्याग देना, ठुकरा देना।

गोहार लगाना : दे० 'गुहार लगाना।'

गौं का यार : स्वार्थी, मतलबी।

गौं निकलना : स्वार्थ सिद्ध होना।

घ

घंट के नीचे जाना : 1. पेट में जाना।

चचाजी को इस दशा में देखकर किसके घंट के नीचे अन्न जाएगा? (प्रे० च०)

2. बात जी में जंचना।

घंटा दिखाना : आवेदक या याचक को कोई वस्तु न देना, उसे निराश कर देना।

घंटा हिलाना : हाथ मलना, अफसोस करना। व्यर्थ के काम करना।

घट-घट में बसना : हर एक मनुष्य के हृदय में रहना।

घट में बसना/बैठना : 1. हृदय में बसना। 2. किसी बात का मन में बैठना।

घड़ियां गिनना : 1. बहुत उत्कंठा के साथ प्रतीक्षा करना। 2. मरणासन्न होना।

घड़ों पानी पड़ना : दूसरों के सामने हीन सिद्ध होने पर अत्यन्त लज्जित होना।

घन चक्कर : मूर्ख, अस्थिरमति, आवारागर्द।

घपले में पड़ना : किसी काम का खटाई में पड़ना, चक्कर/कठिनाई में फंसना या भ्रमित होना।

घमंड तोड़ना/निकालना : घमण्ड चूर करना/निकालना।

तुमने मेरा घमण्ड तोड़ दिया, मुझे आदमी बना दिया। (प्रे० च०)

घमंड में चूर होना : अत्यधिक अभिमान होना।

घर आंगन हो जाना : घर खंडहर हो जाना, घर का टूट-फूट जाना।

घर आबाद करना : 1. घर में चहल-पहल पैदा करना।

किए दूध के कुल्ले मैंने, चूस अंगूठा सुधा पिया।
किलकारी-कल्लोल मचा कर, सूना घर आबाद किया॥ (सु० कु० चौ०)

2. विवाह करना।

विमला ने राघव का घर आबाद कर दिया। (ह० शर्मा)

घर आबाद होना : दे० 'घर बसना।'

घर उजड़ना : 1. घर के प्राणियों का इधर-उधर चला जाना या मर जाना, पत्नी का मर जाना या चला जाना। 2. गृहस्थी चौपट हो जाना, धन-दौलत नष्ट हो जाना।

घर करना : 1. बसना, रहना, निवास करना, जमना, बैठना। 2. पुरुष और स्त्री का पति-पत्नी के रूप में रहकर गृहस्थी चलाना। 3. प्रविष्ट होना, घुसना, धंसना। 4. जमने, ठहरने या स्थित होने के लिए उपयुक्त स्थान बनाना।

घर का अच्छा : सम्पन्न, कुलीन।

घर का आदमी : 1. अपना आदमी, घनिष्ठ मित्र व्यक्ति।

आप तो बिल्कुल अपने घर के आदमी हैं। (अ० ग०)

2. भाई-बन्धु, इष्ट-मित्र।

घर का उजाला : 1. परिवार का यश तथा धन-वैभव बढ़ाने वाला।

महामना पं० मदन मोहन मालवीय अपने घर के उजाले थे जिनके कारण उनका परिवार सारे भारत में विख्यात हो गया। (गं० प्र० शु०)

2. घर भर का प्यारा, बहुत सुन्दर (बेटा)।

घर का काट खाने को दौड़ना : घर का सुनसान, भयानक और अप्रिय लगना।

घर का चिराग गुल हो जाना : पुत्र की मृत्यु हो जाना।

घर का न घाट का : बेकाम, निकम्मा।

घर का बोझ उठाना/संभालना : घर-गृहस्थी का काम काज देखना, घर का खर्च चलाना।

घर का नाम डुबोना : कुल को कलंकित करना।

घर का रास्ता नापना/पकड़ना/लेना : घर चले जाना, घर के लिए प्रस्थान करना।

घर का मर्द/शेर/बीर/बहादुर : अपने ही घर में बढ़-बढ़कर बातें करने वाला, अपने घर में बहादुर बनने वाला।

घर की तरह बैठना : आराम से बैठना।

घर की पूजी : निजी रुपया, घर का पैसा।

घर की बात : 1. घर का मामला, पारिवारिक/कौटुम्बिक मामला। 2. स्वजनों से सम्बन्ध रखने वाली या आपस की बात। 3. घर का भेद/रहस्य/छिपी हुई बात।

घर के घर रहना : किसी सौदे/रोजगार में न नफा होना न घाटा।

घर-घर का हो जाना : तितर-बितर हो जाना, मारे-मारे फिरना।

घर-घर मटियारे चूल्हे : प्रत्येक व्यक्ति को कोई-न-कोई कष्ट, दुःख या विपत्ति होना।

सेठों, रिश्वत खोरों की बात छोड़ दो, वरना आज के जमाने में किसका अच्छा दिन जा रहा है? घर-घर मटियारे चूल्हे हैं, अपनी-अपनी धोतियों में सभी नंगे हैं। (अ० ला० ना०)

घर घाट एक करना : कठिन परिश्रम करना।

शान्ता के विवाह के लिए मैं महीनों से घर-घाट एक किए हुए हूं। (प्रे० च०)

घर डाल लेना : किसी स्त्री को पत्नी के रूप में रख लेना।

घर देख लेना : बार-बार कुछ मांगने आना।

अब तो उन्होंने यह घर देख लिया है, नित्य पहुंचा करेंगे। (ब० ना० कपूर)

घर पड़ना : पत्नी रूप में किसी के घर रहना।

घर फूंककर तमाशा देखना : घर की दौलत उड़ाकर मौज करना।

घर फूंकना : घर नष्ट करना, घर की दौलत बरबाद करना।

घर फोड़ना : परिवार के सदस्यों में फूट / वैमनस्य पैदा करना।

घर बसना : विवाह हो जाना और घर की हालत सुधर जाना दे० 'घर आबाद होना।'

घर बसाना : विवाह करना, विवाहित जीवन बिताना।

घर बिगाड़ना : 1. कुटुम्ब में झगड़ा लगाना। 2. धन-दौलत नष्ट कर देना। 3. किसी परिवार की बहू-बेटी को कुमार्ग पर ले जाना।

घर बैठना : 1. पत्नी बनकर किसी के घर रहना, 2. काम/नौकरी छोड़ देना। 3. वर्षा आदि के कारण घर गिर/धंस जाना।

घर बैठे रोटी : 1. बिना परिश्रम की जीविका। 2. धन जोड़ना, माल जमा करना।

गरीबों को सताकर घर भर लिया तो कौन-सा बड़ा तीर मार लिया ? (प्रे० च०)

3. घर का धन-जन से भरा होना।

घर बैठे : बिना परिश्रम किए किसी काम का होना।

घर भरना : 1. धन-धान्य से पूर्ण करना।

घर में : पत्नी।

घर में आग लगाना : 1. सर्वनाश करना।

अब मेरा घर पर इतना अधिकार भी नहीं है कि भीख तक दे सकूं। माना कि भीख इतनी नहीं दी जाती; लेकिन इसको तो चुप रहना चाहिए था, चाहे मैं घर में आग ही क्यों न लगा देता। (प्रे० च०)

2. परिवार के सदस्यों में झगड़ा खड़ा करना।

घर में डाल लेना : उप-पत्नी/रखेली बना लेना; दे० 'घर डाल लेना।'

घर जमाई : ससुर के घर में रहने वाला दामाद।

घर में भूंजी भांग न होना : घर में कुछ धन-दौलत न होना, अकिंचन होना, अत्यन्त निर्धन होना।

घर लुटाना : सर्वस्व दे देना।

ज्ञान शंकर ने बिगड़कर कहा—मैं ऐसा अहमक नहीं हूं कि इस वाह-वाह के लिए अपना घर लुटा दूं। (प्रे० च०)

घर से पांव निकालना : स्वेच्छाचार करना, कुल मर्यादा का अतिक्रमण करना, परस्त्री से सम्बन्ध रखना।

घाट-घाट का पानी पीना : 1. अनेक स्थलों का अनुभव प्राप्त करना, देश-देशान्तर के लोगों की जीवन-चर्या की जानकारी प्राप्त करना। 2. अनेक मनुष्यों की पत्नी बनना।

घाट-घाट का पानी पीकर वह अब उसका अंगूठा पकड़ने आई थी। (शि०)

घाटा उठाना : हानि सहना।

घात ताकना : उपयुक्त अवसर की प्रतीक्षा में रहना।

घात पर चढ़ना/घात में आना : दांव पर चढ़ना, प्रयोजनसिद्धि के लिए अनुकूल स्थिति में होना।

घात में फिरना : हानि पहुंचाने/बदला लेने आदि के लिए उपयुक्त अवसर ढूंढते फिरना।

घात में बैठना : आक्रमण करने, पकड़ने या मारने के लिए छिपकर बैठना।

घात में रहना : किसी को हानि पहुंचाने के लिए अनुकूल अवसर ढूंढते फिरना। कोई दूसरा होता तो सबलसिंह और अचलसिंह की घात में रहता और अवसर पाते ही प्राण ले लेता। (प्रे० च०)

घात लगना : सुयोग मिलना, अच्छा मौका मिलना।

घात लगाना : युक्ति भिड़ाना, तदबीर करना, सुयोग ढूंढना।

घाव पर नमक छिड़कना : दुख पर दुख देना, दुखी व्यक्ति को और यन्त्रणा देना। गौस खां के पद पर फैजुल्लाह का नियुक्त होना गांव के दुखियारों के घाव पर नमक छिड़कना था। (प्रे० च०)

घाव पर मरहम रखना : सान्त्वना देना, तसल्ली बंधाना।

मैं दुखी हूं, मुझे तसकीन दो, मैं घायल हूं, मेरे घाव पर मरहम रखो। (प्रे० च०)

घाव पूजना/भरना : 1. ज़ख्म या घाव का अच्छा होना। 2. क्षतिपूर्ति होना। सरदार साहब के वियोग का दुख हमारे दिलों में सदा खटकता रहेगा। यह घाव कभी न भरेगा। (प्रे० च०)

घाव हरा होना/हो जाना/हो आना : भूला हुआ दुःख फिर याद आ जाना।

उसकी फोटो यहां से हटा दो। उसे देखकर मेरा घाव फिर हरा हो आता है।

घास काटना/खोदना/छीलना : तुच्छ/व्यर्थ काम करना।

तू कैसे जानता है कि बुधिया को कफन न मिलेगा ? तू मुझे ऐसा गधा समझता है ? साठ साल क्या दुनिया में घास खोदता रहा हूं ? (प्रे० च०)

घास न डालना : प्रोत्साहन न देना, सहायता न करना।

घिग्घी बंध जाना : भय, क्षोभ या अन्य किसी संवेग के कारण मुंह से बोली न निकलना, कण्ठावरोध होना।

घी का घड़ा/कुप्पा लुढ़कना : बहुत अधिक हानि होना।

घी का चिराग (या दीपक) जलना : 1. कामना पूरी होना। 2. आनन्द-मंगल होना।

घी के चिराग जलाना : कार्य सिद्ध होने पर आनन्द मनाना, प्रसन्न होना।

घी-खिचड़ी होना : आपस में अत्यधिक मेल होना।

घी-दूध की नदी/नदियां बहना : अत्यन्त सम्पन्न/समृद्ध/धन-धान्य से पूर्ण होना।

घुटने टेकना : नतमस्तक होना, अधीनता/पराजय स्वीकार करना।

घुटनों के बल चलना : 1. छोटे बच्चे के समान घुटनों के बल लुढ़ककर चलना, 2. धीरे-धीरे प्रगति करना।

घुटनों में सिर देना : 1. सिर नीचा किए उदास/चिन्तित बैठना। 2. लज्जा से सिर नीचा करना।

घुटनों से लगकर बैठना : हर घड़ी पास रहना।

घुट-घुट कर मरना : पानी या हवा के न मिलने से असह्य कष्ट भोगते हुए मरना।

घुटा हुआ : बहुत चालाक, धूर्त, छंटा हुआ बदमाश।

घुट्टी में पड़ना : स्वभाव में होना, बचपन की आदत

घुन लगना : शरीर का अन्दर-अन्दर क्षीण होना, चिन्ता होना।

घुल-घुल कर मरना : बहुत दिनों तक कष्ट भोगकर मरना।

पति की मृत्यु के दो ही साल पीछे वह बेचारी भी घुल-घुल कर मर गई। (ब० च०)

घुल-मिल जाना : एक हो जाना।

घुला-घुला कर मारना : धीरे-धीरे कष्ट पहुंचा कर मारना।

मैं उसे घुलाघुलाकर मारूंगी। (प्रे० च०)

घुला हुआ . 1. खूब पका हुआ। 2. पिलपिला। 3. बूढ़ा, क्षीण।

घूंघट उठाना : स्त्री का मुंह पर से पर्दा हटाना, आवरण उठाना।

घूंघट करना/निकालना : साड़ी खींचकर चेहरे को ढकना।

घूंघट का पट खोलना : अज्ञान का परदा दूर करना।

घूम पड़ना : सहसा क्रुद्ध हो जाना।

मैं तो उन्हें समझाने गया था; वे उलटे मेरे ही ऊपर घूम पड़े। (हि० श० सा०)

घोटाले में पड़ना : 1. किसी काम/बात का निपटने या सुलझने की स्थिति में न होना।

मेरे बीमार हो जाने के कारण मेरा सब काम घोटाले में पड़ गया। (ब० ना० श०)

2. धन आदि का ऐसी स्थिति में होना कि उससे लाभ होने की सम्भावना बहुत कम होना।

घोड़ा उठाना : 1. बंदूक का घोड़ा उठाना। 2. घोड़े को तेज दौड़ाना।

घोड़ा कसना : सवारी के लिए घोड़े पर ज़ीन कसना।

घोड़ा खोलना : 1. घोड़े का साज खोलना। 2. घोड़े को बन्धन-मुक्त करना। 3. घोड़े को गाड़ी में से खोलना। 4. घोड़ा चुराना/छीनना।

घोड़ा डालना : घोड़े पर बैठकर किसी के पीछे तेज़ी से जाना।

घोड़ा निकालना/फेरना : घोड़े को साधना/सवारी या गाड़ी के लायक बनाना, घोड़े को सधाने के लिए एक चक्कर में घुमाना।

घोड़ा बेचकर सोना : खूब निश्चिन्त होकर सोना।

घोड़े के आगे गाड़ी रखना/लगाना : उलटा काम करना।

लिपि का फैसला समय करेगा। जो ज्यादा जानदार है, वह आगे जायगी। दूसरी पीछे रह जायगी। हिन्दी-उर्दू की लिपि के भेद का विषय छेड़ना

घोड़े के आगे गाड़ी रखना होगा। (प्रे० च०)

घोड़े पर सवार मालूम होना : लौटने की जल्दी में होना।

घोड़े-भैंस का बैर : प्राकृतिक वैमनस्य।

घोलकर पिला देना : बिलकुल याद करा देना।

घोलकर पी जाना : किसी चीज का अस्तित्व न रहने देना।

च

चंग पर चढ़ना : अनुकूल होना, बात में आना, वश में होना।

रमेश ने सोचा कि ग्राहकों की भीड़ में नाव वाला उसकी चंग पर चढ़ न सकेगा। (अ० ला० ना०)

चंग पर चढ़ाना : 1. इधर-उधर की बातें बनाकर किसी को अपने अनुकूल बनाना। मैंने महरी की मारफत डिप्टी साहब की बीवी को ऐसा चंग पर चढ़ाया है कि वह दारोगाजी को बिना बरी कराये उनका दामन न छोड़ेगी। (प्रे० च०)

2. दिमाग/मिज़ाज बढ़ा देना।

चंगुल में आना/पड़ना/फंसना : वश/अधिकार में होना।

सरकार के चंगुल में एक बार आ जाओगे तो निकलते न बनेगा। (प्रे० च०)

चंडाल चौकड़ी : दुष्टों का समुदाय/समूह।

चंडूखाने की गप : निराधार/असत्य बात। बेसिर-पैर की बात।

चंदन उतारना : चंदन की लकड़ी को पानी के साथ घिसना।

चंदन चढ़ाना : घिसा हुआ चंदन अर्पित करना/लगाना।

चंद्रमा बलवान होना : भाग्य अनुकूल होना।

आजकल तुम्हारा चन्द्रमा बलवान है, जो कुछ करोगे उसमें लाभ होगा।

चंपत हो जाना : चला जाना, भाग जाना।

सुल्तान के बहुत-से सिपाही तो लड़ाई में मारे गए। जो बचे वे प्राण बचाकर इधर-उधर चम्पत हो गए। (ह० शं० श०)

चंवर डोलाना/ढालना : किसी के ऊपर चँवर हिलाना या डोलाना।

चकनाचूर करना/होना : टुकड़े-टुकड़े कर देना या होना।

चकमा खाना/चकमे में आना : धोखे में पड़ना।

अब फिर मैं लोगों के चकमे में न आऊंगा। (प्रे० च०)

चकमा देना/बताना : धोखा देना।

इस बदमाश ने मुझे बड़ा चकमा दिया। (प्रे० च०)

चकला बसाना : स्त्रियों से वेश्यावृत्ति कराना।

जो पुरुष एक स्त्री को न रख सका, वह सौ को क्या रखेगा? हां, चकला

बसाये तो दूसरी बात है। (प्रे० च०)

चक्कर आना : सिर चकराना, घुमटा आना।

मोटर का लम्बा सफर करने पर मुझे चक्कर आते हैं। (ब० ना० कपूर)

चक्कर काटना : 1. इधर-उधर घूमना, बार-बार कहीं आना-जाना। 2. वृत्ताकार घूमना।

चक्कर खाना : 1. बुद्धि का काम न करना, भ्रमित होना। 2. घूमना।

जब बड़ी सुई सारी घड़ी का चक्कर खा लेती है तब एक घंटा होता है। (अं० प्र० बा०)

3. किसी बात का विस्मृत न होना, उसकी याद बार-बार या निरन्तर बनी रहना। 4. टेढ़े-मेढ़े जाना।

चक्कर पड़ना : घुमाव/फेर पड़ना।

चक्कर मारना : 1. चारों तरफ/इधर-उधर घूमना। 2. हो आना/जाना।

चक्कर में आना : 1. फेर में पड़ना, फंदे में फंसना। 2. चकित होना, अचम्भे में आना।

चक्कर में डालना : 1. कठिनाई/धोखे/चाल में फंसना। 2. चकित करना।

चक्कर में पड़ना : 1. कठिनाई/हैरानी में पड़ना। 2. असमंजस/दुविधा में पड़ना। 3. फेर में पड़ना, भुलावे में आना।

चक्कर में फंसना : 1. झंझट/कठिनाई/बखेड़े में पड़ना। 2. फेर/जाल में पड़ना।

चक्कर लगाना : 1. परिक्रमा करना, चारों ओर घूमना। 2. इधर-उधर आना जाना, घूमना-फिरना।

चक्की पीसना : कठोर परिश्रम करना।

उसे कौन-सी चक्की पीसनी पड़ती है जो दिनों-दिन दुबली हुई जा रही है? (ब० ना० कपूर)

चखचख मचना : लड़ाई-झगड़ा होना।

चचा बनाना/बनाकर छोड़ना : उचित दंड/प्रतिफल देना।

चट कर जाना : 1. सबका सब खा जाना। 2. दूसरे की वस्तु हड़प कर जाना।

चट्टे-बट्टे लड़ाना : इधर-उधर की लगाकर दो व्यक्तियों/पक्षों में लड़ाई कराना।

चड्ढी गांठना : सवारी करना।

चढ़ दौड़ना : आक्रमण करना।

चढ़ बनना : ऊंचा पद, प्रभूत सम्पत्ति आदि मिलने पर किसी का महत्व या मान बढ़ना।

राजा विशाल सिंह ने इधर कई साल से राज-काज छोड़-सा रखा था। मुंशी वज्रधर और दीवान साहब की चढ़ बनी थी। (प्रे० च०)

चढ़ा-ऊपरी लगाना : होड़ लगाना।

चढ़ा-बढ़ा/बढ़ा-चढ़ा : श्रेष्ठ।

चढ़ावा/बढ़ावा देना : उत्साह बढ़ाना, उकसाना।

चना-चबैना : रूखा-सूखा भोजन।

चपत पड़ना : हानि होना।

अब तक वह दो बार निर्वाचित हो चुके हैं और दोनों ही बार उन पर एक-एक लाख की चपत पड़ी है। (प्रे० च०)

चपेट में आना : चंगुल में फंसना।

मैं काम-वासना की **चपेट में** आ गया हूं। (प्रे० च०)

चप्पा-चप्पा छान डालना : हर जगह देख आना/ढूंढ़ आना!

करीब पन्द्रह दिन में उन्होंने पूरे नैनीताल का चप्पा-चप्पा छान डाला था।

चबा-चबाकर बातें करना/बोलना : रुक-रुककर, कुछ बातों को छोड़ते-छिपाते हुए, बातें करना जिसमें दम्भ का आभास हो।

चबाए कौर को चबाना/चबे को चबाना : पुरानी बातों को दोहराना, किए हुए काम को फिर करना।

चमक उठना : उन्नति करना।

चमड़ा/चमड़ी उधेड़ना/खींचना : बहुत मारना-पीटना।

चरके में आना : धोखे में पड़ना।

चरखे में फंसना : झंझट/झमेले/बखेड़े में फंसना।

ठाकुर साहब चाहे इस समय तुम्हारा कहना मान जायें, पर जब चरखे में फसेंगे तो सारा गुस्सा तुम्हीं पर उतारेंगे। (प्रे० च०)

चरण/चरणों की धूल (किसी के) : किसी की तुलना में अत्यन्त नगण्य व्यक्ति।

चरण गहना/पकड़ना : पैर पकड़कर प्रार्थना करना।

चरण छूना : पैर छूकर प्रणाम करना।

चरण छूकर कहना : किसी आदरणीय व्यक्ति के पैर छूना और उनकी शपथ लेकर कुछ कहना।

तुम्हारे चरण छूकर कहती हूं, मैंने रुपए नहीं भेजे। (प्रे० च०)

चरण पड़ना : 1. आगमन होना, आना। 2. पैर पर सिर रखकर विनती करना।

चरणामृत लेना : 1. देवमूर्ति/महात्मा आदि के चरण धोकर पीना। 2. बहुत थोड़ी मात्रा में कोई तरल पदार्थ पीना।

चरबी चढ़ना/छाना : 1. बहुत मोटा हो जाना। 2. मदांध होना; दे० 'आंखों में चरबी छाना।'

चर्चा चलना (या छिड़ना) : किसी के विषय में बातचीत आरम्भ होना।

चर्चा चलाना : छेड़ना बातचीत करना।

सरला के सामने स्त्रियों के पुनर्विवाह की **चर्चा** छेड़कर जो आग इन्होंने

सुलगाई थी उसे याद करके वे विकल हो रहे थे। (च०)

चल खड़ा होना : कहीं से चला जाना।

गोदावरी घर से चल खड़ी हुई। (प्रे० च०)

चल देना : 1. चुपके चला जाना। 2. मर जाना।

चल निकलना : 1. किसी काम में उन्नति करना। 2. किसी संस्था आदि का प्रतिष्ठापित होना, किसी काम का ढर्रे पर आना।

चल पड़ना : 1. प्रस्थान करना, रवाना होना। 2. चलन/प्रचलन/व्यवहार में आना।

चल बसना : मर जाना।

चलता करना/कर देना : 1. हटा देना, भगा देना। 2. निपटाना।

किसी प्रकार इस मामले को चलता करो। (हि० श० सा०)

चलता गाना : वह गाना जो शुद्ध राग-रागिनियों के अन्तर्गत न हो, पर जिसका सर्वसाधारण में काफी प्रचार हो।

चलता-पुरजा : चालाक, व्यवहार-कुशल।

मोहन बड़ा चलता-पुरजा आदमी है; वह तुम्हारा काम करा देगा।

चलता-फिरता नजर आना : चले जाना, खिसक जाना।

यहां बैठिए मत, चलते-फिरते नज़र आइए।

चलता बनना : चला जाना, खिसक जाना।

चलता हुआ आदमी : चलता-पुरजा आदमी, बहुत चतुर मनुष्य।

कोई चलता हुआ आदमी शायद इतना व्यग्र न होता। (प्रे० च०)

चलता होना : चल देना।

चस्का लगना/पड़ना : शौक होना, आदत पड़ना।

कुछ दिनों से कमला चरण को जूए का चस्का भी पड़ चला था। (प्रे० च०)

उन्हें दम लगाने का चस्का लग गया था। (अ० ला० ना०)

चहल-पहल मचाना/रहना : रौनक होना, बहुत-से लोगों का आना-जाना/एकत्र होना।

जहां रात-दिन निर्जनता और नीरवता का आधिपत्य रहता था वहां अब हर-दम चहल-पहल रहती है। (प्रे० च०)

चांटा जड़ना/मारना/लगाना : तमाचा मारना, थप्पड़ लगाना।

चांड़ सरना : इच्छा पूरी होना, कार्य सिद्ध होना।

चांद का कुण्डल/मण्डल बैठना : हल्की बदली पर प्रकाश पड़ने के कारण चन्द्रमा के चारों तरफ एक घेरा या वृत्त-सा बन जाना।

चांद का खेत करना : चन्द्रोदय से पूर्व उसकी आभा का फैलना!

चांद का टुकड़ा : अत्यन्त सुन्दर व्यक्ति/पदार्थ।

चांद चढ़ना : चन्द्रमा का क्षितिज से ऊपर आना।

चांद दीखे : शुक्ल द्वितीया के पीछे।

चांद पर थूकना : किसी ऐसे महान् व्यक्ति पर कलंक लगाना जिसके कारण स्वयं अपमानित होना पड़े।

चांद पर धूल/खाक डालना : किसी निर्दोष व्यक्ति पर लांछन लगाना।

चांद पर बाल न छोड़ना : 1. जूते, चप्पल आदि से खूब पीटना। 2. सबकुछ ले लेना।

चांदनी का खेत : चारों ओर चन्द्रमा का फैला हुआ प्रकाश, दे० 'चांद का खेत करना।'

चांदनी खिलना/छिटकना : चन्द्रमा के स्वच्छ प्रकाश का खूब फैलना।

चांदनी मारना : 1. चांदनी का बुरा प्रभाव पड़ने के कारण जख्म का अच्छा न होना या रुग्ण होना।

उसके घाव पर चांदनी मार गई है; इससे वह बहुत तंग है। (ब० ना० श०)

2. आंख मारी जाना।

चांदी कटना : खूब लाभ होना।

आजकल राशनवालों की चांदी कट रही है। (ब० ना० कपूर)

चांदी कर डालना/देना : (गांजा, तम्बाकू आदि की भरी हुई चिलम के सम्बन्ध में प्रयुक्त) जलाकर राख कर डालना।

चांदी काटना : खूब रुपया पैदा करना।

आजकल सभी अधिकारी चांदी काटने में लगे हुए हैं। (ब० ना० कपूर)

चांदी का चश्मा/चांदी की ऐनक लगाना : रिश्वत लेकर ही किसी का काम करना।

चांदी का जूता : रिश्वत, घूस।

चांदी के टुकड़े : रुपए।

उसने चांदी के चंद टुकड़ों के लिए अपना ईमान बेच दिया है।
(ब० ना० कपूर)

चांदी गलना : बहुत रुपया खर्च होना।

चांदी होना : खूब लाभ होना।

चांदी ही चांदी होना : खूब धन प्राप्त होना।

एक मंत्र भी सिद्ध हो गया तो फिर चांदी ही चांदी है। (प्रे० च०)

चाक करना/कर देना : फाड़ डालना।

चाक चौबंद : चौकन्ना और स्वस्थ, हर दृष्टि से होश्यार-चतुर।

चाकरी बजाना : सेवा करना।

चाट पड़ना/होना : चस्का लगना, आदत पड़ना।

अच्छा, अब उन्हें कविता की चाट हुई है? (प्रे० च०)

चादर देखकर पांव फैलाना : आय के अनुसार व्यय करना, शक्ति के अनुसार काम करना।

चादर रहना/चादर की लाज रहना : प्रतिष्ठा/सम्मान/इज्जत रहना।

चादर से बाहर पैर/पांव फैलाना/निकालना : आमदनी से अधिक खर्च करना।

चाम के दाम चलाना : अन्याय/अंधेर करना, अपनी ज़बरदस्ती के भरोसे कोई काम करना।

चाय पर बुलाना : चाय-पान के लिए आमंत्रित करना।

चार आंखें करना : आंखें मिलाना।

चार आंख होना : देखा-देखी होना, किसी से नजरें मिलाना।

चार आंसू बहाना : रोना, शोक करना।

चार के कंधों पर चढ़ना/चलना/जाना : मृत्यु के बाद श्मशान या कब्रिस्तान को ले जाया जाना।

चार चांद लगना : शोभा/सौन्दर्य में अत्यधिक वृद्धि होना।

शबनम इस क़दर सलीका सीख गई थी कि उससे उसके हुस्न में चार चांद लग गए थे। (च०)

चार चांद लगाना : शोभा/सौन्दर्य की अत्यधिक वृद्धि करना।

चार दिन : अल्पकाल।

चार दिन का मेहमान : नश्वर, अल्पकालीन।

जगत में झूठा है अभिमान।
राजा रानी राव रंक सब, चार दिवस मेहमान। (कै० ना० भ०)

चार-पांच करना/लाना : 1. हीला-हवाला करना। 2. व्यर्थ बहस या हुज्जत करना।

चार-पांच दिन : अल्पकाल।

चार पैसे : थोड़ा-सा धन।

उनका बस चलता तो दाननाथ चार पैसे के आदमी हो गए होते। (प्रे० च०)

चार सौ बीस : बहुत बड़ा धूर्त/कपटी/छलिया।

चार सौ बीसी करना : धोखा-धड़ी/छल-कपट करना।

चारपाई काट देना : बीमार के उठकर पाखाने न जा सकने की अवस्था में पड़े-पड़े दस्त आने के लिए चारपाई के बीच में छेद कर देना।

चारपाई धरना/पकड़ना/लेना : इतना बीमार होना कि चारपाई से न उठ सके; दे० 'खाट पकड़ना।'

दो वर्षों से वे चारपाई पकड़े हुए हैं और उनका सब काम-काज बंद पड़ा है। (ब० ना० कपूर)

चारपाई पर/से लगना : इतना कमज़ोर हो जाना कि चारपाई से न उठ सके। दे० 'चारपाई पकड़ना।'

चारपाई सेना : दे० 'चारपाई पकड़ना'।

चारा न होना/रहना : युक्ति/उपाय न होना।

चारों खाने चित गिरना : 1. पृथ्वी पर पीठ के बल ऐसा गिरना कि हाथ-पांव फैल जाएं। 2. कोई दुःखद समाचार सुनकर भौंचक हो जाना।

चारों फूटना : चारों आंख फूटना—दो चर्म-चक्षु तथा दो ज्ञान-चक्षु।

चाल चलना : 1. चालाकी सफल होना। 2. चालाकी/धूर्तता करना।

चाल में आना : धोखे में पड़ना।

चिन्ता में डूबना : गहरी चिन्ता में पड़ना।

इस समय गंगाजली चिन्ता में डूबी हुई थी। (प्रे० च०)

चिन्ता लगना/सवार होना : चिन्ता का बराबर बना रहना।

मुझे दिन-रात इसी की चिन्ता लगी रहती है। (प्रे० च०)

चिकना घड़ा : निर्लज्ज/बेहया व्यक्ति।

नारद का कर्म-सचेत मन इन धमकियों के लिए अब चिकने घड़े के समान हो चुका था। (अ० ला० ना०)

चिकना देखकर फिसल पड़ना : सुन्दर रूप-रंग देखकर मुग्ध हो जाना।

चिकनी चुपड़ी बातें : मीठी बातें जो किसी को प्रसन्न करने, बहकाने या धोखा देने के लिए कही जाएं।

चिकने मुंह का ठग : ऐसा धूर्त जो देखने और बात करने में भला मानस जान पड़ता हो।

चिट्टा देना : दो व्यक्तियों/पक्षों में वैमनस्य पैदा करना, लड़ने के लिए उकसाना।

चिट्ठा बांटना : सप्ताह या किसी निश्चित काल की मज़दूरी बांटना।

चिट्ठी डालना : पुरजे डालकर किसी विशेष वस्तु या पुरस्कार पाने वाले का नाम निकालना (लॉटरी डालना)।

यह बात चिट्ठी डालकर तै कर लेना, क्योंकि ज़बानी चांय-चांय करने से झमेला बढ़ेगा। (वृ० ला० व०)

चिड़िया उड़ जाना : अभीष्ट व्यक्ति/वस्तु का न मिलना, चला जाना या गायब हो जाना।

चिड़िया का दूध : अप्राप्य वस्तु, ऐसी वस्तु जिसका अस्तित्व न हो।

चिड़िया का पूत : कोई भी व्यक्ति।

उसकी अगवानी के लिए वहां चिड़िया का पूत तक न था। (अ० रा०)

चिड़िया फंसाना : 1. किसी मालदार आदमी को अपने दांव पर चढ़ाना। 2. किसी स्त्री को अपने वश में करना।

चिता पर पांव रखना : मरणासन्न होना।

चिता में बैठना : पति के शव के साथ पत्नी का चिता में बैठ कर सती होना।

चित्त आना (किसी पर) : प्रेमासक्त होना।

चित्त उचटना/उचाट होना : उदासीन/विरक्त होना।

चित्त करना : जी चाहना, इच्छा होना।

चित्त चुराना : मन मोह लेना।

शकुन्तला ने दुष्यन्त का चित्त चुरा लिया था। (अ० कु० राय)

चित्त देना : ध्यान देना, मन लगाना।

चित्त धरना : मन में लाना, किसी चीज पर ध्यान देना।

मेरे प्रभु अवगुन चित न धरो। (सू०)

चित्त पड़ना : गोटी आदि के खेल में सफलता प्रतीत होना।

चित्त पर चढ़ना : बराबर ध्यान में आना, याद रहना।

चित्त चढ़ी वह माधुरी मूरति, उर बिच आरि अड़ी। (मी० बा०)

चित्त फटना : उदासीन होना, प्रेम घटना, दे० 'जी फट जाना', 'मन फट जाना।'

चित्त फिरना : विरक्ति होना।

ज्यों-ज्यों यह सन्देह बढ़ता था, ज्ञान शंकर की ओर से गायत्री का चित्त फिरता जाता था। (प्रे० च०)

चित्त बंटना : मन एकाग्र न रहना।

चित्त में आना : जी चाहना, इच्छा होना।

चित्त में गड़ना/चुभना : अत्यधिक प्रिय होना, बहुत पसन्द आना।

चित्त में जमना/धंसना/बैठना : समझ में आना, हृदय में दृढ़ होना।

चित्त में लाना : ध्यान/ख्याल करना।

चित्त में होना/चित्त होना : मन करना, इच्छा होना।

चित्त लगना : 1. रुचि होना, अच्छा लगना, जी न ऊबना। 2. प्रेम होना। 3. ध्यान लगा/बना रहना।

चित्त से उतरना : विस्मृत होना, भूलना।

सूर श्याम चित्त से नहिं उतरत वह वन कुंज भली। (सू०)

चित्त से न टलना : बराबर ध्यान में बना रहना।

चित्त होना : दे० 'चित्त में होना।'

चित्र उतारना : 1. चित्र खींचना। 2. सजीव वर्णन करना।

चित्र-लिखा-सा जान पड़ना : बिलकुल मंत्रमुग्ध, स्थिर, चुपचाप या जड़वत् रहना।

तुम्हारे राग से लोग ऐसे बेसुध हो गए हैं कि सारी रंगशाला चित्र-लिखी-सी जान पड़ती है। (सी० रा० च०)

चिथड़ा/चिथड़े लपेटना : फटे-पुराने कपड़े पहनना।

चिनगारी छोड़ना : कोई ऐसी बात कह देना जिससे लोगों में लड़ाई-झगड़ा हो जाय।

चिन्ता सवार होना : दे० 'चिन्ता लगना।'

चिर निद्रा में सो जाना : मर जाना।

चिराग का हंसना : चिराग से फूल झड़ना।

वह चिराग का हंसना देखकर एक गीत गाने लगा।

चिराग को हाथ देना : चिराग को बुझा देना।

सोने से पहले चिराग को हाथ दे देना।

चिराग गुल करना : 1. दीया बुझाना। 2. रौनक मिटाना। 3. वंश का नाश करना।

चिराग गुल होना : 1. दीपक का बुझ जाना। 2. रौनक मिटना, उदासी छाना। 3. वंश का नाश होना/पुत्र की मृत्यु।

चिराग ठंडा करना : दीया बुझाना।

चिराग तले अंधेरा होना : जहां पर विशेष विचार, न्याय, योग्यता आदि की आशा हो वहां पर कुविचार, अन्याय, अयोग्यता आदि होना।

चिराग दिखाना : सामने उजाला करना।

चिराग बढ़ाना : दीया बुझाना।

चिराग-बत्ती करना : दीया जलाना।

चिराग बुझना : 1. चिराग गुल होना। 2. इकलौते बेटे का मर जाना।

चिराग लेकर ढूंढ़ना : बड़ी छानबीन/परिश्रम के साथ तलाश करना।

वे ऐसे प्रेमी हैं कि दुनिया में चिराग लेकर ढूंढ़ो तो कहीं मिल नहीं सकते।

चिराग से फूल झड़ना : चिराग की जली हुई बत्ती से गोल-गोल फुचड़े निकलना।

चिल-पों/चिल्ल-पों मचना/होना : हाहाकार/शोर-गुल होना।

उधर सिपाहियों ने घरों के ताले तोड़ने शुरू किए। कहीं किसी पर मार पड़ती थी, कहीं कोई अपनी चीज़ें लिए भागा जाता था। चिल-पों मची हुई थी। (प्रे० च०)

चिलम चढ़ाना/भरना : 1. चिलम पर तम्बाकू/गांजा आदि और आग रखकर पीने के लिए तैयार करना। 2. गुलामी करना, तुच्छ से तुच्छ सेवा करना।

साहब बहादुर को अपनी सफेदी छिपाने की न पड़ी रहती तो आज एक कलूटी बीबी की यों चिलम न भरते।

चिल्ले का जाड़ा : बहुत कड़ा/अधिक जाड़ा।

चीं-चपड़ करना : उज्र-इन्कार करना।

किसी ने जरा भी चीं-चपड़ की तो हड्डी तोड़ दूंगा। (प्रे० च०)

चीं बोलना : बहुत थक जाना, हार मान लेना।

मिर्जा जी बड़ी जवांमर्दी दिखाने चले थे। पचास कदम में ही चीं बोल गए। (प्रे० च०)

चींटी की चाल : बहुत मन्द गति।

चींटी के पर निकलना/लगना : मृत्यु के निकट आना।

चीख मारना : चिल्लाना, कष्ट या पीड़ा के कारण चिल्लाना।

चील-झपट्टा होना : छीना-झपटी होना या झपटकर ले जाना।

चुगली खाना/लगाना : एक की बात दूसरे से कहना, पीठ पीछे निन्दा करना।

तुम कौन होते हो किसी की चुगली खाने वाले ? (प्रे० च०)

चुटकी देना : 1. चुटकी बजाना, अंगूठा और मध्यमा को रगड़ कर आवाज़ पैदा करना। 2. आटे की थोड़ी-सी भीख देना।

चुटकी पर नाचना : किसी के अधिकार में होना और उसके इशारे पर काम करना।

चुटकी बजाना : दे० 'चुटकी देना।'

चुटकी बजाते-बजाते : चटपट, फौरन।

कान्तिचन्द्र ने अपने मन में दुबारा ब्याह न करने की प्रतिज्ञा कर ली थी। भाग्य ने उस प्रतिज्ञा को चुटकी बजाते-बजाते नष्ट कर दिया। (रू० ना० पां०)

चुटकी बजाते हुए : बिना किसी परिश्रम के।

चुटकी बैठना : ऐसा काम करने का अभ्यास होना जो चुटकी से किया जाता है।

चुटकी भर : ज़रा-सा, बहुत थोड़ा।

चुटकी भरना : चुटकी लेना, खिल्ली उड़ाना, चुभती हुई बात कहना। चिकोटी काटना।

हम बनेंगे क्यों, बनो तो तुम बनो।
हम भरेंगे दम, तुम्हीं चुटकी भरो।। (अ० सिं० उ०)

चुटकी मांगना : भिक्षा मांगना, आटे की भीख मांगना।

चुटकियों में : बहुत शीघ्र।

ऐसी मिलें मैं चुटकियों में खोल सकता हूँ। (प्रे० च०)

चुटकियों में उड़ाना : अत्यन्त सरल, तुच्छ या नगण्य समझना।

चुटकी में मसलना : बहुत सरलता से या शीघ्र हराना, दबाना या नाश करना।

चुटकी लेना : हंसी उड़ाना।

चुटकुला छोड़ना : 1. दिल्लगी की बात कहना। 2. कोई ऐसी तिचित्र या रहस्य-पूर्ण बात कहना जो चर्चा या झगड़े का विषय बन जाय।

उसकी आदत ही है चुटकुला छोड़कर तमाशा देखने की। (व० ना० कपूर)

चुटिया हाथ में होना : किसी के अधीन या पूर्णतः नियन्त्रण में होना।

चुनाव लड़ना : निर्वाचन में उम्मीदवार के रूप में खड़ा होना।

चुनौती देना : मुकाबले के लिए आह्वान करना, ललकारना।

वे हर किसी को युद्ध की चुनौती देने को तैयार हैं। (अ० ला० ना०)

चुप मारना/लगाना : चुप रहना या हो जाना।

चरावर रोक दी गई है, चुप लगाने से काम न चलेगा, इसका कुछ उपाय करो। (प्रे० च०)

चुपड़ी और दो-दो : दोनों ओर से लाभ, दोहरा लाभ, बढ़िया भी और मात्रा में भी अधिक।

चुप्पी साधना, चुप्पी साध बैठना, चुप्पी लगाना : चुप रहना, कुछ न बोलना।

चुल्लुओं रोना : बहुत अधिक रोना।

चुल्लू भर पानी में डूब मरना : बहुत ही लज्जाजनक स्थिति में होना, लज्जा से मुंह न दिखाना।

चुल्लू में उल्लू होना : बहुत थोड़ी-सी भांग या शराब पीने से बेसुध हो जाना।

आप तो कहते थे कि यह बराबर भाँग पीते हैं परन्तु यहां तो यह चुल्लू में उल्लू हो गए। (ब० ना० श०)

चूं न करना/चूं तक न करना : ज़रा भी उज्र-एतराज न करना।

चूं-चूं का मुरब्बा : तरह-तरह की बेमेल चीजों का योग।

चूड़ियां ठंडी करना/तोड़ना : विधवा होते ही पहनी हुई कांच की चूड़ियां उतारना या तोड़ना।

चूड़ियां पहनना : 1. स्त्री बनना, स्त्री का वेष धारण करना, घर के अन्दर का काम करना। 2. पुरुष का पौरुष न दिखला कर स्त्रियों की-सी कायरता दिखाना।

चूड़ियां फूटना : विधवा होना।

चूना लगाना : ठग लेना, नीचा दिखाना, बेवकूफ बनाना, हानि पहुंचाना।

इन्होंने पहले यह बताया ही नहीं था कि चचिया ससुर को चूना लगाने के लिए अयोध्या चलना है। (अ० ला० ना०)

मैं चूना तुझे लगाऊंगी, तू करनी का फल पायेगी। (गु० भ० सिं०)

चूर-चूर कर देना : किसी वस्तु को तोड़-फोड़कर छोटे-छोटे टुकड़े कर देना, नष्ट-भ्रष्ट करना, काम का न छोड़ना।

चूर रहना : निमग्न, डूबा हुआ, मस्त रहना।

माधवी कल्पित प्रेम के उल्लास में चूर रहती थी। (प्रे० च०)

चूल न बैठना : बात ठीक न होना।

चूलें ढीली होना : अधिक परिश्रम के कारण बहुत थकावट होना।

चूल से चूल मिलाना : किसी वस्तु या बात को दूसरी वस्तु या बात के ही सांचे में ढालना, कथा प्रसंग में सामंजस्य स्थापित करना।

बाबू दुर्गा प्रसाद खत्री ने अपने पिता बाबू देवकी नन्दन खत्री के उपन्यास के शेषांश को पूरा ही नहीं किया वरन् चूल से चूल मिलाकर कमाल कर दिया। (ब० ना० कपूर)

चूल्हा जलना : भोजन बनना, खाना पकना।

चूल्हा फूंकना : भोजन बनाना, खाना पकाना।

चूल्हे में जाय : नष्ट हो जाय (स्त्रियों द्वारा प्रयुक्त)।

चूल्हे में जाय तू और ऊपर से तेरा वकील! (रां० रा०)

चूल्हे से निकलकर भट्ठी/भाड़ में पड़ना : छोटी विपत्ति से निकल कर बड़ी विपत्ति में पड़ना, किसी बड़े फेर में पड़ना।

चूहे बिल्ली का बैर : स्वाभाविक विरोध।

पूंजीवाद और साम्यवाद में चूहे-बिल्ली का बैर है।

चें बोलना : हार जाना, बहुत थक जाना, दे० 'चीं बोलना।'

चेहरा उतरना : चिन्ता, लज्जा, शोक, दुःख, भय, रोग आदि के कारण मुख का कान्तिहीन हो जाना।

कोयरी टोले में किसी ने गाड़ी नहीं दी मैया। यह सुनते ही बिरजू की मां का चेहरा उतर गया। (फ० ना० रे०)

चेहरे का रंग उड़ना : दे० 'चेहरा उतरना।'

चेहरा खिलना/खिल उठना : प्रसन्न होना, चेहरे से हर्ष प्रकट होना।

अहाते के फाटक में फिटन के प्रवेश करते ही शेख जी का चेहरा खिल उठा। (अ० ला० ना०)

चेहरा तमतमाना : तेज़ गर्मी, अत्यधिक क्रोध या तीव्र ज्वर के कारण चेहरे का लाल हो जाना।

चेहरा पीला पड़ना : रोग, भय आदि के कारण चेहरे का पीला हो जाना या रंग उड़ जाना।

चेहरा फ़क पड़ जाना : किसी अप्रत्याशित बात के सुनते ही चेहरा कान्तिहीन हो जाना।

चेहरा बिगाड़ना : इतना मारना कि सूरत न पहचानी जा सके।

चेहरा लटकना : उदास हो जाना, चेहरा श्रीहीन हो जाना, चेहरे से दुख प्रकट होना।

चेहरे पर हवाइयां उड़ना : भय, घबराहट आदि के कारण चेहरे का रंग उड़ जाना; चिन्तित/उदास होना।

चैन उड़ाना : सुखभोग/मौज करना, आनन्द करना।

चैन की नींद सोना : निश्चिन्त रहना, सुखपूर्वक जीवन व्यतीत करना।

लाला धनीराम और उनके सहयोगियों को मैं चैन की नींद न सोने दूंगा। (प्रे० च०)

चैन की वंशी बजाना : सुखपूर्वक जीवन व्यतीत करना।

सारे देश में चैन रहता था। हमारे जोलाहे भाई चैन की वंशी बजाते थे। (प्रे० च०)

चैन पड़ना : शान्ति/सुख मिलना।

चैन से कटना/चैन से गुजरना : सुखपूर्वक समय/जीवन व्यतीत होना।

जब से उसने कारखाना खोला है तब से उसकी खूब चैन से कट रही है। (ब० ना० श०)

चोट खाना : 1. घायल होना, 2. आघात या प्रहार सहना।

चोट खाली जाना : वार का निशाने पर न बैठना।

चोट बचाना : चोट न लगने देना।

चोट भरना : घाव अच्छा होना।

आज के अनुभव ने उसके हृदय पर ऐसी चोट लगाई थी जो कभी न भरेगी। (प्रे० च०)

चोटी करना : सिर के बाल गूंथ और सँवार कर बेणी बनाना।

चोटी का : सर्वोत्तम, सर्वश्रेष्ठ।

यह पहला अवसर था कि उन्हें चोटी के आदमियों से इतना सम्मान मिले। (प्रे० च०)

चोटी और एड़ी का पसीना एक करना : कठिन परिश्रम करना; दे० 'एड़ी चोटी का पसीना एक करना।'

चोटी का पसीना एड़ी तक आना/बहाना : घोर परिश्रम करना; दे० 'एड़ी चोटी का पसीना एक करना।'

क्या गरज पड़ी है कि चोटी का पसीना एड़ी तक बहाऊं ?' (वृ० ला० व०)

चोटी दबाना/चोटी हाथ में होना : किसी के वश में होना, लाचार होना।

उनकी चोटी मेरे हाथ में है। अगर रुपये न दिए तो ऐसी खबर लूंगा कि याद करेंगे। (प्रे० च०)

चोटी पर पहुंचना : सबसे अधिक उन्नति करना।

यह न समझिए कि इस पेशे में जो लोग चोटी पर पहुंच गए हैं वे ज्यादा रोशन ख्याल हैं। (प्रे० च०)

चोर बाजार : वह स्थान जहां चोरी से, नाजायज तरीके से, माल खरीदा और बेचा जाय।

चोला छोड़ना : मरना, शरीर त्यागना।

जिस दिन उमंग आई मैं हिमालय की ओर जाकर चोला छोड़ दूंगा। (स० श० अ०)

चोला बदलना : 1. एक शरीर छोड़कर दूसरा शरीर धारण करना। 2. रूप बदलना, रंग-ढंग बदलना।

चोली-दामन का साथ/सम्बन्ध/नाता : घनिष्ठ सम्बन्ध, साथ-साथ चलने वाली वस्तुएं।

दुनिया के पर्दे पर दूसरा ऐसा देश नहीं है जहां सूखे-बूड़े में ऐसा चोली-दामन का साथ हो। (अ० रा०)

पन्ना रूपवती स्त्री थी और रूप तथा गर्व में चोली-दामन का नाता है। (प्रे० च०)

चौक-चौबंद होना : दे० 'चाक-चौबन्द' मोटा-ताजा होना।

उधर पण्डितजी दूध और घी खाकर चौक-चौबंद हो गए। (प्रे० च०)

चौकड़ी भरना : तेज भागना, उछलना-कूदना।

वह भी तुझको ताक रहा है, लखने को उत्फुल्ल बदन।
तुझे देखकर भूल गए हैं, भरना भी चौकड़ी हिरन॥ (गु० भ० सिं०)

चौकड़ी भूलना/भूल जाना : घबड़ा जाना, सिटपिटा जाना।

चौक पूरना : पूजा आदि पवित्र कार्य के लिए आटे और अबीर-हलदी से चौखटा बनाकर उसके भीतर तरह-तरह की आकृतियां बनाना।

चौका-बरतन करना : बरतन मांजने और रसोईघर लीपने-पोतने या धोने का काम करना।

चौका लगाना : लीप-पोतकर ठीक करना।

चौकी देना : पहरा देना, रखवाली करना, सम्मान करना।

चौकी बैठना : निगरानी के लिए सिपाही तैनात होना।

चौकी बैठाना / बिठाना : निगरानी के लिए सिपाही तैनात करना, पहरा बैठाना।

चौखट पर माथा टेकना : अनुनय-विनय करना, विनीत प्रार्थना करना।

चौथ का चांद : भादों शुक्ल चौथ का चांद जिसके बारे में यह कहा जाता है कि यदि कोई उसे देख ले तो उसे कलंक लगता है।

चौमुखा दीया जलाना : दिवाला निकालना, दिवालिया बनना।

सब माल इधर-उधर हटाने के बाद सेठजी ने चौमुखा दीया जला दिया। (ब० ना० श०)

चौरासी लाख योनियों में पड़ना : जीव का आवागमन के चक्कर में पड़ना, अनेक योनियों में जन्म लेना।

च्यूंटी की चाल : दे० 'चींटी की चाल।'

च्यूंटी के पर निकलना : दे० 'चींटी के पर निकलना।'

छ

छंटनी होना : किसी कारखाने या कार्यालय आदि में काम करने वालों में से कुछ का निकाला जाना, काम से अलग कर देना।

छंटा हुआ : धूर्त, बेईमान, कपटी, बदमाश।

छंद-बंद बांधना : छल-कपट की चाल चलना।

छककर खाना : खूब खाना, खाकर तृप्त हो जाना, दे० 'डटकर खाना।'

यह कहकर मोटेरामजी हलवाई की दुकान पर जा बैठे, और तर माल चखने लगे। खूब छककर खाया। (प्रे० च०)

छकड़ी भूलना/भूल जाना : मस्ती और राग-रंग भूलकर चिन्तामय जीवन व्यतीत करना। इस मुहावरे से एक लम्बी लोकोक्ति भी बनती है जैसे—

भूल गए राग-रंग, भूल गए छकड़ी।
तीन चीज़ याद रहीं, नून तेल लकड़ी॥

छक्का-पंजा भूलना : चाल न चल सकना, किसी युक्ति का काम न करना।

छक्के छुड़ाना : हौसला पस्त करना, परास्त करना।

छक्के छूटना : हौसला पस्त होना, साहस न रहना, परास्त होना।

सिक्ख सेना का अटक पार होना था कि पठानों के छक्के छूट गए। (ब० च०)

छछूंदर छोड़ना : ऐसी बात कहना जिससे लोगों में असन्तोष फैल जाय; झगड़ा लगाना।

छठी का दूध याद आना : बहुत हैरानी होना, संकट पड़ना, सब सुख भूल जाना, बहुत कष्ट आ पड़ना, कठिन परिस्थिति में बुद्धि ठिकाने न रहना।

मैं तेरी वह खबर लूंगा कि छठी का दूध याद आ जाएगा। (य०)

छठी का राजा : पुराना रईस।

छठी में न पड़ना : 1. भाग्य में न होना। 2. प्रकृति के विरुद्ध होना।

छठे छमासे : यदा-कदा, कभी-कभी।

छत्तीस का सम्बन्ध : घोर विरोध।

छत्तीस होना/बनना : 1. विरक्त होना। 2. विरोधी होना।

छनन-मनन होना : कड़ाही में पूड़ी-कचौड़ी आदि बनना।

छप्पर पर फूस न होना : अत्यन्त दरिद्र होना।

हमारे देश में हजारों ऐसे व्यक्ति हैं जिनके छप्पर पर फूस नहीं है।

छप्पर पर रखना : छोड़ देना, जिक्र/चर्चा न करना, बात न चलाना।

अपने आमदनी-खर्च को छप्पर पर रखो, हमको रुपए दो। (भो० ना० ति०)

छप्पर फाड़ कर देना : बिना परिश्रम के धन देना, बैठे-बैठाए अनायास धन देना।
जब देना होता है तब भगवान छप्पर फाड़कर देते हैं। (ब० च०)

छलनी कर डालना : 1. बहुत स्थानों पर छेद कर देना। 2. (कलेजे के लिए प्रयुक्त) शोकातुर/शोक-विह्वल कर देना।

छलांग भरना : कूदना, छलांग मारना।

छलांग मारना : 1. कूदना; दे० 'छलांग भरना।' 2. बहुत उन्नति करना।

छांह न छूने देना : पास न फटकने देना, समीप न आने देना।

छांह बचाना : दूर रहना, निकट न जाना।

छाती कूटना/पीटना : शोक से व्याकुल होकर या ईर्ष्या के अतिरेक से छाती पर बार-बार हाथ पटकना, मातम मनाना।

छाती गज भर की होना : बहुत अधिक उत्साह होना; दे० 'गज भर की छाती होना।'
होरी की छाती गज भर की हो गई। (प्रे० च०)

छाती छलनी होना/ हो जाना : दु ख सहते-सहते हृदय जर्जर हो जाना; दे० 'कलेजा छलनी होना।'

छाती जलना : 1. अजीर्ण आदि के कारण हृदय में जलन होना। 2. ईर्ष्या/डाह होना।
पड़ोसी की उन्नति देखकर उसकी छाती जलने लगी। (जगदीश राय)
3. दुःख/मानसिक व्यथा/सन्ताप होना।

छाती जुड़ाना/ठण्डी/शीतल होना : चित्त शान्त और प्रफुल्लित होना; दे० 'कलेजा ठंडा होना'।

छाती ठण्डी करना : जी की जलन मिटाना।

छाती ठोक कर कहना : कोई दुष्कर कार्य करने की साहसपूर्वक प्रतिज्ञा करना।

छाती तान कर : सीना निकाल/फुलाकर, गर्वपूर्वक।

छाती थाम कर रह जाना : दिल मसोस कर रह जाना।

छाती दहलना : डर लगना।
तुम वहां न जाओगे, क्योंकि वहां जाते तुम्हारी छाती दहलती है। (प्रे० च०)

छाती दूनी होना : उत्साह से उत्फुल्ल होना, बहुत ही उत्साहित होना।
बात ही ऐसी हुई थी कि छाती दूनी हो जाय। (प्रे० च०)

छाती देना : स्तनपान कराना, बच्चे के मुंह में स्तन देना।

छाती धक से हो जाना : चकित हो जाना।
उसकी प्रतिभा, सौन्दर्य और वस्त्राभूषण देखकर शीलमणि समझ गई कि गायत्री यही है। उसकी छाती धक से हो गई। (प्रे० च०)

छाती धड़कना : किसी भय, आशंका आदि के कारण हृदय को जोर से उछलना

या धक-धक करना ।

छाती निकाल कर चलना : तनकर/अकड़कर/गर्वपूर्वक चलना ।

छाती पक जाना : दुःख सहते-सहते जी ऊब जाना; दे० 'कलेजा पक जाना ।'

छाती पत्थर की करना : दिल सख्त करना, हृदय को इतना कड़ा बनाना कि उस पर किसी दुःख का प्रभाव न पड़े; दे० 'कलेजा पत्थर का करना ।'

छाती पर खड़ा होना/चढ़ना/सवार होना : दुःख देने के लिए उपस्थित रहना ।

इस अवस्था में तो मैं लौट आता परन्तु वे यवन सैनिक छाती पर खड़े हैं। (ज० शं० प्र०)

छाती पर का पत्थर/पहाड़ : चिन्ताजनक वस्तु, कष्टदायक पदार्थ ।

छाती पर पत्थर रखना : दुःख सहने के लिए हृदय कठोर करना ।

छाती पर मूंग/कोदो दलना : किसी के सामने जान-बूझकर ऐसा काम करना जिसे देखकर उसका दिल और भी दुखी हो ।

यही तो दिन-रात बड़ी बहन की छाती पर मूंग दलने आ जाती थी । (शि०)

छाती पर सांप लोटना : 1. ईर्ष्या से व्यथित होना, अत्यधिक डाह से हृदय जलना ।

जब से आप मिनिस्टर हुए हैं, उनकी छाती पर सांप लोट रहा है । (प्रे० च०)

2. बहुत दुःख/वेदना होना ।

जगपति का ब्याह क्या हुआ उन लोगों की छाती पर सांप लोट गया । (कम०)

छाती पीटना : शोकातुर होकर सीने पर हाथ पटकना; दे० 'छाती कूटना ।'

छाती फटना : 1. अत्यधिक दुःख होना । 2. बहुत ईर्ष्या होना ।

खेत में पाट लगा देखकर गांव के लोगों की छाती फटने लगी । (फ० ना० रे०)

छाती फाड़कर : कठोर परिश्रम करके ।

छाती फुलाना : गर्व करना, इतराना ।

छाती फूल उठना : अत्यधिक आनन्द होना, गौरव का अनुभव करना ।

मैं तुमको सदा अपना लड़का समझती रही । तुम्हें देखकर मेरी छाती फूल उठती थी । (प्रे० च०)

छाती भर आना : 1. प्रेम से हृदय गद्‌गद् हो जाना । 2. स्तनों में दूध आ जाना ।

छाती सुलगना : हृदय में अत्यन्त दुःख/ईर्ष्या होना ।

छाती से पत्थर टलना : 1. किसी बड़ी चिन्ता का दूर होना । 2. पुत्री का विवाह हो जाना ।

छाती से बोझ उतरना : दे० 'छाती से पत्थर टलना ।'

छाती से लगाकर रखना : बहुत प्यार करना और अपने पास ही रखना ।

छाती से लगाना : आलिंगन करना; दे० 'सीने से लगाना ।'

छाती हुलसना : हर्ष होना।

मुझे देखकर कौन उनकी छाती हुलसेगी ? (प्रे० च०)

छान डालना/मारना : परिश्रम से खोजना।

सुभद्रा ने कंगन के लिए एक-एक सन्दूक, एक-एक कोना छान मारा। (प्रे० च०)

छानबीन करना : बहुत तहकीकात, पूछताछ, तलाश करना।

मुंशीजी ने केवल अकर्मण्यता और आलस्य के कारण छानबीन न की। (प्रे० च०)

छाप पड़ना : प्रभाव दिखाई देना,

बच्चे की शैतानियों की छाप इस पर साफ दिखाई देती है।

छाप लगाना : मुहर लगाना, गहरा प्रभाव डालना ।

नहीं, वही है मुख ! यद्यपि विलास ने उस पर अपनी मलिन छाया डाल दी है—उस पर अपने अभिशाप की छाप लगा दी है। (ज० शं० प्र०)

छापा मारना : 1. धावा बोलना, चढ़ आना। 2. कुछ खोजने या किसी को पकड़ने के लिए पुलिस आदि का कहीं एकाएक पहुंच जाना।

तस्कर व्यापारियों के यहां पुलिस इधर बराबर छापे मार रही है। (ब० ना० कपूर)

छाया उठ जाना : आश्रय/सहारा समाप्त हो जाना।

छाया न पड़ने देना : नजदीक न जाने देना।

छाया भी न छू पाना : समीप भी न पहुंच पाना।

छाया सिर पर होना (किसी की) : किसी का सहारा, आश्रय या संरक्षण होना।

छिपा रुस्तम : असाधारण किन्तु अप्रसिद्ध गुणी; छिपा हुआ चालाक या धूर्त जिसके सम्बन्ध में लोगों को पता न हो।

शुक्लजी, आप तो छिपे रुस्तम निकले। (बि० ना० श० कौ०)

छींका टूटना : अनायास कोई ऐसी घटना होना जिससे किसी व्यक्ति को कुछ लाभ हो जाय।

छींटा छोड़ना/फेंकना/छींटा कसी करना : 1. आक्षेप करना, व्यंग्य करना।

छी-छी करना : घिनाना; अरुचि/घृणा प्रकट करना।

छिछालेदर होना : दुर्दशा/दुर्गति होना।

छुट्टी पाना : झंझट से बचना; दायित्व से मुक्त होना।

छुट्टी मनाना : अवकाश का दिन आनन्द से बिताना; काम न करना।

छुरी चलाना : 1. छुरी से प्रहार करना। 2. भारी हानि पहुंचाना।

छुरी फेरना : मार डालना।

छू बनना/होना/हो जाना : गायब हो जाना, चला जाना।

छूमन्तर कर देना : हटा देना, दूर कर देना।

छूमन्तर हो जाना : दूर हो जाना, हट जाना, भाग जाना।

छूट देना : स्वच्छन्द आचरण करने देना।

अहल्या को मल्लिका आवश्यकता से अधिक छूट देती जा रही थी। (शि०)

छूटा सांड़ : आवारा आदमी।

लड़के गांव में भी हैं, मगर उनमें कुछ लिहाज़ है, कुछ अदब है, कुछ डर है। ये सब तो छूटे सांड़ हैं। (प्रे० च०)

छूटते ही बोलना : फौरन, अविलम्ब या अकस्मात् बोलना।

अग्रवाल जी छूटते ही बोले, "जी हां, धर्म के नाम पर पब्लिक को भड़का कर माल हड़पने वाले साहूकार बड़े ईमानदार होते हैं।" (अ० ला० ना०)

छेड़-छाड़ करना : तंग करना।

बिरादरी इन महाशय को घर में पैर तो रखने देगी नहीं, यह बेचारे मुझसे क्या छेड़-छाड़ करेंगे ? (प्रे० च०)

छोटा मुंह बड़ी बात : अपनी हैसियत से बढ़कर बात करना।

छोटे के मुंह लगना : छोटे आदमी से वाद-विवाद करना।

ज

जंग लगना : अकर्मण्य होना; जैसे—

एक जगह पड़े-पड़े आदमी को जंग लग जाता है।

जंगल जाना : शौच के लिए बाहर मैदान, खेत आदि में जाना।

जंगल में मंगल करना/मनाना : निर्जन स्थान में आनन्द करना। सुनसान, निर्जन या उजाड़ स्थान में सुख-सामग्री की व्यवस्था करना।

सोचा था, मैं एक दर्शनीय उपनगरी बनाकर इस जंगल में मंगल कर दूंगा। (शि०)

जंगल में मंगल होना : निर्जन/सुनसान स्थान में चहल-पहल होना या सुखपूर्वक जीवन व्यतीत होना।

पति डाके डालकर आता तो जंगल में मंगल हो जाता। (शि०)

जंजाल में फंसना/पड़ना : संकट में पड़ना, उलझन में फंसना।

जंगल में रोना : जब किसी की बात अनसुनी कर दी जाती है तब कहते हैं।

अनसुनी ही की गई सारी सुनी।
आज जंगल में हमें रोना पड़ा॥ (अ० सिं० उ०)

जख्म पर नमक छिड़कना : दु:खी व्यक्ति को और दु:खी बनाना।

जख्म ताजा/हरा हो आना : बीते हुए कष्ट या किसी के द्वारा किए हुए अपकार

या अहित की बात का स्मरण हो आना।

उसका पुत्र संगम में डूबकर मर गया था। इसलिए जब कभी वह प्रयाग आता है उसका जख्म ताजा हो आता है। (ल० सा० वा०)

जड़ उखाड़ना/काटना/खोदना : समूल नष्ट करना, ऐसा काम करना जिससे किसी का बहुत अहित या विनाश हो।

जड़ जमना : अच्छी तरह प्रतिष्ठित या प्रस्थापित होना।

जड़ देना : 1. झूठी शिकायत करना।

लाला जी ने वहां से लौटकर खुद तो अमरकान्त से कुछ न कहा, सुखदा और रेणुका दोनों से जड़ दिया। (प्रे० च०)

2. जोर मारना।

जड़ पकड़ना : स्थायित्व प्राप्त करना।

असावधानी के कुछ अज्ञात क्षणों में इस मनोकामना ने उसके अन्तस्तल में जड़ें पकड़ना आरम्भ कर दिया था। (इ० चं० जो०)

जन्म गंवाना : व्यर्थ जीवन नष्ट करना।

क्यों व्यर्थ जन्म गंवाते हो? भगवान के भजन से ही मोक्ष प्राप्त होगा। (व० ना० श०)

जन्म घूंटी में पड़ना : जन्म से ही आदत पड़ना।

झूठ बोलना तो इसको जन्म घूंटी में पड़ा है। (भो० ना० ति०)

जन्म बिगड़ना : जन्म नष्ट होना।

जन्म-जन्म का/जन्म-जन्मान्तर का : कई जन्मों का।

जन्म भरना : दुःखपूर्वक जीवन व्यतीत करना।

जनवासी चाल : बहुत धीमी और आराम की चाल।

जिनकी जिन्दगी का हरेक दिन एक नई मुसीबत है, वह नजात को अपनी जनवासी चाल से आने का इन्तजार नहीं कर सकते। (प्रे० च०)

जब देखो तब : सदैव।

जब देखो तब तुम यहीं खड़े रहते हो। (हि० श० सा०)

जबान काटना : 1. झूठा बनाना। 2. प्रार्थना अस्वीकार करना। 3. अपनी प्रतिज्ञा भंग करना।

जबान काट लेना : कठोर दण्ड देना।

जबान का तेज : बोलने में स्वभाव से उग्र, झगड़ालू।

तुम बतलाओ इसकी बहू ज़बान की तेज तो नहीं है। (प्रे० च०)

जबान का शेर : बढ़-बढ़कर बातें करने वाला।

जबान के नीचे जबान होना : दो तरह की बातें करना, कोई बात कहकर मुकर जाना।

बलबीर के कहने में मत आना, नहीं तो पछताओगे। उसकी ज़बान के नीचे ज़बान है। (अ० कु० राय)

जबान खींचना : अनुचित या अशिष्ट बातें कहने के लिए कठोर दण्ड देना; दे० 'ज़बान काट लेना।'

जबान खुलना : बोलना कुछ कहना।

जान पड़ता था करनसिंह कुछ कहना चाहते हैं, पर संकोच के मारे जबान नहीं खुलती। (प्रे० च०)

जबान खोलना : बोलना, कुछ कहना, उज्र या शिकायत करना।

जबान घिस जाना : बार-बार कहना, कहते-कहते ऊब जाना।

जबान चलना : 1. जल्दी-जल्दी बातें कहना, तेजी से बोलना। 2. कुछ खाते कहना। 3. अनुचित शब्दों का प्रयोग करना।

ज़बान चलाना : 1. तेज़ी से बोलना। 2. कुछ खाते रहना। 3. बढ़-बढ़कर या उद्दण्डतापूर्वक बातें करना। अशिष्ट और अनुचित शब्दों का प्रयोग करना।

जबान चलाने/चलाए की रोटी खाना : चापलूसी करके पेट पालना, खुशामद करके रोज़ी कमाना।

जबान टूटना : छोटे बच्चे का ऐसी स्थिति में आना कि बह कठिन शब्दों या संयुक्ताक्षरों का उच्चारण कर सके।

जबान दबाकर कहना / बोलना : डर या संकोच के साथ कहना, धीमे से कहना।

जबान देना : वचन देना, वादा करना।

जबान पकड़ना/थामना/धरना : 1. किसी को अपनी बात कहने से रोकना, बोलने न देना। 2. वचन में दोष या गलती निकालना, टोकना।

जबान पर आना : किसी बात का मुंह से निकलना।

जबान पर चढ़ना : कण्ठस्थ होना, याद होना।

ज़बान पर ताला लगना : कुछ न कहने या बोलने के लिए विवश होना।

जबान पर बना रहना/होना : याद रहना।

जबान पर लाना : कहना, बोलना।

मैं कभी भी ऐसी बात जबान पर नहीं लाऊंगा। (ल० ना० अ०)

जबान बन्द करना : 1. (वक्ता के लिए प्रयुक्त) चुप हो जाना। 2. चुप हो जाने का आदेश देना, कुछ कहने की अनुमति न देना। 3. तर्क में पराजित करना।

जबान बन्द होना : 1. चुप हो जाना, बोलने का साहस न होना। 2. पराजित हो जाना।

जबान बदलना/पलटना : कहकर मुकर जाना, वचन भंग करना।

जबान बिगड़ना : 1. अपशब्द कहने, गालियां देने की आदत पड़ना। 2. चटोरा होना, बढ़िया और चटपटी चीज़ें खाने की आदत पड़ना।

जबान में (या पर) ताला लगाना : चुप रहने के लिए विवश होना।

मैं सरकारी नौकर हूं; मेरी तो जबान पर ताला लगा है।

जबान में लगाम न होना : बिना समझे-बूझे बोलना, उचित-अनुचित सबकुछ कह डालना।

जबान लड़ाना : 1. बढ़-बढ़कर सवाल-जवाब करना, वाद-प्रतिवाद करना। 2. याचना करना, मांगना।

जबान संभालना/संभालकर बोलना : उचित शब्दों का प्रयोग करना, सोच-विचार कर बोलना।

जबान से निकलना : 1. असावधानी से कोई बात कह देना। 2. उच्चरित होना, कहा जाना।

जबान से निकालना : 1. कहना, बोलना। 2. उच्चारण करना।

जबान हारना : प्रतिज्ञा करना, वचन देना।

जबान हिलाना : बोलना कुछ कहना।

जबानी जमा खर्च करना : केवल कहना, करना कुछ नहीं, केवल मौखिक कार्रवाई करना।

मैं तो केवल यह जानना चाहता हूं कि लोग क्या जबानी जमा-खर्च ही करना चाहते हैं या रक्त बैंक सरीखी संस्था में अपना खून देकर कुछ उपकार करने की भी उनमें हिम्मत है। (वृ० ला० व०)

जभी होता है तभी : प्राय:, अक्सर।

जम कर : जोरों से, कस कर, दृढ़तापूर्वक।

फिर पुलिस और विद्यार्थियों में जमकर लड़ाई हुई।

जम जाना : स्थायी रूप से प्रतिष्ठित हो जाना।

जान पड़ता है कि पंडित महावीरप्रसाद द्विवेदी के मन में वर्ड्सवर्थ का वह पुराना सिद्धान्त भी जम गया था कि गद्य और पद्य का पद-विन्यास एक ही प्रकार का होना चाहिए। (रा० चं० शु०)

जमा मारना/मार लेना : किसी का धन या पूंजी हड़प कर लेना।

उन्होंने कौन-सी तुम्हारी पूंजी मार ली ? (अ० ला० ना०)

जमाना देखना : बहुत अनुभव प्राप्त करना या होना।

जमाना लद जाना : समय व्यतीत हो जाना।

जमीन-आसमान एक करना : बहुत प्रयास करना, बहुत परिश्रम करना, हर प्रकार की जोड़-तोड़ लगाना। दे० 'आकाश पाताल एक करना।'

जमीन-आसमान का अन्तर/फर्क : बहुत बड़ा अन्तर, दे० 'आकाश-पाताल का अन्तर।'

जमीन-आसमान के कुलाबे मिलाना : 1. डींगें मारना, लम्बी-चौड़ी बातें करना, अत्युक्ति करना। 2. तरह-तरह की युक्तियों पर विचार करना।

जमीन उठना : जमीन का लगान/किराए पर दिया जाना।

जमीन का पैरों तले से खिसकना/खिसक जाना : दे० 'पांव तले से धरती खिसक जाना।'

जमीन चूमना : जमीन पर गिर पड़ना।

जमीन दिखाना : कुश्ती में जमीन पर गिरा देना, पटक देना।

जमीन देखना : कुश्ती में हार जाना, जमीन पर गिर पड़ना।

जमीन पर पैर/पांव न पड़ना : बहुत इतराना, गर्व करना, अत्यधिक प्रफुल्ल होना।

जमीन पर पैर न रखना : बहुत इतराना, बहुत अभिमान करना, बहुत उत्फुल्ल होना।

जमीन में समा जाना : बहुत लज्जित होना।

जय बोलना : विजय, समृद्धि, धन-धान्य की कामना करना।

जयमाला डालना/देना/मेलना/पहनाना : माला पहनाकर पति चुनना।

कुछ ही दिन पूर्व उनकी एक पोती ने किसी वैश्य-पुत्र के गले में जयमाला डाली थी। (शि०)

जरदी छाना : खून की कमी के कारण चेहरा और शरीर का पीला पड़ जाना।

जरा-सा मुंह निकल आना : 1. बहुत लज्जित होना।

शान्तिकुमार पर लगातार इतनी चोटें पड़ीं कि हंसी भूल गया। मुंह जरा-सा निकल आया। (प्रे० च०)

2. बीमारी के कारण अत्यधिक कमजोर होना।

जल कर / जल-भुन कर कबाब / कोयला / खाक/ राख होना : अत्यन्त क्रुद्ध होना।

जब श्रीमती माइटिंगेल ने फ्लोरेन्स को दूसरी स्त्री के गले में बांहें डाले हंसते-बोलते आते देखा तो जल-भुन कर खाक हो गईं। (च०)

जल-थल एक होना : खूब वर्षा होना, बाढ़ आना।

जल-भुन जाना : बहुत क्रुद्ध होना।

क्या मैं सदन की दुश्मन थी जो जल-भुन जाती ? (प्रे० च०)

जल मरना : डाह, अनादर आदि के कारण अत्यधिक व्यथित होना।

जल जाय : नष्ट हो जाय।

जल में रहकर मगर से बैर करना/होना : किसी निर्बल मनुष्य का अपने आश्रय-दाता से शत्रुता करना/होना।

कहीं बड़ी अम्मा भी मुझे गलत समझ बैठीं तो मेरा कहां ठिकाना रह जायगा। जल में रहकर मगर से वैर नहीं हो सकता। (शि०)

जली-कटी/जली-भुनी सुनाना : खरी-खोटी कहना, बुरा-भला कहना, डांटना-फटकारना, तीखे व्यंग्य सुनाना।

मंझली सेठानी एक बार जली-कटी सुनाने के लिए ही रंभा के यहां आई थी। (अ० ला० ना०)

जले पर नमक छिड़कना : किसी दुःखी व्यक्ति को और दुःख देना।

जले दिल के फफोले फोड़ना / जले फफोड़े फोड़ना : भड़ास निकालना, दुःखी व्यक्ति को किसी प्रकार और दुःखी बनाना, विशेषकर बदला लेने की भावना से।

जवानी उठना/उभरना/चढ़ना : जवानी आरम्भ होना।

जवानी उतरना/ढलना : बुढ़ापा आरम्भ होना।

जवाब तलब करना : कैफ़ियत मांगना, साधिकार कारण पूछना।

जवाब देना : 1. नौकरी से अलग करना। 2. समाप्त होना। 3. रोग को असाध्य बताना। 4. नौकरी से अलग होना, काम छोड़ना। 5. इन्कार करना। 6. पत्रोत्तर देना।

वह पत्रों के जवाब देने में देरी नहीं करता।

7. काम करने लायक न रहना, शक्ति या सामर्थ्य से रहित हो जाना।

जवाब मिलना : 1. नौकरी छूट जाना, काम बन्द हो जाना।

आओ, बेटा, खाना खा लो, देर हो रही है। क्या हुआ, कंचनसिंह के यहां से जवाब मिल गया? (प्रे० च०)

2. पत्रोत्तर प्राप्त होना।

जहन्नुम में जाना : भाड़ में जाना, नष्ट हो जाना।

जहर उगलना : कड़वी या लगने वाली बात कहना, कटु आलोचना करना।

जहर कर देना : ऐसी स्थिति उत्पन्न कर देना कि कोई स्वादिष्ट चीज़ खाते ही न बने, अत्यन्त अप्रिय, अरुचिकर या असह्य बना देना।

जहर का घूंट पीना/पीकर रह जाना : कठोर और कटु बात सुनकर भी चुप रह जाना।

नोखेराम कभी-कभी उससे चिलम भरने या चारपाई बिछाने को भी कह देते थे। तब बेचारा जहर का घूंट पीकर रह जाता था। (प्रे० च०)

जहर का बुझाया हुआ : बहुत खतरनाक, बहुत दुष्ट, अत्यन्त क्रोधी स्वभाव का।

जहर की गांठ : बहुत दुष्ट, बुराई से भरा हुआ।

जहर बोना : ऐसा काम करना जिससे झगड़ा खड़ा हो या किसी प्रकार का अहित हो।

जहर मालूम होना/लगना : बहुत ही कटु/अप्रिय/अरुचिकर मालूम होना।

चंदू जब कभी इनकी कोई अनुचित बात देखता उसी वक्त उनको टोक देता था और आगे के लिए सावधान होने को कह देता था। यह इन दोनों को ज़हर लगता था। (वा० कृ० भ०)

जहां का तहां : अपने पहले स्थान पर।

जहां का तहां रह जाना : कुछ कार्यवाही न होना, दब जाना।

विश्वविद्यालय आयोग की संस्तुतियां जहां की तहां रह गईं।

जहाज का कौआ/पक्षी : वह कौआ या पक्षी जो किसी जहाज को छोड़कर इधर-उधर अन्यत्र आश्रय ढूंढ़े पर असफल होने पर फिर उसी जहाज पर लौट आवे। तात्पर्य ऐसे व्यक्ति से है जो अपने पुराने सहायक या आश्रयदाता को छोड़कर चला जाय, पर कहीं ठिकाना न मिलने पर फिर वापस आ जाय।

मेरो मन अनत कहां सुख पावै।
जैसे उड़ि जहाज को पंछी फिरि जहाज पर आवै ॥ (सू०)

जहां किसी का पसीना गिरे वहां अपना खून बहाना : किसी के लिए अपने सर्वस्व का बलिदान करने के लिए तैयार रहना।

है पसीना जाति का गिरता जहां
वे वहां अपना गिराते हैं लहू। (अ० सिं० उ०)

जांघ उघारना : पर्दा या भेद खोलना।

जांच-पड़ताल करना : छान-बीन/तहकीकात करना, पूछताछ करना; वास्तविक स्थिति का पता लगाना।

एक दिन कालेज के कुछ छात्र देहातों की आर्थिक दशा की जांच-पड़ताल को निकले। (प्रे० च०)

जादू करना : किसी विशिष्ट प्रभाव से युक्त करना।

उनकी आंखों ने तो जैसे हम पर जादू कर दिया हो। (प्रे० च०)

जादू खींच लेना : किसी विशिष्ट प्रभाव को दूर कर देना।

जादू चढ़ना/छाना : प्रभाव पड़ना।

हमारी शिक्षित बहनों पर वह जादू बड़ी तेज़ी से चढ़ रहा है। (प्रे० च०)

जादू डालना : टोना-टोटका करना; मोहिनी डालना, प्रभाव जमाना।

जान का गाहक/प्यासा होना/बनना : जान से मार डालने पर उतारू होना।

वह इनकी जान की गाहक हो रही है। (प्रे० च०)

जान की खैर न होना : जान जाने का खतरा होना।

जान को पड़ना : तंग/परेशान करना।

जान के लाले पड़ना : प्राण बचाना कठिन प्रतीत होना।

किसी ऐसे-वैसे से सम्बन्ध कर बैठेगा तो जान के लाले पड़ जाएंगे। (अ० रा०)

जान को जान न समझना : अत्यन्त कठिन परिश्रम करना, घोर कष्ट सहना।

जान खपाना : अपने प्राण को खतरे में डालना, कठोर से कठोर परिश्रम करना।

जान खाना : बार-बार तंग या परेशान करना।

जान खोना : प्राण गँवाना।

जान गाढ़े में डालना : 1. (वक्ता के सम्बन्ध में प्रयुक्त) झंझट में पड़ना। 2. (दूसरों के सम्बन्ध में प्रयुक्त) तंग करना।

जान चुराना : काम से भागना, परिश्रम से कतराना; दे० 'जी चुराना।'

जान छुड़ाना : उत्तरदायित्व, झगड़े-बखेड़े अथवा झंझट से मुक्त होना।

बीस रुपए देकर उसने पुलिस से जान छुड़ाई। (ब० ना० कपूर)

जान छूटना : किसी उत्तरदायित्व, झगड़े-बखेड़े, झंझट अथवा काम से छुटकारा पाना।

जान जाना : मरना, मारा जाना, प्राण जाना।

जान जोखिम में डालना : ऐसा काम करना जिसमें जान जाने का डर हो।

तुम क्यों अपनी जान जोखिम में डालते हो? मुझ पर दया करो, चले जाओ। (प्रे० च०)

जान जोखों होना : प्राण जाने की आशंका होना।

जान देना : 1. प्राण देना, शरीर त्याग करना। दे० 'प्राण देना।' 2. किसी वस्तु की प्राप्ति के लिए बहुत विकल होना, कठोर परिश्रम करना। 3. किसी पर आसक्त होना, किसी से बहुत प्रेम करना। 4. जान निछावर करना।

वे सदा आतिथ्य-सत्कार और मर्यादा-रक्षा पर जान देते रहे। (प्रे० च०)

जान निकलना : 1. मर जाना। 2. बहुत कष्ट या दुःख होना। 3. किसी से अत्यधिक भयभीत होना।

आपका नाम सुनते ही उसकी जान निकलने लगती है। (प्रे० च०)

जान निछावर/न्योछावर करना : किसी को बहुत प्यार करना और उसके लिए बड़ा से बड़ा बलिदान करने को तैयार रहना।

जान पड़ना : 1. प्रतीत होना। 2. सजीव/जीवन्त होना।

वाक्य में एक शब्द मात्र बदलने से जान पड़ गई। (ब० ना० कपूर)

3. मरणासन्न व्यक्ति में जीवनी-शक्ति का संचार होना। 4. उदास, निराश या हतोत्साह व्यक्ति में आशा, उत्साह आदि का संचार होना।

जान पर आ जाना/बनना : प्राण संकट में होना, दे० 'प्राणों पर आ पड़ना।'

जान पर खेलना : जान को जोखिम में डालना, दे० 'प्राणों पर खेलना।'

जान पर बन आना : प्राण संकट में होना, प्राण जाने की आशंका होना।

तुम्हें क्या, तुम तो सहेलियों के साथ विहार करोगी, मेरी खबर तक न लोगी और यहां मेरी जान पर बन आयेगी। (प्रे० च०)

जान पर बीतना : प्राण संकट में पड़ना।

जान फूंकना : प्रोत्साहित करना, साहस बढ़ाना।

जान बचाना : 1. प्राण की रक्षा करना, 2. पीछा छुड़ाना।

जान भारी होना : जीवन दूभर होना, जीने की इच्छा न होना।

जान मारना : 1. हत्या करना, प्राण ले लेना। 2. बहुत परिश्रम करना, अत्यधिक कष्ट देना, सताना।

जान में जान आना : तसल्ली होना, ढाढस होना, घबराहट दूर होना।

नाले के किनारे पहुंचकर उसकी जान में जान आने लगी।

जान में जान होना : ज़िन्दा होना।

ज़ब तक जान में जान है तब तक शत्रु के सम्मुख सिर नहीं झुकाऊंगा।

जान लड़ाना/लड़ा देना : किसी काम में पूरी शक्ति लगा देना।

जान लेकर भागना : किसी तरह भागकर अपनी जान बचाना। दे० 'प्राण लेकर भागना।'

जान लेना : 1. मार डालना, बध करना। 2. बहुत अधिक तंग/परेशान करना।

जान सूखना/सूख जाना : अत्यन्त भयभीत होना, होश-हवास उड़ जाना।

जान सूली पर चढ़ना/टंगी रहना : अत्यन्त व्याकुल होना, प्राण संकट में होना।

अब हम मालगुजारी दाखिल करके चुपके घर चले आते हैं। नहीं तो हरदम जान सूली पर चढ़ी रहती थी। (प्रे० च०)

जान से जाना/जान से हाथ धोना या धो बैठना : मर जाना।

जान हथेली पर लेना : जान को खतरे में डालना, प्राण की परवाह न करना।

बड़े बाबा राजा साहब के साथ जान हथेली पर रखकर उनकी रक्षा करने गए थे। (कम०)

जान हलकान करना : तंग/परेशान करना।

जान होंठों पर आना/होना : मरणासन्न होना, घोर कष्ट होना।

जामे से बाहर होना : अत्यन्त क्रुद्ध होना।

गोविन्द सहाय ने जामे से बाहर होकर कहा—"तू क्या बकती है, चुड़ैल? निकल जा घर से।" (च०)

जायजा लेना : देखना, परखना, जांच-पड़ताल करना।

कभी अगर भाइयों की चौकड़ी आंगन में जमती तब मां की पैनी नज़र सब्ज़ी काटते-काटते भी चारों तरफ का जायजा लेती रहती थी। (कम०)

ज़ार-ज़ार रोना : फूट-फूटकर रोना।

पिता की मृत्यु पर वह ज़ार-ज़ार रोया।

जाल डालना/फेंकना : 1. मछली आदि पकड़ने के लिए पानी में जाल फेंकना। 2. किसी व्यक्ति को फँसाने के लिए षड्यन्त्र रचना, फंसाने का उपाय करना।

जाल पसारना/फैलाना/बिछाना : फंसाने का उपाय करना, फंसाने की युक्ति या तदबीर करना।

जाल में फंसना/पड़ना : चंगुल में फंसना; षड्यन्त्र या युक्ति का शिकार होना।

जिन्दगी काटना : किसी प्रकार जैसे-तैसे जीवन व्यतीत करना।

जिन्दगी के दिन पूरे करना : किसी प्रकार या जैसे-तैसे जीवन के शेष दिन बिताना।

जिन्दगी से खेलना (किसी की) : किसी का जीवन बरबाद करने के लिए प्रयास करना।

ज़िक्र छेड़ना : चर्चा चलाना।

अगर किसी ने भूलकर भी विनय का ज़िक्र छेड़ दिया तो मारे क्रोध के माता जी की त्योरियां बदल जाती हैं। (प्रे० च०)

ज़िद चढ़ना/पकड़ना/ज़िद पर आना : हठ करना।

ज्यों-ज्यों भामा मना करती थी सदन ज़िद पकड़ता था। (प्रे० च०)

जिरह करना : 1. किसी बात को जानने के लिए बहस करना, 2. बहुत अधिक पूछताछ करना।

जिह्वाग्र होना/करना : कण्ठस्थ होना/करना।

जी अच्छा होना : चित्त स्वस्थ होना, नीरोग होना।

हाँ, मेरा जी अच्छा नहीं है, खाया नहीं जाता। (च०)

जी आना (किसी पर) : किसी से प्रेम होना।

जी उकताना : मन में घबराहट होना, मन न लगना।

जी उचटना/जी उचाट होना : मन न लगना, मन ऊबना।

ज्ञान शंकर का धर्मानुराग इतना बढ़ा कि दुनिया से उनका जी उचाट हो गया। (प्रे० च०)

जी उड़ना/उड़ जाना/उड़ा रहना : भय, आशंका आदि से व्यग्र होना।

जी ऊबना : किसी का अरुचिकर होना।

जी करना : मन करना, कुछ पाने की इच्छा होना।

जी कांपना : बहुत अधिक डर लगना।

वहां पर मनुष्यों की मार-काट देखकर मेरा जी कांपने लगा।

जी का कांटा निकलना : जी का खटका दूर होना, शान्ति मिलना।

जी का बुखार निकालना : रोष-सूचक बातें कहकर मन का भार हल्का करना, मन

की बात कहना।

जी का बोझ हल्का होना : इच्छा पूरी होने, चिन्ता या आशंका आदि दूर होने पर मन का स्वस्थ और निश्चिन्त होना।

जी की जी में रहना/रह जाना : इच्छा पूरी न होना, मन की मन में रह जाना।

जी को निकालना : इच्छा पूरी करना।

जी को पड़ना : प्राण बचाना कठिन होना।

जी की भड़ास निकालना : अरमान पूरा करना, इच्छा पूरी करना।

अपने जी की भड़ास निकालने के लिए योगिराज नागेश्वर ने दिवाकर पृथ्वी पुत्र का आश्रम उजड़वा दिया। (अ० ला० ना०)

जीव को जीव समझना : किसी के विषय में यह समझना कि वह भी जीव है और उसे भी सुख-दुख का अनुभव होता है।

जी को मारना : इच्छाओं को अपने वश में करना।

जी खट्टा करना : किसी के मन में विराग या घृणा आदि उत्पन्न करना।

जी खट्टा होना : मन विरक्त हो जाना, प्रेम न रहना।

मैं उसे प्यार बहुत करता था, पर उसकी ज़िद के कारण मेरा जी उससे खट्टा हो गया है। (ब० चं०)

जी खपाना : किसी काम में जी-जान से लग जाना।

जी खोलकर : 1. यथेष्ट, बहुत अधिक मात्रा में, जी भरकर। 2. स्पष्ट, निस्संकोच, साफ-साफ।

जी चलना : मन मचलना, इच्छा होना।

जी चाहना : इच्छा या कामना होना।

आज हमें तुम्हारा हंसता चेहरा देखने को जी चाहता है। (अ० ला० ना०)

जी चुराना : किसी काम या परिश्रम से बचने की चेष्टा करना, काम में मन न लगाना।

जी छूटना : हिम्मत छूटना, उत्साह, साहस आदि न रह जाना।

जी छोटा करना : 1. उत्साह कम करना, हतोत्साह करना।

लड़के का जी छोटा मत करो, दे दो पांच रुपए और गुड्डी-परेता लाने दो। (ब० ना० कपूर)

2. हतोत्साह होना।

जी छोटा होना : मन उदास होना, निराश होना, उत्साह कम होना।

जी छोड़कर भागना : बहुत तेज़ भागना, डरकर भागना।

जी छोड़ना : 1. साहस छोड़ना, हिम्मत हारना। 2. पीछा छोड़ना, पिण्ड छोड़ना।

जी जलना : अत्यधिक दुःख, सन्ताप, पीड़ा या ग्लानि होना, चित्त में कुढ़ना।

जी जलाना : अत्यधिक दुःखी या सन्तप्त बनाना।

पति की समृद्धि का उन्मुक्त प्रदर्शन कर वह दिन-रात जेठानी का जी जलाया करती थी। (शि०)

जी जानता है : शब्दातीत है, अवर्णनीय है।

जी-जान लड़ाना : अधिक-से-अधिक श्रम या प्रयास करना।

जी-जान से : बहुत ध्यान तथा परिश्रम से।

जी टंगना/टंगा रहना/टंगा होना : हर समय चिन्ता या ध्यान लगा रहना, खटका लगा रहना।

जी टूटना/टूट जाना : निराश होना, हिम्मत हारना।

जी ठंडा होना : सुख, आनन्द या तृप्ति होना; दे० 'कलेजा ठंडा होना' और 'छाती जुड़ाना।'

जी डालना : 1. मरने से बचाना। 2. आशान्वित करना।

जी डूबना : 1. चिन्ता, निराशा आदि के कारण हतोत्साहित होना। 2. मूर्च्छा आना, बेहोश होना।

जी तरसना : किसी वस्तु को प्राप्ति के लिए उत्कट इच्छा, व्यग्रता या व्याकुलता होना।

जी तोड़ : पूरी शक्ति से।

जी तोड़ना : उत्साह भंग करना।

जी दहलना : अत्यधिक भयभीत होना।

जी दुखाना : किसी के चित्त को दु:खी बनाना।

जी देना : 1. प्राण देना, मरना। 2. आसक्त होना, अत्यधिक प्रेम करना। 3. कठोर परिश्रम करना।

जी दौड़ना : कुछ करने या पाने के लिए मन का चंचल या व्यग्र होना।

जी धंसा जाना : भय या चिन्ता के कारण शक्ति या साहस का न रह जाना।

जी धक धक करना/जी धड़कना : भय या आशंका के कारण चित्त स्थिर न रहना।

जी धक हो जाना : 1. चौंक उठना। 2. डर से मन दहल जाना।

जी निकलना : प्राण सूखना।

जी पकना/पक जाना : अत्यधिक दु:ख होना, बहुत विरक्ति होना। दे० 'कलेजा पक जाना।'

जी पर आ बनना : प्राण संकट में पड़ना।

जी पर खेलना : प्राणों की बाज़ी लगा देना, किसी महान् कार्य के लिए जान को जोखिम में डालना।

तो न कैसे जाय जी पर खेल वह,
है अगर जी पर किसी के आ बनी। (अ० सिं० उ०)

जी फट जाना : विराग होना, प्रेम-भाव में कमी होना।

जी फिर जाना : 1. पहले जैसा सद्भाव न रह जाना। 2. विराग होना, भोग-लिप्सा समाप्त हो जाना।

जी फूलना : घबड़ाना, व्याकुल होना।

जी बंटना : एक साथ दो तरफ ध्यान होना, चित्त एकाग्र न होना।

जी बढ़ना : साहस या उत्साह बढ़ना।

जी बढ़ाना : प्रोत्साहित करना, साहस बढ़ाना; दे० 'दिल बढ़ाना।'

जी बहलना : मनोरंजन होना, कुछ समय के लिए चिन्ता और दुःख दूर हो जाना;

जी बहलाना : मनोरंजन करना, दिल बहलाव करना; दे० 'दिल बहलाना।'

जी बैठना/बैठा जाना : 1. मूर्च्छा आना, बेहोशी होना; दे० 'दिल बैठना।' 2. भय, चिन्ता आदि के कारण शक्ति या साहस न रह जाना।

जी भर आना : दयार्द्र होना; मन में करुणा, दुःख आदि का उद्रेक होना; दे० 'दिल भर आना।'

जी भर/जी भरकर/जी भर के : यथेच्छ, जितना जी चाहे।

चलो चन्दन ! मैं तुम्हें जी भर के खिला दूं। (रा० कु० व०)

जी भरना : मन मानना, तृप्ति होना; दे० 'दिल भरना।'

जी भारी होना : शरीर का कुछ अस्वस्थ होना, बीमारी/असुख होना।

जी मचलना : कुछ करने या प्राप्त करने के लिए इच्छा होना या मन का उतावला होना।

जी मिचलाना/मतलाना : वमन/उल्टी या कै करने की इच्छा होना।

जी मिलना : दो या अधिक व्यक्तियों के स्वभाव या विचारों में एकरूपता होना, प्रेम होना, पटरी बैठना।

क्या मेरी प्रभा का जी इससे मिल सकेगा ? (चन्द्रगुप्त विद्यालंकार)

जी में आना : इच्छा होना।

जी में खुभना/गड़ना : जी में बसना, बहुत प्रिय लगना।

जी में गांठ पड़ना : मनमुटाव होना, दिल में फर्क होना।

किसलिए गांठते रहें मतलब ?
गांठ पड़ जाय क्यों किसी के जी में ? (अ० सिं० उ०)

जी में घर करना : बहुत प्रिय लगना, मन में विशिष्ट स्थान प्राप्त करना।

जी में चुभना : अप्रिय, अरुचिकर या कष्टप्रद होना।

जी में जलना : मन में कुढ़ना, ईर्ष्या करना।

जी में जी आना : चित्त सुस्थिर एवं शान्त होना, सान्त्वना या सन्तोष होना।

जी में जी डालना : निराश व्यक्ति के मन में आशा का संचार करना, खटका दूर करना, चित्त शान्त करना।

जी में बसना : दिल में घर कर लेना, सदैव याद रहना।

जी में बैठना : सत्य प्रतीत होना, दिल में निश्चय हो जाना।
उनकी बातें मेरे जी में बैठ गईं। (व० च०)

जी में मैल जमना : मन-मुटाव होना, किसी के प्रति मन में ऐसी बात बैठना जो अच्छी न हो।

जी में रखना : 1. गुप्त रखना। 2. स्मरण रखना, ध्यान में रखना। 3. बुरा मानना।

जी रखना : मन रखना, इच्छा पूरी करना।

जी लगना : 1. किसी काम में रुचिपूर्वक प्रवृत्त होना या लगना। 2. किसी व्यक्ति के साथ या पास अथवा स्थान में रहना अच्छा लगना।

जी लगाकर : मनोयोगपूर्वक, ध्यानपूर्वक।
इस बार जी लगाकर पढ़ना है। फाइनल है न।

जी लगाना : 1. मन लगाना, दिल लगाना, एकाग्रचित्त से। 2. आसक्त होना, प्रेम करना।

जी लगा रहना : किसी ओर या किसी का ध्यान बराबर बना रहना।

जी ललचाना : कोई वस्तु पाने के लिए मन लालायित होना।

जी लुभाना : मन मुग्ध करना, चित्त आकृष्ट करना।

जी लेना : 1. जान या प्राण लेना। 2. मन की थाह लेना, मन का भेद ज्ञात करना।

जी लेकर भागना : तेज़ी से भागना, दे० 'जान लेकर भागना।'

जी सन्न होना/हो जाना : चिन्ता, भय या घबराहट आदि के कारण स्तब्ध या अवाक् हो जाना।

जी से उतरना : 1. विस्मृत होना, भूलना। 2. दृष्टि से गिर जाना, भला न जंचना।

जी से जाना : प्राण से हाथ धोना, मरना।

जी-से-जी मिलना : विचार या भाव की एकरूपता होना, मैत्री या प्रेम होना।

जी हट जाना : किसी व्यक्ति या वस्तु के प्रति राग या आकर्षण कम हो जाना।

जी हल्का करना : शोक-भार कम करना।
किशोरी भी जी हल्का करने के लिए खुलकर रोने लगी। (ज० शं० प्र०)

जी हल्का होना : शोक, दुख तथा चिन्ता का भार कम होना।
चलो इतना बकझक लेने से उसका जी तो हल्का हो गया।

जी हवा हो जाना : होश-हवाश उड़ जाना, बहुत घबड़ा जाना।

जी हां, जी हां करना : खुशामद करना।

जी होना : मन करना, इच्छा होना।

जीता गाड़ देना : बहुत कड़ा दण्ड देना।

जीती मक्खी निगलना : जानबूझकर कोई दुष्टकर्म, अपराध या पाप करना, कोई

अनुचित या अन्यायपूर्ण काम करना जिससे अहित या अपमान होता हो। घर की बिटिया को उबार लिया नहीं तो क्या कोई जान-बूझकर जीती मक्खी निगलता है ? (शि०)

जीते जी : 1. जीवित रहते, प्राण रहते।

राणाप्रताप ने प्रतिज्ञा की थी कि मेरे जीते जी मुगल चित्तौड़ का बाल नहीं बांका कर सकेंगे। (मालती शर्मा)

2. जीवन भर।

जीते जी मर जाना : जीवन-काल में ही मृत्यु से बढ़कर कष्ट भोगना।

जीना भारी होना : जीवन निरानन्द अथवा दुखप्रद होना।

जीभ उखाड़ना/काढ़ना : कठोर दंड देना।

जीभ करना : बकवाद करना, बहुत बकना, धृष्टतापूर्वक उत्तर देना।

जीभ काट लेना : कठोर दण्ड देने की धमकी देना, दे० 'जबान काट लेना।'

जीभ खोलना : कुछ कहना; दे० 'जबान खोलना।'

जीभ चलाना : 1. शेखी मारना, बढ़-बढ़कर बातें करना; दे० 'ज़बान चलाना।'
2. चटोरा होना।

जीभ निकालना : जीभ काट लेना, कठोर दण्ड देने की धमकी देना; दे० 'ज़बान खींचना।'

जीभ पकड़ना : 1. बोलने से रोकना; दे० 'जबान पकड़ना।' 2. किसी को वचन-पालन करने के लिए विवश करना।

जीभ पर सरस्वती बसना : महान पण्डित, कवि या वक्ता होना।

जीभ लड़ाना : बहुत बोलना, बिना समझे-बूझे बात करना, व्यर्थ बहस करना।

जीभ हिलाना : कुछ कहना; दे० 'जबान हिलाना।'

जीवट का आदमी : साहसी आदमी, हौसले से काम करने वाला व्यक्ति।

पूना नगर सेवक-दल का एक केन्द्र भी था, और यहां का नायक एक बड़े जीवट का आदमी था। (प्रे० च०)

जीवन की संध्या में : वृद्धावस्था में।

जीवन भारी होना : दे० 'जान भारी होना।'

जीविका लगना : रोज़ी का साधन प्राप्त होना।

जुगत लगाना : युक्ति लगाना, उपाय से काम लेना।

जुट जाना : किसी काम में तन्मय होकर लग जाना, जैसे—किसी कार्य में तन्मय होकर जुट जाने से ही सफलता मिलती है।

ज़ुल देना : झांसा/धोखा देना।

यदि बलोची दिलजंग के पास जाकर न बैठता, और उसके साथ होटल के नीचे उतर जाता तो चेतन उसे ज़ुल देकर वापस आ जाता और अपने काम

में लग जाता। (उ० ना० प्र०)

जुल्म ढाना : 1. अत्याचार करना; दे० 'ग़ज़ब ढाना।' 2. अपने रूप या सौन्दर्य से दूसरे को मन्त्रमुग्ध या वश में कर लेना।

जूं न रेंगना : दे० 'कान पर जूं न रेंगना।'

जूठन गिराना : किसी के यहां जाकर भोजन करना।

जूता चलना : जूतों से मारपीट होना।

जूता चलाना : जूतों से मारपीट करना।

जूता उठाना (किसी का) : 1. दासता करना, नीच से नीच सेवा करना। 2. खुशामद करना।

जूता खाना : 1. जूते की मार खाना। 2. बुरा-भला सुनना, अपमान सहना।

जूता/जूती चाटना : खुशामद करना।

जूता बरसना : जूते की मार पड़ना।

जूते का आदमी, जूते का यार : जो आदमी बिना मार खाये या बिना दण्ड पाए काम न करे।

जूते पड़ना : 1. जूते की मार पड़ना; दे० 'जूता बरसना।' 2. बहुत निन्दा होना।

सलीम ने सोचा, अपने शहर में जब यह खबर पहुंचेगी कि मैंने अमर को गिरफ्तार किया तो मुझ पर कितने जूते पड़ेंगे। (प्रे० च०)

जूते से खबर लेना : जूते से पीटना।

जूते से बात करना : दे० 'जूते से खबर लेना।'

ज़मींदार काश्तकार की मुश्कें बंधवा के पिटवाता है और महाजन लात और जूते से बात करता है। (प्रे० च०)

जूतियां उठाना या सीधी करना : दे० 'जूते उठाना।'

तुम्हें यह बहुत प्यारे हैं तो जाकर उनकी जूतियां सीधी करो। (प्रे० च०)

जूतियां चटकाना/खटखाना/चटखाते फिरना : व्यर्थ इधर-उधर घूमते फिरना।

जूतियां तोड़ना (या घिसना) : बार-बार जाना।

जूती की नोक पर मारना : कुछ न समझना।

जूती के बराबर न समझना : अत्यन्त तुच्छ समझना।

जेब काटना : जेब कतर कर रुपये-पैसे ले लेना, ठगना, लूटना।

जेब गर्म करना (अपनी) : अनुचित ढंग से रुपये वसूल करना।

जेब भरना : 1. (अपने सम्बन्ध में प्रयुक्त) दूसरों से अनुचित ढंग से रुपये वसूल करना।

आजकल अधिकतर अधिकारी अपनी जेब भरने की धुन में लगे रहते हैं। (ब० ना० श०)

2. (दूसरों के सम्बन्ध में प्रयुक्त) रुपये देना।

वकील-मुख्तारों की जेब क्यों भरते हो। (प्रे० च०)

जेल काटना/ भोगना/जेल की हवा खाना : जेल की सज़ा भुगतना।

जैसे का तैसा : ज्यों का त्यों, पहले ही जैसा।

जैसे-जैसे : जिस क्रम से।

जैसे-तैसे : किसी प्रकार, किसी तरह से।

जैसे-तैसे करके : किसी प्रकार, बड़ी कठिनाई से।

जैसे बने/जैसे हो : जिस किसी प्रकार सम्भव हो।

जोखिम उठाना/लेना : ऐसा काम करना जिसमें लाभ की बजाय हानि की अधिक सम्भावना हो।

जोड़-तोड़ करना/मिलाना/लगाना : तदबीर करना, उपाय करना, युक्ति लगाना।

ज़ोर करना : 1. बल लगाना। 2. कोशिश करना। 3. व्यायाम करना, कुश्ती लड़ना, 4. बढ़ना।

ज़ोर चलना : बस चलना, जैसे—उसका किसी पर ज़ोर नहीं चलता।

ज़ोर डालना : दबाव डालना, आग्रह करना।

ज़ोर देना : 1. (किसी बात पर) बहुत आवश्यक, लाभकर या महत्वपूर्ण बतलाना।

2. (किसी बात के लिए) आग्रह करना। 3. बोझ डालना।

ज़ोर पकड़ना/बांधना : 1. शक्तिशाली होना। 2. चाल/रफ्तार बढ़ना, गाड़ी आदि का तेज़ होना।

ज़ोर मारना/लगाना : बल/शक्ति लगाना, बहुत प्रयास करना।

ज़ोरों पर होना : 1. खूब तेज होना। 2. बहुत उन्नति या उत्कर्ष करना।

जोश खाना : उबलना।

जोश चढ़ना : उमंग होना, उत्साह होना।

जोश देना : उबालना।

जोश ठण्डा पड़ना : उत्साह कम होना।

उसके चेहरे पर हवाइयां उड़ने लगीं। उसका सारा जोश एक ही झटके में ठण्डा पड़ गया। (गु० नं०)

जोश में आना : 1. उमंग में आना, उत्साह में आना।

जौ-जौ हिसाब लेना : पैसे-पैसे का हिसाब देखना या मांगना।

जौ भर : तनिक-सा, ज़रा-सा।

बेटे की हेकड़ी बाप की हेकड़ी से जौ भर भी घटकर नहीं थी।

जौहर खुलना : गुण प्रकट होना।

जौहर दिखाना : वीरता, साहस, रण-कुशलता आदि गुण का परिचय देना।

जौहर होना : मध्य युग में शत्रु द्वारा किले के घिर जाने पर स्त्रियों का चिता में

जलकर भस्म हो जाना।

जान छांटना/बघारना : अपनी विद्या या ज्ञान जताने के लिए लम्बी-चौड़ी बातें करना।

ज्यों-ज्यों : जिस क्रम से; दे० जैसे-जैसे।'

ज्यों का त्यों : जैसा पहले था वैसा ही; दे० 'जैसे का तैसा।'

ज्यों-त्यों/ज्यों त्यों करके : किसी प्रकार; दे० 'जैसे तैसे' और 'जैसे तैसे करके।'

ज्योति फूटना : प्रकाश निकलना।

उस समाज के भीतर नीति, स्नेह, शील, विनय, त्याग आदि के संघर्ष से जो धर्म-ज्योति फूटी उससे आस-पास का सारा प्रदेश जगमगा उठा। (रा० चं० शु०)

ज्योनार बैठना : अतिथियों का भोजन करने के लिए बैठना।

ज्योनार लगाना : अतिथियों के सामने रखने के लिए व्यंजनों को क्रम से लगाकर रखना।

ज्वाला फूंकना : शरीर में गर्मी उत्पन्न करना।

झ

झंझट मोल लेना : जान बूझकर झगड़े में पड़ना।

झंड उतारना : बच्चे का मुंडन करना।

झंडा खड़ा करना : विरोध के लिए संघटन तैयार करना।

झंडा गाड़ना : पूर्ण रूप से अपना अधिकार या आधिपत्य स्थापित करना।

झंडा फहराना : 1. अपना राज्य या शासन स्थापित करना; दे० 'झंडा गाड़ना।' 2. झंडा लहराना।

झंडा लेकर उठना : प्रचार के लिए तैयार होना।

झंडी दिखाना : 1. 'झंडी से संकेत करना।' 2. किसी काम की स्वीकृति देना।

झंडे तले आना : 1. किसी गिरोह, 'संघटन या संघ' आदि की विचारधारा स्वीकार करना। 2. साम्राज्य में आना।

झक सवार होना : धुन लगना, किसी काम को कर डालने की धुन होना।

झख मारकर : विवश होकर, लाचारी या मजबूरी की हालत में।

झख मारना : 1. बेकार काम करना, व्यर्थ समय नष्ट करना। 2. लाचार होकर खूब कुढ़ना।

झगड़ा खड़ा करना : बखेड़ा पैदा करना।

झगड़ा तमाम होना : झगड़ा खतम करना।

झगड़ा मोल लेना : व्यर्थ में झगड़ा शुरू करना; दे; 'झंझट मोल लेना।'

झगड़े की जड़ : झगड़े का मूल कारण।

जायदाद के बंटवारे को लेकर देवर-भाभी में झगड़ा हो जाता है। झगड़े की जड़ हैं—गहने।

झटक लेना : बलात् या चालाकी से ले लेना।

बहुत बार वह इसी तरह आत्मदया के दिखावे से रुपया झटक ले गया था।

झटका लगना : आघात पहुंचना, हानि होना।

झटके का माल : ज़बरदस्ती छीना हुआ या चुराया हुआ माल।

झड़बेरी का कांटा : बहुत झगड़ालू आदमी।

झड़ी बंधना/लगना : 1. हल्की किन्तु लगातर वर्षा होना। 2. प्रचुरता होना, भरमार होना, जैसे गालियों की झड़ी।

झड़ी बांधना/लगाना : अधिकता के साथ प्रयोग करना, भरमार करना।

झपकी आना : हल्की नींद आना।

झपट लेना : छीन लेना।

झपट होना : कहा-सुनी होना, झगड़ा होना।

भोज के दिन ज्ञान शंकर की लाला प्रभाशंकर से खासी झपट हो गई। (प्रे० चं०)

झपट्टा मारना : झपट कर छीन लेना, कुछ छीन लेने के लिए किसी पर झपटना।

झमेले में पड़ना/फंसना : झंझट में पड़ना।

आप चाहते तो काम हो जाता और मैं इस झमेले में न पड़ता। (प्रे० च०)

झांई आना : आंखों के आगे अंधेरा छा जाना।

झांव-झांव होना : कहा सुनी होना, झगड़ा होना।

झांसा देना : धोखा देना।

झांसे में आना : धोखे में आना।

झाड़-पोंछकर : कुल इकट्ठा करके, झाड़-बुहारकर।

बुढ़िया के पास जो कुछ था उसने झाड़-पोंछकर अपने दामाद को दे दिया।

झाड़-फूंक करना : मंत्र से प्रेत आदि की बाधा दूर करना।

झाड़ू फिरना : सब बरबाद हो जाना।

झाड़ू फेरना : बिल्कुल नष्ट कर देना।

इन हज़रत ने हमारे सब मनसूबों पर झाड़ू फेर दिया। (व० चं०)

झाड़ू मारना : निरादर या घृणा करना।

झापड़ कसना/देना/रसीद करना : थप्पड़ मारना।

कम्मी ने झपटकर गनेसी के मुंह पर एक झापड़ रसीद कर दिया। (अ० ला० ना०)

झिड़की खाना/सहना : डांट-फटकार सहना।

झूठ का पुतला : बहुत झूठा आदमी।

झूठ के पुल बांधना : झूठ की झड़ी लगा देना, झूठ पर झूठ बोलना।

वह बिना किसी झिझक के झूठ का पुल बांधता चला जाता है।

झूठ-सच जोड़ना/लगाना : सच में झूठ मिलाकर कहना, झूठी शिकायत करना, झूठ-सच मिलाकर कोई बात कहना।

झूठा पड़ना : झूठा सिद्ध होना।

झोली डालना : भिक्षा मांगने के लिए झोली उठाना; साधु या भिक्षुक हो जाना।

झोली भरना : 1. साधु को भरपूर भिक्षा देना। 2. अनायास देवजी का प्रसाद प्राप्त होना।

ट

टंट-घंट करना : पूजा-पाठ का आडम्बर करना।

टंटा खड़ा करना : बखेड़ा पैदा करना, झगड़ा खड़ा करना।

टक बंधना/टकटकी बंधना : स्थिर दृष्टि से या ध्यानपूर्वक देखना।

टक लगाना : बिना पलक गिराए, ध्यानपूर्वक या उत्सुकतापूर्वक देखना या आसरा लगाने की सोचना।

टकटकी बांधना : स्थिर दृष्टि से देखना, अपलक देखना।

टकसाल का खोटा : दुर्जन, दुष्ट, नीच।

टकसाल चढ़ना : 1. सिक्के या धातुखंड के खरे खोटे की परीक्षा होना। 2. विद्या या कलाकौशल में पारंगत होना। 3. पाप या बुराई में दक्ष होना।

टकसाल बाहर : 1. (सिक्के के सम्बन्ध में) जिस सिक्के का चलन न हो। 2. (शब्द या वाक्य के सम्बन्ध में) जिसका प्रयोग शिष्ट न माना जाय।

टकसाली बात : पक्की बात।

टकसाली बोली या भाषा : सर्वमान्य शुद्ध भाषा।

इस संग्रह में उन्हीं लेखकों के लेख दिए गए हैं जिनकी भाषा टकसाली कही जा सकती है। (ब० च०)

टका भर : ज़रा-सा।

टका-सा जवाब देना : साफ इन्कार कर देना, कोरा जवाब दे देना।

मैंने दो दिन के लिए उनसे किताब मांगी पर उन्होंने टका-सा जवाब दे दिया। (ब० च०)

टका-सा मुंह लेकर रह जाना : लज्जित या हतप्रभ रह जाना।

टका सीधा करना : रुपया पैदा करना।

टके का आदमी : निर्धन मनुष्य।

राय साहब ने होरी से कहा—तुम सोचते होगे, मुझ टके के आदमी से मालिक क्यों अपना दुखड़ा ले बैठे। (प्रे० च०)

टके के तीन : बहुत तुच्छ, नगण्य या सस्ते।

टके को भी न पूछना : कुछ भी महत्त्व न आंकना।

मुंशी जी ने अपने मुहल्ले के कई बेफिक्रों को, जिनको कोई टके को भी नहीं पूछता था, रियासत में नौकर करा दिया। (प्रे० च०)

टके गज की चाल : कम व्यय में निर्वाह करना।

टके-टके को तरसना : एक-एक पैसे के लिए दूसरे का मुंह जोहना।

टके सेर मिलना : बहुत सस्ते मिलना, बहुत अधिकता से मिलना।

वह जमाना लद गया जब विद्वानों की कद्र थी अब तो विद्वान् टके सेर मिलते हैं। (प्रे० च०)

टक्कर का : जोड़ का, बराबरी का।

जादू-टोने में मां-बेटी किंवदंतियों की लोना चमारिन के टक्कर की मानी जाती थीं। (अ० ला० ना०)

टक्कर खाना : 1. मारा-मारा फिरना। 2. किसी चीज़से भिड़ जाना या टकराना। 3. मुकाबिला करना, के समान होना।

टक्कर मारना : 1. ठोकर मारना, सिर से टक्कर देना। 2. घोर परिश्रम करना, निष्फल परिश्रम करना।

टक्कर लड़ना : दूसरे के सिर पर सिर मारकर लड़ना।

टक्कर लेना : 1. समता करना, बराबर का होना।

उनकी रचनाएं अच्छे-अच्छे कवियों से टक्कर लेती थीं। (प्रे० च०)

2. श्रेष्ठता या बराबरी दिखाने के लिए भिड़ना।

टट्टी की आड़/ओट से/में शिकार खेलना : 1. आड़ से किसी पर वार करना, छिपकर किसी के विरुद्ध चाल चलना।

मुकाबला करना है तो सामने आओ; यों टट्टी की ओट में शिकार करने से क्या लाभ है? (ब० च०)

2. चुपके से या गुप्त रीति से कोई बुरा काम करना।

टट्टू पार होना : किसी रुके हुए काम का सफलतापूर्वक पूरा हो जाना।

टप से : तुरन्त, जल्दी से।

टपक पड़ना : सहसा आ जाना, अकस्मात् कहीं से आ जाना।

टर टर करना : 1. व्यर्थ बकवाद करना। 2. धृष्टतापूर्वक बोलते जाना।

टरक जाना : चुपचाप चला जाना।

टल जाना : 1. चला जाना, हट जाना। 2. (बात से) अपनी प्रतिज्ञा पूरी न करना।

टस से मस न होना : 1. अनुनय-विनय का कुछ प्रभाव न होना। 2. दृढ़ रहना, अटल रहना; 3.अपनी जगह से न हटना। 4. किसी कड़ी वस्तु का पकाने या गलाने से ज़रा भी न गलना।

टहल बजाना : सेवा करना, आज्ञा मानना।

टांक रखना/लेना : 1. लिख लेना, नोट कर लेना; 2. स्मरण रखना, याद रखना।

टांका मारना/लगाना : कपड़े या जख्म की सिलाई करना।

टांग अड़ाना : अड़ंगा लगाना, बाधा डालना, व्यर्थ हस्तक्षेप करना।

तू जो बात नहीं समझती है, उसमें क्यों टांग अड़ाती है। (प्रे० च०)

टांग की राह/ टांग तले से/टांग के नीचे से निकल जाना : पूर्ण अधीनता स्वीकार कर लेना, हार मानना।

अगर कोई माई का लाल मेरे दूध में एक बूंद पानी निकाल दे, तो उसकी टांग की राह निकल जाऊं। (प्रे० च०)

टांग खींचना : उन्नति/प्रगति में वाधा डालना, अवनत या पद-च्युत करने की चेष्टा करना।

टांग तोड़ना : 1. अशुद्ध प्रयोग करना। 2. बहुत दौड़-धूप करना। 3. कठोर दंड देने की धमकी देना।

टांग पर टांग रखकर पड़ा रहना : निश्चिन्त सोना, रहना, या जीवन व्यतीत करना।

टांग पसारकर/फैला कर सोना : निश्चिन्त होकर सोना।

टांय-टांय करना : व्यर्थ बकना।'

टांय-टांय फिस : आयोजना, तैयारी या आडम्बर अधिक परन्तु फल तुच्छ।

लालाजी ने इश्तहार चिपकवाए, रिश्वतें दीं, दावतें दीं, मोटरों में चढ़ाकर वोटरों को वोट देने को बुलाया, पर अन्त में टांय-टांय फिस, लालाजी कमेटी के चुनाव में हार गए। (गु० रा०)

टाट उलटना : व्यापारी का अपने को दिवालिया घोषित कर देना।

अरसा हुआ वे बम्बई से टाट उलटकर अपने घर बैठे हैं। (ब० च०)

टाट बाहर कर देना : जाति या बिरादरी से बाहर कर देना।

टाल देना : 1. स्थगित कर देना; 2. ध्यान न देना, उपेक्षा करना।

टाल-मटूल/टाल मटोल करना : बहाना करना, हीला-हवाला करना।

टिक्की जमना/बैठना/लगना : युक्ति का सफल होना, काम बनना।

टिड्डी दल : भारी भीड़ टिड्डियों के समान दल-बल।

टिप-टिप करना : बूंद-बूंद गिरना, बरसना या चूना।

टिप्पस जमना/बैठना/लगना : दे० 'टिक्की जमना, वैठना या लगाना।'

टीका करना : हिन्दुओं में विवाह निश्चित करने की 'टीका' नामक रस्म को करना।

जहां कहिएगा वहां जाकर टीका कर आऊंगा। (प्रे० च०)

टीका-टिप्पणी करना : आलोचना करना, नुक्ताचीनी करना।

टीका देना/लगाना : 1. ललाट पर टीका लगाना; 2. चेचक, हैज़ा आदि बीमारियों से बचने के लिए सुई लगाना।

टीम-टाम : बनाव-सिंगार, कपड़े-लत्ते।

इधर काम अच्छा मिला है और मजूरी भी अच्छी मिल रही है, मगर सब इसी टीम-टाम में उड़ जाती है। (प्रे० च०)

टीस उठना/मारना : दर्द होना, कसक होना।

टुकड़ा तोड़ना (दूसरे का) : दूसरे के दिए हुए भोजन पर निर्वाह करना।

टुकड़ा देना : भिखारी को रोटी या खाना देना।

टुकड़ा मांगना : भीख मांगना।

टुकड़े/टुकड़े-टुकड़े उड़ाना : काटकर, तोड़कर या फाड़कर कई टुकड़े कर देना।

टुकड़ों पर पलना/रहना : दूसरे की कमाई पर गुज़र-बसर करना।

टुकुर-टुकुर देखना : 1. टकटकी लगाकर देखना।

सफल सौध-भू-पटल व्योम के अटल मुकुर थे, उडुगन अपना रूप देखते टुकुर-टुकुर थे। (मै० श० गु०)

2. विवशतावश या दीनतापूर्वक देखना।

टुटुरू टूं : अकेला।

टूट-टूट कर बरसना : मूसलाधार बरसना।

टूट पड़ना : 1. भारी संख्या में जाना या पहुंचना; 2. आक्रमण करना; 3. कुछ लेने के लिए एकदम दौड़ पड़ना।

टूटी-फूटी भाषा : साधारण या मामूली भाषा, असम्बद्ध तथा अस्पष्ट भाषा।

शब्दों का जैसा कुछ सीधा-सादा अर्थ समझ पड़ा है वैसा टूटी भाषा में लिख दिया है। (वि० ही०)

टूटी बांह गले पड़ना : अपाहिज के निर्वाह का भार अपने ऊपर पड़ना; किसी सम्बन्धी का खर्च अपने जिम्मे होना।

टें-टें करना : व्यर्थ बकवाद करना।

टें होना/बोलना/बोल जाना : 1. मर जाना। 2. नष्ट हो जाना, बरबाद हो जाना।

छोटे, मंझोले सौदागर-दूकानदार टें बोल गए। (प्र० ला० ना०)

टेंट गरम करना/गरमाना : कुछ इनाम या रिश्वत देना।

टेंटुआ दबाना : गला घोंटना।

टेक निभाना : प्रतिज्ञा पूरी करना।

टेक पकड़ना : हठ करना।

टेढ़ा पड़ना/होना : 1. अकड़ना, ऐंठना। 2. क्रोध करना, बिगड़ना।

टेढ़ी आंख से देखना : क्रूर या शत्रुतापूर्ण दृष्टि से देखना।

टेढ़ी खीर : बहुत कठिन काम।

फुटबॉल में मोहन बागान टीम को हराना टेढ़ी खीर है। (व० च०)

टेढ़ी-सीधी सुनना : भला-बुरा कहना।

टेढ़े-टेढ़े जाना/चलना : इतराना, घमण्ड करना।

जब से वह आई० ए० एस० में चुन लिया गया है तब से टेढ़े-टेढ़े चलता है।

टेनी मारना : डण्डी मारना; सौदा कम चढ़ाने के लिए तराजू की डांड़ी को उंगली से दबा देना।

वही दुकानदार जो दिन-भर टेनी मारता है, प्रातःकाल गाहक से मोल-तोल नहीं करता। (प्रे० च०)

टोटका करने आना : किसी के घर आकर तुरन्त वापिस लौट जाना।

टोटा पड़ना : घाटा पड़ना, नुकसान होना।

टोना करना : मुग्ध कर लेना, वश में कर लेना।

टोना डालना/झेलना : वश में कर लेना।

टोना लगना : मुग्ध होना, वश में होना।

क्या हमें टोना किसी का है लगा? (अ० सि० उ०)

टोपी उछलना : बेइज़्ज़ती होना।

टोपी उछालना : निरादर करना।

दूसरों की टोपी उछालने में उसे बड़ा मजा आता है।

टोपी बदलना : 1. भाई-भाई का सम्बन्ध जोड़ना; दे० 'पगड़ी बदलना।' 2. दूसरे राजा का राज्य होना।

टोह लगाना/लेना : पता लगाना।

कुछ खाना बनाओ, खाओ, सवेरे चलेंगे, फिर इधर-उधर टोह लगाएंगे। (प्रे० च०)

ठ

ठंडक मिलना : हृदय को शान्ति मिलना।

ठंडा करना/कर देना : 1. (व्यक्ति का) क्रोध शान्त करना।

राजा ने बड़ी कठिनाई से दुर्वासा ऋषि को ठंडा किया।

2. तसल्ली देना, सान्त्वना देना।

वह बहुत दुःखी थे। गुरुजी ने उन्हें ठंडा करने का हर सम्भव प्रयास किया।

3. (ताज़िया) दफन करना।

लोगों ने करबला में ताज़िया ठंडा कर दिया।

4. पराजित करना; 5. मार डालना ।

पिछले वर्ष इन्होंने अपने एक साथी को पिता की भरी बन्दूक लेकर ठंडा कर दिया । (शि०)

6. (आग चूल्हा आदि को) बुझा देना ।

ठंडा पड़ जाना/होना/हो जाना : 1. (व्यक्ति का) क्रोध शान्त हो जाना । 2. मर जाना । 3. ठंडा होना (कलेजा के साथ प्रयुक्त) प्रसन्न होना; दुःख, पीड़ा, व्यग्रता आदि घटना । 4. साहस, उत्साह, उत्सुकता आदि कम होना । 5. यौवनोचित सामर्थ्य न रह जाना । 6. बुझ जाना (चूल्हा आदि) ।

ठंडी आह/आहें भरना : दु.ख भरी सांस लेना ।

ठंडी सांस खींचना/भरना/लेना : दुःख भरी सांस लेना; दे० 'ठंडी आह भरना ।'

सुषमा एक ठंडी सांस ले मस्तक पर हाथ रखकर बैठ गई । (प्रे० च०)

ठंडे-ठंडे : 1. धूप निकलने के पहले; तड़के । 2. शाम के समय जब सूरज की तपन से परेशानी नहीं होती । 3. हंसी-खुशी से । 4. चुपचाप, बिना विरोध किए हुए ।

ठक रह जाना/ठक से रह जाना : स्तब्ध हो जाना, सन्न हो जाना ।

ठकुरसोहाती करना/कहना : खुशामद करना, चापलूसी की बातें कहना ।

कादिर और बिलासी दोनों चौपाल चले । वहां इस समय बहुत-से आदमी जमा थे । कुछ लोग लगान के रुपए दाखिल करने आए थे, कुछ घी के रुपए लेने के लिए और कुछ केवल तमाशा देखने और ठकुरसोहाती करने के लिए । (प्रे० च०)

ठग के लड्डू खाना : मतवाला होना, होश-हवास में न रहना, पागल-सा हो जाना ।

ठग लगना : ठगों का पीछे लगना ।

ठगा-सा रह जाना : चकित, भौंचक या आत्म-विस्मृत हो जाना ।

ब्रह्मचारी की दृष्टि देवयानी पर गई तो वह ठगे-से रह गए ।

ठटकर बातें करना : बना-बनाकर बातें करना, एक-एक शब्द पर जोर देते हुए बातें करना ।

ठट के ठट : झुंड के झुंड ।

ठट के ठट विद्यार्थी जलसे में जा रहे थे । (गं० प्र० गु०)

ठट्ट लगना : 1. भीड़ होना ।

जिधर से महारानी की सवारी निकल जाती दर्शकों के ठट्ट लग जाते थे । (प्रे० च०)

5. राशि इकट्ठी होना ।

ठट्ठा उड़ाना : उपहास करना ।

रत्नवती अपनी सखियों समेत दुर्ग के किसी बुर्ज पर चढ़ जाती, और यवन-सेना का ठट्ठा उड़ाती हुई वहां से सनसनाते तीरों की वर्षा करती। (चं०)

ठट्ठा मारना/लगाना : हंसी-मजाक करना।

ठट्ठे में उड़ा देना : मज़ाक में टाल देना।

ठटरी हो जाना : बहुत दुबला हो जाना।

ठठाकर हंसना/ठट्ठा मारकर हंसना : बहुत ज़ोर से हंसना।

ठठेरे की बिल्ली : ऐसा मनुष्य जो कोई विकट बात देखकर न चौंके या न घबराए।

ठठेरे-ठठेरे बदलाई होना : दो चालाक या धूर्त आदमियों का एक-दूसरे को धोखा देने की चेष्टा करना।

ठन जाना : बलाबल की परीक्षा होना, बदाबदी होना। इसी बात पर फिर उन दोनों में ठन गई थी।

ठन-ठन गोपाल : ऐसा व्यक्ति जिसके पास कुछ न हो।

यह सब उनका ऊपर का दिखावा है, अन्दर से निरे ठनठन गोपाल हैं।

ठप्प होना : रुक जाना, बन्द हो जाना।

ठप्पा लगाना : मुहर लगाना, 'प्रमाणित या अनुमोदित करना।'

ठसाठस भरना : 1. बहुत भीड़ होना। 2. ठूस-ठूसकर भरना।

ठहाका मारना/ठहाका मारकर हंसना : खूब ज़ोर से हंसना।

ठहाका लगाना : दे० 'ठहाका मारना।'

ठाट खड़ा करना : ढांचा तैयार करना।

ठाट पड़ा रह जाना : सांसारिक वैभव एवं सुख-सम्पत्ति का इसी लोक में छूट जाना, मृत व्यक्ति के साथ परलोक में न जाना।

सब ठाट पड़ा रह जायेगा, जब लाद चलेगा बनजारा।

ठाट पर रह जाना : किसी वस्तु की प्राप्ति न होना।

जब आप ही ठाट पर रह गए तो मुझे क्या मिलता? (प्रे० चं०)

ठाट बदलना : 1. नया रूप धारण करना या वेश बदलना, 2. बड़प्पन जताना, झूठमूठ अधिकार जताना।

ठाट बनाना : बनाव-सिंगार करना।

साईंदास ने बाहरी ठाट तो बना लिया किन्तु चित्त आशा और भय से चंचल हो रहा था। (प्रे० च०)

1. शान बढ़ाना, वैभव दिखाना।

ठाट बांधना : वार करने की मुद्रा में खड़ा होना।

ठाट-बाट से रहना : शान-शौकत से रहना।

चन्द्रगुप्त मौर्य बड़े ठाट-बाट से रहता था। (अ० कु० रा०)

ठाट बिगड़ जाना : रोब-दोब, शान-शौकत खत्म हो जाना।

ठाट से कटना : सुखपूर्वक समय व्यतीत होना।

ठिकाना करना : 1. नौकरी या काम-धन्धा ठीक करना, 2. मकान बनाने के लिए जगह ढूंढ़ना। 3. ठहरने के लिए स्थान ढूंढ़ना। 4. लड़की के विवाह के लिए लड़का ढूंढ़ना।

ठिकाना ढूंढ़ना : दे० 'ठिकाना करना।'

ठिकाना देना : 1. शरण देना।

पिताजी, मेरा अपराध कौन क्षमा करेगा? पितृद्रोही को कौन शरण देगा? (ज० शं० प्र०)

2. जीविका देना।

ठिकाना न होना (किसी चीज़ का) : किसी चीज़ की मात्रा या परिमाण बहुत अधिक होना।

मेरे संकटपूर्ण जीवन की यह पहली विजय थी और मेरे सन्तोष का ठिकाना नहीं था।

ठिकाना लगना : 1. शरण मिलना, आश्रय मिलना, रहने के लिए सुरक्षित स्थान मिलना। 2. जीविका की व्यवस्था होना, रोज़ी लगना, मिलना।

ठिकाना लगाना : जीविका का प्रबन्ध करना, रोज़ी लगाना।

ठिकाने आना : 1. बुद्धि ठीक होना, 2. अपने उपयुक्त, अभीष्ट या नियत स्थान पर पहुंचना। 3. ठीक विचार पर आना।

ठिकाने की बात कहना : समझदारी की बात करना।

प्रद्युम्न ने बात बड़े ठिकाने की कही है।

ठिकाने न रहना (चित्त, बुद्धि, बिल, आदि) : उद्विग्न रहना।

ठिकाने लगना : 1. वांछित या नियत स्थान पर पहुंचना। 2. काम में आना, उपयोग में आना।

आज खाना बहुत बन गया था, किन्तु मेहमान आ जाने से सब ठिकाने लग गया। (गु० रा०)

3. मर जाना।

ठिकाने लगाना : 1. मार डालना, 2. लड़की का विवाह करना। 3. उपयोग में लाना। 4. काम में लगाना।

ठीक आना : 1. ढीला या कसा न होना। 2. सुन्दर और यथेष्ठ होना। 2. पूरा और शुद्ध स्मरण होना।

ठीक उतरना : 1. ठीक या यथार्थ सिद्ध होना। 2. सुन्दर और यथेष्ठ होना। 3. तौल में कम या ज्यादा न होना।

ठीक करना : 1. सुधारना, त्रुटि या खराबी दूर करना। 2. क्रम से रखना, सुव्यव-

स्थित करना। 3. दण्ड देना, सजा देकर ठीक रास्ते पर लाना। 4. सम्पादित या निष्पादित करना, पूरा करना। 5. निश्चय या निश्चित करना। 6. ठीक सिद्ध करना। 7. सन्मार्ग पर लाना, राह पर लाना।

ठीकरा फोड़ना : कलंक लगाना, दोष लगाना।

ठीकरा समझना : तुच्छ, नगण्य, मूल्यहीन समझना।

ठीहा होना : रहने का स्थान होना।

ठुकरा देना : 1. ध्यान न देना, पूरा न करना।

अपनी साध पूरी करने में दूसरों की आवश्यकता ठुकरा दी जाती है। (ज० श० प्र०)

2. अस्वीकार कर देना।

ठेंगा दिखाना : साफ इनकार करना; निराश करना।

ठेंगा बजना : 1. मारपीट होना, 2. चेष्टा, प्रयास विफल होना।

ठेंगा सिर पर लेना : किसी का एहसान लेना।

ठेंगा सिर पर होना (किसी का) : किसी के ऊपर एहसान होना।

ठेंगे पर मारना / रखना (किसी को) : उपेक्षा या अवहेलना करना, किसी की परवाह न करना।

ठेंगे से : हमारी बला से, कुछ परवाह नहीं।

वे जाते हैं तो चले जाएं, हमारे ठेंगे से।

ठेका लेना : कुछ करने की जिम्मेदारी लेना; दे० 'ठीका लेना।'

बड़े भाई हैं, उनकी शान में क्या कहूं ? कुछ दिनों अमेरिका क्या रह आए हैं गोया हक़ और इन्साफ़ का ठेका ले लिया है। (प्रे० च०)

ठेस पहुंचाना : आघात करना, चोट पहुंचाना।

ठेस लगना : आघात लगना, धक्का लगना, अत्यधिक दुःख होना।

श्री सूर्यकुमारी जी को एकमात्र भाई के वियोग की ऐसी ठेस लगी कि दो ही तीन वर्ष में उनका शरीरान्त हो गया ? (रा० च० शु०)

ठोंक-ठोंक कर लड़ना : ताल ठोंककर लड़ना, डटकर लड़ाई करना; जबरदस्ती झगड़ा करना।

ठोंक पीट कर : ज़बरदस्ती।

तुम मुझे ठोंक-पीटकर वैराग्य सिखाना चाहती हो ? (प्रे० च०)

ठोंकना बजाना/ठोंक बजाकर देखना : अच्छी तरह जांचना या परखना।

बुद्धिमानी इसी में है कि जो चीज़ खरीदें पहले अच्छी तरह ठोंक-बजाकर देख लें।

ठोकर/ठोकरें खाना : कष्ट सहना, दुर्गति सहना, दुर्दशा भोगना।

दुनिया भर की ठोकर खाकर पाई मैंने मधुशाला। (बच्चन)

ठोकर खाते फिरना : कहीं, किसी काम में टिक न पाना, इधर-उधर मारा-मारा फिरना।

ठोकर जड़ना, देना, मारना : पैर से मारना।

ठोकर लगना : भूल के कारण कष्ट होना या हानि पहुंचना।
अन्त में उसे एक ऐसी ठोकर लगी कि वह अपनी गलतियों पर पछताने लगा।

ठोकरों पर पड़ा रहना : किसी की सेवा करके और उसकी गाली-मार सहकर जीविका चलाना।

ठोड़ी पकड़ना/ठोड़ी में हाथ देना : प्यार करना, खुशामद करना,

ठोड़ी पर हाथ धरकर/रखकर बैठना : चिन्तामग्न होकर बैठना।

ठौर-कुठौर : अनुपयुक्त स्थान पर।

ठौर न आना : समीप न आना।

ठौर पाना : शरण पाना, आश्रय पाना, ठिकाना पाना।

ड

डंक मारना : 1. बिच्छू, बर्रे और मधुमक्खी आदि का डसना। 2 बिच्छू के डंक मारने सदृश घोर कष्ट देना।

डंका देना/पीटना : 1. घोषित या प्रचारित करना। 2. अपने आधिपत्य की सूचना देना। 3. डंका बजाकर सैनिकों को एकत्र होने या कूच करने की आज्ञा देना।

डंका बजना : 1. शासन या अधिकार होना। 2. घोषित या प्रचारित होना, फलस्वरूप ख्याति प्राप्त होना।

डंका बजाकर कोई काम करना : खुल्लम-खुल्ला या घोषणा करके कोई काम करना।

डंके की चोट पर : खुल्लम-खुल्ला, और बिना किसी भय के।

डंड बैठक लगाना : एक विशेष प्रकार का व्यायाम करना।

डंड पेलना : डंड नामक एक खास तरह की कसरत करना।

डंडा खाना : डंडे की मार सहना।

डंडा चलाना : डंडे से प्रहार करना या मारने का प्रयास करना।

डंडी मारना : सौदा तौलने में तराजू इस प्रकार झुका देना कि चीज़ कम चढ़े, टेनी मारना; दे० 'डांडी मारना।'

डंडे बजाते फिरना : निकम्मा घूमना।

डंडे से खबर लेना : डंडे से पीटना।

डकार जाना/लेना : हज़म कर जाना, चुपचाप ले लेना।

मेरी सारी-की-सारी मज़दूरी साफ डकार गए। (प्रे० च०)

डकार तक न लेना : 1. किसी का माल चुपचाप हड़प कर लेना, 2. कोई काम करके न बताना।

डग देना : चलने में आगे की ओर पैर रखना।

डग भरना/मारना : कदम बढ़ाना।

यदि हड्डी टूटी होती तो क्या वह चन्द डग भी मार पाती। (शि०)

डगर बताना : 1. रास्ता बताना। 2. उपाय या तदबीर बताना।

डटकर खाना : खूब भरपेट खाना; दे० 'छककर खाना।'

डटा रहना : ठहरा रहना, जहां का तहां रहना, मुकाबिले में पीछे न रहना।

डर्बी के घोड़े की तरह दौड़ना : बहुत तीव्र गति से आगे बढ़ना।

इधर जो मेरा उपन्यास डर्बी के घोड़े की तरह दौड़ा है।

डांट खाना : डांटा जाना।

मैं अनेक बार डांट खाने पर भी यह आदत नहीं छोड़ पाई थी। (शि०)

डांट में रखना : नियन्त्रण में रखना।

डांट-डपट बताना/बतलाना : डांटना-फटकारना, बुरा-भला कहना।

डांट पड़ना : डांटा जाना।

डांट बताना/बतलाना : फटकारना; दे० 'डांट-डपट बताना।'

डांट में रखना : शासन द्वारा वश में रखना।

चतुर माता-पिता अपनी सन्तान को डांट में रखते हैं।

डांड चलाना : नाव खेना।

डांड लेना : जुर्माना लेना।

डांडी मारना : टेनी मारना, कम तौलना; दे० 'डंडी मारना।'

बनिया डांडी मारता है। (अ० रा०)

डांवा-डोल होना : अव्यवस्थित होना, अस्थिर होना।

ज्ञान शंकर की बातें सुनकर मेरी भक्ति और धार्मिक विश्वास डांवाडोल हो जाते हैं। (प्रे० च०)

डाका डालना/मारना : जबरदस्ती छीन लेना या लूट लेना।

डाढ़ें मारकर/मार-मार कर रोना : छाती पीट-पीटकर रोना, चिल्लाकर या खूब ज़ोर से रोना।

डाल का टूटा : 1. डाल से पककर गिरा हुआ।

यह डाल का टूटा आम है; इसको ज़रा चखकर देखिए।

2. बढ़िया, अनोखा।

तुम्हीं एक डाल के टूटे हो जो सब कुछ तुम्हीं को दिया जाय।

डाल रखना : 1. रख छोड़ना। 2. रोक रखना, देर लगाना।

डाली देना/लगाना/भेजना : अफसर आदि को प्रसन्न रखने के लिए फल मिठाई आदि डलिया में सजाकर किसी के यहां भेजना।

हुक्काम को डालियां न दूं तो बागी समझा जाऊं। (प्रे० च०)

डिग्री जारी करना : किसी की जायदाद पर कब्जा करने या उससे मिलने वाला धन वसूल करने के लिए न्यायालय द्वारा आदेश दिया जाना।

डिग्री देना : न्यायालय द्वारा वादी या प्रतिवादी के पक्ष में फैसला देना।

डिसमिस करना : खारिज करना।

डींग मारना/हांकना : शेखी बघारना, बढ़-बढ़कर बातें करना।

डीठ चुराना (या छिपाना) : सामने न देखना।

डीठ बांधना : जादू करके दृष्टि बांध देना जिससे सामने की वस्तु ठीक-ठाक न दिखाई पड़े।

डुगडुगी/डुग्गी पिटना : एलान या मुनादी होना।

डुगडुगी/डुग्गी पीटना : सार्वजनिक रूप से सूचना देना, मुनादी करना।

डुबकी मारना/लगाना : गायब हो जाना।

डूब जाना : 1. मारा जाना, बरबाद या नष्ट हो जाना। 2. बदनामी होना।

तुम्हारे कारण हमारे कुटुम्ब का नाम डूब गया।

3. सूर्य, चन्द्रमा, तारों आदि का छिप जाना। 4. पानी में डूबकर मर जाना।

डूब मरना : 1. अनुचित व्यवहार के फलस्वरूप आत्म-ग्लानि से पीड़ित होना।

उपवास करके सो रहना और बात है लेकिन पंगत से उठा दिया जाना तो डूब मरने ही की बात है। (प्रे० च०)

2. पानी में डूब कर मर जाना।

डूबती नाव को पार लगाना : संकट से छुड़ाना; दे० 'नाव पार लगाना।'

डूबना-उतरना : चिन्तामग्न होना, किसी उलझन में पड़ा रहना।

डेढ़ ईंट की अलग/मसजिद बनाना : हठ या अक्खड़पन के कारण सबसे अलग रह-कर कोई काम करना; दे० 'ढाई ईंट की मसजिद बनाना।'

डेढ़ चावल की खिचड़ी पकाना : किसी से मिल-जुलकर काम न करना, अपनी राय सबसे अलग रखना; दे० 'ढाई चावल की खिचड़ी पकाना।'

डेरा उठाना : कूच करना, चल देना।

डेरा करना : निवास करना।

डेरा कूच होना : प्रस्थान होना, चल देना।

आज यहां से मेरा डेरा कूच है। (प्रे० च०)

डेरा जमाना : निवास करना, अधिक समय के लिए रहना, टिकना।

डेरा डालना : निवास करना, रहना, टिकना, दे० 'डेरा जमाना।'

डेरा पड़ना : रहना, टिकना।

डोंगा डुबाना : काम बिगाड़ना।

डोंगा डूबना : काम बिगड़ना, प्रतिष्ठा मिट्टी में मिलना; दे० 'नाव डूबना।'

डोंगा पार लगाना : कार्य सिद्ध करना, जीवन सार्थक करना; दे० 'नाव पार लगाना।'

डोंगा पार होना : कार्य सिद्ध होना, काम ठीक होना; दे० 'बेड़ा पार होना।' तुम मैके चली जाना। हम दोनों जाकर कहीं मजूरी करेंगे। अच्छा काम मिल गया तो साल भर में डोंगा पार है। (प्रे० च०)

डोंड़ी पिटना : दे० 'डुगडुगी/डुग्गी पिटना।'

डोंड़ी पीटना : दे० 'डुगडुगी/डुग्गी पीटना।'

डोर पर लगाना : रास्ते पर लाना, ढब पर लाना, प्रयोजन-सिद्धि के अनुकूल बनाना।

डोर मजबूत होना : आयु के दिन शेष होना, जीवन के दिन बाकी रहना।

डोरा डालना : अपने प्रेम-पाश में फंसाने की चेष्टा करना।

डोरा लगना : प्रेम-सम्बन्ध होना, किसी के प्रेम-पाश में फंसना।

डोरी खींचना : सुध करके दूर से अपने पास बुलाना (स्त्रियों द्वारा प्रयुक्त)

डोरी लगना : किसी के पास पहुंचने का लगातार ध्यान बना रहना।

डोरी ढीली करना/छोड़ना : नियन्त्रण या देख-रेख कम करना।

डोरी पर चढ़ना : चंगुल में फंसना, कब्ज़े में आना।

डोला देना : 1. किसी राजा या सरदार को भेंट के रूप में अपनी बेटी देना। 2. अपनी बेटी को वर के घर ले जाकर ब्याह करना।

डौंडी पिटना/पीटना : दे० 'डोंड़ी पिटना/पीटना।'

डौल डालना : रूप-रेखा बनाना, ढांचा तैयार करना।

डौल पर लाना : 1. काट-छांटकर सुडौल या दुरुस्त बनाना, किसी चीज़को सुन्दर रूप देना। 2. किसी व्यक्ति को किसी उपाय से रास्ते पर लाना या अनुकूल बनाना।

डौल बांधना/बिठाना/लगाना : उपाय करना, टिप्पस भिड़ाना, युक्ति बैठाना।

डौल से लगाना : ठीक क्रम से रखना।

ड्योढ़ी खुलना : किसी राजा या नवाब के दरबार में आने-जाने की आज्ञा मिलना।

ड्योढ़ी बन्द होना : किसी राजा या नवाब के दरबार में आने-जाने की मनाही होना।

ड्योढी लगाना : दरवाज़े पर द्वारपाल बैठना।

ढ

ढंग का : 1. चतुर, होशियार, व्यवहार-कुशल। 2. अच्छा, बढ़िया।

ढंग पकड़ना : नियम अपनाना, किसी ढंग के अनुसार आचरण करना।

ढंग पर चढ़ना : अपने स्वार्थ के अनुकूल होना, प्रभाव या वश में आना; दे० 'चंग पर चढ़ना।'

ढंग पर लाना : अभिप्राय साधन के अनुकूल बनाना, स्वार्थ सिद्धि के अनुकूल करना।

ढंग बरतना : शिष्टाचार दिखाना, दिखाऊ व्यवहार करना।

ढंढोरा पीटना/फेरना : ज़रा-सी बात को चारों ओर कहते फिरना, किसी बात को फैला देना, ढोल बजाकर चारों ओर जताना; दे० 'ढिंढोरा पीटना।'

ढड्ढू का पाड़ा : शक्ल-सूरत में बहुत बड़ा किन्तु बुद्धि में शून्य।

ढपोरशंख होना : कोरी डींगें मारनेवाला पर काम कुछ न करने वाला होना।

ढब डालना : 1. आदत डालना। 2. आचार-व्यवहार की शिक्षा देना।

ढब पर चढ़ना : किसी व्यक्ति का ऐसी अवस्था या स्थिति में होना कि कुछ मतलब निकल सके।

ढब पर चढ़ाना/लगाना/लाना : अभिप्राय सिद्धि के अनुकूल बनाना; दे० 'डोर पर लगाना।'

ढर्रा चलाना : नई बात चालू करना।

अपनी मां के सामने मदालसा (पत्नी) से खुले आम बातें करने और नाम लेकर पुकारने का ढर्रा बड़े रोब से चला लिया था। (अ० ला० न०)

ढर्रा निकालना : शैली आरम्भ या प्रचलित करना।

ढर्रे पर आना : रास्ते पर आना, सुधरना।

अब तो शैलेन्द्र बहुत कुछ ढर्रे पर आ गया है।

ढर्रे पर चलना/लगना : दे० 'ढर्रे पर आना।'

आठवीं कक्षा के दूसरे वर्ष में उसका काम पुराने ढर्रे पर चल निकला।

ढल जाना : 1. अस्ताचल की ओर जाना। 2. बुढ़ापे की ओर जाना। 3. अनुकूल, अनुरूप या सदृश होना।

ढलती-फिरती छाया/छांह : मनुष्य की बदलती हुई अवस्था या स्थिति; भाग्य का फेर।

कल मैं अकिंचन था। आज मैं लखपति हूं। इससे अहंकार क्यों करूं ? धन तो मनुष्य की ढलती-फिरती छाया है।

ढाई ईंट की मसजिद : दे० 'डेढ़ ईंट की मसजिद अलग बनाना।'

ढाई चावल की खिचड़ी : दे० 'डेढ़ चावल की खिचड़ी अलग पकाना।'

ढाई चुल्लू लहू पीना : मार डालना, कठिन दंड देना (क्रोध-वाक्य)।

ढाई दिन की बादशाहत : 1. थोड़े दिनों के लिए खूब ऐश्वर्य भोगना, थोड़ी देर की हुकूमत।

तुम भी ढाई दिन की बादशाहत कर लो, फिर तो उसी चक्की में पिसना पड़ेगा।

2. दूल्हा बनना।

ढाढ़स/ढारस देना/बंधाना : सान्त्वना देना, तसल्ली देना, समझाना-बुझाना।

ढिंढोरा पीटना : घोषणा करना, ऐलान करना; दे० 'ढंढोरा पीटना।'

ढील देना : कड़ाई न करना, छूट देना।

इस नगर के वीर रक्षकों ने भी अपने स्वामी महाराणा कुंभा का संकेत पाकर ढील दे दी और उन्होंने जोधा के मारवाड़ पर अधिकार करने में विशेष बाधा न डाली।

ढीला पड़ना : सुस्त होना, शिथिल होना, दया या उदारता करना।

ढीली आंख : मदभरी चितवन, अधखुली आंख।

देह लग्यो ढिग गेहपति, ताऊ नेह निरबाहि।
ढीली अंखियन ही इतै, गई कनखियन चाहि॥ (बि०)

ढेर करना : मार गिराना, मार कर गिरा देना।

यदि कोई गांववाला भागकर भी इधर आएगा तो ढेर कर दूंगा। (च०)

ढेर हो जाना : 1. गिरकर मर जाना। 2. नष्ट, निष्फल, व्यर्थ, निष्प्रभाव हो जाना।

इस बार मेरे धृष्ट प्रश्न का जो उत्तर उनकी शान्त, तरल दृष्टि ने दिया उसके सम्मुख मेरी व्यवहार-कुशल जिह्वा के सब झूठे गवाह एक साथ ढेर हो गए। (शि०)

3. ध्वस्त हो जाना, गिर पड़ना। 4. पड़ जाना, लेट जाना। 5. थककर चूर हो जाना।

ढोंग रचना : दिखावे या काम निकालने के लिए कोई आयोजन करना, पाखण्ड करना।

मैं अपना मुख्तार हूं, जो चाहूं करूं। किसी को, चाहे वह मेरा भाई ही हो, मेरी भलाई और हित-कामना का ढोंग रचने की ज़रूरत नहीं है। (प्रे० च०)

ढोल की पोल/ढोल में पोल : जिसका बाहरी दिखावा तो बहुत रहता हो पर भीतर खाली रहता है, खोखलापन, कमज़ोरी।

ये महात्मा लोग सुन्दर व्याख्यान देते हैं, बढ़िया उपदेश देते हैं। परन्तु उनका जीवन निकट से देखो तो पता चलेगा कि ढोल के भीतर पोल है। (अ० कु० राय०)

ढोल पीटना/बजाना : कोई बात सबको सुनाना या बताना।

प्यारी का गर्व यों ढोल बजाकर अपनी पराजय न स्वीकार कर सकता था। (प्रे० च०)

त

तंग आना/होना : परेशान होना।

तंग करना : कष्ट देना, परेशान करना, सताना।

तंग रहना/होना : 1. कष्ट में रहना, परेशान रहना। 2. निर्धन होना, धनाभाव होना।

तंग हाल/तंग दस्त होना : निर्धन होना, हाथ में रुपये-पैसे न होना।

तकदीर का खेल : भाग्य का करिश्मा, भाग्य में भारी परिवर्तन।

तकदीर खुलना : भाग्य अनुकूल होना, सुख और लाभ का योग होना।

तकदीर खोटी होना : भाग्यहीन होना, भाग्य खराब होना।

तकदीर चमकना/जगाना : दे० 'तकदीर खुलना।'

तकदीर ठोंकना : भाग्य को कोसना।

अपनी दयनीय स्थिति का विचार कर उसने अपनी तकदीर ठोंकी और फूट-फूट कर रो पड़ा।

तकदीर फूटना : भाग्य खराब होना, भाग्य बिगड़ना।

तकदीर लड़ना : भाग्य का अनुकूल होना।

तकदीर सीधी होना : भाग्य अनुकूल होना।

तकलीफ़ उठाना : कष्ट सहना।

तकल्लुफ़ करना : व्यर्थ का बहुत अधिक शिष्टाचार बरतना या दिखाना।

तकल्लुफ़ न कीजिए; जो काम हो उसे साफ-साफ बता दीजिए।

तकिया कलाम : सखुन तकिया होना, किसी अप्रासंगिक शब्द या शब्द-समूह को बार-बार कहने की आदत होना।

तख्ता उलटना/पलटना : 1. बना-बनाया काम बिगड़ जाना, 2. एक शासक या शासक-वर्ग के स्थान में दूसरे शासक या शासक-वर्ग का शासन स्थापित होना, सेना द्वारा शासन पर अधिकार।

मुसलिम देशों की परम्परा के अनुसार अफगानिस्तान के युवा सैनिक अफसरों ने राष्ट्रपति मुहम्मद दाऊद का तख्ता पलट दिया। (अज्ञेय)

तत्ता तवा : बात-बात पर लड़नेवाला आदमी, झगड़ालू आदमी।

तन की तपन बुझाना/मिटाना : भूख मिटाना।

क्या करूं ? तन की तपन बुझाने के लिए तो कुछ-न-कुछ करना ही पड़ता है।

तन को लगना : खाद्य पदार्थ का शरीर को बलवान् बनाना, शरीर को लाभ पहुंचाना, 2. जी में बैठना।

तन छूटना : मरना।

तन जाना : नाराज़ हो जाना।

गिरधर महाराज तुमसे घी मांगते थे। तुमने कहा—मेरे पास घी नहीं है। बस इसी पर तन गए। (प्रे० च०)

तन तोड़ना : अंगड़ाई लेना।

तुम तो हर समय तन तोड़ते ही रहते हो, काम क्या करोगे?

तन बैठना : रुष्ट हो जाना, नाराज़ हो जाना; दे० 'तन जाना।'

मैं नाहक तुमसे तन बैठा। (प्रे० च०)

तन-मन मारना : इन्द्रियों को वश में करना, कामनाओं को वश में करना।

तन-मन से करना : मन लगाकर या परिश्रम से करना।

तन में फूले न समाना : अत्यन्त प्रसन्न होना; दे० 'फूला न समाना।'

तबला खनकना/ठनकना : 1. तबला बजना, 2 गाने-बजाने या नाचने-गाने का कार्यक्रम होना, नाच-रंग होना।

तबला मिलाना : तबला की डोरी को इस तरह कसना जिससे समान स्वर निकले।

तबाही छाना/मचाना : बरबादी होना।

चारों ओर तबाही छाई हुई थी। (प्रे० च०)

तबीयत आना : 1. (किसी चीज़ पर) लेने की प्रबल इच्छा होना, 2. (किसी व्यक्ति पर) प्रेम होना, आसक्ति होना।

तबीयत उलझना : प्रेम होना।

तबीयत खराब होना : अस्वस्थ होना।

मैं खुले में सोया था। इससे मेरी तबीयत खराब हो गई है।

तबीयत पर ज़ोर डालना : ध्यान देना।

तबीयत फड़क उठना : चित्त का उत्साहपूर्ण और अप्रसन्न होना।

तबीयत फिरना : जी हटना, जी फिरना, घृणा होना।

तबीयत बहाल होना : शरीर स्वस्थ होना, बीमारी समाप्त हो जाना।

वैद्य के अनुसार एक सप्ताह में मेरी तबीयत बहाल हो गई।

तबीयत बिगड़ना : दे० 'तबीयत खराब होना।'

तबीयत भरना : 1. सन्तोष होना, तसल्ली होना। 2. सन्तुष्ट करना, तसल्ली करना। 3. मन भरना, विरक्ति होना, इच्छा न होना।

अब तो नौकरी से मेरी तबीयत भर गई है।

तबीयत लगना : 1. अच्छा लगना। किसी काम या विषय आदि में रुचि होना। 3. प्रेम, आसक्ति या अनुराग होना। 4. ध्यान लगा रहना, मन लगा रहना।

तबीयत लगाना : 1. चित्त को किसी काम में लगाना।

तबीयत हरी होना : मन प्रसन्न होना।

तबीयत होना : इच्छा होना।

तबेले का बन्दर : कहा जाता है कि तबेले में बन्दर रखने से घोड़े बीमार नहीं होते। वह बीमारी बन्दर को लग जाती है। इसका तात्पर्य उस व्यक्ति से होता है जिसके सिर पर कई आदमियों की बुराई मढ़ी जाती है।

मनोहर की इतनी मजाल नहीं है कि वह अकेला इस काम को कर सके। निस्सन्देह सारा गांव मिला हुआ है। मनोहर को सबने तबेले का बन्दर बना रखा है। (प्रे० च०)

तमाचा खाना : थप्पड़ लगना, थप्पड़ से पिटना।

तमाचा जड़ना : थप्पड़ मारना।

तमाशा दिखाना : मज़ा दिखाना।

क्या करूं, मेरा कुछ अधिकार नहीं है, नहीं तो मैं इन्हें तमाशा दिखा देती। (प्रे० च०)

तय पाना : निश्चय होना।

तर माल उड़ाना : पौष्टिक पदार्थ खाना।

बाग-बगीचा बेचकर मज़े से तर माल उड़ाओ। (प्रे० च०)

तरकीब भिड़ाना : उपाय करना, युक्ति लगाना।

तरतीब देना : क्रम से रखना।

तरद्दुद उठाना : परेशानी उठाना।

तरद्दुद में पड़ना : परेशानी में पड़ना।

तरफ़ होना : पक्ष ग्रहण करना, पक्षधर होना।

तरस खाना : दया करना, रहम खाना।

तरस जाना : कोई चीज़ पाने या देखने की उत्कट इच्छा होना।

कभी-कभी तो गोरा चेहरा देखने के लिए भगवती तरस जाती थी।

तरसा-तरसा कर देना : ललचा-ललचाकर, या ज़रा-ज़रा सा देना।

तरह उड़ाना : किसी के ढंग की नकल करना।

तरह देना : अनुसूची या अनदेखी करना, उपेक्षा करना, ख्याल न करना, बचा जाना।

मैं जितना ही तरह देता हूं यह उतनी ही सिर चढ़ती जाती है बस इसी बात को सोचकर तरह दे जाता हूं। (न०)

तलवा खुजलाना : तलवे में खुजली होना जिसे यात्रा पर जाने का शुकन समझा जाता है।

तलवा चाटना : बहुत खुशामद करना।

तलवे तले आंखें बिछाना : बड़े प्रेम और श्रद्धा से स्वागत करना।

तलवे धोकर पीना : अत्यधिक सेवा-शुश्रूषा या आदर-सत्कार करना।

तलवे/तलवा सहलाना : खुशामद करना।

वह तो सदैव ऊंचे अधिकारियों के तलवे सहलाता रहता है।

तलवार का खेत : युद्ध-क्षेत्र।

तलवार का धनी : वीर, योद्धा।

तलवार का हाथ : तलवार का प्रहार।

तलवार की छांह में : रणक्षेत्र में।

तलवार की धार पर चलना : बहुत ही कठिन काम करना।

शिक्षा देना बहुत सरल है परन्तु अपनी ही शिक्षाओं के अनुकूल आचरण करना बड़ा कठिन है, तलवार की धार पर चलना है। (वि० हरि०)

तलवार के घाट उतरना : तलवार से कटकर मर जाना।

जब जल्लाद की तलवार के घाट तुम्हारे ये सब साथी उतर जाएं, तब अकेले में पेट भरके खाना।

तलवार के घाट उतारना : तलवार से मार डालना।

तलवार खींचना : लड़ाई करने के लिए तलवार म्यान से निकाल लेना।

तलवार म्यान से बाहर रहना : लड़ाई-झगड़े के लिए तैयार रहना।

जिसकी तलवार सदा म्यान से बाहर रहती हो उसकी कोई कहां तक सहे? (प्रे० च०)

तलवार सिर पर लटकती रहना : बराबर कोई भयंकर खतरा बना रहना।

तलाशी देना : अपने घर या सामान आदि में खोई हुई वस्तुओं को ढूंढ़ने देना, तलाशी लेने देना।

वह तुरन्त अपने घर की तलाशी देने को तैयार हो गया।

तले ऊपर : 1. उलट-पुलट किया हुआ, 2. एक के ऊपर दूसरा।

किताबों को तले ऊपर रख दो। (हि० श० सा०)

तले की दुनिया ऊपर होना : 1. उलट-फेर हो जाना, 2. चाहे जो कुछ हो।

तले की दुनिया ऊपर हो जाय पर तुम परीक्षण में सफल नहीं हो सकते। (राम निवास पाठक)

तवे की बूंद : 1. अस्थायी वस्तु, क्षणभर में नष्ट होने वाली 2. अत्यल्प, जिससे कुछ भी तृप्ति न हो।

तवे-सा मुंह : बहुत काला मुंह।

उसका तवे-सा मुंह देखकर बच्चा डर गया। (हौ० प्र० सिं०)

तशरीफ़ रखना : 1. बैठना, 2. रहना, निवास करना, ठहरना।

तशरीफ़ लाना : आना।

तशरीफ़ ले जाना : जाना, चला जाना।

तसबीर उतारना : चित्र खींचना।

तह करके रखो : 1. रहने दो, मुझे आवश्यकता नहीं है, छिपाकर रखना, 2. कपड़े आदि को तह लगा कर रखो।

तह की बात : वास्तविक बात; छिपी हुई बात; गुप्त रहस्य।

तह तक पहुंचना : वास्तविक बात, तथ्य या गुप्त रहस्य को मालूम कर लेना।

तह चढ़ाना/देना : 1. हल्का रंग चढ़ाना, 2. हल्की परत चढ़ाना।

तहलका मचना : हलचल मचना, खलबली मचना।

तांत-सा होना : बहुत ही दुबला होना या हो जाना।

तांता न टूटना : क्रम चलता रहना, एक के बाद दूसरे का बराबर आते रहना।

आने-जाने वालों का तांता दिन भर न टूटता था। (प्रे० च०)

तांता बंधना/लगना : एक के बाद दूसरे का बराबर आते या जाते रहना।

दर्शकों और आलोचकों का तांता लगा हुआ था। (प्रे० च०)

ताक-झांक करना : इधर-उधर देखना, लुक-छिपकर देखना।

ताक पर धरना : काम में न लाना, व्यर्थ समझकर दूर हटाना।

छूत-विचार को भी उसने ताक पर रख दिया था। (प्रे० च०)

नए राष्ट्र का निर्माण करने से पहले हमें अपने सारे पुराने पोथे, पुराने आदर्श ताक पर रखने होंगे। ('दिनमान')

ताक पर रहना/होना : पड़ा रहना, काम में न आना।

ताक में बैठना/रहना/होना : उपयुक्त अवसर, कार्य, स्थान आदि की प्रतीक्षा करना, घात में रहना, मौक़ा देखते रहना।

ताक लगाना (किसी पर) : किसी पर दृष्टि रखना जिससे वह कोई अनुचित काम न कर पावे।

रिश्वतखोर कर्मचारियों पर, ज़ालिम ज़मींदारों पर और स्वार्थी अधिकारियों पर प्रभुसेवक सदैव ताक लगाए रहते थे। (प्रे० च०)

ताज़ा करना (किसी बात को) : 1. नए सिरे से उठाना, फिर छेड़ना या चलाना, 2. याद कर लेना।

ताज़ा होना (किसी बात का) : 1. किसी बात का फिर चलना या छिड़ना; 2. याद आना।

ताज़िया ठण्डा करना : ताज़िया दफन होना।

तातील मनाना : दे० 'छुट्टी मनाना।'

तान कर सोना : निश्चित सोना।

यह तो खूब तान कर सो रहे हैं; इन्हें पता नहीं है कि इनके घर में खून हो गया है।

तान छेड़ना : गीत गाना, राग अलापना।

तान भरना : जोर से गाना या कूकना।

भर रही कोकिला इधर तान,
मारू बाजे पर उधर गान।

ताना कसना/देना/मारना : चुटीली बात कहना, चुभती हुई बात कहना, व्यंग्य करना।

ताना-बाना करना : बार-बार इधर-उधर आते-जाते रहना।

ताने-तिश्ने देना : ताना मारना।

ताबड़-तोड़ : लगातार, एक के बाद दूसरा, तीसरा आदि।

ताबड़-तोड़ ठोकरें पड़ीं तो पहलवान साहब गिर पड़े। (प्रे० च०)

तार टूटना : सिलसिला बन्द होना, चलता हुआ क्रम बन्द होना।

तार-तार करना : कपड़ा फाड़कर उसके धागे या सूत, अलग-अलग करना।

तार-तार होना : वस्त्र का फटकर सूत-सूत हो जाना, बिल्कुल फट जाना।

तार देखना : चुटकी पर चाशनी का तार बनाकर देखना, यह देखना कि चाशनी आई है या नहीं।

तार देना : तार के द्वारा समाचार भेजना।

तार बंधना : सिलसिला जारी रहना, क्रम बंधना।

तार बांधना : 1. बराबर करते या कहते जाना।

उस्ताद लोग 'वाह-वाह' का तार बांधे हुए थे। (प्रे० च०)

2. सिलसिला ठीक करना।

तार लगना : 1. क्रम बंधना, 2. समाचार पहुंचना (व्यंग्य)

तारीख टलना : आगे का कोई दिन नियत होना।

तारीख डालना : तिथि नियत करना।

तारीख पड़ना : दिन नियत होना।

तारीफ़ के पुल बांधना : अत्यधिक प्रशंसा करना।

वे नई बावर्चिन की तारीफ के पुल बांधने लगे।

तारे खिलना : आकाश में तारों का निकलना और चमकना।

तारे गिनना : किसी चिन्ता के कारण या आसरे में बेचैनी से रात काटना, नींद न आना।

तारे छिटकना : दे० 'तारे खिलना।'

तारे तोड़ लाना : बहुत ही कठिन या साहस का काम कर दिखलाना।

बस कीजिए, तारे नहीं तोड़ लाए हैं कि इतनी डींग हांक रहे हैं।

तारे दिखाई देना : दुर्बलता के कारण आंखों में अंधेरा छा जाना, प्रकाश बिन्दुओं का नाचते हुए दिखाई देना।

तारों की छांह : बहुत तड़के।

ताल ठोंकना : लड़ने के लिए ललकारना, कुश्ती या भिड़ने के लिए आवाहन करना।

ताल देना : गाने-बजाने के समय, काल-मान ठीक रखने के लिए राग-रागिनी आदि के अनुरूप हथेलियों से विशिष्ट प्रकार के आघात करना।

ताली देकर नाचना : बहुत खुशी के कारण ताली बजाना और नाचना।

ताली देना : ताली बजाना, ताली बजाकर हर्ष या उत्साह प्रकट करना।

ताली पीटना/बजाना : 1. थपोड़ी बजाना, थपोड़ी बजाकर हर्ष या उत्साह प्रकट करना। 2. हंसी उड़ाना, ताली बजाकर उपहास करना।

ताली बज जाना : उपहास होना।

तालू चटकना : 1. प्यास से मुंह सूखना। 2. तेल की कमी से बच्चे के तालू का धंस-सा जाना।

तालू में दांत जमना/निकलना : अदृष्ट आना; दुर्भाग्य, दुर्दशा या विनाश के लक्षण प्रकट होना।

तालू से जीभ न लगना : चुपचाप न रहना, बोलते या गाते जाना।

ताव आना (किसी वस्तु में)[1] : जितना चाहिए उतना गरम हो जाना।

ताव आना (किसी व्यक्ति को)[2] : क्रोध आना।

ताव खाना/खा जाना : 1. अधिक आंच के कारण किसी खाद्य वस्तु का जलकर बेस्वाद हो जाना; 2. क्रुद्ध हो जाना।

ताव चढ़ना : 1. कार्य सिद्धि की उत्कट इच्छा होना, कुछ करने का जोश होना; 2. कामोद्दीपन होना, संभोग की इच्छा होना।

ताव दिखाना : अकड़ या रोब दिखाना।

ताव देना : आग पर गरम करना, तपाना।

ताव पर : जब इच्छा या ज़रूरत हो उसी समय।

ताव में आना : गर्वपूर्ण क्रोध में चूर होना।

ताश के महल/ताश के पत्तों के महल के समान ढह जाना : सरलता से नष्ट हो जाना।

तिकड़म भिड़ाना/लड़ाना : चातुर्यपूर्ण या धूर्ततापूर्ण उपाय करना।

तिनक जाना : झुंझलाना, क्रोध करना।

वह बड़ी ही चिड़चिड़ी प्रकृति की थीं। तनिक-सी बात पर तिनक जाती थीं। (प्रे०च०)

तिनका तोड़ना : 1. किसी को कुदृष्टि से बचाने के लिए उसके सिर पर से तिनका उतारकर तोड़ते हुए फेंकना। 2. सदा के लिए सम्बन्ध-विच्छेद कर लेना। 3. बलाएं लेना।

तिनका दांतों में पकड़ना/लेना : अनुग्रह या क्षमा के लिए दीनतापूर्वक विनती करना, क्षमा की भिक्षा मांगना, गिड़गिड़ाना।

यदि वह तिनका दांतों में पकड़कर आया तब मैं उस पर हथियार न चला सकूंगा।

तिनके का सहारा : थोड़ा-सा सहारा।

डूबते को तिनके का सहारा भी बहुत होता है।

तिनके की ओट पहाड़ छिपाना : थोड़ी या छोटी बात में बड़ी बात छिपाना।

तिनके को पहाड़ करना/कर दिखाना : छोटी-सी बात को बहुत बढ़ा देना।

तिरछी बात : अप्रिय या कटु बात।

तिल का ताड़ करना/बनाना : किसी बहुत छोटी बात को बहुत बढ़ा देना।

बड़े-बड़े विद्वान् हैं, नेता हैं, राजपुरुष हैं, सेठ-साहूकार हैं, चाहें तो तिल का ताड़ बना दें और ताड़ का तिल बना दें। (ह० प्र० द्वि०)

तिल की ओट पहाड़ : दे० 'तिनके की ओट पहाड़ छिपाना।'

तिल तिल कर मरना : दीर्घ काल तक बहुत दुर्दशा भोगते हुए मरना।

तिल-तिल का हिसाब : पैसे-पैसे का हिसाब।

तिल धरने/रखने की जगह न होना : स्थान का ठसाठस भरा होना, बहुत अधिक भीड़ होना।

तिल भर : ज़रा-सा।

तिलों में तेल न होना : शील-संकोच न होना, स्नेह-प्यार या मुरौव्वत न होना।

तिलक चढ़ाना : कन्या पक्ष के लोगों द्वारा वर को कुछ रुपया, वस्त्र और फल आदि भेंट करके विवाह निश्चित कराया जाना।

तिलक देना/लगाना/तिलक चढ़ाना : चन्दन, रोली आदि का ललाट में टीका लगाना।

चित्रकूट के घाट पर भई सन्तन की भीर।
तुलसीदास चन्दन घिसत, तिलक देत रघुबीर॥ (तु०)

तिलमिला उठना/जाना : अत्यन्त उद्विग्न होना, बहुत बुरा मानना।

ज्वालासिंह इस व्यंग्य पर और तिलमिला उठे। (प्रे० च०)

तिलांजलि देना : 1. मृतक-संस्कार की वह क्रिया करना जिसमें अंजुली में जल और तिल लेकर मृतक के नाम से छोड़ते हैं। 2. त्याग देना, छोड़ देना।

तीन कौड़ी का : तुच्छ, अपमानित।

वह बनेगा तीन कौड़ी का न क्यों,
जिस किसी के हाथ में पैसा न हो। (अ० सिं० उ०)

तीन तेरह करना : तितर-बितर करना।

तीन तेरह होना : तितर-बितर होना।

अहल्या अपनी चीज़ों को तीन तेरह न होने देना चाहती थी। (प्रे० च०)

तीन-पांच करना : 1. बात-बात में आपत्ति करना, हुज्जत करना, झगड़ा करना। 2. हीला-हवाला करना, टाल-मटोल करना।

जब कभी तुमसे कोई काम करने को कहा जाता है तब तुम तीन-पांच करने लगते हो।

तीन में न तेरह में : जो किसी गिनती में न हो।

तीन लोक से न्यारा : विचलित, असाधारण।

प्रेमी भक्तों की भावनाएं कुछ निराली ही हुआ करती हैं। उनका मनोराज्य तीन लोक से न्यारा होता है। (वि० हरि)

तीर की तरह/भांति चुभना/लगना : तीर के चुभने जैसा कष्टप्रद होना, अत्यन्त दुःखदायी होना।

उसका कथन और वाक्य-गति ऐसी हृदय-भेदिनी होती थी कि सुशीला के हृदय में तीर की भांति लगती थी। (प्रे० च०)

तीर चलाना/फेंकना : 1. युक्ति भिड़ाना। 2. कोई तीखी बात जो किसी को कष्ट-कर लगे।

तीर मार लेना : कोई बड़ा काम कर लेना।

गरीबों को सता कर अपना घर भर लिया तो कौन-सा बड़ा तीर मार लिया? (प्रे० च०)

तीर हाथ से निकल जाना/तीर कमान से छूट जाना : ऐसा काम करना जिससे पूर्व स्थिति लौटाई न जा सके।

यदि आप पहले कहते तो सब कुछ हो सकता था, परन्तु अब तीर हाथ से निकल चुका है। (भु० चं० जो०)

तीस मार खां बनना : अपने को बहुत शूरवीर समझना और शेखी बघारना।

लाठी-बल्लम चला रहे थे, बड़े तीसमार खां बनने चले थे।

तुक जोड़ना/मिलाना : घटिया दर्जे की कविता करना, तुकबन्दी करना।

तुक न होना : औचित्य न होना।

उस प्रसंग के बाद वहां जाने की कोई तुक नहीं थी। (उ० ना० अ०)

तुर्की बतुर्की जवाब देना : करारा या मुंह तोड़ जवाब देना।

ज्वालासिंह को यद्यपि ज्ञानशंकर ने तुर्की बतुर्की जवाब दिया था फिर भी उन्हें प्रतीत होता था कि मैं कोई गहरी चोट न कर सका। (प्रे० च०)

तुरप का पत्ता : विजय दिलानेवाली वस्तु, ऐसी युक्ति जिससे सफलता मिले।

तुर्रा यह (है) कि : विशेषता यह है कि, उस पर इतना और।

एक तो हमारी पुस्तक उठा ले गए; इसपर तुर्रा यह कि हमें ही चोर बनाते हैं।

तुल जाना : कोई काम करने पर उतारू होना।

तुला बैठना/होना : तत्पर, उतारू या कटिबद्ध होना; दे० 'तुल जाना।'

तुम दादा की कुछ मदद तो करते नहीं, उल्टे उनके किए कराए को धूल में मिलाने को तुले बैठे हो। (प्रे० च०)

तुली हुई बातें कहना : समुचित, सुविचारित बातें कहना।

तू-तू मैं-मैं होना : आपस में कहा-सुनी या झगड़ा होना।

तूती बोलना : बोल-बाला होना, अत्यधिक प्रभाव होना।

मनोरमा को इस बात का गर्व नहीं था कि अब फिर रियासत में उसकी तूती बोलेगी। (प्रे० च०)

तूफान उठाना/खड़ा करना/मचाना/बरपा करना : 1. बखेड़ा मचाना, उपद्रव खड़ा करना।

जहां-जहां जाते हो वहां तूफान खड़ा कर देते हो?

तूफान खड़ा होना : बखेड़ा मचना।

रिआया कितनी शेर हो जाएगी कि ज़रा-ज़रा-सी बात पर तूफान खड़े हो जाएंगे। (प्रे० च०)

तूल खींचना : बढ़ जाना।

अमरकान्त जी में डर रहा था कि आज मामला तूल खींचेगा। (प्रे० च०)

तूल देना : बढ़ाना।

अमर ने बहस को तूल देना उचित न समझा। (प्रे० च०)

तूल पकड़ना : बढ़ जाना, उग्र रूप धारण करना।

तृण की ओट पहाड़ छिपाना : दे० 'तिनके की ओट पहाड़ छिपाना।'

तृण के बराबर समझना : तुच्छ समझना।

तृण गहना (या पकड़ना) : शरण में जाना, दैन्य प्रकट करना।

तृण टूटना : किसी वस्तु का इतना सुन्दर होना कि उसे नज़र से बचाने के लिए उपाय करना पड़े।

तृण तोड़ना : 1. किसी सुन्दर वस्तु को देखकर उसे नज़र से बचाने के लिए उपाय करना। 2. किसी से सम्बन्ध तोड़ना, नाता तोड़ना।

तेरा-मेरा करना : 1. किसी वस्तु के लिए लड़ाई-झगड़ा करना। 2. मोह-माया में फंसना।

तेल उठाना/चढ़ना/चढ़ाना : विवाह से पहले वर या वधू को तेल लगाये जाने की रस्म पूरी होना।

तेल निकालना : खूब कसकर अधिक से अधिक काम लेना।

तेली का बैल : कठोर परिश्रम करनेवाला व्यक्ति, हर समय काम में लगा रहने वाला व्यक्ति।

मुझे मज़दूरों के साथ तेली के बैल की तरह जुट जाना पड़ा।

तेवर चढ़ना : क्रोध के मारे भौंहों का तन जाना।

तेवर चढ़ाना : क्रोध के मारे भौंहों को तानना।

तेवर पर बल पड़ना : क्रोध के कारण भौंहें टेढ़ी हो जाना; दे 'तेवर चढ़ना।'

तेवर बदलना : अप्रसन्न होना, क्रुद्ध होना।

तेवारियों पर बल पड़ना : दे० 'तेवर पर बल पड़ना।'

आनन्दी की तेवरियों पर बल पड़ गए और झुंझलाहट के मारे बदन में ज्वाला-सी दहक उठी। (प्रे० च०)

तेवर मैले होना : उदासी, क्रुद्ध या खिन्न होना।

तैश दिलाना : ऐसा काम करना जिससे कोई क्रुद्ध हो, किसी को क्रुद्ध करना।

तैश में आना : क्रुद्ध होना।

तोड़े उलटना/गिनना : बहुत-सा धन देना।

आपने कौन-से तोड़े उसके आगे उलटे हैं कि वह बराबर आपके परिवार को खिलाता-पिलाता रहेगा ?

तोता पालना : रोग को जान-बूझकर बढ़ने देना; किसी बुरी आदत को न रोकना या न छोड़ना।

तोते की तरह आंखें फेरना/बदलना : बहुत बेमुरौवत होना, एहसान भूल जाना।

हम दोनों बरसों तक साथ-साथ खेले हैं। आज जो ज़रा अधिकार मिल गया। तो ऐसे तोते की भांति आंखे फेर लीं मानो परिचय ही नहीं है। (प्रे० च०)

तोते की तरह पढ़ना : बिना समझ रटना।

तोते-सा बोलना : मीठी बोली बोलना।

तोप की सलामी उतारना : किसी प्रख्यात पुरुष के आने पर या किसी महत्त्वपूर्ण घटना के समय बिना गोला भरे हुए तोप से आवाज़ करना।

तोप के मुंह पर रखकर उड़ाना : किसी व्यक्ति को तोप की नली के आगे बांधकर, बैठाकर या रखकर उस पर गोला छोड़ना जिससे उसका शरीर टुकड़े-टुकड़े हो जाय, प्राणदण्ड या कठिन से कठिन दण्ड देना।

तोपदम करना : दे० 'तोप के मुंह पर रखकर उड़ा देना।'

तोबड़ा चढ़ाना : बोलने से रोकना, नाराज़ होकर न बोलना।

तोबा करना : कोई काम भविष्य में न करने की प्रतिज्ञा करना।

तोबा बुलवाना : पूर्ण रूप से परास्त करना।

तोबा-तिल्ला करना/मचाना : रोते, चिल्लाते, गिड़गिड़ाते या दीनता दिखाते हुए तोबा करना।

तौर बेतौर होना : 1. लक्षण खराब होना। 2. अवस्था या स्थिति बिगड़ना।

तौल-तौलकर मुंह से शब्द निकालना : बहुत सोच-विचार कर बोलना।

डाक्टर बहुत तौल-तौलकर मुंह से शब्द निकालते। (प्रे० च०)

त्यौरी/त्यौरियां चढ़ना : क्रोध से माथे में बल पड़ना, क्रोध से भ्रकुटी का ऊपर की ओर खिंच जाना।

त्यौरी चढ़ाना : क्रोध व्यक्त करने के लिए पेशानी पर बल डालना।

त्यौरी बदलना : 1. भौंह चढ़ना, क्रोध आना।

अगर किसी ने भूल कर भी विनय का जिक्र छेड़ दिया तो मारे क्रोध के माता जी की त्यौरियां बदल जाती हैं। (प्रे० च०)

2. भौंहें चढ़ाना, क्रोध करना।

त्यौरी में बल पड़ना : त्यौरी चढ़ना, क्रोधित होना।

त्यौरी मैली होना : क्रुद्ध, खिन्न या उदासीन होना।

बूढ़ा मल-मूत्र तक अपने हाथों उठाकर फेंकता, पंडितजी की घुड़कियां सुनता सारे गांव से दूध मांग कर उन्हें पिलाता, पर उसकी त्यौरियां कभी मैली न होतीं। (प्रे० च०)

त्योहार मनाना : त्योहार के दिन आनन्द और उत्सव करना।

त्रास दिखाना : डराना, धमकाना।

त्राहि करना : हार मान लेना, परेशान हो जाना।

त्राहि-त्राहि करना : दैन्यपूर्वक रक्षा के लिए प्रार्थना करना।

त्राहि-त्राहि मचना : विपद्ग्रस्तों के मुंह से 'त्राहि-त्राहि' की पुकार निकालना, प्राण संकट में होने या कठिन विपत्ति आने के कारण दया, रक्षा या शरण के लिए प्रार्थना करना।

त्रिया-चरित्र खेलना : चालाकी से काम लेना, धोखे से काम निकालना।

मैंने इस आज्ञा-पत्र के लिए जितना त्रिया-चरित्र खेला है, वह तुमसे बतला दूं तो तुम अवश्य आश्चर्य करोगे। (प्रे० च०)

त्रिशंकु होना : बीच में रहना; न इधर का होना न उधर का।

थ

थक कर चूर होना : अत्यधिक थक जाना।

थपड़ी/थपोड़ी पीटना/बजाना : दे० 'माली पीटना/बजाना।'

थप्पड़ कसना / जड़ना / देना / मारना / लगाना : दे० 'तमाचा देना / जड़ना/ भरना / लगाना।'

थर-थर कांपना : शीत या भय के कारण बहुत अधिक कांपना।

थरथरा उठना : थर-थर कांपना।

एक अनिष्ट-शंका से अमर की सारी देह थरथरा उठी। (प्रे० च०)

थर्रा उठना : अत्यन्त भयभीत हो जाना।

थल-थल करना : मोटाई के कारण किसी अंग को झूलकर हिलना।

थान का घोड़ा : अच्छी नस्ल या प्रसिद्ध स्थान का घोड़ा।

थान का ठर्रा : 1. वह घोड़ा जो खूंटे से बंधा-बंधा नटखटी करता है; 2. अपनी गली में शेर बनने वाला व्यक्ति।

थाना बैठाना : पहरा या चौकी बैठाना, दंगे आदि रोकने के लिए पुलिस का प्रबन्ध।

थाली का बैंगन : असन्तुलित मस्तिष्क का आदमी, ऐसा आदमी जिसका कोई सिद्धान्त न हो।

थाली बजाना : सांप का विष उतारने के लिए थाली बजाकर मन्त्र पढ़ना, 2. नवजात शिशु की सूचना देने या उसका नामकरण करने के लिए थाली बजाते हैं।

थाह मिलना : 1. जल की गहराई का पता चलना। 2. सम्पत्ति, चातुर्य, विद्वत्ता आदि का पता लगाना, भेद खुलना।

थाह लगना : दे० 'थाह मिलना।'

थाह लगाना/लेना : 1. कुए, नदी आदि के जल की गहराई का पता लगाना। 2. सम्पत्ति या चरित्र का पता लगाना; मन का भाव जानना।

थिगली लगाना (बादल में) : अत्यन्त कठिन काम करना।

थुक्का फजीहत होना : अपमान होना।

थुड़ी-थुड़ी करना : निन्दा करना, धिक्कारना।

थुड़ी-थुड़ी होना : बदनामी होना, धिक्कार पड़ना।

थूक कर चाटना : 1. कहकर मुकर जाना, प्रतिज्ञा भंग करना 2. किसी को दी हुई वस्तु उससे फिर ले लेना।

थूक से सत्तू सानना : बहुत अधिक कंजूसी करना।

थू-थू करना : दे० 'थुड़ी-थुड़ी करना।'

थू-थू होना : दे० 'थुड़ी-थुड़ी होना।'

थेई-थेई होना : नाच-रंग होना।

थैली फटना : जेब कटना।

रेलगाड़ी में उसकी थैली कट गई।

थैली काटना : जेब कतर कर उसमें रखी हुई चीजों को ले लेना।

थैली का मुंह खोलना : रुपया देना। खूब धन व्यय करना।

थैली भरना : 1. रुपया देना, रिश्वत देना।

आप-जैसे सरल जीव संसार में न होते तो ऐसे धूर्तों की थैलियां कौन भरता? (प्रे० च०)

2. रिश्वत लेना, अनुचित ढंग से रुपया कमाना।

द

दंग रह जाना/हो जाना : बहुत चकित हो जाना।

आज इस पट्ठे ने वह विजय प्राप्त की है कि लोग दंग रह गए। (प्रे० च०)

लोग विस्मय से दंग हो गए। (प्रे० च०)

दंगल मारना : कुश्ती मारना।

तुम उसका मुकाबला नहीं कर सकते; वह अनेक दंगल मार चुका है।

दंगल में उतरना : कुश्ती लड़ने के लिए अखाड़े में आना।

दंड कमंडल ग्रहण करना : संन्यास लेना।

दंड पड़ना : हानि या घाटा होना।

घड़ी किसी काम की न निकली, उसका रुपया दंड पड़ा।

दंड पेलना : एक विशेष प्रकार का व्यायाम करना।

दंड आना : 1. जुर्माना देना; 2. दूसरे की हानि को पूरा करना।

मेरे साथ चलने से तुम्हें जो हानि हुई है उससे घबड़ाना मत। मैं तुम्हारा दण्ड भर दूंगा।

दंड भुगतना/भोगना : सज़ा सहना।

दत्तक लेना : गोद लेना, किसी दूसरे के पुत्र को गोद लेकर अपना पुत्र बनाना।

दफन होना : नष्ट या समाप्त होना, स्मृति से उतार देना।

दफ़ा लगाना : यह कहना कि अभियुक्त ने अमुक दफ़ा या धारा का उल्लंघन किया है। अभियुक्त पर किसी दफा के नियमों को घटाना।

दफ्तर खोलना : 1. विस्तारपूर्वक वृत्तान्त कह सुनाना । 2. बहुत-सा कागज़-पत्र एकत्र करना, फैलाना, या सामने रखना।

दबकी मारना : 1. चुपचाप पड़ा रहना, 2. गुप्त हो जाना, गायब हो जाना।

दबदबा जमाना : रौब जमाना, शान गांठना।

दबदबा मानना : रौब मानना; कहने के अनुसार आचरण करना।

दबा बैठना/लेना : छीन लेना, हड़प कर लेना।

राजा साहब ने तो आपका सारा मेहनताना दबा लिया है। (प्रे० च०)

दबी आवाज/जबान से कोई बात कहना : डरते-डरते या संकोचपूर्वक कोई बात कहना।

मैंने दबी जबान से उनसे रुपये मांगे थे।

दबे-दबाए रहना/पड़े रहना : चुपचाप रहना; कोई झगड़ा-फसाद या उपद्रव न करना।

दबे पांव/दबे पैरों : इस प्रकार चलते हुए कि ज़रा भी आहट न हो।

मनावन का भाव अमरकान्त पर पड़ा। वह दबे पांव ऊपर गया। (प्रे० च०)

दम अटकना : मरने के समय सांस रुकना।

दम उखड़ना : 1. बंधी हुई सांस टूटना, 2. गाते-गाते या बात करते-करते स्वर भंग होना। 3. मर जाना।

दम के दम में : अति शीघ्र, क्षण भर में।

दम खींचना : 1. चुप रह जाना, सांस ऊपर चढ़ाना।

दम गनीमत होना : किसी के जीवित रहने के कारण कुछ न कुछ अच्छी बातों का होता रहना।

दम घुटना : 1. हवा की कमी के कारण सांस रुकना, 2. किसी दुर्गन्ध के कारण सांस न लिया जाना। 3. कोई काम करने, विशेषकर रुपया खर्च करने में, अत्यधिक कष्ट होना।

दम घोंटना/दम घोंट कर मार डालना : सांस न लेने देना, गला दबा देना, गला दाबकर मार डालना।

दम चुराना : 1. सांस रोककर बनावटी ढंग से अपने को मरा हुआ जाहिर करना, 2. काम या परिश्रम से जी चुराना।

दम छोड़ना/छोड़ देना : मर जाना।

दम टूटना : 1. मर जाना, मृत्यु होना, 2. सांस फूलना, जल्दी-जल्दी सांस आना-जाना।

दम तोड़ना : अन्तिम सांस लेना, मर जाना।

दो-तीन हिचकियों के बाद उसने दम तोड़ दिया।

दम दिलासा देना : झूठी आशा देना, धोखा देना, बहकाना।

दम देना : फुसलाना, बहकाना, मनाना।

आजकल दोनों महिलायें उन्हें दम दे रही हैं कि लखनपुर का आधा हिस्सा अपने नाम कर लो। (प्रे० च०)

दम नाक में आना : दे० 'नाक में दम आना।'

दम निकलना : 1. मर जाना, 2. अत्यधिक कष्ट होना।

दम पर आ बनना : दे० 'जान पर आ बनना।'

दम पर दम : बहुत जल्दी-जल्दी, बहुत थोड़ी-थोड़ी देर पर।

दम फूलना : 1. अधिक परिश्रम के कारण सांस का तीव्र गति से चलना, हांफना, दम के रोग का दौरा होना।

दम ब दम : दे० 'दम पर दम।'

दम भरना : 1. परिश्रम करने के कारण थक जाना। 2. योग्यता, कार्यपटुता आदि का दावा करना। 3. हर वक्त किसी की प्रशंसा करना। 4. किसी के प्रेम अथवा मित्रता आदि का पक्का भरोसा करना।

दम मारना : बहुत अधिक परिश्रम करने के बाद थोड़ी देर के लिए सुस्ताना।

सुबह तो आपको दम मारने की भी फ़ुर्सत न होगी।

दम में दम आना : बेचैनी दूर होने पर चित्त का शान्त होना; चित्त शान्त, स्वस्थ और निश्चिन्त होना।

रात को मैं रास्ता भूल गया था, घर पहुंचने पर दम में दम आया।

दम में दम रहना/होना : जीवित रहना।

दम लगाना/मारना : चिलम में चरस, गांजा आदि रखकर उसका धुआं खींचना।

चरसी यार किसके दम लगाया खिसके। (लोकोक्ति)

दम लेना : विश्राम करना, सुस्ताना।

दम साधना : सांस न लेना, चुप हो जाना।

दम सूखना/ख़ुश्क होना : अत्यधिक भय के कारण सांस तक न लेना, बहुत डर जाना; दे० 'जान सूखना।'

दमड़ी के तीन होना : बहुत तुच्छ या सस्ते होना।

दर किनार रहा : दूर की बात है; जिक्र न करो।

दरख़ास्त गुज़रना/पड़ना : प्रार्थना-पत्र दिया जाना।

दरख़ास्त देना : प्रार्थना-पत्र या आवेदन-पत्र देना।

दर गुज़र करना : ध्यान न देना, जाने देना, क्षमा करना।

उनकी भाषा में जो दोष रहते थे उनकी खातिर से दर गुज़र कर दिए जाते थे। (रा० च० शु०)

दर-दर की खाक छानना : जगह-जगह ठोकरें खाना, सब जगहों से तिरस्कृत होते हुए इधर-उधर घूमना।

दर-दर की ठोकर खाना : दे० 'दर-दर की खाक छानना।'

दर-दर फिरना : पेट पालने के लिए या जीविकोपार्जन के लिए इधर-उधर घूमना।

यारो यारी छोड़ दो, वे रहीम अब नाहिं।
यह रहीम दर-दर फिरैं, मांगि मधुकरी खाहिं॥

दर-दर मारा-मारा फिरना : दे० 'दर-दर की खाक छानना।'

दरपेश होना : पेश होना, सामने आना।

दरबार खुलना : दरबार में आने-जाने की आज्ञा प्राप्त करना।

दरबार बन्द होना : दरबार में जाने की रोक होना।

दरबार बर्खास्त होना : राजसभा या किसी बड़े आदमी की सभा समाप्त होना।

दरबार लगना : राजसभा में सरदारों का एकत्र होना; किसी बड़े आदमी के यहां लोगों का एकत्र होना।

दरवाज़ा खटखटाना : कुछ मांगने के लिए किसी के पास जाना।

दरवाज़ा दिखाना : चले जाने को कहना या संकेत करना।

दरवाज़े की मिट्टी खोद डालना : बार-बार घर पर तकाजे के लिए जाना।

दरवाज़े पर पड़ा रहना : किसी के यहां बिना कुछ किए-धरे पड़ा रहना और खाना।

वह बरसों उन्हीं के दरवाज़े पर पड़ा रहा। (ब० ना० कपूर)

दरवाज़े पर हाथी झूमना : बहुत धनी होना।

दरार पड़ना : विभेद उत्पन्न होना, मतभेद पैदा होना।

दरिद्र खेदना : दीवाली की रात के पिछले पहर सूप लेकर घर-कोने में बजाते हुए दरिद्रता दूर करने के विचार से दरवाजे से निकलकर दूर तक जाना।

दरिया कूज़े में समाना : बहुत बात थोड़े शब्दों में कहना, 'गागर में सागर भरना।'

दरिया पर जाना और प्यासा लौट आना : धन की इच्छा से किसी धनवान के पास जाना और खाली हाथ वापस लौटना।

दरेसी करना : ज़मीन को हमवार या समतल करना।

दर्द उठना : पीड़ा पैदा होना।

दर्द खींचना : पीड़ा दूर करना।

दलदल में फंसना : बहुत बड़ी कठिनाई, झंझट या बखेड़े में पड़ना जिससे निकलना कठिन हो।

दलाली खाना : कोई काम करके धन लेना।

दलेल बोलना : अनुशासन भंग करने के लिए सिपाही आदि को सजा के तौर पर क़वायद करने की आज्ञा देना।

कप्तान साहब ने पुलिस के पांच सिपाहियों को दलेल बोल दी।

दवा को भी न मिलना : थोड़ा-सा भी न मिलना, नितान्त अभाव, आजकल शुद्ध देसी घी दवा को भी नहीं मिलता।

दशा फिरना : अच्छे दिन आना।

दस दिन : अल्प काल, थोड़ा समय।

तौलौं, मातु। आपु नीके रहिबो।

जौ लौं हौं ल्यावौं रघुबीरहि, दिन दस और दुसह दुख सहिबो। (तु०)

दसों उंगलियां घी में होना : खूब लाभ होना।

दस्तक देना : किसी को बुलाने के लिए दरवाज़ा खटखटाना।

यही शाम का दिए बाती का वक्त था जब उन्होंने दरवाज़े पर आकर दस्तक दी थी।

दस्त बरदार होना : किसी वस्तु पर अपना अधिकार छोड़ देना।

दहलीज का कुत्ता : पिछलग्गू।

दहलीज न झांकना : 1. दरवाज़े पर न जाना या आना, 2. बहुत परदे में रहना।

वह बहुत परदे में रहती है। आज तक उसने अपनी दहलीज भी नहीं झांकी है।

दहाड़ मारना/दहाड़ मारकर रोना : चिल्ला-चिल्लाकर रोना।

दही के धोखे कपास खाना : भ्रमवश किसी गलत व्यक्ति या काम को अपना लेना।

दही-दही करना/हांक लगाना : किसी चीज़ को मोल लेने के लिए लोगों से कहते फिरना।

ज्ञान शंकर ने विद्यावती से कहा—ईश्वर को धन्यवाद दो कि मुझसे विवाह हो गया, नहीं तो कोई बात भी नहीं पूछता। लाला बरसों तक दही-दही हाँक लगाते रहे, पर कोई सेंत न पूछता था। (प्रे० च०)

दांत उखाड़ना : बहुत कठोर दण्ड देना।

यदि फिर ऐसी बात मुंह से निकाली तो दांत उखाड़ लूंगा।

दांत काटी रोटी होना : अत्यन्त घनिष्ठता होना, अन्तरंग मित्रता होना।

दांत किरना : सोने में दांत किरकिराना, दांत किटकिटाना।

दांत किरकिराना : 1. सोने में दांत किरना। 2. दांत के नीचे बालू या कंकड़ आदि पड़ जाने से कर-कर की आवाज़ होना।

दांत कुरेदने को तिनका तक न होना : सर्वस्व गंवा देना, अकिंचन या बिलकुल दरिद्र हो जाना।

उसने जुए में अपना सर्वस्व गंवा दिया, यहां तक कि उसके पास दांत कुरदने को तिनका तक न रह गया।

दांत खट्टे करना : 1. परास्त करना, पराजित करना, 2. नाक में दम कर देना।

दांत खट्टे होना : 1. पराजित या परास्त होना, 2. नाक में दम हो जाना।

दांत गड़ाना : कोई चीज़ प्राप्त करने के लिए इच्छुक या प्रयत्नशील होना।

दांत चबाना : दे० 'दांत पीसना।'

दांत जमना (किसी के तालू में) : दे० 'तालू में दांत जमना।'

दांत टूटना : वृद्ध होना।

दांतों तले उंगली दबाना : 1. चकित होना, दंग रह जाना। 2. दुःख प्रकट करना, अफ़सोस करना।

दांत तोड़ना : परास्त करना, कठोर दण्ड देना।

दांत दिखाना : 1. ओछेपन से और निर्लज्जतापूर्वक हंसना, 2. घुड़कना, अपना बड़प्पन दिखाना।

दांत देखना : गाय, बैल आदि के दांतों को गिनकर उनकी आयु का पता लगाना।

दांत देना : लेने की गहरी चाह रखना।

कौड़ियों पर किसलिए हम दांत दें ? (अ० सिं० उ०)

दांत निकालना : 1. दांत उखाड़ना, 2. दीनता दिखाना, अनुनय-विनय करना। 3. अशिष्टतापूर्वक हंसना।

दांत निपोरना : 1. गिड़गिड़ाना।
सेठ महोदय भी उसके बाद ही समझौता करने के लिए दांत निपोरने लगे। (अ० ला० ना०)
2. व्यर्थ हंसना, अशिष्टतापूर्वक हंसना।

दांत पीस कर रह जाना : क्रोध को अपने भीतर ही दबाकर रह जाना।
भगत जी अपने प्रतिद्वंद्वी की बढ़ाई और अपनी लोकनिन्दा पर दांत पीसकर रह जाते थे। (प्रे० च०)

दांत पीसना : क्रोध में दांत पर दांत रगड़ना, बहुत अधिक क्रुद्ध होना।

दांत बजना : सर्दी के कारण दांत किटकिटाना।

दांत बनाना : प्राकृतिक दांत टूट जाने पर पत्थर के दांत लगाना।

दांत बैठ जाना : 1. बेहोशी के कारण ऊपर-नीचे के दांतों का इस प्रकार सट जाना कि मुंह न खुल सके, 2. जब कई बार बुलाने पर भी कोई नहीं बोलता तब क्रोध में इस मुहावरे का इस्तेमाल करते हैं।

दांतों में पानी लगना : दन्त रोग आदि के कारण पानी पीते समय दांतों में टीस होना।

दांत लगना : 1. बेहोश हो जाना, दांत बैठ जाना। 2. किसी वस्तु को लेने की प्रबल इच्छा होना। 3. मुंह में नकली दांत लगना।

दांत से कौड़ियां पकड़ना : बहुत अधिक कंजूसी करना।
कमला कौड़ियों को दांत से पकड़ता था। (प्रे० च०)

दांतों तले उंगली दबाना : दे० 'दांत तले उंगली दबाना।'

दांतों तले जीभ दबाना : अफ़सोस करना; घोर वेदना के कारण मुंह से शब्द न निकलना।

दांतों में तिनका/तृण पकड़ना/लेना : हीनता प्रकट करना, अनुनय-विनय करना, अधीनता स्वीकार करना।

दांतों में जीभ-सा रहना/होना : शत्रुओं से घिरा रहना।
सुनहु पवन-सुत रहनि हमारी।
जिमि दसनन मंह जीभ बेचारी॥ (तु०)

दांतों में/दांतों पसीना आना : बहुत परिश्रम की आवश्यकता होना।

दांव उल्टा पड़ना : युक्ति या योजना विफल होना।

दांव चूकना : उपयुक्त समय पर कोई कार्य करने से चूक जाना।

दांव पड़ना : युक्ति सफल होना।

दाई से पेट छिपाना : जानने वाले से भेद छिपाना, ऐसे मनुष्य से कोई बात छिपाना जो सब रहस्य जानता हो।
हज़रत लगे थे हमसे ही बात छिपाने; हम तो उनकी शक्ल सूरत से ही उनके

दिल की बात भांप लेते हैं। वरना कहीं दाई से भी पेट छिपता है ?

दांव पर लगाना : रुपये-पैसे या कोई वस्तु बाज़ी पर लगाना ।

अन्त में युधिष्ठिर ने द्रौपदी को दांव पर लगा दिया।

दांव-पेंच खेलना : चाल चलना ।

दाग देना : दाह-कर्म करना, शव जलाना।

दाग लगना : कलंक लगना ।

चरित्र में कहीं पर किसी तरह का दाग न लगने पावे, इस बात की चौकसी का नाम चरित्र-पालन है।

दाग लगाना : कलंक लगाना ।

दाद चाहना : 1. किसी अत्याचार के प्रतिकार की प्रार्थना करना, न्याय चाहना; 2. प्रशंसा चाहना, वाहवाही चाहना ।

दाद देना : 1. न्याय करना, इन्साफ़ करना, 2. प्रशंसा करना, तारीफ़ करना, वाह-वाह कहना ।

प्रभु सेवक एक-एक चरण झूम-झूमकर पढ़ते थे, और उसे दो-दो तीन-तीन बार दुहराते थे, किन्तु सोफ़िया ने एक बार भी दाद न दी। (प्रे० च०)

दाना-पानी उठना/उठ जाना : किसी स्थान विशेष पर खाने-पीने का संयोग या भाग्य न रहना, आजीविका का साधन उठना ।

दाना-पानी छूटना : रोग के कारण कुछ खाया-पीया न जाना ।

दाना-पानी छोड़ना : उपवास करना ।

दाने-दाने को तरसना : भूखों मरना, खाना-पीना नसीब न होना, निर्धन होना।

दाने-दाने को मुहताज/मोहताज होना/हो जाना : दे० 'दाने-दाने को तरसना ।'

दाब बैठना : ज़बरदस्ती अधिकार कर लेना, हक़ न देना ।

दाब मानना : किसी का अधिकार या प्रभाव मानना और उसकी आज्ञा, निर्देश या इच्छा के अनुसार काम करना।

दाब में रखना : नियन्त्रण में रखना, शासन में रखना ।

दाब में रहना/होना : नियन्त्रण या शासन में रहना या होना।

दाब में लाना : शासन में लाना, बस में लाना ।

दाम करना : 1. मूल्य मांगना या चाहना, 2. उचित से अधिक दाम मांगना, मोल करना ।

दाम खड़ा करना : कीमत वसूल करना, उचित मूल्य प्राप्त करना ।

दाम चढ़ना : कीमत बढ़ना ।

जितने दाम इस एक वर्ष में चढ़े हैं उतने पिछले पच्चीस वर्षों में नहीं चढ़े। (आज)

दाम चुकाना : मूल्य दे देना, अदा करना ।

दाम भरना : किसी चीज़ के खो जाने या टूट-फूट जाने पर उसके मालिक को उसका मूल्य चुकाना।

दाम भर पाना : पूरी कीमत वसूल होना।

दामनगीर होना : पीछे पड़ना, घेरना।

दामन छुड़ाना : पीछा छुड़ाना, पिण्ड छुड़ाना।

बड़ी मुश्किल से मैंने उससे दामन छुड़ाया।

दामन छोड़ना : पीछा छोड़ना।

मैंने महरी की मारफ़त उसकी बीबी को ऐसा चंग पर चढ़ाया है कि वह दारोगा जी को बिना बरी कराए डिप्टी साहब का दामन न छोड़ेगी। (प्रे० च०)

दामन पकड़ना : किसी का आश्रय लेना, किसी की शरण में जाना।

जिसने कृष्ण का दामन पकड़ा, उसके लिए सांसारिक वैभव क्या चीज़ है? (प्रे० च०)

दायर करना : मुकदमा चलाना, नालिश करना।

दायां/बायां अंग फड़कना : पुरुष के दायें और स्त्री के बायें अंग का फड़कना शुभ माना जाता है।

दायें/दाहिने होना : प्रसन्न या अनुकूल होना।

दाल गलना : युक्ति सफल होना, चालाकी लगना।

प्रयाग ने देखा, अब दाल न गलेगी। (प्रे० च०)

दाल-भात का कौर : सरल काम।

पांच सेर गेहूं पीसना क्या दाल-भात का कौर है? (प्रे० च०)

दाल-भात में मूसलचन्द : दो व्यक्तियों की बातों में तीसरे का हस्तक्षेप करना।

दाल में कुछ काला होना : कोई खटका, आशंका या सन्देह होना, किसी रहस्य वाली बात का होना।

मैं सुबह हजामत बनाने गया तभी समझ गया कि दाल में कुछ काला है। (शि०)

दाल में नमक बराबर : बहुत ही अल्प मात्रा परन्तु अनुपात में सही होना।

दाल-रोटी चलना : साधारण रूप से जीवन निर्वाह होना।

दाहिना-बायां न जानना : अत्यन्त भोला या सरल होना।

दाहिना हाथ : बहुत बड़ा और अत्यन्त विश्वसनीय सहायक।

वह शीघ्र ही सम्पादक के परिवार-भर का प्रिय और उनका दाहिना हाथ बन गया। (च०)

दाहिनी आंख फड़कना : 'दाहिनी आंख का फड़कना' स्त्री के लिए अशुभ और पुरुष के लिए शुभ माना जाता है।

दाहिने या बायें छींक होना : 'दाहिने छींक होना' शुभ का और 'बायें छींक होना' अशुभ का लक्षण माना जाता है।

दाहिने-बायें होना : कार्य में विघ्न डालना।

दाहिने होना : अनुकूल होना, दे० 'दायें होना।'

दिन आना : 1. अच्छा समय आना, सौभाग्य का समय आना, 2. मृत्यु का समय आना। 3. उचित समय, ऋतु या मौसम आना।

दिन उंगलियों पर गिनना : बड़ी व्यग्रता से प्रतीक्षा करना।

दिन और रात का अन्तर : बहुत बड़ा अन्तर।

दिन काटना : कष्टपूर्वक समय बिताना।

बेचारी अपनी देवरानियों के फटे-पुराने कपड़े पहनकर दिन काटती थी। (प्रे० च०)

दिन को तारे दिखाई देना : दुःख की अधिकता के कारण होश ठिकाने न रहना।

देवयानी की बातें सुनकर शर्मिष्ठा को दिन में तारे दिखाई देने लगे। (वि० स० खां०)

दिन को दिन और रात को रात न समझना : दिन-रात काम करना, अपने सुख और विश्राम आदि का ध्यान न रखना।

वह जब तक जीती रही, मेरी सेवा करती रही, कभी उसने दिन को दिन और रात को रात नहीं समझा।

दिन गंवाना : समय नष्ट करना।

दिन चढ़ना : 1. सूर्योदय के काफी बाद का समय होना, सूर्य का आकाश में ऊपर जाना, 2. मासिक धर्म का टल जाना, गर्भवती होने की सम्भावना होना।

दिन छिपना : दे० 'दिन डूबना।'

दिन जाना : समय व्यतीत होना।

आज वेनिस तो कल फ्रांस, इसी में तो मेरे दिन गए हैं। (शि०)

दिन टलना : किसी काम का भविष्य के लिए स्थगित होना।

दिन डूबते : सूर्यास्त के समय।

दिन डूबना : सूर्यास्त होना।

दिन ढलना : सूर्यास्त या संध्या का समय निकट होना।

दिन दहाड़े : बिल्कुल दिन के समय जबकि सब लोग जागते और देखते हों।

दिन दहाड़े उनके यहां दस हज़ार की चोरी हो गई। (ब० च०)

दिन पर दिन: प्रतिदिन, नित्यप्रति।

दिन दूना रात चौगुना बढ़ना : बहुत अधिक और लगातार बढ़ना।

सम्राट् का यशोवैभव और साम्राज्य दिन दूना रात चौगुना बढ़े! (अ० ला० ना०)

दिन दूनी रात चौगुनी उन्नति/तरक्की करना : लगातार और तेज़ी से उन्नति करते जाना; दे० 'दिन दूना रात चौगुना बढ़ना।'

दिन धरना : किसी काम के लिए दिन या तिथि निश्चित करना।

दिन निकट आना : मृत्यु निकट होना।

दिन निकलना : सूर्योदय होना।

दिन पड़ना : कष्ट या विपत्ति का समय आना।

दिन पतले होना : दुर्भाग्य का समय होना, तंगी का समय होना।
हमारे दिन पतले हैं, न जाने कब क्या हो जाय। (प्रे० च०)

दिन पूरे करना : जैसे-तैसे निर्वाह करना, समय बिताना।

दिन पूरे होना : 1. गर्भ का नवां महीना पूरा होना। 2. अन्तिम समय आना।
तुम्हारे तो अब दिन पूरे हो गए हैं। सब काम-धन्धा बच्चों को क्यों नहीं सौंप देते? (ब० च०)

दिन फिरना/पलटना : बुरे दिनों के बाद अच्छे दिन आना।

दिन बहुरना : दे० 'दिन फिरना।'

दिन बिगड़ना : दुर्दिन आना, कष्ट या विपत्ति का समय आना।

दिन-रात एक करना/कर देना : कठोर परिश्रम करना, अपने सुख, विश्राम आदि का ध्यान न रखना।
उस अभूतपूर्व सिद्धि को प्राप्त करने के लिए वह दिन-रात एक कर रहा था। (वि० स० खां०)

दिन लद जाना : (अच्छा) समय व्यतीत हो जाना।

दिन लौटना : दे० 'दिन फिरना।'
सरला का दिन भगवान् ने जैसा लौटाया, वैसा सबका लौटे। (ज० शं० प्र०)

दिनों का फेर : भाग्य की प्रतिकूलता, ऐसा समय जब कोई काम सफल न होता हो।
अपने खोटे नसीब से, दिनों के फेर से, पूर्व जन्म के पापों से मुझ अभागिनी ने धर्म का मार्ग छोड़ दिया। (प्रे० च०)

दिमाग़ आसमान पर चढ़ना/होना : बहुत अधिक घमण्ड होना।

दिमाग़ ऊंचा होना : 1. दे० 'दिमाग़ आसमान पर चढ़ना।' 2. बहुत बुद्धिमान होना।

दिमाग़ का कोई पुरज़ा ढीला होना : दिमाग़ में कोई खराबी आना।

दिमाग़ खाना : व्यर्थ की बातें करना, बहुत बकवाद करना।

दिमाग़ खाली करना : मगज़पच्ची करना ऐसा काम करना जिसमें मानसिक शक्ति का अत्यधिक व्यय हो, किसी को समझाते-समझाते थक जाना।

दिमाग़ चढ़ना : दे० 'दिमाग़ आकाश पर चढ़ना।'

दिमाग़ चाटना : दे० 'दिमाग़ खाना ।'
दिमाग़ झड़ना : अभिमान दूर होना ।
दिमाग़ दिखाना : अहंभाव प्रदर्शित करना, गर्व दिखाना ।
दिमाग़ दौड़ाना : विचार करना ।

उपमा के खोजने में कवि ने दिमाग़ दौड़ाया, पर उसके लिए उपमा नहीं मिली । (वि० ना० श० कौ०)

दिमाग़ न पाया जाना/दिमाग़ न मिलना : दे० 'दिमाग़ आसमान पर चढ़ना ।'
दिमाग़ फिर जाना : 1. पागल हो जाना ।

उसकी वृद्धा नानी का दिमाग़ कुछ वर्षों से फिर गया था ।

2. बहुत घमण्ड होना ।

जब से श्यामसुन्दर दास पुरस्कार मिला है तब से उसका दिमाग़ फिर गया है । है ।

दिमाग़ बढ़ना : 1. घमण्ड होना । 2. बुद्धि का विकास होना, हिम्मत बढ़ना ।

धीरे-धीरे अब्दुर्रहमान ने अपने राज्य को खूब दृढ़ कर दिया । जैसे-जैसे आपकी शक्ति बढ़ती गई आपका दिमाग़ भी बढ़ता गया । (म० प्र० द्वि०)

दिमाग़ में खलल होना : पागल होना ।

मालूम होता है कि इसके दिमाग़ में खलल हो गया है ।

दिमाग़ में रहना : 1. घमण्ड करना, ऐंठ में रहना । 2. याद रहना ।
दिमाग़ लड़ाना : खूब अच्छी तरह सोचना-विचारना ।

चिन्तामणि अपने मित्र की घबराहट देखकर समझ गए कि कोई न कोई रहस्य अवश्य है । बहुत दिमाग़ लड़ाने पर भी सेतू राम पाठक का आशय उनकी समझ में न आया । (प्रे० च०)

दिमाग़ सातवें आसमान पर होना/रहना : दे० 'दिमाग़ आसमान पर होना ।'
दिया गुल करना : चिराग़ बुझाना ।
दिया टिमटिमाना : दीपक का धीमे प्रकाश से जलना ।
दिया तले अंधेरा : दे० 'चिराग़ तले अंधेरा ।'
दिया बत्ती/दिया बाती करना : सन्ध्या को दीपक जलाना ।
दिया लेकर ढूंढ़ना : दे० 'चिराग़ लेकर ढूंढ़ना ।'
दियासलाई लगाना : आग लगाना, जलाना ।
दिल अटकना : प्रेम, अनुराग या आसक्ति होना ।
दिल आना : दे० 'जी आना ।'
दिल उकताना : दे० 'जी उकताना ।'
दिल उचटना/उचाट होना : दे० 'जी उचटना/जी उचाट होना ।'
दिल उमड़ना : हर्ष होना, प्रसन्नता होना ।

दिल उलटना : जी घबराना, कै करने की इच्छा होना।

दिल उछलना : अत्यधिक प्रसन्नता अनुभव करना।

दिल कच्चा करना : निरुत्साह होना, हिम्मत हारना।

दिल कड़ा करना : कष्ट सहने या विपत्ति झेलने के लिए साहस धारण करना, हिम्मत करना।

मित्र, दिल कड़ा करो और शव को श्मशान ले चलो।

दिल कबाब होना : मन का जल-भुन जाना।

दिल कांपना : बहुत भयभीत होना।

झोंपड़े के अंदर जाकर कुंअर ने जो कुछ देखा उससे उसका दिल कांप उठा। (सु०)

दिल का कमल खिलना : चित्त बहुत प्रसन्न होना।

दिल का काला : कपटी, दुष्ट, धोखेबाज़।

वह ज़बान का मीठा है, परन्तु दिल का वह भी काला है। (प्र० ना० श्री०)

दिल का खोटा : दे० 'दिल का काला।'

दिल का गवाही देना : मन में किसी बात की सम्भावना या औचित्य का निश्चय होना।

मेरा दिल गवाही देता है कि उसने यह चोरी नहीं की। (ब० च०)

दिल का गुबार निकालना : मन का मलाल दूर करना।

जग्गी को रमा का रहना खलता था; पर रमा इतना नम्र, इतना सेवा तत्पर, इतना धर्मनिष्ठ है कि वह स्पष्ट रूप से कोई आपत्ति नहीं कर सकती। हां, दूसरों पर रखकर, श्लेष रूप से, उसे सुना-सुनाकर दिल का गुबार निकालती रहती है। (प्रे० च०)

दिल का बादशाह : 1. मनमौजी। 2. बहुत उदार।

श्यामलाल दिल का बादशाह है; कोई व्यक्ति उसके दरवाज़े से निराश नहीं लौटता।

दिल का बुखार निकालना : दे० 'दिल का गुबार निकालना।'

दिल की कली खिलना : दे० 'दिल का कमल खिलना।'

दिल की गांठ खोलना : वैमनस्य या मनमुटाव दूर करना।

दिल की दिल ही में रहना : मनोकामना पूरी न होना।

दिल की फांस : आन्तरिक वेदना।

दिल की भड़ास निकालना : दे० 'दिल का गुबार निकालना।'

दिल की हवस निकालना : हौसला पूरा करना, अरमान निकालना।

इसे खूब गालियां देने दो, जिसमें इसके दिल की हवस निकल जाय। (प्रे० च०)

दिल के अरमान निकलना : इच्छा पूरी होना।

दिल के फफोले फूटना : मन के उद्गार या गुबार निकलना।

हैं फफोले पर फफोले पड़ रहे।
टूटते दिल के फफोले हैं नहीं। (अ० सिं० उ०)

दिल के फफोले फोड़ना : दे० 'दिल का गुबार निकालना।'

दिल को करार होना/मिलना : मन में शान्ति या धैर्य होना।

दिल को लगना : हृदय पर गहरा प्रभाव डालना।

दिल खटकना : विश्वास या स्नेह न रहना, मन में सन्देह या कुभाव उत्पन्न होना।

दिल खट्टा होना : मन फिर जाना, विरक्ति हो जाना।

दिल खिलना : दे० 'दिल का कमल खिलना।'

दिल खोलकर : अत्यन्त उदारतापूर्वक, खूब अच्छी तरह; तन-मन से; साफ-साफ।

ज्ञान शंकर सत्कार्यों के लिए दिल खोल कर चन्दे देते थे। (प्रे० च०)

किसी के सामने दिल खोलकर बातें करना उनसे न बन सकता था। (च०)

दिल चलना : दे० 'जी चलना।'

दिल चुराना : 1. मोहित करना, 2. किसी काम को करने में मन न लगाना; दे० 'जी चुराना।'

दिल छीनना : मुग्ध करना, लुभा लेना।

दिल छोटा करना : दे० 'जी छोटा करना।'

दिल जमना : 1. चित्त लगना। 2. रुचि या इच्छा के अनुकूल होना।

दिल जमाना : चित्त एकाग्र करके कोई काम करना, ध्यान देना।

दिल जलना : दे० 'जी जलना।'

उसकी बातें सुनकर मेरा दिल जल जाता है।

दिल जलाना : दे० 'जी जलाना।'

प्राणेश्वर, आप मुझसे ऐसे सवाल पूछकर क्यों दिल जलाते हैं ? (प्रे० च०)

दिल जान से : दे० 'जी जान से।'

दिल टंगना : दे० 'जी टंगना।'

दिल टटोलना : हृदय की बात मालूम करना।

भेद दिल का उन्हें नहीं मिलता,
हैं नहीं जो टटोल दिल पाते। (अ० सिं० उ०)

दिल टुकड़े-टुकड़े होना : हार्दिक दुःख होना।

दिल टूटना : निराश या निरुत्साह हो जाना।

दिल ठण्ढा होना : शान्ति, तृप्ति या सुख होना।

दिल ठिकाने होना : मन में शान्ति, सन्तोष या धैर्य होना।

दिल ठोंकना : मन को दृढ़ करना।

दिल डूबना : दे० 'जी डूबना।'

दिल तोड़ना : दे० 'जी तोड़ना।'

दिल थामना/थामकर रह जाना : शान्ति धारण करना, सब्र करना, दिल को काबू में रखना।

दिल दहलना : दे० 'जी दहलना।'

दिल दुखाना : दे० 'जी दुखाना।'

दिल देखना : दिल की थाह लेना।

दिल देना : दे० 'जी देना।'

दिल धड़कना/धक-धक करना : दे० 'जी धक-धक करना।'

दिल धुकड़-पुकड़ करना : डरना, चिन्ता होना, घबड़ाना, किसी अनिष्ट की आशंका में घबराना।

दिल पकना : दे० 'जी पकना।'

दिल पकड़कर बैठ जाना/दिल पकड़ लेना : मन मसोसकर रह जाना, अत्यधिक कष्ट या पीड़ा का अनुभव होना।

दिल पर पत्थर रखना : आघात, अत्याचार आदि का चुपचाप सहन कर लेना।

दिल पर सांप लोटना : दे० 'कलेजे पर सांप लोटना।'

दिल पर हाथ रखना : ठण्ढे दिल से साफ-साफ कहना, सच्ची बात कहना।

दिल पसीजना : दया आना, करुणा का संचार होना।

दिल फटना/फट जाना : दे० 'जी फट जाना।'

दिल फिरना/फिर जाना : दे० 'जी फिर जाना।'

दिल बढ़ना : साहस या उत्साह होना।

दिल बढ़ाना : दे० 'जी बढ़ाना।'

दिल बल्लियों/बांसों उछलना : अत्यधिक हर्ष या आनन्द होना।

इन्दु को इस बात का अत्यधिक प्रसन्नतापूर्ण विस्मय हुआ कि प्रभा उसके सम्बन्ध में सब कहां से जान गई। प्रभा उसे भूली नहीं है, इस तथ्य से उसका दिल बल्लियों उछलने लगा। (अ० वि०)

दिल बहलना : दे० 'जी बहलना।'

दिल बहलाना : दे० 'जी बहलाना।'

दिल बाग बाग होना : अत्यधिक हर्ष होना।

दिल बुझना : किसी प्रकार का उत्साह या उमंग न रह जाना।

दिल बैठना/बैठा जाना : दे० 'जी बैठना/बैठा जाना।'

बाबू हरिविलास चार्ज देकर लौटे तो यह समूह देखकर उनका **दिल बैठ** गया। (प्रे० च०)

दिल भटकना : मन चंचल होना, मन में इधर-उधर के विचार आना।

दिल भर आना : दे० 'जी भर आना।

दिल भरना : 1. तृप्ति होना; और इच्छा न रहना; दे० 'जी भरना।' 2. अभिलाषा पूरी होना। 3. मन करना, इच्छा होना। 4. दिल जमई करना।

दिल भारी होना : हृदय में बहुत दुख होना।

दिल मसोस कर रह जाना : क्रोध, दुःख आदि तीव्र मनोविकारों को मन में दबाकर रह जाना।

दिल मिलना : परस्पर अनुराग, स्नेह, सद्भाव या मित्रता होना; दे० 'जी मिलना।'

दिल में आना : दे० 'जी में आना।'

दिल में गड़ना : दे० 'जी में खुभना/गड़ना।'

दिल में गांठ/गिरह पड़ना : दे० 'जी में गांठ पड़ना।'

दिल में घर करना : दे० 'जी में घर करना।'

दिल में चुभना : दे० 'जी में चुभना।'

दिल में चोर रखना : भेद छिपाना, सब बातें न बताना।

जब तुम स्वयं दिल में चोर रखती हो तो रमानाथ से क्यों आशा रखती हो कि वे तुमसे कोई परदा न रखें। (प्रे० च०)

दिल में जगह करना : श्रद्धा अथवा विश्वास का पात्र बनना; प्रिय होना।

दिल में नक्श होना : हृदय पर गहरा प्रभाव डालना, मन में अंकित हो जाना या जम जाना।

दिल में फफोले पड़ना : बहुत अधिक दुःख होना, घोर मानसिक कष्ट होना।

दिल में फर्क आना/पड़ना : मन में दुर्भाव उत्पन्न होना, मनमुटाव होना।

दिल में बल पड़ना : दे० 'दिल में फरक पड़ना।'

दिल में बसना : दे० 'जी में बसना।'

दिल में मैल लाना : दे० 'जी में मैल जमना।'

दिल में रखना : दे० 'जी में रखना।'

दिल मैला करना : अप्रसन्न या असन्तुष्ट होना।

दिल रखना : दे० 'जी रखना।'

दिल लगना : दे० 'जी लगना।'

दिल लगाना : दे० 'जी लगाना।'

दिल लेना : दे० 'जी लेना।'

दिल से उतरना/गिरना : दे० 'जी से उतरना।'

दिल से दूर करना : व्यर्थ या उपेक्षा योग्य समझकर भुला देना।

दिल हटना/हट जाना : दे० 'जी हटना।'

दिल हल्का करना : दे० 'जी हलका करना।'

दिल हाथ में करना/रखना/लेना : किसी को प्रसन्न करके उसे अपने वश में लेना।

दिल हिलना : भयभीत होना।

दिल-ही-दिल में : मन-ही-मन में, मुंह से बिना कुछ बोले हुए।

दिल्लगी उड़ाना : उपहास करना।

एक बार कुबेर के पुत्र नलकूबर और मणिग्रीव ने प्रमादवश नारद जी की दिल्लगी उड़ाई। (वि० हरि)

दिल्लगी में : हंसी में, यों ही।

उन्होंने यह बात दिल्लगी में कही थी; तुम बुरा मान गए।

दिल्ली दूर होना : लक्ष्य-प्राप्ति में देर होना।

दिवास्वप्न देखना : हवाई किले बनाना।

तरह-तरह के दिवास्वप्न देखती हुई मन्थरा कैकेयी के कक्ष में जा पहुंची। (र० प्र० व०)

दिवाला निकलना/पिटना : दिवालिया हो जाना।

ऐसा अनुभव हुआ जैसे साहित्यिक सूझ-बूझ का दिवाला पिट चुका है।

दिवाला निकालना/मारना : दिवालिया बन जाना, ऋण चुकाने में अपने को असमर्थ घोषित करना।

दिशा जाना : शौच के लिए जाना, पाखाना जाना।

दीठ उठाना : दे० 'दृष्टि उठाना।'

दीठ उतारना : नज़र झाड़ना; टोने-टोटके, मंत्र-तंत्र आदि के ज़ोर से कुदृष्टि या नज़र का प्रभाव दूर करना।

दीठ गड़ाना : दे० 'दृष्टि गड़ाना।'

दीठ चुराना : दे० 'दृष्टि चुराना।'

दीठ चूकना : दे० 'दृष्टि चूकना।'

दीठ जमाना : दे० 'दृष्टि जमाना।'

दीठ जुड़ना : दे० 'दृष्टि जुड़ना।'

दीठ जोड़ना : दे० 'दृष्टि जोड़ना।'

दीठ झाड़ना : दे० 'दीठ उतारना।'

दीठ पर चढ़ना : दे० 'दृष्टि पर चढ़ना।'

दीठ फिरना : दे० 'दृष्टि फिरना।'

दीठ फेरना : दे० 'दृष्टि फेरना।'

दीठ बचाना : दे० 'दृष्टि बचाना।'

दीठ बांधना : दे० 'दृष्टि बांधना।'

दीठ बिछाना : दे० 'दृष्टि बिछाना।'

दीठ भर देखना : दे० 'दृष्टि भर देखना।'

दीठ मारना : दे० 'दृष्टि मारना।'

दीठ मारी जाना : दे० 'दृष्टि मारी जाना।'
दीठ मिलना : दे० 'दृष्टि मिलना।'
दीठ मिलाना : दे० 'दृष्टि मिलाना।'
दीठ में आना/पड़ना : दे० 'दृष्टि में आना/पड़ना।'
दीठ में समाना : दे० 'दृष्टि में समाना।'
दीठ लगना : दे० 'दृष्टि लगना।'
दीठ लगाना : दे० 'दृष्टि लगाना।'
दीठ से उतरना/गिरना : दे० 'दृष्टि से उतरना गिरना।'
दीदे का पानी छल जाना : निर्लज्ज हो जाना।
दीदे नचाना : आंखें नचाना या मटकाना।
दीदे निकालना : 1. क्रोध दृष्टि से देखना, 2. आंख फोड़ना।
दीदे फोड़ना : आंखों से इतना अधिक काम लेना कि वे दुखने लगें।
दीदे मटकाना : दे० 'दीदे नचाना।'
दीन-दुनिया कहीं का न होना/दीन-दुनिया दोनों से जाना : न इस लोक के काम का रह जाना, न परलोक सुधार कर पाना।

अगर अभी से विनय का यह हाल है तो विवाह हो जाने पर क्या होगा? तब वह कदाचित् दीन-दुनिया कहीं के भी न होंगे। (प्रे० च०)

दीन-दुनिया भूल जाना : लोक-परलोक दोनों भूल जाना, किसी चीज़ की सुध-बुध न रहना, बिल्कुल बेखबर होना।
दीया जलना : सूर्यास्त के समय दीया जलाया जाना।
दीया ठंढ़ा करना : चिराग़ बुझाना; दे० 'चिराग़ ठण्ढा करना।'
दीया दिखाना : दे० 'चिराग़ दिखाना।'
दीया बढ़ाना : दे० 'चिराग़ बढ़ाना।'
दीया-बत्ती करना : दे० 'चिराग़-बत्ती करना।'
दीया-बत्ती का समय : दीया जलने का समय, सूर्यास्त का समय।
दीया बुझना : दे० 'चिराग़ बुझना।'
दीया लेकर ढूंढ़ना : दे० 'चिराग़ लेकर ढूंढ़ना।'
दीये से फूल झड़ना : दे० 'चिराग़ से फूल झड़ना।'
दीवाना होना : प्रेमासक्त होना, किसी के पीछे पागल हो जाना।
दीवार/दीवारों के कान होना : गुप्त परामर्श को एकान्त में धीमे शब्दों में करना।
दुंदुभी बजाना : डंका पीटना, पाखंड करना।

युद्ध करने वाली मनोवृत्ति की प्रेरणा से उत्तेजित होकर अधर्म करना और धर्माचरण की दुंदुभी बजाना—यही आपकी करुणा की सीमा है? (ज० शं० प्र०)

दुआ मांगना : प्रार्थना करना।

दुआ/दुआएं देना : आशीर्वचन कहना, आशीर्वाद देना।

दुआ/दुआएं लगना : आशीर्वचन या आशीर्वाद का फलीभूत होना।

दुकान चलना : खूब बिक्री होना।

गया प्रसाद गोकुल प्रसाद की दुकान खूब चलती है।

दुकान बढ़ाना : दुकान बन्द करना।

वे रात को आठ बजे दुकान बढ़ाते हैं। (ब० च०)

दुकान लगाना : 1. दुकान की चीजें यथास्थान बिक्री के लिए लगाना।

भाई, ज़रा देर ठहरो; हम पहले दुकान लगा लें, फिर तुम्हें किताब देते हैं।

2. बहुत-सी चीज़ों को इधर-उधर फैलाकर रख देना।

यह लड़का जहां बैठता है वहीं दुकान लगा लेता है। (ब० च०)

दुःख उठाना/झेलना/पाना/भोगना : कष्ट सहना।

दुख का पहाड़ टूट पड़ना : बहुत बड़ा दुख आ पड़ना।

दुख का मारा : दुखी।

माला ने कहा—अच्छा तो है बाबा ! बेचारा दुख का मारा है। (ज०शं०प्र०)

दुख देखना : दुख भोगना, दुख सहना।

दुख पड़ना : कष्ट होना, विपत्ति पड़ना, तकलीफ़ होना।

दुख पहुंचाना : तकलीफ देना।

जो दूसरों को दुख पहुंचाता है, वह कभी सुखी नहीं रह सकता।

दुख पाना : कष्ट भोगना।

बुढ़ापे में उसने बहुत दुख पाया।

दुख बंटाना : कष्ट या संकट के समय साथ देना।

दुख भरना : तकलीफ सहना।

दुखड़ा रोना : अपने दुखों या कष्टों का हाल बयान करना।

दुखती हुई रग को छूना : मर्म पर आघात करना।

दुधमुंहां बच्चा : अल्पवयस्क, अज्ञान, निरपराध, भोला-भाला व्यक्ति।

तू तो बेटा, इतना बड़ा होकर भी दुधमुंहे बच्चे-जैसा भोला-भाला है। (ह० प्र० द्वि०)

दुनिया की हवा लगना : सांसारिक बातों का ज्ञान होना, कुमार्ग पर चलना।

दुनिया देखे होना : सांसारिक बातों, व्यवहारों आदि का अनुभव प्राप्त किए हुए होना।

दुनिया के परदे पर : सारे संसार में।

दुनिया भर का : बहुत अधिक।

दुनिया से उठ जाना : मर जाना।

वह बेचारा भिखारी कल दुनिया से उठ गया।

दुनिया से नाम उठ जाना : संसार में विस्मृत होना।

दुनियादारी की बात : इधर-उधर की बात जो केवल प्रसन्न करने के लिए कही जाय।

दुपट्टा तानकर सोना : बेखटके या निश्चिन्त होना, किसी बात की चिंता न होना।

दुम के पीछे फिरना/लगा रहना : हर समय साथ लगा रहना।

साहब शिकार खेलने जायें या दौरे पर, मेरा कर्त्तव्य है कि उनकी दुम के पीछे लगा रहूं। (प्रे० च०)

दुम दबाकर भागना/चल देना : डर के मारे भागना या चला जाना।

दुम दबा जाना/दबा लेना : 1. डरकर किसी काम को छोड़ देना या न करना, 2. डरकर भाग जाना।

दुम में घुसना : समाप्त हो जाना, गायब हो जाना।

पुलिस के आने पर उसकी सारी शेखी उसकी दुम में घुस गई। (ब० ना० श०)

दुम में घुसा रहना : चाटुकारी करने के लिए पीछे-पीछे लगा रहना।

दुम हिलाकर बैठना : साफ करके बैठना।

दुम हिलाना : खुशामद करना, जी हुजूरी करना।

अफ़सरों के सामने दुम हिला-हिलाकर किसी तरह उनका कृपा-पात्र बना रहना ही हमारा उद्यम है। (प्रे० च०)

दुर दुर करना : तिरस्कारपूर्वक हटाना।

पिया के बिना स्त्री का कहीं आदर नहीं होता। अपना घर छोड़कर आपके घर गई, वहां किसी ने बात तक न पूछी; जिसे देखो वही दुर-दुर करता था। (मुं० ला० श०)

दुरुस्त करना : सज़ा देकर ठीक रास्ते पर लाना; दे० 'ठीक करना।'

दुर्दिन पड़ना : विपत्ति पड़ना।

दुर्दिन परे रहीम कह, भूलत सब पहिचानि।
सोच नहीं वित-हानि को, जौ न होय हित-हानि॥ (र०)

दुर्भाग्य को रोना : अपनी बदकिस्मती पर अफसोस करना।

ज्ञान शंकर आंखों में आंसू भरे एक कोने में दबके सिमटे बैठे हुए अपने दुर्भाग्य को रो रहे थे। (प्रे० च०)

दुर्वासा का रूप : बहुत क्रोध करना।

दुलत्ती झाड़ना : दोनों लातों से मारना।

थोड़ी देर बाद दोनों घोड़े दुलत्ती झाड़ने लगे।

दुशाले में लपेटकर मारना : मीठी-मीठी बातें कहते हुए कठोर व्यंग्य करना, मधुर वाक्यों में कटाक्ष करना, मीठी चुटकी लेना।

दुश्मनी मोल लेना : किसी से व्यर्थ दुश्मनी करना।

दुह लेना : 1. सार खींच लेना, 2. जहां तक हो किसी से लाभ उठाना।

दुहाई देना : अपने बचाव के लिए किसी का नाम लेकर चिल्लाना।

हमारे देश में दीन-दरिद्र लोगों के पक्ष में आध्यात्मिकता और धार्मिकता की दुहाई देकर हमेशा इन्सानियत को ठुकराया गया है।

दुहाई फिरना : 1. राजा के गद्दी पर बैठने पर उसके नाम की घोषणा होना, 2. यश, प्रताप आदि की खूब चर्चा होना।

दुहाई है : अपने बचाव के लिए किसी का नाम लेकर चिल्लाना।

'दुहाई है सरकार की !' पण्डित रामचरन ने पुकार उठाई। (रां० रा०)

दूज का चांद होना : बहुत दिनों बाद दिखाई देना, बहुत कम दिखाई देना, दे० 'ईद का चांद होना।'

आजकल तो तुम दूज के चांद हो गए हो। (ब० च०)

दूध उतरना : सन्तान होते समय मां के स्तनों में दूध आना।

दूध का कुल्ला करना : बहुत लाड़-प्यार से पाला जाना, बहुत ऐश्वर्य में पालन-पोषण होना।

दूध का दूध और पानी का पानी कर देना : सच्चा न्याय करना, पूरा-पूरा इन्साफ करना।

प्रत्येक मुकदमे में वह दूध का दूध और पानी का पानी कर देता था।

दूध का धुला : बिल्कुल निष्पाप, निष्कलंक, निरपराध या निर्दोष।

माना कि मैं इस ओर अधिक बदनीयत नहीं रहा, पर दूध का धोया भी नहीं हूं।

दूध का-सा उबाल आना : ऐसा क्रोध, आवेश आदि आना जो शीघ्र ही शान्त हो जाय।

दूध की नदियां बहना : धन-धान्य से परिपूर्ण होना।

हम लोग आशा करते थे कि जब भारत स्वतन्त्र हो जायगा तब यहां दूध की नदियां बहेंगी।

दूध की मक्खी : अत्यन्त नगण्य और तुच्छ व्यक्ति।

सगी मां और पांचों बहनों ने तो उसे दूध की मक्खी-सी समझकर दूर फेंक दिया था।

दूध की मक्खी की तरह निकाल फेंकना : तुच्छ या अनावश्यक समझकर एकदम अलग कर देना, काम से निकाल देना या बरखास्त कर देना।

जिन अधिकारियों ने मौखिक आदेश मिलने पर प्रशासनिक परम्परा, कार्य-विधि और वैधानिक आपत्तियां उठाईं उन्हें दूध की मक्खी की तरह निकाल फेंका गया। (अज्ञेय)

दूध की बू मुंह से आना : अनुभवहीन होना, भोलाभाला होना।

दूध की लाज रखना : वीरोचित कार्य करना, कोई कदाचार या लज्जाजनक काम न करना।

माता ने मुझे अपने दूध की लाज रखने को भेजा है।

दूध के दांत : पहली बार जमे हुए दांत।

दूध के दांत न टूटना : अनुभव न होना।

दूध चढ़ाना : 1. किसी देवता को दूध अर्पण करना, 2. दूहते समय गाय, भैंस आदि का अपने दूध को स्तनों में ऊपर की ओर खींच लेना।

दूध चुराना : गाय, भैंस आदि का पूरा दूध न देना, बल्कि कुछ दूध अपने बच्चे के लिए स्तनों में ऊपर खींच लेना; दे० 'दूध चढ़ाना।'

दूध छुड़ाना : बच्चे को दूध पिलाना बन्द करना।

दूध तोड़ना : गाय, भैंस आदि का कम दूध देना।

दूध पड़ना : अनाज में रस पड़ना।

दूध पीता बच्चा : बहुत ही सरल, अबोध एवं निरपराध व्यक्ति; दे० 'दुधमुंहां बच्चा।'

दूध शक्कर की तरह घुलना (शीरो शकर होना) : अत्यधिक। घनिष्ठता या मेल-जोल होना।

दूध से नहाना : बहुत सम्पन्न होना, ऐश्वर्यशाली होना ?

दून की हांकना : बढ़-बढ़कर बातें करना, शेखी मारना।

अभी ऐसी दून की ले रहे हो, कल को नामज़द हो जाओ, तो यह बातें भूल जायें। (प्रे० च०)

दूर करना : अलग करना, हटाना, 2. मिटा देना, साफ़ कर देना।

दूर की कौड़ी लाना : बहुत सूझ-बूझ की बात कहना, बहुत महत्त्वपूर्ण विचार अभिव्यक्त करना।

कभी-कभी आप ज़रूरत से ज्यादा दूर की कौड़ी लाते हैं।

दूर की बात : 1. कठिन कार्य, 2. आगे की बात, भविष्य की बात। 3. अलग की बात, असम्भव बात।

दूर की सूझना : सूक्ष्म बात का ख्याल आना; कठिन बात का बुद्धि में आना।

दूर के ढोल सुहावने लगना : दूरवर्ती वस्तुओं और व्यक्तियों का भला मालूम होना।

तुमको वे लोग और उनके जीवन-स्तर बहुत अच्छे लगते हैं।

जब वहां जाकर रहोगे तब वास्तविकता का ज्ञान होगा। दूर के ढोल सुहावने लगते हैं।

दूर क्यों जांय या जाइये : अपरिचित या दूर का दृष्टान्त न लेकर परिचित और

निकट वाले का ही विचार करें।

दूर तक पहुंचना : किसी बात में दूर तक सोचना, सूक्ष्म या बारीक बातें सोचना।

दूर भागना/रहना : बहुत बचना, पास न जाना, कोई सम्बन्ध न रखना।

हम तो ऐसे लोगों से सदा दूर भागते हैं। (ब० च०)

दूर से दण्डवत करना : अलग रहना, दूर रहना, नजदीक न जाना, कोई सम्बन्ध न रखना।

भाई साहब को अदब और तमीज़ का जो इनाम मिला, उसकी मुझे भूख नहीं। ऐसे अदब को दूर ही से दण्डवत करता हूं। (प्रे० च०)

दूर से नमस्ते/नमस्कार करना : दे० 'दूर से दण्डवत करना।'

दूर से प्रणाम करना : दे० 'दूर से दण्डवत करना।'

दूर से सलाम करना : दे० 'दूर से दण्डवत करना।'

ऐसी समझ को दूर से सलाम कीजिए। (प्रे० च०)

दूर से हाथ जोड़ना/जोड़ देना : दे० 'दूर से दण्डवत करना।'

दूर होना/हो जाना : 1. हट जाना, 2. नष्ट हो जाना, समाप्त हो जाना।

दूसरा दरवाजा/द्वार देखना : दूसरी जगह जाना, दूसरे से मांगना।

आप में सामर्थ्य हो तो उसे भिक्षा दे दीजिए। न सामर्थ्य हो तो कह दीजिए—भाई, दूसरा द्वार देखो। (प्रे० च०)

दूसरे के घर बैठना : पति के मर जाने पर दूसरे मनुष्य को अपना पति मानकर उसके घर चला जाना।

दूसरे के माथे फुलौड़ियां खाना : दूसरे के पैसे से सुखोपभोग करना।

मैं दूसरों के माथे फुलौड़ियां खाने को नहीं दौड़ता। (प्रे० च०)

दृष्टि उठना : ताकने के लिए आंख ऊपर होना।

दृष्टि गड़ाना : घूर कर देखना।

शून्य गगन में दृष्टि गड़ाए सोच रहे हो क्या कवि, बोलो। (हो० व० दे०)

दृष्टि चुराना : लज्जा, भय या संकोच के कारण सामने न देखना या सामने न आना।

दृष्टि चूकना : नज़र का इधर-उधर हो जाना।

जहां दृष्टि चूकी कि गिरे। (हि० श० सा०)

दृष्टि जमाना : निर्निमेष देखना, टकटकी बांधना।

अर्जुन पक्षी की आंख पर दृष्टि जमाए था।

कुछ क्षण तक वे अपनी दृष्टि वहीं जमाए रहे। (उ० ना० अ०)

दृष्टि जुड़ना : देखा देखी होना।

दृष्टि जोड़ना : आंख मिलाना, देखा देखी करना।

दृष्टि टेढ़ी करना : प्रतिकूल होना, छत्रछाया उठा लेना।

दृष्टि डालना : देखना, दृष्टिपात करना।

दृष्टि देना : देखना, ध्यान देना।

दृष्टि पड़ना : नज़र पड़ना, दिखाई देना।

तभी उसकी दृष्टि सड़क के किनारे खड़ी एक मूल्यवान और विदेशी मोटर-कार पर पड़ी। (गु० नं०)

दृष्टि पर चढ़ना : 1. निगाह में जंचना, विचार में अच्छा लगना। 2. बुराई आदि के कारण आंखों में खटकना ?

जब वह पुलिस की दृष्टि पर चढ़ा है तो उसका बचना मुश्किल है।

दृष्टि फिरना : 1. पहले की-सी कृपा-दृष्टि न रहना। 2. प्रीति या स्नेह न रहना। 3. खिन्न या अप्रसन्न होना, 4. एक ओर से दूसरी ओर नज़र जाना।

दृष्टि फिसलना : बहुत सुन्दर तथा प्रकाशपूर्ण होने के कारण किसी वस्तु पर आंख न ठहरना।

दृष्टि फेरना : 1. पहले की-सी कृपा-दृष्टि न रखना। 2. अप्रसन्न, खिन्न या विरक्त होना। 3. एक ओर से दूसरी ओर देखना।

दृष्टि बचाना : कोई काम इस प्रकार करना कि कोई देख न ले।

दृष्टि बांधना : ऐसा जादू करना कि लोगों को और का और दिखाई पड़े अर्थात वह चाहे वैसा दिखाई देना।

दृष्टि बिछाना : 1. बहुत ही प्रेम और श्रद्धा के साथ किसी के आने का इन्तजार करना, 2. किसी के आने पर अत्यधिक प्रेम और श्रद्धा प्रकट करना।

दृष्टि भर देखना : जी भरकर देखना, जितनी देर इच्छा हो उतनी देर देखना; दे० 'आंख भर देखना।'

दृष्टि मारना : आंखों से संकेत करना; दे० 'आंख मारना।'

दृष्टि मारी जाना : आंख का प्रकाश कम हो जाना या समाप्त हो जाना।

दृष्टि मिलना : आंखें मिलना, एक-दूसरे को देखना।

दृष्टि मिलाना : दे० 'आंख मिलाना।'

दृष्टि में आना : दिखाई पड़ना, दीख पड़ना।

दृष्टि में पड़ना : दे० 'दृष्टि में आना।'

दृष्टि में समाना : नज़र में जंचना, आंखों को अच्छा लगना।

दृष्टि रखना : 1. किसी व्यक्ति को देख-रेख में रखना, उस पर चौकसी रखना। 2. किसी वस्तु को देखते रहना जिससे वह सुरक्षित रहे।

दृष्टि लगना : 1. एकटक देखना, 2. देखादेखी से प्रेम होना।

दृष्टि लगाना : 1. एकटक देखना। प्रेम करना।

दृष्टि लड़ना : 1. देखादेखी होना, 2. प्रेम होना।

दृष्टि से उतरना : सम्मान या प्रतिष्ठा कम होना।

दृष्टि से/दृष्टि में गिरना : दे० 'दृष्टि से उतरना।'

कर्त्तव्य वह वस्तु है जिसे करना हमारा परम धर्म है और जिसके न करने से हम लोग और लोगों की दृष्टि से गिर जाते हैं। (श्या० सु० दा०)

देखते-देखते : आंखों के सामने।

देखते रह जाना : चकित हो जाना, दंग रह जाना, हैरान हो जाना।

देखते ही देखते : थोड़े ही समय में, अल्पकाल में, शीघ्र ही।

देख-भाल करना/देख-रेख करना : रखवाली करना, संरक्षा करना।

सम्भव है कुछ दिनों तक हमको उसकी देखरेख करनी पड़े। (प्रे० च०)

देखते ही बनना : देखकर चकित हो जाना, वर्णन न कर सकना।

देखते हुए : किसी के सामने, किसी की उपस्थिति में।

देखना चाहिए / देखा चाहिए / देखिए / देखो : कुछ निश्चित नहीं कि क्या होगा।

उन्होंने कह तो दिया है कि मैं आपको परीक्षक नियुक्त कर दूंगा। अब देखिए करते हैं या नहीं।

देखना-सुनना : जानकारी प्राप्त करना, पता लगाना।

देखने में : 1. ऊपर से, बाहरी लक्षणों के अनुसार, 2. रूप-रंग में।

देव लोक को सिधारना : मर जाना।

देश-देश छानना : अनेक देशों में ढूंढ़ना।

देशावर आना/खुलना : बाहर के मुल्कों से माल आना।

देह छूटना : मृत्यु होना।

देह छोड़ना : मृत्यु होना, मरना।

देह टूटना : शरीर में दर्द होना।

नायक राम को आज भोजन अच्छा न लगा, नींद न आई, देह टूटती रही। (प्रे० च०)

देह धरना : शरीर धारण करना, जन्म लेना।

देह धरे कर यह फल भाई। भजहु राम सब काम बिहाई॥ (तु०)

देह भरना : मोटा होना।

उधर पण्डितजी दूध-घी खाकर चौक-चौबंद हो गए। चेहरे पर खून की सुर्खी दौड़ गई, देह भर आई। (प्रे० च०)

दैव का मारा : अभागा।

दैव टेढ़ा होना : भाग्य विपरीत होना।

दैव टेढ़े क्यों न होंगे जो उन्हें
देखते हैं लोग टेढ़ी आंख से। (अ० सिं० उ०)

दैव दाहिने होना : भाग्य अनुकूल होना।

दैव वाम/बायें होना : भाग्य का प्रतिकूल होना।

किया हो कहीं किसी ने दोष
कि जिसके कारण है यह रोष,
बता दो तो तुम उसका नाम
दैव है निश्चय उस पर वाम। (मै० श० गु०)

दो अंगुल : तनिक-सा, ज़रा-सा।

दो आंसू बहाना : दुख प्रकट करना, थोड़ा रोना।

दो-एक : कुछ, थोड़े।

दो की जगह एक खर्च करना : बहुत किफ़ायत से खर्च चलाना।

जब मैं जी तोड़कर काम करूंगा, दो की जगह एक खर्च करूंगा तो गायत्री बावली नहीं है कि अनायास मुझ पर सन्देह करने लगे। (प्रे० च०)

दो कौड़ी का : 1. तुच्छ, बेकार, नालायक। 2. बहुत सस्ता।

दो-चार : कुछ, थोड़े।

दो टूक बात : थोड़े शब्दों में स्पष्ट बात कहना।

दो दिन का मेहमान : जल्दी मरने वाला व्यक्ति।

उनके बचने की कोई उम्मीद नहीं है; वे तो अब दो दिन के मेहमान हैं। (ब० च०)

दो देह एक प्राण : अत्यन्त अभिन्न या घनिष्ठ मित्र। इसी को उर्दू में 'एक जान दो कालिब' कहते हैं।

दो-दो चोंचें होना : कहा-सुनी होना।

किशोरी और निरंजन काशी लौट आए, परन्तु उन दोनों के हृदय में शान्ति न थी। क्रोध से किशोरी ने विजय का तिरस्कार किया, फिर भी सहज मातृ-स्नेह विद्रोह करने लगा। दिन में एकाध बार इस विषय को लेकर दो-दो चोंच हो जाना अनिवार्य हो गया। (ज० शं० प्र०)

दो-दो बातें करना : कुछ बातें पूछना और कहना; संक्षिप्त प्रश्नोत्तर करना।

कहां हैं सेठ जी, ज़रा मुझे उनसे दो-दो बातें करनी हैं। (प्रे० च०)

दो-दो हाथ होना : लड़ाई होना, मुकाबिला होना विशेषकर श्रेष्ठता सिद्ध करने के लिए।

दो नावों पर पैर रखना/बैठना/चढ़ना/सवार होना : दो पक्षों का अवलम्बन करना, दो विरधी पक्षों का आश्रय लेना।

अगर आप इतना डर रहे हैं, तो उचित है कि आप इस संस्था को उसके हाल पर छोड़ दें। आप दो नौकाओं पर बैठकर नदी पार करना चाहते हैं, यह असम्भव है। (प्रे० च०)

दो शरीर एक आत्मा : अत्यन्त घनिष्ठ व्यक्ति; दे० 'दो देह एक प्राण।'

दोनों तरह से मौत होना : दो में से कोई भी काम करने से हानि होना।

दोनों हाथों से लुटाना : खूब खर्च करना।

दोनों हाथों में लड्डू होना : हर प्रकार से लाभ होना।

दोरंगी चाल चलना : धोखे का व्यवहार करना।

आप मेरे साथ दोरंगी चाल चल रहे हैं। (प्रे० च०)

दोपहर ढलना : तीसरा पहर होना, बारह बजे दिन के बाद का समय होना।

दोष देना : किसी पर दोषारोपण करना, किसी को दोष लगाना।

दोष मढ़ना : दोष लगाना।

जो पीछे थे तुम्हारे, बढ़ गए, हैं बढ़ रहे,
पीछे पड़े तुम दैव के सिर दोष, अपना मढ़ रहे। (मै० श० गु०)

दोष लगाना : 1. किसी को दोषी ठहराना या कहना। 2. कलंक लगाना, कलंकित करना, अपमानित करना।

दोष लादना : किसी के ऊपर दोष मढ़ना, दोषी कहना या ठहराना।

दोहाई फिरना : 1. प्रताप का डंका पिटना। 2. राजा के सिंहासन पर बैठने पर उसके नाम की घोषणा होना।

दोहाई मचना : त्राहि-त्राहि होना, विपत्ति पड़ना।

किसान पहर रात रहे ताल में जाते और पहर रात गये आते थे। किसी का घर गिरता था, किसी के घर की मेड़ें कटी जाती थीं। जीवन-संग्राम की दोहाई मची हुई थी। (प्रे० च०)

दौड़-दौड़कर आना/जाना : जल्दी-जल्दी या बारम्बार आना/जाना।

दौड़-धूप करना : 1. बहुत आना-जाना। 2. बहुत परिश्रम करना।

दौड़ पड़ना : एकबारगी वेग के साथ जाना।

दौड़ लगाना/मारना : खूब यत्न करना; दूर तक पहुंचना।

साहब ने बड़ी दौड़ लगाई। सरकार पर भी मन्त्र चला दिया। (प्रे० च०)

दौर चलना : शराब के प्याले का बारी-बारी से सबके सामने लाया जाना, जुए आदि का कार्यक्रम चलना।

अभी पीने-पिलाने का ही दौर चल रहा था। (शि०)

दौरा करना : जांच-पड़ताल के लिए घूमना।

दौरा सुपुर्द करना : अवर न्यायालय का संगीन मुकदमे के अभियुक्त को विचार तथा निर्णय के लिए सेशन जज के पास भेजना।

दौरा सुपुर्द होना/हो जाना : फैसले के लिए अभियुक्त का सेशन जज के यहां भेजा जाना।

दौरे पर जाना : बाहर जांच-पड़ताल के लिए जाना।

द्वार खटखटाना : सहायता मांगना।

सीधे कुंडार पहुंचकर अपनी प्रार्थना के स्वीकृत होने की हम लोगों को पूर्ण

आशा न थी; इसलिए हमने अपने हित-मित्रों का द्वार खटखटाया।

द्वार खुलना : किसी काम या बात के होने के लिए मार्ग या उपाय निकलना। भारत में लोकतन्त्र स्थापित होने से हमारी उन्नति के लिए द्वार खुला रहेगा।

द्वार खुला होना : प्रवेश आदि में कोई अड़चन या बाधा न होना।

द्वार झांकना : दान, भिक्षा आदि मांगने के लिए किसी के दरवाजे पर जाना।

द्वार-द्वार (पर) धक्के खाना : इधर-उधर मारा-मारा फिरना।

द्वार-द्वार फिरना : 1. अपना प्रयोजन निकालने के लिए बहुत-से लोगों के पास जाना; 2. घर-घर भीख मांगना।

द्वार पर आना : शरण में आना ।

द्वार लगना : 1. किसी बात का पता लगाने के लिए किवाड़ के पीछे चुपचाप खड़ा होना। 2. किवाड़ बन्द होना। 3. किसी के आसरे में दरबाजे पर खड़ा रहना।

द्वार लगाना : किवाड़ बन्द करना।

ध

धंधे में डालना : कारोबार में लगाना।

वे अपने बेटे को अंग्रेजी पढ़ाना चाहते थे, सद्दीमल की राय उसे धंधे में डालने की थी। (अ० ला० ना०)

धक्कम-धुक्की करना : धक्का देना और सहना।

नई-नई पत्तियों के आने पर भी जंगली वृक्षों में घनापन न था। पवन बौखलाया हुआ सबसे धक्कम-धुक्की कर रहा था। (ज० श० प्र०)

धक्का खाना : 1. धक्का सहना, धक्के का आघात सहना। 2. दुख सहना।

यह कौन-सा इन्साफ है कि कोई तो दुनिया के मज़े उड़ाए, और कोई धक्के खाए। (प्रे० च०)

धक्के खाते फिरना : इधर-उधर मारा-मारा फिरना।

धक्का लगना : 1. धक्के का आघात लगना, धक्का खाना। 2. हानि होना।

धक्के देकर निकालना : बहुत तिरस्कारपूर्वक निकाल बाहर करना।

धज्जियां उड़ना : 1. टुकड़े-टुकड़े होना। 2. दुर्गति, आलोचना, तिरस्कार या अपमान होना।

धज्जियां उड़ाना : 1. टुकड़े-टुकड़े करना, किसी चीज़ की चीर-फाड़, तोड़ या काटकर नष्ट कर देना। 2. पूर्णतया उन्मूलन करना। 3. बहुत अधिक मारना-पीटना। 4. छिद्रान्वेषण करना, दोष निकालना, त्रुटियां बतलाना।

शास्त्रीजी ने समालोचना करते हुए महामहोपाध्यायजी की वह धज्जियां उड़ाईं कि सारी उमर याद रखेंगे।

धड़ पर दो सिर होना : दे० 'दो सिर होना।'

धड़ से सिर अलग करना : सिर काट देना।

धड़क खुलना : पहले की-सी आशंका, भय या संकोच न रह जाना।

धड़धड़ाता हुआ : 1. बेधड़क, 2. गड़गड़ाहट और झोंक के साथ।

धड़ल्ले के साथ/धड़ल्ले से : 1. बेधड़क। 2. झोंक से।

धड़ा करना/बांधना : तौलने के पहले तराज़ू के दोनों पलड़ों को बराबर कर लेना।

धड़ी-धड़ी करके लुटना : इस प्रकार लुटना कि पास में कुछ भी न बच जाय।

चौबेजी अपने गांव के सम्पन्न व्यक्ति थे, परन्तु उनके घर पर दो बार डाके पड़े और बेचारे धड़ी-धड़ी करके लुट गए। (अ० कु० राय०)

धड़ी-धड़ी करके लूटना : खूब लूटना; कुछ भी न छोड़ना।

धड़ाके से : 1. बेधड़क। 2. शीघ्र।

धड़ाधड़ निकलना : जल्दी-जल्दी प्रकाशित होना।

बंगला उपन्यासों के अनुवाद धड़ाधड़ निकलने लगे थे। (रा० च० शु०)

धता बताना : चलता करना, बहाना बनाकर टालना, भगाना।

धतूरा खाए फिरना : उन्मत्त के समान घूमना।

धन उड़ाना : धन व्यर्थ तथा जल्दी-जल्दी खर्च करना।

धन जोड़ना : रुपए-पैसे इकट्ठा करना।

धन बरसना : खूब अधिक आय होना।

धन्ना सेठ : अत्यधिक धनी व्यक्ति।

धन्नासेठ का नाती बनना : साधारण आदमी का बहुत गर्व करना, बहुत धनी बनना।

धनुष चढ़ाना : धनुप पर बाण रखकर उसको छोड़ने के लिए डोरी खींचना।

धप्पा मारना : धोखा देकर कुछ माल ले लेना।

धब्बा आना : कलंक लगना।

धब्बा लगना : दे० 'धब्बा आना।'

हा, कुटिल संसार ! यहां भलाई करने में भी धब्बा लग जाता है। (प्रे० च०)

धब्बा लगाना : कलंकित करना।

धमकी में आना : डराने से डरकर कोई काम कर देना।

धमा चौकड़ी मचाना : 1. उपद्रव करना, अत्याचार करना। 2. शोर-गुल करना उछल-कूद करना।

धर दबाना/दबोचना : 1. पटक देना, पकड़कर जमीन पर दे मारना।

चन्द्रगुप्त ने एक कुमारी को अपमानित होते देखकर यवन-शिविर के पास ही फ़िलिप्स को धर दबाया। (ज० शं० प्र०)

2. पराभूत करना, हारना, अधिकार में करना।

धर-पकड़ होना : किसी अपराध के सिलसिले में संदिग्ध व्यक्तियों की गिरफ्तारी होना।

धरती-आकाश एक करना : दे० 'जमीन-आसमान एक करना।

धरती-आकाश का अन्तर : दे० 'जमीन-आसमान का अन्तर।'

धरती/पृथ्वी का रसातल को जाना : संसार का नष्ट हो जाना।

धरती पर पांव/पैर न पड़ना : दे० 'जमीन पर पैर न पड़ना।'

धरती पर पांव/पैर न रखना : दे० 'जमीन पर पैर न रखना।'

धरती पर स्वर्ग उतरना : धरती का धन-धान्य तथा सुख-वैभव से पूर्ण हो जाना।

धरती सिर पर उठा लेना : बहुत उपद्रव करना।

धरना देना : किसी से कोई काम कराने के लिए काम न होने तक उसके द्वार से न उतरना।

धरा रह जाना : काम न आना।

धर्म कमाना : धर्म करके उसका फल संचित करना।

मेला में गरीबों को दान देकर उसने बहुत धर्म कमाया। (व० ना० श०)

धर्म करना : दान देना, परोपकार करना आदि।

धर्म बिगाड़ना : 1. धर्म नष्ट करना। 2. सतीत्व नष्ट करना, बलात्कार करना।

धर्म में आना : अन्तःकरण में उचित जान पड़ना।

धर्म रखना : धर्म बचाना, धर्म की रक्षा करना।

धर्म से कहना : सत्य-सत्य कहना।

धर्म संकट में पड़ना/पड़ जाना : ऐसी कठिन परिस्थिति में पड़ना जिसमें कोई बात निश्चित रूप से न कही जा सके या कोई काम समुचित रूप से न किया जा सके।

धाक छाना/जमना : रोब या दबदबा होना, आतंक छाना।

डिप्टी श्यामचरण की धाक सारे नगर में छाई हुई थी। (प्रे० च०)

धाक जमाना : रोब या दबदबा जमाना, अपने को श्रेष्ठ सिद्ध करने का यत्न करना।

धाक बंधना : रोब या दबदबा होना।

मेरी धाक बंध जाएगी। (प्रे० च०)

धाक बांधना : दे० 'धाक जमाना।'

धाक बैठना : दे० 'धाक जमना।'

धाक बैठाना : दे० 'धाक जमाना।'

धागे भरना : रफ़ू करना।

धागे-धागे करना : फाड़कर चिथड़े-चिथड़े करना।

धाड़ मारना/धाड़ मारकर रोना : दे० 'दहाड़ मारना।'

धातु गिरना : पेशाब के साथ वीर्य का पतला होकर निकलना, 'प्रमेह' नामक बीमारी होना।

धार चढ़ाना/देना : किसी देवी या देवता को पंचमेवा आदि पीसकर चढ़ाना।

धार धरना/रखना : चाकू, तलवार आदि की धार तेज़ करना।

धारा-प्रवाह बोलना : किसी विषय पर बिना रुके, सरलतापूर्वक, भाषण देना।

धावा बोलना : हमला करना।

धावा मारना : दूर तक जाना, चढ़ना या चढ़ाई करना।

धींगा धींगी करना : 1. ज़बरदस्ती करना। 2. शरारत करना।

धींगा धींगी चलना : अत्याचार या अन्याय होना।

जब तक यह धींगा-धींगी चलती है चलने दो, न तुम मुझे बुरा कहो, न मैं तुम्हें बुरा कहूं। (प्रे० च०)

धींगा मुश्ती करना : ज़बरदस्ती करना; उपद्रव करना।

भिक्षुक, गुलाम, छोटे-मोटे दुकानदार, सबके सब रुपये लूटने के लिए धींगा मुश्ती करने लगे। (प्रे० च०)

धीरज बंधाना : सान्त्वना देना, ढाढस देना।

धुआं उड़ाना : मुंह या नाक से सिगरेट आदि का धुआं छोड़ना।

धुआं काढ़ना/निकालना : बढ़-बढ़कर बातें करना, डींग मारना।

धुआं देना : 1. धुआं निकालना या फेंकना। 2. धुआं पहुंचाना।

धुआं-सा मुंह होना : चेहरे का रंग काला पड़ जाना, चेहरा उदास या फीका हो जाना।

धुएं का धौरहर : क्षणभंगुर वस्तु, शीघ्र नष्ट होने वाली चीज़।

धुएं का बादल उड़ाना : 1. हुक्का या सिगरेट आदि पीकर मुंह से बहुत अधिक धुआं छोड़ना। 2. व्यर्थ की बड़ी-बड़ी बातें कहना, गप हांकना।

धुक धुकी धड़कना : अकस्मात् आशंका या खटका होना।

धुकुर पुकुर करना : आगा-पीछा करना; असमंजस में पड़ना।

जब सोफिया देखती है कि आप लोग स्वयं धुकुर-पुकुर कर रहे हैं तो वह भी इन युक्तियों से अपनी आबरू बचाती है। (प्रे० च०)

धुन का पक्का : लगन से काम करने वाला।

धुन समाना : सनक सवार होना।

धुन सवार होना : लगन लगना, सनक सवार होना; दे० 'धुन समाना।'

बाल्यावस्था के पश्चात् ऐसा समय आता है जब उद्दण्डता की धुन सिर पर सवार होती है। (प्रे० च०)

धुर सिर से : बिल्कुल शुरू से।

धुर्रे उड़ना : 1. दुर्दशा होना, बहुत कष्ट होना।
पहले बेगार देते-देते धुर्रे उड़ जाते थे ! (प्रे० च०)
2. टुकड़े-टुकड़े हो जाना।

धुर्रे उड़ाना : 1. बहुत अधिक मारना या कष्ट देना 2. बहुत छोटे-छोटे टुकड़े कर देना।

धूनी जगाना/लगाना : 1. साधुओं का अपने सामने आग जलाना। 2. शरीर तपना, तप करना।

धूनी देना : गन्ध-मिश्रित या विशेष प्रकार का धुआं देना या पहुंचाना।

धूनी रमाना : 1. सामने अग्नि जलाकर तापने बैठना, तप करना। 2. साधु हो जाना, विरक्त हो जाना। 3. कहीं पर निवास करना या रहना।

धूप खाना : धूप का सेवन करना, शरीर में गरमाहट लाने के लिए धूप में खड़ा होना, बैठना या लेटना।

धूप खिलाना/दिखाना : धूप में रखना।

धूप चढ़ना/निकलना : सूर्योदय के पश्चात् प्रकाश का बढ़ना या फैलना।

धूप पड़ना : गरमी पड़ना।

धूप में बाल पकना : अनुभवशून्य जीवन व्यतीत होना।

धूप में बाल सफेद करना : बिना कुछ अनुभव और जानकारी प्राप्त किए जीवन का बहुत बड़ा भाग बिता देना।

धूप लेना : दे० 'धूप खाना।'

धूम धड़ाका मचाना : शोर-गुल करना।

धूम मचना : चारों ओर चर्चा होना, ख्याति फैलना।

धूल उड़ना : 1. तबाह या बरबाद होना, उजड़ जाना। 2. उपहास होना, बदनामी होना।

धूल उड़ाते फिरना : इधर-उधर मारे-मारे फिरना।

धूल उड़ाना (किसी की) : निन्दा करना, उपहास करना।

धूल की रस्सी बंटना : 1. असम्भव बात के लिए श्रम करना। 2. निराधार बात गढ़ना।

धूल चाटना : बहुत अनुनय-विनय करना, गिड़गिड़ाना, खुशामद करना।

धूल छानना : दे० 'ख़ाक छानना।'

धूल फांकना : दे० 'ख़ाक फांकना।'

धूल में मिलना : दे० 'ख़ाक में मिलना।'

धूल में मिलाना : दे० 'ख़ाक में मिलाना।'

धूल समझना : अत्यन्त तुच्छ या नगण्य समझना।

धो बहाना : न रहने देना, दूर कर देना।

धोखा उठाना : धोखे में पड़कर हानि या कष्ट सहना।

धोखा खाना : 1. ठगा जाना, छला जाना, हानि सहना।

वह चाहे धोखा खा जाए परन्तु धर्म के मार्ग से कभी नहीं हटेगा। (प्रे० च०)

2. भ्रम में पड़ना।

धोखा देना : ठगना।

वह बड़ा ईमानदार है, किसी को धोखा नहीं दे सकता।

धोखे की दही : भ्रम में डालनेवाली अथवा तत्व रहित वस्तु।

साम्राज्यवादी महाशक्तियां अपनी-अपनी कार्रवाई में पूर्ववत् लगी हुई हैं। विश्व-शान्ति और विश्व-बन्धुत्व की बातें तो उनके शिकार खेलने की धोखे की टट्टियां हैं। (सरस्वती)

धोखे की टट्टी खड़ी करना : भ्रम में डालने के लिए आडम्बर रचना।

धोखा खड़ा करना : आडम्बर रचना दे० 'धोखे की टट्टी खड़ी करना।'

धोखा खाना : ठगा जाना, छला जाना।

धोखा देना : किसी के साथ छलपूर्ण व्यवहार करना, ठगना।

रात और बढ़ जाती तो नज़र भी धोखा देने लगेगी। (कम०)

धोखा पड़ना : जैसा समझा या कहा जाय उसके विरुद्ध होना।

पण्डितन कहा परा नहिं धोखा। कौन अगस्त समुद्रहिं सोखा ॥ (ज०)

धोखा लगना : त्रुटि होना।

धोखा लगाना : चूक या कसर करना।

धोती ढीली होना : भयभीत होना, डर जाना।

धोबी का कुत्ता : व्यर्थ इधर-उधर फिरने वाला व्यक्ति, निकम्मा आदमी।

जब से उसने नौकरी छोड़ी है तब से वह धोबी का कुत्ता हो गया है।

धौंस जमाना : रोब दिखाना।

अपना कमाते हैं, अपना खाते हैं, फिर भी जिसे देखो धौंस जमाया करता है। (प्रे० च०)

धौंस-पट्टी में आना : बहकावे में आना, भुलावे में आना।

धौंस सहना : रोब मानना, रोब सहना।

जब कौड़ी-कौड़ी लगान चुकाते हैं तब धौंस क्यों सहें ? (प्रे० च०)

धौंसा देना/बजाना : चढ़ाई का डंका बजाना।

धौल कसना/जमाना : दे० 'थप्पड़ कसना।'

धौल जड़ना/मारना : दे० 'धौल कसना।'

धौल-धप होना : मार-पीट होना।

धौल धूर्त : गहरा धूर्त, पक्का चालबाज़।

ध्यान आना : स्मरण आना।

ध्यान छूटना : चित्त की एकाग्रता नष्ट होना।

ध्यान जमना : विचार स्थिर होना।

ध्यान जाना : विचार होना।

ध्यान दिलाना : याद दिलाना।

ध्यान देना : मन लगाना; गौर करना।

तुम्हें अपने शिक्षकों की बातों पर ध्यान देना चाहिए।

ध्यान धरना : ईश्वर पर मन एकाग्र करना।

ध्यान पर चढ़ना : चित्त से न हटना, स्मरण होना।

ध्यान बंटना : चित्त की एकाग्रता में विघ्न या बाधा पड़ना, ध्यान एक तरफ से दूसरी तरफ जाना।

ध्यान बंधना : लगातार ख्याल बना रहना।

ध्यान में आना : याद आना, विचार में आना।

ध्यान में डूबना/मग्न होना : कोई बात इतना मन में लाना कि और सब बातें भूल जायँ।

ध्यान में न लाना : 1. चिन्ता न करना। 2. विचार न करना।

ध्यान में लगना : किसी का विचार मन में लाकर मग्न होना।

ध्यान रखना : याद रखना, न भूलना।

कृपया मेरी बातों का ध्यान रखिएगा।

ध्यान लगना : 1. बराबर ख्याल बना रहना। 2. चित्त एकाग्र होना।

ध्यान लगाना : 1. किसी के स्वरूप का चिन्तन करना। 2. एकाग्र भाव से ईश्वर आदि का चिन्तन करना।

ध्यान से उतरना : विस्मृत होना, भूलना।

ध्वनि उठना : शब्द उत्पन्न होना।

न

नंगा कर देना : असलियत प्रकट कर देना।

धीरे-धीरे मैं इस पूरी टोली को कानून के समक्ष नंगा कर दूंगा। (गु० नं०)

नंगा-झोरी : पूरी तरह कपड़े उतारकर तलाशी लेना।

नंगा नाच : खुलेआम नीच काम करना।

नंबर दो का रुपया या पैसा : अवैध धन जिस पर आय कर आदि दिया गया हो, गैर-कानूनी ढंग से कमाया हुआ धन।

न इधर का रहना/होना/न उधर का : कहीं का न रहना, किसी काम का न रहना,

दोनों पक्षों द्वारा तिरस्कृत होना।

वह दोनों जगह हाथ मारना चाहते थे, पर अन्त में न इधर के हुए न उधर के। (ब० च०)

न घर का रहना न घाट का : दोनों तरफ़ से उपेक्षित होना, असफल होना।

न दिन को चैन पड़ना न रात को नींद : दिन-रात परेशान रहना, हर समय चिन्तित रहना।

जब से उसका पति जेल गया है तब से उसे न दिन को चैन पड़ता है न रात को नींद। (ब० ना० श०)

न दीन का रहना न दुनिया का : लोक-परलोक दोनों नष्ट हो जाना।

नकेल हाथ में होना (किसी की) : सब प्रकार से अधिकार में होना।

उसकी नकेल तो आपके हाथ में है; इसलिए मुझे उससे कोई भय नहीं है। (गं० प्र० गु०)

न लेना न देना : कोई सम्बन्ध न रखना।

न लेने में न देने में : कोई सम्बन्ध न होना।

मुझे तुम्हारा रहना क्यों बुरा लगेगा, बहन ! न मेरा घर न मेरा द्वार; न मैं लेने में न देने में—मैं क्यों बुरा मानने लगी ? (प्रे० च०)

नक्कारा बजाकर या नक्कारे की चोट : खुल्लमखुल्ला।

नक्श करना (या कराना) : किसी के मन में कोई बात अच्छी तरह बैठना या बैठाना।

नक्श हो जाना (मन में) : अंकित हो जाना, मन में अच्छी तरह बैठ जाना।

नक्शा खींचना (किसी चीज़ का) : (किसी चीज का) सजीव तथा सविस्तार वर्णन करना।

नखरा/नखरे उठाना : हर प्रकार से खुशामद करना।

नखरा/नखरे बघारना : अपनी कोमलता या श्रेष्ठता आदि जताना, नाज़-नख़रा करना।

कुछ लोगों का ऐसा स्वभाव होता है कि कोई काम करने से पहले वे नख़रा बघारने लगते हैं। (ल० ना० अ०)

नखरे उठाना : खुशामद करना।

कुछ न कुछ तो करना ही पड़ेगा, लेकिन एक छोटे आदमी की खुशामद करना उसके नखरे उठाना कितने अपमान की बात है। (प्रे० च०)

नज़दीक न जाना : कुछ सहायता न करना, कोई सम्बन्ध न रखना।

मैं इस विवाह के नजदीक न जाऊंगी। (प्रे० च०)

नजर अन्दाज करना : उपेक्षा करना।

किसी की योग्यता को नज़र अन्दाज न कर देना चाहिए। (अ० ला० ना०)

नज़र आना : दिखाई पड़ना।

नज़र उतारना या झाड़ना : बुरी दृष्टि के प्रभाव को किसी मंत्र या युक्ति से दूर करना।

नज़र करना : 1. देखना।

जब मैंने अपने माल पर नज़र की तब मुझे पता चला कि मेरा कितना माल चोरी जा चुका है। (ब० च०)

2. भेंट करना।

देवीजी ने मेरी सारी कमाई गहने और कपड़े के ही नज़र कर दी। (गु०रा०)

नज़र गड़ाना : ध्यान से देखना।

नज़र डालना : 1. देखना, 2. पढ़ना।

नज़र देना : उपहार या भेंट देना।

नज़र पर चढ़ना : पसंद आना।

नज़र बन्द करना : जेल या हवालात में रखना, कहीं आने-जाने न देना।

नज़र बचाकर : चुपके-चुपके कोई काम करना जिससे कोई देख न ले।

अमृत अपने घर वालों की नज़र बचाकर फसल की चीज़ें सौगात के तौर पर पूर्णिमा के घर दे आता था। (प्रे० च०)

नज़र बदलना : पहले का-सा भाव न रहना, कृपादृष्टि न रहना।

नज़र बांधना : मन्त्र-प्रयोग आदि के द्वारा किसी को दृष्टिभ्रम उत्पन्न करना।

नज़र में गिरना : प्रतिष्ठा कम होना।

नज़र रखना : 1. देखभाल करना, देखना, 2. कृपा करना, कृपादृष्टि रखना।

नज़र लगना : बुरी दृष्टि से प्रभावित होना।

नज़र लगाना : बुरी दृष्टि का प्रभाव डालना।

मैं क्या उसके खाने में नज़र लगा रही थी ? (शि०)

नज़र से गिरना : प्रतिष्ठा कम होना; दे० 'नज़र में गिरना।'

वह डाक्टर आत्माराम की नज़रों से गिरने के लिए तैयार न था। (अ० मा० ना०)

नज़र से नज़र मिलाना : आंखों से आंखें मिलाना, सामने देखना।

नदी-नाव संयोग : सांयोगिक भेंट, संयोग या इत्तिफाक का साथ।

साइं इस संसार में भांति-भांति के लोग।
सबसे मिलिके बैठिए, नदी-नाव संयोग॥ (गि० क० रा०)

नन्हा-सा मुंह निकल आना : लज्जित हो जाना।

राजा साहब इस व्यंग्य से दिल में ऐंठकर रह गए, नन्हा-सा मुंह निकल आया। (प्रे० च०)

नब्ज़ छूटना : मर जाना।

नमक का हक़ अदा करना : अपने स्वामी या पोषक के उपकार का बदला चुकाना। ऋण चुकाना।

नमक खाना : (किसी का) अन्न खाना; (किसी के द्वारा) पालन-पोषण होना।

नमक फूटकर/फूट-फूटकर निकलना : नमकहरामी की सज़ा मिलना।

नमक हराम करना : उपकार करने वाले के प्रति अकृतज्ञ होना।

नमक हलाल करना : उपकार का बदला कुशलतापूर्वक उतारना।

नमक-मिर्च लगाना : किसी बात को बढ़ा-चढ़ाकर कहना।

वह अपनी बहादुरी के कारनामे को खूब नमक-मिर्च लगाकर बहुत बार सुना चुका था। (रा० या०)

नमाज़ पढ़ना : (मुसलमानों के लिए प्रयुक्त) ईश्वर से प्रार्थना करना।

नयन चढ़ाना : क्रोध से भृकुटी तानना।

नयन चलाना : आंखें मटकाना, भाव बताना।

नयन नचाना : चंचलतापूर्वक आंखों की पुतलियों को इधर से उधर घुमाना।

नयन फेरना : रुष्ट होना, कृपादृष्टि हटाना।

नयन भर आना : आंखों में आंसू भर आना।

नयन भर देखना : खूब अच्छी तरह देखकर, आनन्द लेना।

नयन मिलाना : आंख सामने करना, बराबर ताकना।

नयन लगना : प्रेम होना।

नयन लगाना : देखना।

नयन शीतल होना : किसी व्यक्ति या वस्तु को देखकर सुख प्राप्त होना।

नयनों का तारा : अत्यन्त प्रिय व्यक्ति या वस्तु।

नयनों की पुतली : दे० 'नयनों का तारा।'

सन्तानें तो ईश्वर ने कई दीं पर इस समय माता-पिता के नयनों की पुतली केवल एक पुत्री ही थी। (प्रे० च०)

नयनों में छाना : आंखों में छाना, अत्यधिक प्रेम होना।

नयनों में जल छाना : आंखों में आंसू भर आना।

नयनों में बसना : दे० 'नयनों में छाना।'

नयनों में भर रखना : अत्यन्त प्रेम करना।

नयनों में समाना : दे० 'नयनों में छाना।'

नयनों से रक्त की धार बहना : कठिन दुख होना।

नयनों से नीर झरना (या बहना) : आंखों से आंसू बहना।

नया-पुराना करना : 1. पुराना हिसाब साफ करके नया हिसाब चलाना। 2. पुरानी चीज़ों को हटाकर उनके स्थान पर नई चीजें रखना।

नशा उतारना : गर्व चूर्ण करना, घमंड दूर करना।

नशा काफ़ूर हो जाना : नशा या घमंड दूर हो जाना।

नशा किरकिरा होना : अप्रिय बात के कारण नशा बीच में बिगड़ जाना।

नशा चढ़ना : नशीली चीज़ का असर होना।

नशा छाना : नशा चढ़ना, प्रेमोन्मत्त होना।

पते की लिखावट ने बता दिया कि नैना का पत्र है। पढ़ते ही जैसे उस पर नशा छा गया। (प्रे० च०)

नशा दूर होना : 1. नशा दूर होना।

जब भंग का नशा उतरा, तब वह ठिकाने से बातें करने लगा।

2. गर्व नष्ट होना।

जब डाकुओं ने उसका सब धन छीन लिया तब उसका नशा दूर हुआ।

नशा हिरन होना : नशा बिल्कुल उतर जाना।

नशे में चूर होना : 1. बहुत अधिक नशे के कारण बेहोश होना। 2. किसी चीज की धुन सवार होना।

लाला साईंदास इस समय उदारता के नशे में चूर थे। (प्रे० च०)

नश्तर लगाना : नश्तर से फोड़ा या घाव चीरना।

नस चढ़ना : खिंचाव, दबाव या झटके आदि के कारण शरीर में किसी स्थान की नस का अपने स्थान से इधर-उधर हो जाना या बल खा जाना।

नस-नस ढीली होना : हौसला पस्त होना, अत्यन्त भयभीत होना।

नस-नस पहचानना : भलीभांति जानना।

चन्दू देखते ही आदमी की नस-नस पहचान जाता था। (बा० कृ० भ०)

नस-नस फड़क उठना : बहुत अधिक प्रसन्नता होना।

नसीब आजमाना : कोई काम करके यह देखना कि सफलता मिलती है या नहीं।

नसीब खुलना/चमकना/जागना : भाग्य अनुकूल होना।

नसीब टेढ़ा होना : बुरे दिन आना।

जब नसीब टेढ़ा होता है तब मित्र भी शत्रु हो जाते हैं।

नसीब पलटना : अच्छे से बुरे या बुरे से अच्छे दिन आना।

नसीब फूट जाना : किस्मत बिगड़ना, भाग्य का प्रतिकूल होना।

नसीब में लिखा होना : भाग्य में बदा होना।

जो कुछ हमारे नसीब में लिखा है उसे भोगना ही पड़ेगा।

नसीब लड़ना : 1. भाग्य की परीक्षा होना। 2. भाग्य अनुकूल होना।

मैं बहुत परेशान था, नसीब लड़ गया जो आपसे मुलाकात हो गई।

नसीब होना : मिलना।

नाई देख हजामत बढ़ना : किसी वस्तु को देख उसकी आवश्यकता प्रतीत होना।

किशोरी : क्यों राजेन्द्र क्या कर रहे हो?

राजेन्द्र : बारात में चलना है, इसलिए कपड़ों पर लोहा कर रहा हूं।

किशोरी : अच्छा हुआ जो यहां आ गया। ज़रा मेरे कपड़ों पर भी लोहा कर दो।

राजेन्द्र : यह खूब रहा। नाई देखकर हजामत बढ़ गई।

नाक ऊंची रखना : सम्मान या प्रतिष्ठा रखना।

नाक कटना : प्रतिष्ठा या मर्यादा नष्ट होना।

नाक कटाना : प्रतिष्ठा नष्ट करना, अपमानित करना।

नाक काटना : अपमानित या कलंकित करना।

नाक का बाल : अत्यन्त अन्तरंग या प्रिय व्यक्ति।

नाक के नीचे : बिल्कुल निकट।

नाक के सीधे या सीध में : बिल्कुल सीधे।

उन्नति के शिखर पर नाक के सीधे चढ़ने में बड़ी कठिनता है। (ज० शं० प्र०)

नाक घिसना/रगड़ना : बहुत अनुनय-विनय करना।

अब अगर यह कभी मेरे पैरों पर सिर रखकर नाक भी रगड़ेगी तो भी इसे ग्रहण नहीं करूंगा। (शि०)

नाक चढ़ाना : त्यौरी चढ़ना, क्रोध आना।

नाक चढ़ाना : चेहरे से अरुचि, अप्रसन्नता, विरक्ति आदि प्रकट करना।

नाक तक खाना : ठूंस-ठूंस कर खाना।

नाक न दी जाना : बहुत बदबू आना।

नाक पर गुस्सा रहना/होना : बहुत क्रोधी स्वभाव का होना, छोटी-मोटी बातों पर क्रुद्ध हो जाना।

पिरी का गुस्सा हमेशा उसकी नाक पर बैठा रहता था। (शि०)

नाक पर मक्खी न बैठने देना : किसी को कहने, विशेषतः आपत्ति प्रकट करने का मौका न देना; अभिमान के कारण किसी के सामने न दबना; किसी को अपने ऊपर एहसान करने का मौका न देना।

नाक पर सुपारी तोड़ना : बहुत तंग करना।

नाक फटना : असह्य दुर्गन्ध होना।

नाक-भौं चढ़ाना/सिकोड़ना : चेहरे से अरुचि, अप्रसन्नता, रोप या घृणा प्रकट करना।

नाक में दम आना : बहुत परेशान होना।

नाक में दम करना : बहुत परेशान करना।

नाक में नकेल डालना : अधिकार या नियन्त्रण में रखना।

नाक में बोलना : नक्की स्वर में बोलना।

नाक रखना : इज्जत बचाना।

नाक रगड़ना : गिड़गिड़ाना, आरज़ू-मिन्नत करना।

नाक सिकोड़ना : दे० 'नाक-भौं चढ़ाना/सिकोड़ना।'

नाकों चने चबवाना : बहुत तंग करना।

अगर हम और कहीं होते तो लोगों को नाकों चने चबवा देते। (अ० रा०)

नाकों चने चबाना : बहुत तंग होना, बहुत परेशान होना।

नाकों दम आना/होना : बहुत परेशान होना।

नाकों दम करना : बहुत परेशान करना, दे० 'नाकों में दम करना।'

नाग खेलना : ऐसा काम करना जिसमें प्राण जाने का डर हो।

नाच नचाना : 1. जैसा चाहना वैसा काम करना। 2. तंग करना।

नाड़ी छूटना : मृत्यु हो जाना; दे० 'नब्ज़ छूटना।'

नाड़ी देखना : कलाई की नाड़ी दबाकर रोगी की अस्वस्थता का पता लगाना।

नातका बंद करना : बहुत तंग करना, वाद-विवाद में परास्त करना।

नाता टूटना : सम्बन्ध समाप्त हो जाना, जैसे—

इस घर से हमारा नाता तो उसी दिन टूट गया था जब इन्होंने हमारी धरोहर मार ली थी।

नादिरशाही हुक्म देना : मनमाना हुक्म देना, जैसा जी में आवे वैसा हुक्म देना।

मुझसे आकर कहते, मैं सुमन को समझा देती। कोई गंवारिन तो थी नहीं, अपना सुभीता करके चली जाती। यह सब तो न हुआ, बस नादिरशाही हुक्म दे दिया। (प्रे० च०)

नानी मरना मर जाना : बहुत कष्ट होना।

उसके दरवाज़े पर हाथी बंधा है पर रुपया निकालते नानी मरती है। (रा० बृ० बेनी०)

2. होश उड़ जाना, हौसलापस्त हो जाना।

किशोरी लाल घर ही के शेर हैं, बाहर जाते उनकी नानी मरती है। (अ० ला० ना०)

नानी याद आना : दे० 'नानी मरना।'

नाम उछालना : बदनामी कराना।

नाम उठ जाना : 1. जिक्र न होना, चर्चा न होना। 2. मर जाना।

नाम कमाना : ख्याति प्राप्त करना।

उसने आस-पास के इस पहाड़ी इलाके में खूब नाम कमा लिया। (च०)

नाम करना : (1. किसी नाम या बात का)—कोई काम पूरी तरह से न करना, कहने भर के लिए करना, फर्ज़ अदाई करना।

पढ़ते क्या हैं, नाम करते हैं। (हि० श० सा०)

2. (किसी दूसरे का) दूसरे पर दोषारोपण करना, कलंक/लांछन लगाना।

3. (सम्पत्ति आदि) किसी के नाम लिखना या किसी को देना।

नाम का : 1. नामधारी, नाम वाला।

चन्द्रमोहन नाम का कोई विद्यार्थी इस विद्यालय में नहीं है।

2. नाममात्र के लिए, केवल कहने भर के लिए।

नाम की माला जपना : बार-बार किसी के नाम की याद करना, किसी प्रिय व्यक्ति को स्मरण करते रहना।

नाम के लिए : 1. कहने भर के लिए, नाममात्र के लिए। 2. थोड़ा-सा, ज़रा-सा।

नाम को : 1. ज़रा-सा। 2. नाममात्र के लिए, केवल कहने भर को।

नाम को रोना : 1. (किसी व्यक्ति के) मरे/खोये हुए व्यक्ति को दुःखपूर्वक याद करना।

उनकी पत्नी श्रद्धा घर में पड़ी उनके नाम को रोया करती थी। (प्रे० च०)

2. (किसी वस्तु के लिए) पछताना, त्याग करना, दुःख उठाना।

यह तो हज़ार बार सुन चुका, लेकिन कुल-मर्यादा के नाम को कहां तक रोवें ? (प्रे० च०)

नाम चलना : वंश, संस्था आदि का क्रम चलना/बना रहना।

भला यह तो बताओ कि तुम्हारे पीछे क्या इन्हीं से तुम्हारा नाम चलेगा। (वि० ना० श० कौ०)

नाम जगाना : कीर्ति उज्ज्वल करना।

सुजान ने अपने कुल का नाम जगा दिया। (प्रे० च०)

नाम जपना : 1. (ईश्वर, देवता आदि का) बार-बार नाम लेना। 2. (किसी व्यक्ति का) याद करना।

नाम डुबाना/डुबोना : प्रतिष्ठा, मर्यादा आदि खोना, बदनामी करना।

इस मुंहजली ने सात पुश्त का नाम डुबो दिया। (प्रे० च०)

नाम डूबना : प्रतिष्ठा नाश होना, अपमान होना।

मैं चाहता हूं कि पुरखों का नाम न डूबे। (वृ० ला० व०)

नाम धरना : 1. नामकरण करना। 2. उपनाम देना, चिढ़ाने के लिए किसी का कोई निन्दात्मक या अपमानजनक नाम रखना। 3. बदनाम करना।

नाम धरना : बदनामी कराना।

नाम न लेना : 1. अरुचि, घृणा या भय आदि के कारण किसी व्यक्ति या वस्तु से बहुत दूर रहना। 2. प्रवृत्त होना।

नाम निकलना : किसी बात के लिए ख्यात या कुख्यात होना।

नाम निकालना : टोने-टोटके, तन्त्र-मन्त्र आदि की सहायता से पापी, अपराधी आदि का नाम बताना। 2. किसी सूची से नाम काट देना।

नाम पर जान देना/मरना/मिटना : 1. सुयश के लिए प्रयत्न करना। 2. (किसी व्यक्ति के)—किसी के प्रेम में लीन होना।

नाम पर धब्बा लगाना : बदनामी करना।

नाम पर बैठी रहना (किसी के) : किसी से शादी की प्रतीक्षा करना।

तीन साल से वह तुम्हारे नाम पर बैठी हुई है। (प्रे० च०)

नाम पैदा करना : ख्याति प्राप्त करना।

परीक्षाएं पास करके और संसार में नाम पैदा करके अन्त में मुझे क्या प्राप्त होगा? (ह० भा० उ०)

नाम बाकी रहना : 1. स्मृति बनी रहना। 2. ऐश्वर्य आदि के नष्ट हो जाने पर भी ख्याति रह जाना।

नाम बिकना : 1. नाम मशहूर होने से क़दर होना।

आजकल फेक्स का खाली नाम बिकता है, नहीं तो इन बूटों का चमड़ा उससे कहीं अच्छा है। (ब० च०)

2. बदनामी होना।

जब तुम्हारी पत्नी इजलास में तुम्हारे खिलाफ़ बयान देगी तब सर्वत्र तुम्हारा नाम बिकने लगेगा। (भु० चं० जो०)

नाम बेचना : बदनामी कराना।

इतने ही अपराध के लिए आपने सारे शहर में मेरा नाम बेच डाला। (प्रे० च०)

नाम मिटना : सर्वनाश हो जाना, अस्तित्व मिट जाना।

नाम मिटाना : सर्वनाश करना; स्मारक या कीर्ति का लोप करना।

नाम रखना : 1. नामकरण करना; दे० 'नाम धरना।' 2. कीर्ति बनाये रखना। 3. चिढ़ाने के लिए किसी का उपनाम देना। 4. कविता आदि में उपनाम ग्रहण करना।

उन्होंने अपना नाम 'अज्ञेय' रखा है।

नाम लगना : दोष, कलंक या अपराध सिर मढ़ा जाना।

नाम लगाना : अपराध, दोष आदि किसी के सिर मढ़ना।

मैंने यह जघन्य अपराध नहीं किया है, व्यर्थ मेरा नाम मत लगाइए। (ब० ना० श०)

नाम लिखाना : भरती होना।

उसने सेना में नाम लिखा लिया है।

नाम लेकर : 1. भगवान् या इष्टदेव आदि का स्मरण करके। 2. किसी के नाम के प्रभाव से।

नाम लेना : 1. नाम लेकर पुकारना/उल्लेख करना। 2. ईश्वर/देवता का नाम-जप

करना। 3. गुणगान करना।

स्वतंत्रता-प्रेमी सदैव राणाप्रताप का नाम लेते रहेंगे। (रा० कु० त्रि०)

4. चर्चा करना, बात चलाना। 5. सहायता के लिए किसी के पास जाना। 6. दोष लगाना।

उसने तुम्हारे घर में चोरी नहीं की है; तुम व्यर्थ उसका नाम लेते हो। (ल० ना० अं०)

नाम से : प्रभाव से। 2. मालिक बनाकर। 3. उपनाम रखकर। 4. चर्चा/उल्लेख से। 5. ज़िम्मेदारी पर।

नाम होना : 1. ख्याति होना। 2. कलंक लगना।

नारा बुलन्द करना : ज़ोर-ज़ोर से कोई शब्द या वाक्य चिल्लाना।

नाल गड़ा होना : किसी का किसी स्थान पर जमकर रहना, वहां से न हटना।

नाव डूबना : काम सत्यानाश होना, प्रतिष्ठा मिट्टी में मिलना; दे० 'बेड़ा गर्क होना।'

विद्या बोली---बहिन, तब तो मेरी नाव डूब गई। (प्रे० च०)

नाव पार लगाना : प्रयत्न सफल करना, सफलता या सिद्धि प्रदान करना; दे० 'नाव पार लगाना।'

हे दयानिधि, मेरी नाव पार लगा दो।

नाव में खाक (या धूल) उड़ाना : बिना सिर-पैर की बातें करना, एकदम झूठी बातें कहना।

निगाह टेढ़ी करना : कृपाभाव न रखना।

कंचन सिंह ने हलधर पर ही क्यों इतनी टेढ़ी निगाह की ? (प्रे० च०)

निगाह/नज़र दौड़ाना : देखना।

निगाह पर चढ़ना : 1. पसन्द आना, अच्छा लगना; दे० 'नज़र पर चढ़ना। 2. आंख में खटकना/गड़ना।

इन कामों के करने से मैं पुलिस वालों की निगाह पर चढ़ जाऊंगा। (प्रे० च०)

निगाह बदलना : दे० 'नज़र बदलना।'

निगाहें चार होना : दो व्यक्तियों का एक-दूसरे को देखना, नज़र मिलना।

निगाह मोटी करना : अप्रसन्न होना।

गायत्री भी मेरे पंजे में है, मेरी तरफ से ज़रा भी निगाह मोटी करे तो आन की आन में उसे इस आसन से गिरा सकता हूं। (प्रे० च०)

निछावर करना : 1. उत्सर्ग करना, बलिदान करना, समर्पण करना। 2. ओंइछ कर रुपया-पैसा, वस्त्र आदि गरीबों को देना।

निछावर होना : किसी के लिए जान देना, बलि जाना।

निन्नानबे/निन्यानबे के फेर में आना/पड़ना : धन बढ़ाने की धुन में होना।

हटाओ यार ! हर वक्त निन्यानबे के फेर में पड़े रहते हो। (प्रे० च०)

निबुआ नोन चटाना : धोखा देना।

हर दीवाले का मतलब है कि इतने लाख या इतने करोड़ रुपया, जिसके बहुत-से हिस्सेदार थे, उन सब हिस्सेदारों को निबुआ-नोन चटाकर उस सेठ की अपनी तिजोरी में आ गया जहां अब कोई उसका हिस्सेदार नहीं है। (अ० रा०)

निशाना मारना (या लगाना) : ताककर अस्त्र का वार करना।

अर्जुन ने निशाना मारा और पक्षी पेड़ से गिर गया।

निशाना साधना : ठीक लक्ष्य पर वार करने का अभ्यास करना।

निहोरा मानना : उपकार मानना, कृतज्ञ होना।

वह बहुत कृतघ्न है, कभी किसी उपकारी का निहोरा नहीं मानता। (रा० कु० त्रि०)

नींद हराम करना : सोने न देना।

नींद हराम होना : नींद न आना, चिन्ता आदि के कारण सो न पाना।

नीचा खाना : अपमानित होना, पराजित होना।

बेचारे के नक्षत्र खराब थे; जहां जाता था वहीं नीचा खाता था।

नीचा दिखाना : अपमानित करना, पराजित करना, घमण्ड दूर करना।

नीचा देखना : अपमानित होना, पराजित होना।

नीची दृष्टि से देखना : घृणित या तुच्छ समझना।

नियत डांवाडोल होना/डिगना/बिगड़ना : ईमान डिगना, मन में बेईमानी आना।

नील का खेत : ऐसा स्थान जहां कलंक, दोष और पाप लगने की सम्भावना हो।

नील का टीका लगाना : कलंक लगाना, बदनाम करना।

मेरा उससे कोई सम्बन्ध नहीं है; मुझे क्यों व्यर्थ नील का टीका लगा रहे हो? (रा० कै० उ०)

नील की सलाई फिरवा देना : अंधा करवा देना।

नीला पड़ना : मार के दाग पड़ना।

वह ऐसा पीटा था कि उसका सारा शरीर नीला पड़ गया था।

नीला-पीला होना : बहुत क्रोध करना।

नीलाम पर चढ़ना : नीलाम होना।

जब उसका खेत नीलाम पर चढ़ा था तब मैंने ही उसकी सहायता की थी।

नींव डालना : कारण या आधार खड़ा करना।

नींव पड़ना : कारण या आधार खड़ा होना।

नीले आकाश से बिजली गिरना : अकस्मात् बहुत बड़ी विपत्ति आ पड़ना।

मुझ पर मानों नीले आकाश से बिजली गिर पड़ी। (य०)

नुक्ताचीनी करना : छिद्रान्वेषण करना, दोष निकालना।

नुकसान उठाना : हानि सहना।

आपको न्याय का समर्थन करने के लिए कुछ नुकसान उठाने को तैयार रहना चाहिए, क्योंकि सन्मार्ग फूलों की सेज नहीं है। (प्रे० च०)

नुकसान पहुंचाना : हानि करना।

नुस्खा बांधना : नुस्खे में लिखी हुई दवाओं को पुड़ियों में बांधना।

नूर का तड़का : बहुत सवेरे।

कल नूर के तड़के आओ तो मैं तुम्हें एक दवा दूंगा।

नोंक-झोंक होना : कहा-सुनी होना, झड़प होना।

कभी-कभी इन चोरों के सरदारों में भी नोंक-झोंक हो जाया करती थी।

नोटिस लेना : ध्यान देना।

नोन-तेल-लकड़ी : गृहस्थी का सामान।

हम तुम गृहस्थी के जंजाल में फंसे हुए हैं, नोन-तेल लकड़ी की चिन्ता सिर पर सवार रहती है। (प्रे० च०)

नौ तेरह बाइस बताना : टाल-मटोल करना।

नौ-दो ग्यारह होना : चला जाना, भाग जाना।

तब तक चार कैदी नौ-दो ग्यारह हो चुके थे।

नौकरी बजाना : (कार्यालय आदि में जाकर) कर्तव्यों का पालन करना।

नौका डुबाना : सत्यानाश करना, कलंक लगाना; दे० 'लुटिया डुबोना।'

कालिख जो लगनी थी वह तो लग चुकी। अब वह जीते-जी नहीं छूट सकती। गोबर ने नौका डुबा दी। (प्रे० च०)

नौबत आना : दशा या संयोग उपस्थित होना।

एक दिन ज्ञान शंकर राजा इन्द्र कुमार से विवाद कर बैठे और मिस्टर हरि-दास बैरिस्टर से तो एक दिन हाथापाई की नौबत आ गई। (प्रे० च०)

नौबत बजना : 1. आनन्द उत्सव होना। 2. प्रताप या ऐश्वर्य की घोषणा होना।

सारे भारत में शिवाजी की नौबत बजती थी।

नौबत बजाना : आनन्द-उत्सव करना।

कबिरा नौबत अपनी दस दिन लेहु बजाय। (क०)

नौबत बजाकर : डंके की चोट, खुले आम।

डाकुओं ने नौबत बजाकर उसका घर लूट लिया।

न्यौछावर करना : दे० 'निछावर करना।'

न्यौछावर होना : दे० 'निछावर होना।'

प

पंख जमना : 1. भागते चले जाना अथवा बुरे रास्ते पर जाने के लक्षण दिखाई देना।

इस नौकर को भी अब पंख जमे, अब यह न रहेगा। (हि० श० सा०)

2. बहकने या बुरे रास्ते पर जाने का रंग-ढंग दिखाई पड़ना।

3. प्राण खोने के लक्षण दिखाई देना।

पंख लगना : पक्षी के समान वेगवान होना, 2. विशेष चातुर्य के लक्षण प्रकट होना।

पंच बदना (या मानना) : झगड़ा निबटाने के लिए किसी को मध्यस्थ तय करना।

दोनों ने मुझे पंच माना। (शि० प्र०)

पंजा मारना : झपट्टा मारना, पंजे से मारना। झपटकर प्रहार करना।

पंजा लड़ाना (या लेना) : हाथ की उंगलियों में उंगलियां डालकर मरोड़ने का प्रयत्न करना, बल परीक्षा करना।

पंजे में आना, पड़ना या फंसना : अधिकार में आना।

जो राठौर किसी दिन मारवाड़ पर अपना प्रभुत्व स्थापित कर फूले अंग न समाते थे, आज वे अपने घर को भी शत्रुओं के पंजे में पड़ने से न बचा सके। (ह० शं० श०)

पंथ देखना या निहारना : प्रतीक्षा करना; दे० 'बाट जोहना।'

चित्त चढ़ी मेरे माधुरी मूरति, उर बिच आन गड़ी।
कब की ठाढ़ी पंथ निहारूं, अपने भवन खड़ी॥

पंथ पर लाना : सुमार्ग पर चलाना।

वह ऐसा दुष्ट है कि उसे ठीक पंथ पर लाना असम्भव है।

पकड़ में आना : 1. पकड़ा जाना, मिलना। 2. काबू में आना।

वह बड़ा होशियार है, तुम्हारी पकड़ में नहीं आ सकता।

पहुंचे या पहुंचे हुए औलिया, पीर, फकीर या महात्मा : सिद्ध महात्मा।

पगड़ी उतरना : अपमान होना, बेइज्जती होना।

सोच है पगड़ी उतरने का नहीं। (अ० सिं० उ०)

पगड़ी उतारना : अपमान करना।

दूसरों की पगड़ी उतारना भद्रपुरुषों का काम नहीं है।

पगड़ी बंधना : 1. उत्तराधिकार मिलना। 2. ऊंचा स्थान या प्रतिष्ठा मिलना।

पगड़ी बांधना : 1. उत्तराधिकार देना, 2. ऊंचा स्थान या प्रतिष्ठा देना।

पगड़ी उछालना : बेइज़्ज़ती करना।

कुछ लोगों को इसी बात में मज़ा आता है कि बड़े-बड़ों की पगड़ी उछालें। (गु० रा०)

पगड़ी बदलना : भाई-चारे का नाता जोड़ना; दे० 'टोपी बदलना।'

पगड़ी रखना : 1. इज्ज़त बचाना। 2. विनती करना, गिड़गिड़ाना।

पचड़ा गाना : विस्तारपूर्वक वर्णन करना।

सभी गरीबों का खून चूसते हैं, गरीबों के झोंपड़ों में सेंध मारते हैं और यहां आकर देश की अवनति का पचड़ा गाते हैं। (प्रे० च०)

पचड़ा छेड़ना : किसी कठिन विषय की चर्चा चलाना।

जब इस धर्म-अधर्म का पचड़ा छेड़ा है तो उसका निपटारा किए जाइए। (प्रे० च०)

पचड़ा फैलाना : माया रचना, जाल बिछाना।

पचड़ा रोना : दे० 'पचड़ा गाना।'

पछाड़ खाना : खड़े-खड़े अचानक बेहोश होकर गिर पड़ना।

वह फिर पछाड़ खाकर धरती पर गिर पड़ी। (च०)

मां अलग पछाड़ें खाने लगी। (प्रे० च०)

पट खुलना : 1. मन्दिर का द्वार खुलना। 2. ज्ञान होना।

पट पड़ना : 1. असफल होना।

अबकी मुझे वह चाल सूझी है जो कभी पट नहीं पड़ सकती। (प्रे० च०)

2. मन्दा पड़ना।

आजकल सब रोजगार पट पड़ गए हैं। (ब० च०)

3. औंधा गिरना।

पट बन्द होना : मन्दिर का द्वार बन्द होना।

पटरा कर देना : 1. मारकर बिछा देना।

दोपहर तक अर्जुन ने सब शत्रुओं को पटरा कर दिया।

2. (पेड़ आदि) काटकर बिछा देना। 3. चौपट कर देना।

इस वर्ष के अकाल ने तो पटरा कर दिया। (हि० श० सा०)

पटरा होना : मर जाना, नष्ट हो जाना।

पटरी जमना : 1. मेल होना।

अब रूस और अमेरिका की पटरी जमने लगी है।

2. चेष्टा सफल होना।

पटरी बैठना : मेल होना, प्रेम होना।

पट्टा लिखाना : दस्तावेज के रूप में कोई वस्तु अपने नाम लिखा लेना।

पट्टी पढ़ाना : गलत रास्ते पर चलने का उपदेश देना, गलत सलाह देना।

वह मुझे बहुत पट्टी पढ़ाता रहा लेकिन मैं उसकी बातों में नहीं आया। (गु० रा०)

पट्टी में आना : धोखा खाना, बहकावे में आना।

मैं पट्टी में आ गई। (प्रे० च०)

पट्टीदारी करना : बराबरी करना।

आप तो बात-बात में पट्टीदार करते हैं। (हि० श० सा०)

पड़ता खाना : खर्च और मुनाफा निकल आना।

इस वस्तु के बेचने में अभी हमारा पड़ता नहीं खाता। (हि० श० सा०)

पत उतारना, लेना या लूटना : बेइज़्ज़ती करना, अपमान करना।

बनिए ने भरे बाजार में उसकी पत उतार दी।

पत रखना : इज़्ज़त रखना।

पतला पड़ना : दीन-हीन हो जाना, दुर्दशाग्रस्त होना।

भाई पुरानी बातें भूल जाओ। मेरे दिन पतले पड़े हैं। बदला न निकालो।

पताका उड़ना : 1. अधिकार होना।

कोई समय था जब देश में राजपूतों की पताका उड़ा करती थी।
(हि० श० सा०)

2. सर्वप्रधान होना। 3. ख्याति होना।

सारे भारत में महाराज हरिश्चन्द्र की दानवीरता की पताका उड़ रही थी।

पताका उड़ाना : 1. अधिकार करना।

सिकन्दर सारे विश्व पर अपनी पताका उड़ाना चाहता था।

2. विजयी या सर्वश्रेष्ठ होना।

शंकराचार्य ने समस्त भारत में अपनी पताका उड़ा दी थी।

3. ख्याति प्राप्त करना।

गांधीजी ने सारे विश्व में अपनी शांतिपूर्ण नीति की पताका उड़ा दी जिससे बच्चा-बच्चा उनके नाम से परिचित हो गया।

पताका गिरना : हार होना।

पते की कहना या पते की बात कहना : मार्के की बात कहना।

वह बहुत पते की कहता है। (हि० श० सा०)

देखने में बुद्धू लगने वाला पाल कैसे पते की बात कह रहा है। (रा० या०)

पत्तल पड़ना : भोजन परसने के लिए लोगों के सामने पत्तलों का रखा जाना।

जब मैं वहां पहुंचा तो बारातियों के सामने पत्तलें पड़ चुकी थीं।

पत्तल परसना : 1. भोजन सहित पत्तल सामने रखना। 2. पत्तल में खाना परसना।

पत्ता कटना : नौकरी आदि छूटना।

लगता है अपना पत्ता यहां से कटा। (अ० रा०)

पत्ता खड़कना : कुछ खटका या आशंका होना।

पत्ता न हिलना : 1. हवा का बिल्कुल बन्द होना।

आज सारे दिन पत्ता न हिला। (हि० श० सा०)

2. कुछ न घटित होना।

इस संसार में जो कुछ होता है, ईश्वर की इच्छा से होता है। उसकी इच्छा के बिना पत्ता भी नहीं हिलता।

पत्थर का कलेजा : कठोर हृदय व्यक्ति।

पत्थर की छाती : मज़बूत दिल।

सचमुच उस मनुष्य की पत्थर की छाती है, इतना भारी दुःख सह लिया, आह तक नहीं की। (हि० श० सा०)

पत्थर की लकीर : अमेट, पक्की बात।

किसी बात को अटल मानना।

राजा साहब ने जो बात कह दी उसे पत्थर की लकीर समझो। (प्रे० च०)

पत्थर के ऊपर धान/दूब जमना : असम्भव काम करने का प्रयास करना।

साठ वर्ष की उम्र में उसे पुत्र-रत्न मिला, पत्थर पर दूब जमी। (ब० ना० श०)

पत्थर चटाना : पत्थर पर घिसकर धार तेज़ करना।

कसाई ने चाकू को पत्थर चटाकर तैयार रखा था।

पत्थर तले से हाथ निकलना : भारी संकट से छुटकारा पाना।

मैं ईश्वर को धन्यवाद देता हूं जिसकी कृपा से पत्थर तले से मेरा हाथ निकला।

पत्थर तले हाथ आना : भारी संकट में फंसना।

आजकल मुझसे कुछ भी चन्दा न मांगो, पत्थर तले हाथ दबा है; भगवान जाने कैसे निस्तार होगा!

पत्थर निचोड़ना : निर्दय से दया की प्रार्थना करना; कृपण से दान देने के लिए कहना।

वह कौड़ियों को दांत से पकड़ता है। उससे दान की आशा करना पत्थर निचोड़ना है।

पत्थर पड़ना : 1. (बुद्धि, अक्ल के लिए प्रयुक्त) मारी जाना, नष्ट होना, 2. कुछ न पाना। 3. ओले बरसना।

पत्थर पसीजना : अत्यन्त निर्दय चित्त वाले व्यक्ति के दिल में दया उपजना।

पत्थर से तेल निकालना : असम्भव काम करना, कंजूसी से रुपया वसूल करना।

चाचा के पास आजकल रुपए न होंगे, महीनों से कचहरी नहीं जाते और दादा से मांगना तो पत्थर से तेल निकालना है। (प्रे० च०)

पथ जोहना/देखना : प्रतीक्षा करना; दे० 'बाट जोहना।'

पद गहना या पकड़ना : पैर पकड़कर प्रार्थना करना।

पनाह मांगना : किसी से बहुत बचने की इच्छा करना।

पनाह लेना : शरण में जाना।

विपत्ति के मारे हुमायूं को एक छोटे-से राजा के यहां पनाह लेनी पड़ी।

पर कटना : अशक्त हो जाना।

यद्यपि उसके पर कट गए हैं तथापि वह हम लोगों पर दांत पीसा करता है।

पर जमना : जो पहले सीधा-साधा रहा हो उसे शरारत सूझना।

जब से वह काशी गया है तब से उसके पर जम गए हैं।

पर झाड़ कर अलग हो जाना : सम्बन्ध विच्छेद करके अलग हो जाना, कोई संबंध न रखना।

ज्यों ही कोई अवसर आयेगा, आप पर झाड़कर अलग हो जाइएगा। (प्रे० च०)

पर झाड़कर निकल जाना : दे० 'पर झाड़कर अलग हो जाना।'

ये भाई-बन्द एक भी काम न आयेंगे। ज्यों ही अवसर मिलेगा, पर झाड़कर निकल जाएंगे। (प्रे० च०)

पर टूटना या कटना : शक्ति का सहारा न रहना, सहायक न रहना।

पर मारना/मार सकना : जान सकना, फटकना, अनुचित काम न कर पाना।

नल ने इन्द्र से कहा, "दमयन्ती के अन्तःपुर में चिड़िया भी पर नहीं मार सकती। भला मैं किस प्रकार वहां पहुंच पाऊंगा ?"

पर निकलना : बुरे रास्ते पर जाने का रंग-ढंग दिखाई पड़ना, स्वच्छन्दतापूर्वक आचरण करने का यत्न करना।

पर लगना : 1. जल्दी से चला जाना, 2. स्वच्छन्दतापूर्वक आचरण की नई आदत।

परखचे उड़ाना : 1. छिन्न-भिन्न कर देना, टुकड़े-टुकड़े कर देना, 2. छीछालेदर करना।

परछाईं न पड़ना : शक्ल दिखाई न देना, आमना-सामना न होना।

परछाईं से डरना या भागना : पास तक आने से डरना, अत्यधिक डरना।

परदा उठना या खुलना : भेद प्रकट होना।

अब तक ज्ञान शंकर की कुवृत्तियों का परदा ढका हुआ था, पर यहां आकर परदा खुल गया। (प्रे० च०)

परदा उठाना या खोलना : भेद प्रकट करना।

इस समय ज्ञानशंकर का खिसियाया हुआ चेहरा उनके इस सारगर्भित प्रेम-व्याख्यान का परदा खोल देता था। (प्रे० च०)

परदा डालना या ढांकना : छिपाना, किसी के अवगुणों आदि को प्रकट न होने देना।

इस निर्लज्ज को तो देखो कि अपना परदा ढांकने के बदले उसका डंका पीट रही है।

परदा पड़ना : दिखाई न देना, समझ में न आना।

उनकी बुद्धि पर परदा पड़ा था, वह मेरी बातें सुनते ही नहीं थे।

परदाफाश करना : किसीका दोष प्रकट करना, भेद प्रकट करना।

यदि मेरी बात न मानोगे तो तुम्हारा परदाफाश कर दूंगा।

परदा/परदाफाश होना : दोष प्रकट होना, भेद खुलना।

परदा रखना : 1. सामने न होना।

स्त्रियां मरदों से परदा रखती हैं। (हि० श० सा०)

1. दुराव-छिपाव रखना। 3. किसी की बुराई लोगों पर प्रकट न होने देना, अपनी प्रतिष्ठा की रक्षा करना।

परदा रह जाना : किसी की इज़्ज़त बच जाना, भेद न खुलना।

वह तो बहुत डरता था, परन्तु ईश्वर की कृपा से उसका परदा रह गया।

परदे की आड़ से शिकार करना/या खेलना : छिपे-छिपे कोई कुकर्म करना।

वह वेश्याओं से भी गई-बीती है, क्योंकि वह परदे की आड़ से शिकार खेलती है। (प्रे० च०)

परपंच करना : झमेले के काम करना, हीला-बहाना करना।

परम धाम की राह लेना/परमगति पाना : मर जाना, मोक्ष प्राप्त करना।

पहले दर्जे या सिरे का : अव्वल नम्बर का, बहुत बड़ा।

वह पहले दर्जे का धूर्त है।

परलोक सिधारना : दे० 'परमधाम की राह लेना।'

परवान चढ़ाना : सफलता के उच्च शिखर पर पहुंचाना, किसी काम को अच्छी तरह समाप्त करना।

परोसा हुआ थाल : बिना परिश्रम के प्राप्त किया हुआ धन।

एक बार वह हिसाब-किताब देख लें, तो आंखें खुल जाएं, मालूम हो जाए कि ज़मींदारी परोसा हुआ थाल नहीं है। (प्रे० च०)

पल के पल में : क्षण भर में, तुरन्त।

पल मारते या मारने में : तुरन्त।

पलंग तोड़ना : बिना कोई काम किए आलस्य से सोना, लेटा या पड़ा रहना।

पलंग लगाना : बिस्तर बिछाना।

पलक उठाना : देखना।

पलक झपकना : थोड़ी देर के लिए नींद आना।

पलक झपकते/मारते : बहुत जल्द, अल्प समय में।

दो वर्ष तो पलक झपकते बीत जाएंगे। (उ० ना० अ०)

पलकों पर बिठाना : बहुत अधिक आदर-स्वागत करना।

यदि वह आतीं तो हम उन्हें पलकों पर बिठाकर रखते। (शि०)

पलक पसीजना : आंखों में आंसू आना; दया आना।

हमने उसके सामने अपना सारा दुखड़ा रोया पर उसकी पलक न पसीजी।

पलक पांवड़े बिछाना : बहुत श्रद्धा से स्वागत करना।

इस अल्प-भाषिणी सुन्दरी मेम साहब की सेवा में वह सदा पलक पांवड़े बिछाने को तत्पर रहता था। (शि०)

पलक मारना : 1. क्षण भर विश्राम करना। 2. आंखों से इशारा करना।

पलक मारते : क्षण भर में।

लड़की चौकन्नी थी—पलक मारते ही फुदककर दूर जा खड़ी हुई। (जै० कु०)

पलक लगना : नींद आना।

पलक से पलक न लगना : नींद न आना।

रात भर मेरी पलक से पलक न लगी। (सुशील कुमार)

पलकें बिछाना : बहुत श्रद्धापूर्वक आदर-स्वागत करना।

पलकों में रात बीतना : रात-भर नींद न आना।

जगे-जगे आकुल पलकों में बीत गई कल रात हमारी। (दिनकर)

पलकों से जमीन झाड़ना या तिनके चुनना : अत्यन्त श्रद्धा के साथ सेवा करना।

पलटा खाना : बदल जाना।

इन विचारों ने क्षण भर में फिर पलटा खाया। (प्रे० च०)

पलस्तर ढीला करना या बिगाड़ना : तंग करना, परेशान करना, पस्त करना, इस इस प्रकार तंग करना कि शरीर ढीला पड़ जाना।

पलस्तर ढीला होना : पस्त होना, दशा बिगड़ना।

दो लड़कियों का विवाह करने के बाद उसका पलस्तर ढीला हो गया है।

पलीता लगाना : झगड़ा खड़ा करने वाली कोई बात कहना।

पल्ला छुड़ाना : पिण्ड छुड़ाना, छुटकारा पाना।

अभी तो यह कह कर उससे पल्ला छुड़ाया है कि फिर मिलूंगा। (ब० च०)

पल्ला छूटना : पिण्ड छूटना, पीछा छूटना, छुटकारा मिलना।

चलो थोड़ा कष्ट सहा, उससे पल्ला तो छूट गया।

पल्ला छोड़ना : पिण्ड छोड़ना, पीछा छोड़ना।

ऐसे सद्गुरु को एक बार पा जाने पर उसका पल्ला नहीं छोड़ना चाहिए। (ह० प्र० द्वि०)

पल्ला झाड़ना : पीछा छुड़ा लेना, किसी बात से अपना साथ छुड़ा लेना।

पल्ला झुकना या भारी होना : पक्ष बलवान होना।

अभी तक तो उसका ही पल्ला भारी है, देखें अन्त में किसकी जीत होती है। (ब० च०)

पल्ला पकड़ना : आश्रय लेना, सहारा लेना।

प्रेम ने संयम का साथ छोड़ दिया और वासना का पल्ला पकड़ लिया।

पल्ला पसारना : किसी के सामने दामन फैलाना, भीख मांगना।

वह ऐसा स्वाभिमानी है कि किसी के सामने पल्ला नहीं पसार सकता।

पल्ला भारी होना : किसी की अपेक्षा दूसरे का पक्ष भारी होना।

पल्ला हल्का करना : पक्ष कमज़ोर कर देना; जैसे—

एक उद्दण्ड शब्द ने धनिया का पल्ला हल्का कर दिया। (प्रे० च०)

पल्ले पड़ना : 1. हाथ लगना, मिलना। 2. भाग्य में होना, हिस्से से आना।

पल्ले बांधना : (स्त्री के लिए प्रयुक्त) विवाह कर देना, किसी के साथ विवाह कर देना।

पसली तोड़ना या ढीली करना : बहुत पीटना; अंजर-पंजर ढीला कर देना।

पसली फड़कना : जी में जोश आना, उमंग आना।

परशुरामजी की बातें सुनकर लक्ष्मणजी की पसली फड़क उठी।

पसीना गुलाब होना : बहुत आदर-सत्कार होना।

वह दिन हवा हुए जब पसीना गुलाब था।

पसीने की कमाई : परिश्रम करके कमाई हुई सम्पत्ति या रोजी।

मैं अपने पसीने की रोटी खाऊंगा और अकड़कर चलूंगा। (प्रे० च०)

पसीने की जगह खून बहाना : किसी से इतना स्नेह करना कि उसकी थोड़ी-सी तकलीफ दूर करने के लिए अपनी जान को खतरे में डालना।

पसीना-पसीना होना : पसीने से तर-बतर होना।

बीसियों नौकर इधर-उधर भागने और कनक की फरमाइशें पूरी करते पसीना-पसीना हो जाते। (शि०)

पसीने-पसीने होना : पसीने से तर-बतर होना।

यमुना हांफ रही थी। पसीने-पसीने हो गई थी। (प्रे० च०)

पस्त करना : दबा देना, हरा देना।

पस्त होना : दब जाना, हार जाना।

उसका पराक्रम देखकर उसके सब शत्रु पस्त हो गए।

पहरा देना : सावधानीपूर्वक रखवाली करना।

पहरा पड़ना : रखवाली के लिए चौकीदार या सिपाही तैनात होना।

पहरा बदलना : नये रखवाले का नियुक्त होना और पुराने की छुट्टी होना।

वहां हर चौथे घण्टे पहरा बदलता रहता है।

पहरा बैठना/बैठाना : रखवाली या देख-रेख के लिए सिपाहियों की नियुक्ति होना।

पहरे में देना : निगहबानी सिपाहियों के सुपुर्द करना, हिरासत में देना।

पहलू गरम करना : प्रेयसी का प्रेमी से सटकर बैठना, उसे सुखी करना।

पहलू दबाना : सेना या किले पर किसी ओर से हमला करना।

पहलू बचाना : भिडंत बचाते हुए कतराकर निकल जाना।

पहले अपना मुंह तो देखो : अर्थात् पहले यह जान और समझ लेना कि जो करना या कुछ पाना चाहते हो तुम उसके योग्य हो या नहीं।

पहाड़ उठाना : भारी काम सिर पर लेना, जिम्मेदारी ओढ़ना।

पहाड़ काटना : विपत्ति दूर होना; भारी काम पूरा होना।

पहाड़ खोदकर चूहा या चूहिया निकालना : कठिन परिश्रम करके अत्यन्त लाभ प्राप्त करना।

जिस काम में काल की गति परखनेवाले लगे हों उसी में लगने से सुभीता होगा, विरुद्ध कार्यवाही में अनेक विघ्नों का भय है। यदि उन्हें झेल भी जाइए तो भी अपने जीते-जी तो पहाड़ खोदकर चूहे ही निकालिएगा, पीछे से चाहे जो हो। (प्र० ना० मि०)

पहाड़ टूटना या टूट पड़ना (किसी पर) : अचानक कोई भारी विपत्ति आ पड़ना

लीना जो पहाड़ टूटेगा उसकी तो बात ही अलग है। (अ० रा०)

पहाड़ से टक्कर लेना : बहुत बलवान आदमी से भिड़ना।

पहाड़ हो जाना : 1. (रात आदि के लिए प्रयुक्त) : कठिनाई से बीतना। 2. जिसे लांघना, बिताना, पार पाना कठिनता से।

भय के मारे यज्ञदत्त की वह रात पहाड़ हो गई।(अ० ला० ना०)

पहुंच से बाहर/परे : ऐसी स्थिति जिसमें किसी से किला या किसी इच्छित वस्तु को प्राप्त न किया जा सके।

पहेली बुझाना : अपनी बात को ऐसे शब्दों में कहना कि श्रोताओं की समझ में जल्दी न आवे।

पांचों या पांचों उंगलियां घी में होना : सब तरह से लाभ पूर्ण या आनन्द की स्थिति में होना।

पांचों सवारों में नाम लिखाना : अपने से बहुत ऊंचे दरजे के लोगों में मिलना या उनसे अपनी तुलना करना।

1942 में केवल तीन महीने जेल काटकर उसने भी पांचों सवारों में अपना नाम लिखा लिया।

पांव पर अड़ाना : बेकार दखल देना।

पांव पर उखड़ जाना : लड़ाई में न जम पाना, भाग जाना।

पांव कट जाना : चलने-फिरने में असमर्थ होना।

पांव का खटका : पैर की आहट।

पांव की जूती : तुच्छ सेवक।

अगर उन्हें प्रेम की भूख थी, तो मुझे प्रेम की भूख कुछ कम न थी। जो चीज़ वह मुझे न दे सके, वह मुझसे न पाकर वह क्यों उद्दण्ड हो गए? क्या इसीलिए कि वह पुरुष हैं और पुरुष चाहे स्त्री को पांव की जूती समझे, पर स्त्री का धर्म है कि वह उसके पांव से चिपटी रहे? (प्रे० च०)

पांव की धूल लगाना (किसी के) : बहुत आदर-सत्कार करना।

पांव की बेड़ी : काम में रुकावट डालना।

मैं तुम्हारे पांव की बेड़ी नहीं बनना चाहती। (प्रे० च०)

पांव के तले चोटी दबना : अधिकार में होना।

पांव गाड़ना : जमकर खड़ा रहना; लड़ाई में डटा रहना।

पांव घिसना : चलते-चलते थक जाना, कहीं बार-बार जाते थकना।

पांव जमना : स्थिति दृढ़ होना, किसी काम या व्यापार आदि में सफलता की ओर बढ़ना।

पांव जमाना : दृढ़तापूर्वक स्थित होना; जमकर खड़ा होना

रावण के दरबार में अंगद पांव जमाकर खड़े हो गए।

पांव जमीन या धरती पर न पड़ना : बहुत अधिक खुशी या घमंड होना, ऐसी स्थिति में किसी को कुछ न समझना।

पांव डिगना : पैर फिसलना, स्थिर न रहना।

पांव तले से धरती (जमीन या मिट्टी) खिसक जाना/निकल जाना : होश उड़ जाना, बहुत घबड़ा जाना।

राजमाता का क्रोध भरा स्वर सुनकर वाणी के पांव तले से धरती निकल गई। (य० पा०)

पांव तोड़कर बैठना : अचल होना।

पांव तोड़ना : 1. बहुत दूर चलकर पैर थकाना।

मैं क्यों इतनी दूर जाकर पैर तोड़ूं? (हि० श० सा०)

2. बहुत दौड़-धूप करना, घोर प्रयत्न करना। 3. कठोर दण्ड देना।

यदि फिर वहां जाओगे तो पांव तोड़ दूंगा।

पांव धोकर पीना : अत्यन्त सेवा-शुश्रूषा सत्कार करना।

वह ऐसे महात्मा हैं कि जनता उनके पांव धोकर पीने को तैयार रहती है। (ब० ना० श०)

पांव पकड़ना : श्रद्धापूर्वक चरण स्पर्श करके प्रणाम करना।

वह कभी-कभी विचार करता कि कुंवरसेन के पांव पकड़ ले। (गु० द०)

पांव पड़ना : 1. पैरों पर गिरकर विनती करना, बहुत ही अनुनय-विनय करना। 2. साष्टांग दण्डवत करना। 3. जाना।

पांव पर पांव रखकर बैठना या सोना : निष्चेष्ट रहना, कुछ काम न करना, बेखबर रहना।

पांव पसारना : 1. पैर फैलाना।

तेते पांव पसारिए, जेती लांबी सौर। (वृ०)

2. आराम से सोना।

शत्रु देश पर चढ़े चले आ रहे थे, परन्तु राजा साहब को खबर न थी, वह पांव पसारे सो रहे थे।

3. मर जाना।

तीन महीने की बीमारी के बाद कल उसने पांव पसार दिए।

4. आडम्बर बढ़ाना, ठाट-बाट करना।

यदि थोड़ा-सा भी पांव पसारोगे तो ऋण-सागर में डुबकियां लगाओगे।

पांव पीटना : छटपटाना, परेशान होना।

पांव पूजना : 1. बहुत आदर-सत्कार या आव-भगत करना। 2. विवाह में कन्या-दान के समय कन्या-कुल के लोगों का वर को पूजना और कन्यादान में योग देना।

पांव फूलना : 1. थक जाना। 2. डर से व्याकुल होना।

जब उनको मालूम हुआ कि उनके गांव में डाकुओं ने छापा मारा है तब उनके पांव फूल गए।

पांव फैलाना : अधिक पाने का यत्न करना, पाकर अधिक का लोभ करना।

पांव बढ़ाना : जल्दी-जल्दी चलना, चाल तेज़ करना।

पांव भारी होना : स्त्री का गर्भवती होना।

पांव में पंख लगा देना : तेज़ चाल से चलाना।

पांव में बेड़ी पड़ना : स्वतन्त्रता नष्ट हो जाना।

पांव में मेंहदी लगना : कहीं जाने में अशक्त होना (व्यंग्य)।

सारा गांव हमारी गाय देखने आया। हीरा और भोला ही के पांव में मेंहदी लगी हुई थी ! मगर आवें कैसे ? जलन हो रही होगी कि इसके घर गाय आ गई। (प्रे० च०)

पांव में सनीचर होना : इधर-उधर घूमता रहना, जो एक जगह न रह सके उसके लिए प्रयुक्त।

पांसा पलटना : भाग्य का प्रतिकूल होना, असफल या विपतिग्रस्त होना।

तुमने गुस्से में आकर मार-पीट करवाई। इसी से तुम्हारा पांसा पलट गया। (अ० ला० ना०)

पाकेट गरम करना : 1. घूस देना। 2. घूस लेना।

पाखंड फैलाना : किसी को ठगने के लिए विशेष प्रकार का ढकोसला करना।

पाजामे से बाहर होना : अत्यन्त क्रुद्ध होना।

पाटी या पाठ पढ़ना : पाठ पढ़ना, सबक सीखना, कुछ सीखना, विशेष कर कोई बुरी बात।

पाठ पढ़ाना : कुछ सिखाना, विशेषकर कोई बुरी बात, अपने मतलब के लिए किसी को बहकाना।

पान फूल से पूजना : खूब आदर-सत्कार करना।

खूब समझ लो कि वहां तुम पान-फूल से पूजे न जाओगे। (प्रे० च०)

पानी उतारना : अपमानित करना।

पानी करना : किसी का क्रोध शान्त करना। 2. अत्यन्त सरल कर देना।

पानी काटना : 1. मेंड़ काटकर पानी बहा देना। 2. तैरने में हाथ से पानी हटाना।

देखो मल्लाह कैसी सफाई से पानी काटता चला आ रहा है।

पानी का बुलबुला : क्षणभंगुर वस्तु।

हमारा शरीर पानी का बुलबुला है, किसी समय नष्ट हो सकता है।

पानी केरा बुदबुदा अस मानुस की जात।

पानी की तरह रुपया बहाना : अन्धाधुन्ध खर्च करना, बहुत अधिक रुपया खर्च करना।

पानी की लकीर : क्षणिक वस्तु जो फौरन ही नष्ट हो जाय।

पानी के मोल : बहुत सस्ता।

पानी को न पूछना : कुछ खाने-पीने को न देना, आदर-सत्कार न करना।

चौधरी साहब के यहां से एक सीधा कोई तीन बजे दिन को मिलता था। बाकी सारे दिन कोई पानी को भी न पूछता। (प्रे० च०)

पानी खोना या गंवाना : प्रतिष्ठा खोना, अपमानित होना।

पानी चढ़ना : इज़्ज़त बढ़ना, प्रतिष्ठा में वृद्धि होना।

पानी जाना : प्रतिष्ठा नष्ट होना।

रहिमन पानी राखिए, बिन पानी सब सून।
पानी गए न ऊबरहिं, मोती मानुस चून॥ (र०)

पानी देवा न नाम लेवा : वंश का बिलकुल नाश हो जाना।

पानी न मांगना : तुरन्त मर जाना।

पानी पड़ना (उत्साह आदि पर) : नष्ट हो जाना।

रुखाई को देखते ही सुखदा के उत्साह पर पानी पड़ गया। (च०)

पानी-पानी कर देना : बहुत लज्जित कर देना।

मां के अनकहे उपालम्भ ने उसे पानी-पानी कर दिया था। (शि०)

पानी-पानी होना : बहुत लज्जित होना।

भार्गव का मन स्वयं अपने इस अपराध को लेकर पानी-पानी होने लगा। (अ० ला० ना०)

पानी पीकर जाति पूछना : कोई काम कर चुकने पर उसके औचित्य पर विचार करना।

जो कहिए सो कीजिए, पहले कर निरधार।
पानी पी घर पूछनो, नाहिन भलो विचार॥ (वृं०)

पानी पी-पीकर कोसना : उठते-बैठते गाली देना, लगातार कोसते रहना।

माताजी तो हमें पानी पी-पीकर कोसती हैं। (गु० रा०)

पानी फिरना : नष्ट हो जाना।

तुम्हारे इस काम से कांग्रेस के प्रयत्नों पर पानी फिर जाएगा। (य०)

पानी फेरना : नष्ट करना, पूर्णतया बिगाड़ देना।

तुमने तो सब किए-कराए पर पानी फेर दिया। (ब० च०)

पानी बांधना : 1. बांध या मेंड़ बनाकर पानी को रोक रखना। 2. मंत्र या जादू आदि द्वारा बढ़ते या बरसते हुए पानी को रोक देना।

बुढ़िया ने सरल विज्ञता से कहा—"बेटा, जड़ियां तो ऐसी-ऐसी होती हैं कि चाहे आग बांध लो, पानी बांध लो, मुरदे को जिला दो और मुद्दई को घर घर बैठे मार डालें। (प्रे० च०)

पानी भरना : अत्यन्त तुच्छ प्रतीत होना।

उनका संगीत-ज्ञान ऐसा था कि बड़े-बड़े उस्ताद उनके सामने पानी भरते हैं।

पानी में आग लगाना : जहां झगड़ा होना असम्भव हो वहां झगड़ा करा देना, असम्भव बात को सम्भव कर दिखाना।

पानी में फेंकना या डालना : व्यर्थ बरबाद करना, रुपया ऐसी जगह बरबाद करना जहां से कुछ लाभ न हो।

पानी रखना : सम्मान की रक्षा करना, इज्ज़त बचाना।

कह गिरिधर कविराय, बड़ेन की याही बानी।
चलिए चाल सुचाल, राखिए अपनो पानी॥ (गि० ध० क०)

पानी लगना : 1. स्थान विशेष की जलवायु के कारण स्वास्थ्य बिगड़ना। 2. नए मनुष्यों के संग अथवा परिस्थिति का प्रभाव पड़ना।

मुझे मालूम हो गया है कि शहर का पानी तुझे भी लगा, तूने अपनी सहेलियों का रंग पकड़ा। (प्रे० च०)

3. पानी इकट्ठा होना। 4. दांत में पानी से कष्ट होना।

पानी लेना : बेइज़्ज़त करना, प्रतिष्ठा नष्ट करना।

पानी से पतला : बहुत फीका, जिसमें मिठास कम हो।

पाप उदय होना : संचित पाप का फल मिलना।

पाप कटना : 1. पाप का नाश होना। 2. झगड़ा दूर होना, झंझट मिटना।

चलो पाप कटा, अब चाहे कहीं जाकर वह अपना मुंह काला करे। (शि०)

पाप कमाना : दूषित, निषिद्ध या पापमय काम करना जिससे किसी को हानि हो।

पाप का घड़ा फूटना : पाप के बहुत बढ़ जाने पर पापी का नाश हो जाना।

पाप का घड़ा भरना : पाप का पराकाष्ठा को पहुंच जाना।

यह दुष्ट समझता था कि इसके पापों का घड़ा कभी भर ही न पावेगा। (अ० ला० ना०)

पाप मोल लेना : जान-बूझकर बखेड़े के किसी काम में फंसना।

तुमने नाहक ही पाप मोल लिया है, अब इससे छुटकारा पाना भी मुश्किल हो गया है। (प्रे० च०)

पापड़ बेलना : 1. बहुत तरह के काम करना।

यों तो मैंने कई तरह के पापड़ बेले थे, पर मेरा अधिकांश समय अध्यापकी में ही बीता था। (बच्चन)

2. कठोर या अ-लाभप्रद काम करना।

मैं सरल हूं पर सरलता से चिढ़ गया हूं। उसीके कारण इतने कठिन पापड़ बेले। (अ० ला० ना०)

पार उतरना : 1. भवबंधन से मुक्त होना। 2. सब काम-धाम से छुटकारा पाना।

किन्तु देव कब समझोगे, हैं यही स्वर्ग, जीवन, संसार।
यही पुण्य है एक जगत का, उतरेंगे इससे ही पार॥ (गो० सि० ने०)

3. दूसरे किनारे पहुंचना। 4. मतलब साधकर किनारे हो जाना।

पार उतारना : 1. कष्ट या दुःख से उद्धार करना, भव सागर से उद्धार करना, मोक्ष प्रदान करना।

अन्तरजामी एक तुम, आतम के आधार।
जो तुम छोड़ो हाथ तौ, कौन उतारै पार॥ (क०)

2. दूसरे किनारे पहुंचाना।

पार पाना : 1. पराजित करना या किसी के विरुद्ध सफलता प्राप्त करना। 2. अंत पाना।

पार लगना : उस पार पहुंचना।

पार लगाना : 1. उद्धार करना। 2. नदी आदि के दूसरे किनारे पहुंचा देना। 3. काम पूरा करना।

पार होना : 1. दूसरे किनारे पर पहुंचना। 2. दूसरी तरफ़ निकलना।

पारा उतरना : क्रोध शान्त होना।

पारा चढ़ना : क्रोध आना, क्रुद्ध होना।

पार्ट अदा करना : भूमिका निभाना, कर्तव्य पालन करना।

पाला पड़ना : काम पड़ना, साबिका या वास्ता पड़ना।

क्या तू समझता है कि तेरा पाला किससे पड़ा है। (रां० रा०)

पाले पड़ना : किसी से काम पड़ना किसी के वश में होना।

घोड़ा भी याद करता कि किसी के पाले पड़ा था। (प्रे० च०)

पास न फटकना : नजदीक न आना।

पासा पड़ना : भाग्य अनुकूल होना, जीत का सूचक कार्य।

पासा पलटना : 1. अच्छे से मन्द भाग्य होना 2. युक्ति अथवा तदबीर का उलटा फल होना। 3. स्थिति को उलट देना, जैसे—

मैं आज ही पासा पलट सकती हूं। जो झूला ऊपर उठ रहा है उसे एक ही झटके में पृथ्वी चूमने के लिए विवश कर सकती हूं। (ज० शं० प्र०)

पिण्ड छुड़ाना : साथ या पीछा छुड़ाना, जान बचाना।

चन्दर ने अपना पिण्ड छुड़ाने के लिए पूछा, "ये सब क्या हैं, वैद्यजी ?" (कम०)

पिण्ड छूटना : पीछा छूटना, संग करने वाले व्यक्ति से जान बचाना।

पिण्ड छोड़ना : पीछा, साथ या जान छोड़ना।

जो कहिए वह करने को तैयार हूं, जब तक आप न बताएंगे मैं पिण्ड न छोड़ूंगा। (प्रे० च०)

पिण्ड देना : श्राद्ध और तर्पण करना।

पित्त उबलना (या खौलना) : बहुत क्रोध आना।

तुम्हारी बातें सुनकर शेरी पित्त खौलने लगती है।

पित्ता गरम होना : क्रोधी स्वभाव होना।

पित्ता पानी करना : बहुत परिश्रम करना।

पिल पड़ना : किसी काम को समाप्त करने के लिए यत्न करना।

पीछा करना : 1. किसी बात के लिए किसी को तंग करना। 2. खदेड़ना।

पीछा छुड़ाना : पिण्ड छुड़ाना, जान छुड़ाना।

प्रेमशंकर किसी तरह उनसे पीछा छुड़ाना चाहते थे, पर इसका कोई उपाय नहीं सूझता था। (प्रे० च०)

पीछा छूटना : पिण्ड छूटना, छुटकारा पाना।

जिस मनुष्य ने करोड़ों रुपये दान कर दिए। जिस के यहां से कोई विमुख नहीं लौटा, उसका पीछा याचकों से कैसे छूट सकता है? (प्रे० च०)

पीछा छोड़ना : पिण्ड छोड़ना।

मैं तो बिना गीत सुने आज तुम्हारा पीछा नहीं छोड़ूंगी। (प्रे० च०)

पीछा दिखाना : भागना, युद्ध के मैदान से भागना।

पीछा देना : किसी काम में पहले साथ देकर फिर किनारा करना।

पीछे दौड़ना : बिना सोचे-समझे किसी का अनुकरण करना।

पीछा पकड़ना : 1. आश्रय लेना। 2. साथ पकड़ना।

पीछे छूटना : पिछड़ जाना।

पीछे छूटना (किसी के) : किसी की स्थिति, कार्य आदि का पता लगाने के निमित्त अथवा उसकी निगरानी के लिए नियुक्त किया जाना, पीछे रह जाना।

पीछे छोड़ना : 1. किसी को पकड़ने के लिए दौड़ना 2. किसी रहस्य का पता लगाने के लिए गुप्तचर नियुक्त करना। 3. किसी को पछाड़ देना; किसी से आगे बढ़ जाना।

पीछे पड़ना : 1. किसी बात के लिए लगातार कहते रहना; तंग करना, विवश करना।

गोमती ने एक दिन दाल में मसाले के साथ थोड़ी-सी लाल मिर्च भी डाल दी। पंडितजी ने दाल कम खाई। पर गोदावरी गोमती के पीछे पड़ गई। (प्रे० च०)

2. काम को कर डालने पर तुल जाना।

पीठ की खाल उधेड़ना : कड़ी सज़ा देना।

पीठ चारपाई से लगना : बीमारी के कारण अत्यन्त कमज़ोर हो जाना।

पीठ ठोंकना : शाबाशी देना।

पीठ दिखाना : लड़ाई के मैदान से भागना।

पीठ देना : 1. विमुख होना, मुंह फेरना। 2. लेटना।

पीठ पर हाथ फेरना : शाबाशी देना, हिम्मत बढ़ाना।

महेन्द्र ने इन्दु से कहा—अगर मैं अपने सेवक की डांट-फटकार करूं, और तुम उसकी पीठ पर हाथ फेरो, तो मैं इसके सिवा और क्या समझ सकता हूं कि तुम मुझे कलंकित करना चाहती हो। (प्रे० च०)

पीठ पर होना : सहायक होना, किसी का सहारा लेना।

पीठ पीछे : किसी की अनुपस्थिति में।

वह पीठ पीछे किसी की बुराई नहीं करता। (रमेश चन्द्र)

पीठ फेरना : 1. भाग जाना। 2. लौटना, वापस जाना।

पीठ में धूल लगना : हार होना।

पीठ में धूल लगना : हराना।

कभी किसी माई के लाल ने मेरी पीठ में धूल नहीं लगाई। (प्रे० च०)

पीठ लगना : 1. कुश्ती में चित्त किया जाना, पछाड़ा जाना। 2. हार होना 3. अत्यधिक बीमारी से उठ न पाना।

पीस कर पी जाना/पीस डालना : नाश कर देना।

जिसके पास चार पैसे हो गए वह यही सोचता है कि किसे पीस कर पी जाऊं। (प्रे० च०)

पुकार मचना : बुरे कामों के कारण चर्चा होना।

पुकार मचाना : सहायता अथवा न्याय पाने के लिए लोगों को बुलाना।

पुट्ठे पर हाथ न रख पाना : किसी को ललकारने का साहस न होना।

पुतला बांधना : किसी की बदनामी फैलाना।

पुतली फिर जाना : 1. आंखें पथरा जाना। 2. घमंड होना।

पुरखे तर जाना : पुत्र आदि के सत्कार्यों से पूर्व पुरुषों का सम्मान या उसका गति प्राप्त होना।

पुरजा ढीला होना : व्यक्ति का सनकी होना, सामान्य न होना।

पुराना खुर्राट या पुराना घाघ : बहुत अनुभवी तथा चालाक व्यक्ति।

पुरानी लकीर पर चलना : पुरानी प्रथा के अनुसार काम करना।

पुरानी लकीर पर आंख मूंद कर चलने से पद्माकर को कहीं-कहीं धोखा भी खा जाना पड़ा है। (वि० ना० प्र० सि०)

पुरानी लकीर पीटना : दे० 'पुरानी लकीर पर चलना।'

क्या मैं ही सबसे गया बीता हूं कि वही पुरानी लकीर पीटे जाऊं? (प्रे० च०)

पुल टूटना या टूट पड़ना : अधिकता होना, जमघट होना।

पूछ होना : 1. सम्मान से किसी के बारे में जानना। 2. मांग अथवा जरूरत होना।

पूजा करना : 1. घूस देना, 2. मारना-पीटना।

पूरा उतरना : 1. कोई बात सही साबित होना, 2. कोई बात ठीक से सम्पन्न होना या किसी चीज का किसी आवश्यकता पर पूरा पड़ना।

पूरा न पड़ना : आवश्यकता के अनुरूप किसी चीज़ की कमी पड़ना, यथेष्ट रोना।

पूरा होना : भर जाना, 2. अन्त या समाप्ति तक पहुंचना, पूरे दिन होना।

पूल बांधना (तारीफ़, प्रशंसा का) : अत्यधिक प्रशंसा करना।

पृथ्वी आकाश का अन्तर : बहुत बड़ा अन्तर; दे० 'जमीन-आसमान का अन्तर।'

पृथ्वी पर चरण न पड़ना : अभिमान या हर्ष से फूला न समाना; दे० 'जमीन पर पैर न पड़ना।'

तेरे चरण अब पृथ्वी पर क्यों नहीं पड़ते? (प्रे० च०)

पेच घुमाना : ऐसी युक्ति करना जिससे किसी के विचार बदल जांय।

वह तो मेरी सहायता करने के लिए तैयार था।

पेट काटना : 1. भरपेट भोजन न करना, बहुत किफायत से रहना।

पेट काटकर किसी-न-किसी तरह वह एक हारमोनियम ले आया था। (उ० ना० प्र०)

2. भर पेट भोजन न देना, कम मज़दूरी देना।

पेट का गहरा : भेद न प्रकट करने वाला।

पेट का धन्धा : जीविका उपार्जन का काम।

हम साधारण व्यक्ति सदा पेट के धन्धे में लगे रहते हैं, भगवद् भक्ति क्या करेंगे ?

पेट का पानी न पचना : कोई बात बिना कहे या पूछे रहा न जाना।

बिना सब हाल कहे इसके पेट का पानी न पचेगा। (ब० च०)

पेट का पानी न हिलना : ज़रा-सा भी परिश्रम न पड़ना।

पेट का हल्का : 1. अच्छे स्वभाव का, 2. कोई बात पचा न पाना।

पेट का हाल : गुप्त बात।

पेट की आग/ज्वाला : भूख; दे० 'पेट की ज्वाला।'

उसने बहिनों को, बेटियों को, माताओं को पेट की आग में तिल-तिल झुलसते देखा है।

पेट की थाह लेना : भेद की बात मालूम करना।

जगधर ने मेरे पेट की थाह लेने के लिए यह जाल फेंका है। (प्रे० च०)

पेट बजाना : 1. पेट को उंगलियों के आघात से बजाना, 2. जाहिर करना कि मैं भूखा हूं।

पेट भरना : 1. भूख मिटना, 2. इच्छा पूर्ण होना, सन्तोष होना।

पेट में आंत मुंह में दांत न होना : अत्यधिक वृद्धा होना, कुछ न पचना और दांतों का झड़ना।

पेट की बात : गुप्त बात।

पेट की मार मारना : आजीविका का आधार छीन लेना, आजीविका नष्ट करना।

पेट गिरना : गर्भपात होना।

पेट गिराना : पेट का बच्चा गिराना, गर्भपात कराना।

पेट गुड़गुड़ाना : वायु कुपित होने के कारण पेट में गुड़गुड़ शब्द होना।

पेट चलना : 1. दस्त आना। 2. गुजर होना।

"यही गाती है इसी से हम दोनों का पेट चलता है।" (ज० शं० प्र०)

पेट छटना : 1. मोटापा कम होना 2. मल निकल जाने से पेट हल्का होना।

पेट जिलाना : किसी तरह रोजी कमाना या पेट भरना।

अब वह दासी की तरह घर में पड़ी-पड़ी पेट जिलाया करे। (प्रे० च०)

पेट पर लात मारना : जीविका से वंचित करना, रोजी ले लेना।

पेट पालना : जीविका कमाना, भरण-पोषण करना।

पेट-पीठ एक होना या पेट पीठ से लगना : बहुत भूखा होना, बहुत दुर्बल होना।

पेट फूलना : 1. पेट में वायु का प्रकोप होना, अफरना। 2. बहुत अधिक हंसने के कारण पेट में हवा भर जाना। 3. किसी बात को कहने, जानने आदि के लिए बेचैन होना। 4. गर्भ ठहरना।

पेट में घुसना : रहस्य जानने के लिए मेल बढ़ाना।

पेट में चूहे कूदना : 1. बहुत भूख लगना, 2. मन में खलबली होना।

पेट में दाढ़ी होना : बचपन में ही बहुत चतुर होना, देखने में सीधा और छोटा परन्तु चालाक होना।

पेट में पानी न पचना, पेट में बात न पचना : कोई बात छिपा न सकना, कहे बिना रह न सकना; दे० 'पेट का पानी न पचना।'

जैसा तुम मां-बेटियों का स्वभाव है, पेट में पानी भी नहीं पचता। (शि०)

पेट में बल पड़ना : इतना हंसना कि पेट दुखने लगे।

पेट मोटा होना : धनी या सम्पन्न होना।

पेट रखना : बात छिपाना।

राजेश्वरी ने कंचन के जाने की कुछ चर्चा ही नहीं की। मुझसे बात छिपाई, पेट रखा। (प्रे० च०)

पेट रहना : गर्भ रहना।

जिस दिन से गोबर झुनियां के घर गाय लाने गया है उसी दिन से दोनों में ताक-झांक होने लगी। पेट न रहता तो अभी बात न खुलती; मगर जब पेट रह गया, तो झुनिया लगी घबड़ाने। (प्रे० च०)

पेश आना : बर्ताव करना।

ऐसे प्यार और सम्मान से दुनिया का कोई पति अपनी स्त्री से कम पेश आया होगा। (सु०)

पेश करना : 1. भेंट या उपहार देना, 2. सामने रखना, जैसे—पान पेश करना।

पेश पाना : जीतना।

कोटा ने कहा—तुम ऐसे आकाशारोही वैद्य से क्यों कर पेश पाओगे? (प्रे० च०)

पैंतरे बदलना : 1. अपना काम निकालने के लिए चाल या व्यवहार बदलना, नई चाल चलना। 2. तलवार पटा आदि चलाते समय मुद्राएं बदलना।

पैबन्द लगाना : 1. कोई कल्पित बात ठीक जान पड़ना, 2. थेगली लगाना।

पैमाना भर जाना : कार्य सीमा तक पहुंच जाना।

पैर उखड़ना/उखड़ जाना : भाग जाना, लड़ने के लिए सामने खड़ा न रहना; दे० 'पांव उखड़ना।'

पैर कीचड़ में सनना : भयावह या कष्टप्रद स्थिति जिससे शीघ्र छुटकारा न हो।

पैर की जूती : दासी सेविका अत्यन्त नगण्य व्यक्ति जिससे दुर्व्यवहार होता तो।

पैर न टिकना : कहीं स्थायी रूप से अथवा कुछ समय भी टिक न पाना।

पैरों के तलवे चाटना : दे० 'तलवा चाटना।'

पैरों की धूल : दासी, सेविका, तुलना में नगण्य।

पैर जमना : दे० 'पांव जमना।'

पैर जमीन पर न पड़ना : दे० 'पांव जमीन पर न पड़ना।'

पैर पकड़ना : दे० 'पांव पकड़ना।'

पैर पूजना : दे० 'पांव पूजना।'

पैरों के तले की ज़मीन खिसक जाना : दे० 'पांव तले से जमीन खिसक जाना।'

पैरों पर पगड़ी रखना : अपनी प्रतिष्ठा बचाने के लिए किसी की खुशामद करना।

पैर फैलाकर सोना : निश्चिन्त रहना।

बादशाह के बाग की रखवाली करने वाले पैर फैलाकर सोते थे, वे समझते थे कि यहां भला कौन आ सकता है? (अ० बे० च०)

पैर भर जाना : थक जाना।

पैर भारी होना : दे० 'पांव भारी होना।'

पोल खुलना : किसी का छिपा हुआ दोष प्रकट होना।

बाबू श्यामचरण ने ऐसी बाल की खाल निकाली कि थानेदार साहब की पोल खुल गई। (प्रे० च०)

पोल खोलना (किसी की) : किसी की कमज़ोरियों और छिपे हुए दोषों को प्रकट करना।

मुझ जैसे अपरिचित व्यक्ति के सामने अपनी सगी बहन की पोल खोलने में वह तनिक भी संकोच का अनुभव नहीं करती थी। (इ० चं० जो०)

पैसे का गुलाम : जो मनुष्य धन के लालच से सब काम करता हो।

पैसे फूंकना : धन व्यर्थ बरबाद करना।

पैसा पल्ले होना : धन-सम्पत्ति पास होना।

पैसा कमाना : धन अर्जित करना।

पैसे की गर्मी : 1. धन होने का गर्व, 2. धन पास होने पर खूब खर्च करना।

पौ फटना : प्रातः काल आकाश में लाली छाना, सवेरा होना।

पौ फटते-फटते चाय न मिलने से सास को असुविधा होने लगती थी। (य०)

पौ बारह होना : सभी ओर से लाभ के अवसर प्राप्त होना, मुनाफ़ा होना।

पौने सोलह आने : अधिकांश, लगभग पूरी मात्रा में।

प्रपंच फैलाना : ढकोसला करना, झूठा दिखावा करना।

प्रलय मचना : उपद्रव होना, संहार होना।

प्रलय मचाना : नर-संहार करना, अनेक लोगों को मार डालना।

प्रशंसा के पुल बांधना : अधिक तारीफ करना।

प्राण अटकना : किसी वस्तु या व्यक्ति में ध्यान रहने के कारण जान न निकलना।

प्राण उड़ जाना : हक्का-बक्का हो जाना, बहुत भयभीत हो जाना।

प्राण कण्ठ या गले में आना : बहुत घबड़ाना, बहुत व्यग्र होना।

उस समय दर्शकों के प्राण कण्ठ में आ बसे थे। (जै० क्षु०)

प्राण खाना : तंग करना; दे० 'जान खाना।'

प्राण गले या (या मुंह) तक आना : 1. मरणासन्न होना। 2. तंग आना, बहुत दुख होना।

प्राण छूटना : बहुत व्याकुल होना। 2. मर जाना।

प्राण छोड़ना : मरना।

प्राण डालना : जीवन का संचार करना।

नेताजी सुभाष चन्द्र बोस के शब्दों ने जनता में प्राण डाल दिये।

प्राण देना : 1. मरना; दे० 'जान देना।' 2. (किसी व्यक्ति या वस्तु पर) को बहुत प्रेम करना, बहुत चाहना।

साधु-संन्यासी तक पैसों पर प्राण देते हैं। (प्रे० च०)

प्राणों पर खेलना : ऐसा काम करना जिसमें जान जाने का खतरा हो।

प्राण/प्राणों पर बीतना : 1. जीवन संकट मेंपड़ना; दे० 'जान पर बीतना।' 2. मर जाना।

प्राण बसना (किसी वस्तु में) : अति प्रिय होना।

दर्पण, कंघी और इत्र-तेल में तो मानो कमला देवी के प्राण ही बसते थे। (प्रे०च०)

प्राण मुट्ठी, हाथ या हथेली में लिए रहना : जान को खतरे में डालने के लिए तैयार रहना।

प्राण में प्राण आना : सन्तोष होना, जी ठिकाने होना।

प्राण लेकर भागना : बचने के लिए तेजी से भागना; दे० 'जान लेकर भागना।'

प्राण सूखना/सूख जाना : अत्यधिक दुःख या भय होना, बहुत घबड़ा जाना।

किसान की बात सुनकर मेरे प्राण सूख गए। (य०)

प्राण हथेली पर लेना : दे० 'प्राण मुट्ठी में लिए रहना।'

प्राण हरना : 1. मार डालना। 2 अत्यधिक दुख देना।

प्राणों की बाजी लगाना : जान की परवाह न करना।

प्राणों के लाले पड़ना : जान जोखिम में होना, जान बचाना कठिन होना; दे० 'जान के लाले पड़ना।'

प्राणों पर आ पड़ना, बनना या बीतना : जीवन संकट में पड़ना, जान खतरे में होना; दे० 'जान पर आ बनना।'

हमारे प्राणों पर जो बीत रही है उसे हम ही जानते हैं। (गु० रा०)

प्राणों पर खेलना/खेल जाना : जान जोखिम में डालना, प्राण देना, आत्म-हत्या करना; दे० 'जान पर खेलना।'

फ

फंका मारना : चूर्ण या अन्य कोई वस्तु हथेली पर रखकर फांकना।

फंदा लगना : 1. जाल फैलाना। 2. धोखा चल जाना।

फंदा लगाना : फंदा लगाना, जाल में फंसाना।

फंदे में आना : जाल में फंसना।

फक हो जाना या पड़ना : चेहरे का रंग फ़ीका पड़ जाना।

फक्कड़ तोलना : गंदी गालियां देना।

फगुआ खेलना : होली के उत्सव में एक-दूसरे पर रंग, गुलाल आदि डालना।

फटकना पछोरना : अच्छी तरह से देखना-भालना या जांच-पड़ताल कराना, धान आदि साफ करना।

फटकार बताना : डांटना-फटकारना, लानत-मलामत करना।

फटा जाना : बहुत कड़ा दर्द होना।

ऐसी पीड़ा है कि माथा फटा जा रहा है। (हि० श० सा०)

फटी-फटी आंखों से देखना : बहुत आश्चर्य परन्तु नम्रतापूर्वक देखना।

फटे में पांव देना : दूसरे की विपत्ति अपने ऊपर लेना।

फटे हाल : बहुत गरीब होना।

मैं यह नहीं दिखाना चाहता कि हम इतने फटे हाल हैं। (प्रे० च०)

फड़क उठना : उमंग में आना, आनन्दित होना।

फफोले फोड़ना : अपने दिल की जलन प्रकट करना, जली-कटी सुनाना।

तुम्हारे दारिद्रय और इससे अधिक तुम्हारे प्रेमविहीन व्यवहार ने मुझमें असन्तोष का अंकुर जमा दिया और चारों ओर पाप-जीवन की मन-मर्यादा, सुख-विलास देखकर इस अंकुर ने बढ़ते-बढ़ते सारे हृदय को छा लिया। उस समय इस फफोले को फोड़ने के लिए ज़रा-सी ठेस भी बहुत थी। (प्रे० च०)

फतवार देना : निर्णय थोपना।

फबती कसना : हंसी उड़ाना, किसी को हास्यास्पद बनाने के लिए कोई मनगढन्त या विचित्र बात कहना।

फरार होना : कानून की गिरफ्त में आने से बचने के लिए छिपना।

फरियाद सुनना : प्रार्थना सुनना, शिकायत सुनाना।

प्रजा से डंडों के जोर से रुपये वसूल किए जा रहे हैं और कोई फ़रियाद नहीं सुनता। (प्रे० च०)

फल चखना : दण्ड देना, बदला लेना, कुपरिणाम भुगतना।

फल पाना या भोगना : 1. किए का बदला पाना, दण्ड पाना।

उद्धत पर्वतेश्वर अपने गर्व का फल भोगे। (ज० शं० प्र०)

2. पुरस्कार पाना, सुख पाना ।

फलना-फूलना : सुखी और सम्पन्न होना ।

गणतंत्रों में सब प्रजा फल-फूल रही है । (ज० शं० प्र०)

फांसी खड़ी होना : प्राण जाने का डर होना ।

फांसी चढ़ना : पाश द्वारा प्राणदण्ड पाना ।

फांसी चढ़ाना या देना : गले में फंदा डालकर मार डालना ।

फाके मस्ती : गरीबी या खाने की कमी होने पर भी मस्त रहना ।

फाग खेलना : 1. होली को एक-दूसरे के ऊपर रंग, गुलाल आदि डालना; दे० 2. आमोद-प्रमोद करना ।

फाड़ खाना : 1. काटने दौड़ना, झल्लाना । 2. भयानक जान पड़ना ।

सैकड़ों स्त्रियों का जमघट था, परन्तु एक विरजन के बिना घर फाड़े खाता था । (प्रे० च०)

फाड़ खाना : 1. काटने दौड़ना, झल्लाना । 2. भयानक जान पड़ना ।

सैकड़ों स्त्रियों का जमघट था, परन्तु एक बिरजन के बिना घर फाड़े खाता था । (प्रे० च०)

फावड़ा बजाना : खोदकर गिरा देना ।

फिकरा कसना : कटाक्ष करना, व्यंग्य करना ।

फिरे मुंह : फटकार है, लानत है उस मुंह पर ।

फिसल जाना/पड़ना : 1. खूबसूरती पर मुग्ध होना, 2. आचार-व्यवहार के नियम-कायदे से गिरना ।

फीका पड़ना : मुंह फीका पड़ना, 2. किसी बात में हल्का पड़ना ।

फुर्र हो जाना : देखते-देखते छूमन्तर हो जाना ।

फुरेरियां उठना : पुलकित होना, गद्गद् होना ।

गोविन्दी का अन्तःकरण खिला जा रहा था । ऐसी फुरेरियां वहाँ कभी न उठी थीं । (प्रे० च०)

फुलझड़ी छोड़ना : आक्षेप करना, कटाक्ष करना ।

सम्पादक लोग अपने ग्राहक बढ़ाने के लिए दूसरों पर कोई न कोई फुलझरी छोड़ते रहते हैं । (प्रे० च०)

फुस-फुस करना : बहुत धीमे-धीमे या अस्पष्ट रूप से बोलना ।

बात या सलाह करना ।

फूंक कर पहाड़ उड़ाना : असम्भव काम करना ।

फूंक डलवाना : झाड़-फूंक करवाना, तंत्र-मंत्र करवाना ।

फूंक निकल जाना : 1. प्राण निकल जाना, मर जाना । 2. अत्यन्त भयभीत हो जाना ।

फूंक-फूंककर कदम (या पैर) रखना : बहुत सोच-समझकर काम करना।
अब वह फूंक-फूंककर कदम रखना सीख गई थी। (शि०)

फूट डालना : मतभेद पैदा करना।

फूट पड़ना : 1. मतभेद पैदा होना। 2. एकाएक रो पड़ना। 3. कोई दबी हुई बात उगल देना। 4. प्रस्फुटित होना, जैसे—कलियां खिल उठीं, बहार फूट पड़ी।

फूट-फूटकर रोना : बहुत अधिक रोना, करुण-विलाप करना।

फूटी आंखों न देखना : ज़रा भी अच्छा न लगना, अप्रिय लगना।

फूटी आंखों न भाना या सुहाना : तनिक भी अच्छा न लगना, बहुत बुरा लगना।
बुआ और अम्मा को कुसुम के साथ मेरी मैत्री फूटी आंखों न सुहाती थी।

फूटी कौड़ी भी न होना : कुछ भी धन पास न होना, अत्यन्त निर्धन होना।

फूल कर कुप्पा हो जाना : अत्यन्त प्रसन्न होना, प्रसन्नता से फूले न समाना।

फूल चुनना : पौधों, लताओं से फूल इकट्ठे करना। 2. हिन्दुओं में मृतक के दाह-संस्कार के बाद अस्थियां चुनना।

फूल झड़ना (मुंह से) : मुंह से प्रिय और मधुर बातें निकलना।

फूल बरसना : मीठी अच्छी बातें कहना।

फूल सूंघकर रहना : बहुत कम खाना (व्यंग्य)
भैया समझते हैं कि भाभी फूल सूंघ कर रहती हैं, सारा खाना मैं ही डकार जाती हूं। (ब० च०)

फूला-फूला फिरना : बहुत आनन्द में रहना।

फूला न समाना : अत्यन्त हर्षित होना, आनन्दित होना।

फूलों की सेज : सरल तथा सुखदायक वस्तु।

फूलना-फलना : दे० 'फलना-फूलना।'

फेर खाना : सीधा न जाकर इधर-उधर घूमकर अधिक चलना।

फेर पड़ना : चक्कर पड़ना, घुमाव का रास्ता पड़ना।

फेर में डालना : असमंजस में डालना।
तुमने तो उसे बड़े फेर में डाल दिया। (हि० श० सा०)

फेर में आना या पड़ना : चक्कर में पड़ना, धोखा खाना, किसी की बातों में उलझ जाना।

फेरे होना : ब्याह का भावर होना।

फैशन हो जाना : आम बात हो जाना।

फोकट का : बिना परिश्रम या मूल्य का।

फोकट में : मुफ्त में, बिना श्रम और व्यय के।

ब

बंटाढार होना : चौपट हो जाना, काम बिगड़ जाना।

बन्दर बांट : कोई चीज बांटने का ऐसा ढंग जिसमें मध्यस्थ ही सब कुछ हड़प जाय।

बन्दूक दागना : बन्दूक चलाना।

बखिया उधेड़ना : भेद खोलना, भण्डा फोड़ करना।

अम्मा चिल्ला रही थीं—एक-एक की बखिया उधेड़ दूंगी। (रां० रा०)

बखेड़ा मचाना : झंझट खड़ा करना।

तुम्हारी कैसी आदत है कि जब देखो एक-न-एक बखेड़ा मचाए ही रहते हो। (प्रे० च०)

बगटुट भागना : बहुत तेज़ भागना।

छप्पर में आग लगाकर मिठुआ बगटुट भागा। (प्रे० च०)

बगल गरम करना : किसी के साथ सटकर बैठना।

बगलें झांकना : उत्तर न दे सकना, निरुत्तर होने पर बचने का उपाय ढूंढ़ना।

बगलें बजाना : बहुत खुशी मनाना।

बगावत का झण्डा उठाना (या बुलन्द करना) : विद्रोह करना।

जहांगीर-पुत्र खुर्रम ने जब अपने पिता के विरुद्ध बगावत का झण्डा उठाया तो शहज़ादे के दमन करने का भार बादशाह ने रावरत्न को ही सौंपा।

बगुला भगत : ढोंगी, कपटी या धूर्त व्यक्ति, निन्दनीय आचरण वाला, कपटी भगत।

देखा न बगुला भगत साहब को? बड़ा पादरी बना फिरता था। पेट में ऐसी विद्या भरी न होती तो अकेली गुफा में भला ऐसी-वैसी नंगी औरतों की फोटो उतारता? (शि०)

बछिया का ताऊ : मूर्ख व्यक्ति।

बज्र गिरना : महान विपत्ति पड़ना।

बज्र टूटना : महान् विपत्ति पड़ना।

बजा लाना : कोई काम पूरा कर देना।

बट्टा लगना : प्रतिष्ठा-सम्मान आदि में कमी होना, दाग़ लगना।

एक विदेशी सरकार यह सहन नहीं कर सकती कि उसकी शान में बट्टा लगे। (च०)

बट्टा लगाना : कलंक लगाना।

इस संसार को केवल दुःखमय और स्वर्ग को सुखमय मानना मानों ईश्वर की निष्पक्षता में बट्टा लगाना है। (रा० चं० शु०)

बट्टे खाते डालना : जिस रकम की प्राप्ति न हो सके उसे डूबी रकमों में डालना या समझना।

बड़ा बोल बोलना : दूसरे का मान घटाने वाली बात कहना।

बड़ा मिजाज हो जाना : बहुत घमण्ड होना।

बड़ी-बड़ी बातें करना : डींग मारना, शेखी मारना।

बड़ी बात होना : बहुत बड़ा काम होना।

मैंने तुझे देखा। मिलना हो गया। बड़ी बात हुई। (च०)

बड़े बाप का बेटा : धनी-मानी व्यक्ति का पुत्र।

बढ़ के हाथ मारना : खूब लाभ या आनन्द उठाना।

बाबुओं ने समझाया कि बढ़ के हाथ मारा है। (बा० क्रु० भ०)

बढ़-चढ़कर होना : श्रेष्ठ होना।

मेरी परिचित कुमारियों में भी कितनी ही सौन्दर्य की दृष्टि से उससे कहीं बढ़-चढ़कर हैं।

बढ़-चढ़कर बातें करना या बोलना : डींग मारना, गुस्ताखी करना।

बत्तीसी खिलना : इस प्रकार हंसना कि बत्तीसों दांत दिखाई पड़ जांय।

बिन्दा की बत्तीसी खिल गई। (अ० रा०)

बत्तीसी दिखाना : ऐसे अशिष्ट ढंग से हंसना कि दांत दिखाई पड़ने लगें।

बत्तीसी बजना : सर्दी से दाँतों का बजना।

बदन में आग लग जाना : बहुत क्रोध आना।

उसकी इस मुस्कराहट से मेरे तो शरीर में आग लग जाती है। (अ० रा०)

बदला चुकाना : बदला लेना, वैर के लिए दण्ड देना; उपकार करने वाले का अहित करना।

बधाई बजना : किसी शुभ अवसर पर गाना-बजाना होना।

बधिया बैठना : बहुत घाटा होना, बहुत अधिक रुपया खर्च होना, सम्पत्ति आदि समाप्त हो जाना।

शराफत के विवाह में ताहिर अली की बधिया बैठ गई। (प्रे० च०)

बन आना : सुअवसर प्राप्त होना, खूब लाभ होना।

बन पड़ना : हो सकना, जहां तक सम्भव हो सके।

बनना बिगड़ना : लाभ-हानि या हित-अहित होना।

बना रहना : 1. विद्यमान रहना, मौजूदगी होना। 2. किसी से सम्बन्ध बनाये रखना।

बना हुआ : अवास्तविक, मिथ्याचारी।

बना-बनाया : सब प्रकार से पूर्ण, सुगम।

बना-बनाया खेल बिगड़ना : सिद्ध हुआ काम चौपट हो जाना।

बमचख मचना : झगड़ा मचना।

ज्ञान शंकर चाहते थे कि महिलाओं में बमचख मचे। (प्रे० च०)

बरकत होना : थोड़ी चीज़ से अच्छा काम बनना, अच्छा गुजारा होना।

बरपा होना : उठ खड़ा होना, कोई नई बात उठ पड़ना।

बरस पड़ना : बहुत अधिक क्रुद्ध होकर मन में आई हुई बात एक साथ कह बैठना, डांटना-फटकारना।

बहुत दिनों से वह चुप बैठे थे, आज न जाने क्यों बरस पड़े। (गु० रा०)

बराबर करना : उड़ा देना, समाप्त कर देना।

उन्होंने दो ही बरस में अपने बड़ों की सब कमाई बराबर कर दी। (हि० श० सा०)

बल खाना : घाटा सहना।

यद्यपि इस प्रतिज्ञा के कारण उन्हें कितनी ही बार हानि उठानी पड़ी थी; कितना ही बल खाना पड़ा था, तथापि उन्होंने अब तक प्रतिज्ञा का पालन किया था। (प्रे० च०)

2. कुंचित होना, घुमाव के साथ टेढ़ा होना।

बल पर : किसी के पद, शक्ति या धन के बूते पर।

बला का : गज़ब का, हद दर्जे का।

बला मोल लेना : अपने आप किसी दुख या झंझट में फंसना।

बलाएं लेना : किसी की बला, रोग-व्याधि अपने ऊपर लेना। मंगल कामना करते हुए प्यार करना।

बला से : कुछ चिन्ता नहीं।

बलि का बकरा : दूसरों के लाभ के लिए हानि सहन करने वाला व्यक्ति (व्यंग्यार्थ में प्रयुक्त)

मैंने आप लोगों के मनोरंजन के लिए स्वयं अपने को ही बलि का बकरा बनाया है। (गु० रा०)

बलि चढ़ना : बलिदान होना, मारा जाना।

बलि चढ़ाना : बलिदान देना, देवता के उद्देश्य से घात करना।

बलि जाना : निछावर होना, न्यौछावर होना।

बलि जन्मभूमि पर जाएंगे। (श्या० ना० पां०)

बलिहारी जाना : निछावर होना, कुरबान होना।

बलैया लेना : 1. किसी का रोग-दुख अपने ऊपर लेना, मंगल कामना करते हुए प्यार करना।

सुकिया बलैया लेती और सौ-सौ असीसें देती। (च०)

2. बलिहारी जाना, निछावर होना।

मैं आपकी बलैया लेता हूं, कृपा कर अपनी माया समेट लो। (वि० ह०)

बस करना : समाप्त करना, आगे कुछ न करना।

बस चलना : वश में होना।

बस न चलना : विवश होना।

बस होना : समाप्त हो जाना।

बसर करना : गुजारा चलाना।

बसेरा लेना : रात बिताने के लिए टिकना।

बहकी-बहकी बातें करना : आवेश में पागलों की सी बेसिर-पैर की बातें बोलना।

बहती गंगा में हाथ धोना : 1. किसी ऐसी बात से लाभ उठाना जिससे सब लोग लाभ उठा रहे हों।

यह जो अनगिनत लेकचरर और प्रोफेसर हैं, क्या सबके सब सादा जिन्दगी के नमूने हैं? वह तो लिविंग का स्टैण्डर्ड ऊंचा कर रहे हैं, तो फिर लड़के भी क्यों न ऊंचा करें क्यों न बहती गंगा में हाथ धोवें? (प्रे० च०)

2. सफल चलते काम से लाभ उठाना।

बहत्तर घाट का पानी पीना : अनेक प्रकार के अनुभव प्राप्त करना (बुरे अर्थ में प्रयुक्त)।

बांएं हाथ का खेल : बहुत सुगम काम, ऐसा काम जो बांएं हाथ से भी खेल ही खेल में किया जा सके।

बांछें खिल जाना : प्रसन्न होना, बाछें खिलना।

बांस पर चढ़ना : बदनाम होना।

तुम्हारे कारण परिवार से अलग हुए और दुनिया के सामने बांस पर चढ़े, सो अब तुम भी मुझे छोड़े जाते हो।

बांस पर चढ़ाना : बदनाम करना या होना।

बांसों उछलना : 1. अत्यधिक प्रसन्न होना। 2. अत्यधिक व्यग्र होना।

प्रतापचन्द्र रेलगाड़ी पर से उतरा। उसका कलेजा बांसों उछल रहा था और हाथ-पांव कांप रहे थे। (प्रे० च०)

बांह चढ़ाना : 1. कोई काम करने के लिए तैयार होना। 2. लड़ने को तैयार होना।

ज्यों ही मेरे मुंह से यह शब्द निकले त्यों ही उसने बांहें चढ़ा लीं और मेरी ओर लपका।

बांह टूटना : सबसे बड़े सहायक का मर जाना, भाई का मर जाना।

जब उसके भाई की मृत्यु हो गई तब उसने बिलखकर कहा -मेरी बांह टूट गई, अब मैं संसार में असहाय हो गया।

बांह देना : सहारा या आश्रय देना।

बांहों में भर लेना : आलिंगन करना।

राम ने भरत को अपनी बांहों में भर लिया। (र० प्र० व०)

बांह पकड़ना : 1. अपनाना, शरण में लेना, रक्षा करना। 2. विवाह करना।

बागडोर हाथ में लेना : नेतृत्व करना, नेता बनना।

महाराणा सांगा ने जिस समय राजपूताने की बागडोर अपने हाथ में ली उस समय शान्ति का युग न था।

बाग-बाग होना : बहुत प्रसन्न होना।

बाछें खिलना : बहुत प्रसन्न होना।

वाजिद अली शाह को बाछें खिल गईं। (च०)

बाज़ आना : त्याग करना, छोड़ना।

बाज न आना : कोई बुरी आदत न छोड़ना।

बाज़ार गर्म होना : 1. बाजार में क्रय-विक्रय होना। 2. जोर, अधिकता या प्रबलता होना, अधिक प्रचार होना।

उन दिनों विषकन्या ही को लेकर नैनीताल में भांति-भांति की कपोल कल्पनाओं का बाज़ार गर्म हो रहा था। (शि०)

इतने दिनों तक नगर में नर-हत्या और न्याय-हत्या का बाज़ार गर्म था। (प्रे० च०)

बाज़ार तेज़ होना : भाव चढ़ना, बहुत मांग होना।

बाज़ार मंदा होना : मांग कम होने के कारण चीज़ों के दाम गिरना, ग्राहक कम होना।

बाज़ार में बैठना : वेश्यावृत्ति करना; दे० 'कोठे पर बैठना।'

तुम्हें दूसरे बाइज़्ज़त तरीके से गुजारे का मौका मिलता तो तुम कभी बाजार में न बैठतीं। (य०)

बाज़ी बदना : शर्त लगाना।

बाज़ी मारना या ले जाना : दाव जीतना, बदी हुई शर्त में विजय प्राप्त करना।

बाट जोहना/देखना : प्रतीक्षा करना; दे० 'पन्थ देखना।'

मैं अभी तक तो तुम्हारी बाट देख रही थी। (च०)

बात आना : प्रसंग आना, चर्चा छिड़ना।

यदि तुम्हारी बात आई तो मैं उनसे तुम्हारी सिफारिश कर दूंगा।

बात उठना : चर्चा छिड़ना।

बात उठाना : चर्चा चलाना।

इस समय यदि विट्ठलदास 100 रुपये मासिक का लोभ दिखाते तो भी सुमन खुश न होती, किन्तु एक बार जो बात खुद ही उठाई थी उससे फिरते हुए शर्म आई। (प्रे० च०)

बात उठा न रखना : हर प्रकार का प्रयत्न करना

बात उड़ना : चारों ओर चर्चा फैलना।

बात उड़ाना : चारों ओर चर्चा फैलाना।

बात उड़ा देना : बात टाल देना।

यह ऐसी बात नहीं है जो यों ही टाल दी जाय। (ज० शं० प्र०)

बात उलटना : 1. अपनी प्रतिज्ञा के विरुद्ध आचरण करना।

मैं उसे बात दे चुका हूं; उसको उलट नहीं सकता।

2. दूसरे की बात के विरुद्ध कुछ कहना। 3. किसी की बात का आशय ही बदल देना।

बात का धनी : प्रतिज्ञापालक, वायदे का पक्का।

बात काटना : 1. कथन का खण्डन करना। 2. किसी के बोलते समय बीच में बोल उठना।

हमने बात काटकर कहा—देखिए, खां साहब, रोजे तो जब चाहे रक्खे जा सकते हैं। (उ० ना० प्र०)

बात का बतंगड़/बनाना : किसी छोटी बात को बहुत बढ़ा देना।

लड़कों ने शरारत की थी, डांट देते, झगड़ा मिटता, क्यों ज़रा-सी बात का बतंगड़ बनाया ? (प्रे० च०)

बात कान में पड़ना : सुनाई पड़ना, कोई बात सुनने में आना।

बात की बात में : बहुत जल्द।

बात की बात में नदी के किनारे एक मकान बन गया।

(रा० वृ० बेनी०)

बात को गांठ में बांधना : याद रखना, किसी बात को यत्नपूर्वक याद रखने का प्रयत्न।

मेरी बात गिरह बांध लो। (प्रे० च०)

बात खाली जाना : प्रार्थना या वचन निष्फल जाना, दूसरे से प्रयोजन सिद्ध करवाने में निष्फल रहना।

बात खुलना : भेद खुलना, रहस्य प्रकट होना।

यदि बात खुल गई तो वह जान से हाथ धो बैठेगा। (रां० रा०)

बात खोलना : भेद बताना, रहस्य प्रकट करना।

बात चलना : प्रसंग आना, चर्चा छिड़ना।

बात चलना : प्रसंग लाना; चर्चा छेड़ना; प्रस्ताव करना।

बात जाना : साख जाना, एतबार जाना।

रुपया-पैसा हाथ का मैल है, आता-जाता रहता है किन्तु बात गए बात फिर नहीं बनती। (बा० कृ० भ०)

—

बात टालना : कथन या अन्यथा होना।

आपने जो कहा था वही हुआ। भला आपकी बात टल सकती है?

बात टालना : 1. सुनी-अनसुनी कर देना।

मैंने उनसे कई बार पूछा किन्तु उन्होंने मेरी बात टाल दी।

2. बात न मानना, कही हुई बात पर न चलना।

बात दुहराना : 1. उलटकर अशिष्टतापूर्वक जवाब देना। 2. पूछी हुई बात फिर कहना।

बात न आना : मुंह से शब्द न निकलना।

बात करना : अभिमान के कारण न बोलना।

मैं उसके यहां नहीं जाऊंगा। वह तो सीधे मुंह बात भी नहीं करता।

बात न पूछना : तुच्छ समझकर परवाह न करना।

मैं वहां जाकर क्या करूं, वह लोग तो मेरी बात नहीं पूछते। (गु० रा०)

बात पकड़ना : हुज्जत करना, दोष निकालना, नुक्ताचीनी करना।

अगर वह समझती कि यह मेरे हैं तो मेरी एक-एक बात क्यों पकड़ती, ज़रा-ज़रा-सी बातों पर क्यों गुप्तचरों की भांति तीव्र दृष्टि रखती? (प्रे० च०)

बात पचना : किसी से कोई बात न कहना।

जो कुछ अच्छी बात होती तो मेरे मुंह से जीते जी न निकलती, पर यह बात मेरे पेट में नहीं पच सकती। (इंशा अल्ला खां)

बात पटना : सौदा पटना, लेन-देन का मामला तै होना।

दारोगा और मुनीम में बात पट नहीं रही थी शायद। (फ० ना० रे०)

बात पड़ना : 1. प्रसंग आना; मौका पड़ना। 2. आदत पकड़ना।

बात पर जाना : 1. किसी का विश्वास करना।

इसकी बात पर न जाना, नहीं तो सब कुछ खो बैठोगे। (ब० च०)

2. किसी की बात को बुरा मानना।

तुम भी लड़के की बात पर जाते हो। (ब० च०)

बात पर बात निकालना : एक बात के उत्तर में दूसरी बात और दूसरी के उत्तर में तीसरी बात कहना।

बात पर बात निकलने लगी, विवाद की नौबत आ पहुंची, फिर व्यंग्य की बारी आई और एक क्षण में दुर्वचनों का प्रहार होने लगा। (प्रे० च०)

बात पलटना : कहकर मुकर जाना।

जो बात मैंने कही है, उसको पलट नहीं सकता।

बात पल्ले बांधना : दे० 'बात को गांठ में बांधना।'

बात पी जाना : बुरी बात सह लेना।

इस समय तो वह तुम्हारी बात पी गया है, पर बाद में बदला अवश्य लेगा।

बात पूछना : खोज-खबर लेना, आदर करना, परवाह करना।

बात फेरना : बात पलटना।

बात फैलना : बात सब लोगों को मालूम हो जाना।

अब तक उमानाथ ने सुमन के आत्मपतन की बात जाह्नवी से छिपाई थी। वह जानते थे कि स्त्रियों के पेट में बात नहीं पचती। वह किसी-न-किसी से अवश्य ही कह देगी और बात फैल जाएगी। (प्रे० च०)

बात बढ़ना : झगड़ा होना, विवाद होना।

देवदत्त कुछ भी न बोल सके। इस समय उनके अधिक बोलने से बात बढ़ जाने का भय था। (प्रे० च०)

2. मामले का तूल खींचना।

बात बढ़ाना : 1. विवाद या झगड़ा करना। 2. मामले को तूल देना।

चौधरी ने दोनों दलों को समझाया, "खैर अब तक, जो हुआ सो हुआ, अब अदालत में जाकर बात क्यों बढ़ाते हो?"

बात बदलना : पहले एक बात कहकर फिर उससे विरुद्ध दूसरी बात कहना।

बात बनना : प्रयोजन सिद्ध होना, काम बनना।

बात बनाना : 1. झूठी और व्यर्थ की बात कहना।

यह बात बनाना किसने सिखाया तुमको? (फ० ना० रे०)

2. परिस्थिति को अनुकूल बनाना।

बात या बातों में आना (किसी की) : किसी की बात को सच्ची मानना।

बात-बात में : हर बात में।

मानव-प्रकृति अलंकार से अनुराग करती है, मनुष्य बात-बात में नूतनता और चमत्कार लाने का प्रयत्न करता है। (भ० वा० दी०)

बात-बात में बात निकालना : हर बात की आलोचना करना।

कुंअर महाशय को यह उत्तर पाकर आश्चर्य तो हुआ परन्तु सुनते आए थे कि लखनऊ वाले बात-बात में बात निकाला करते हैं। (प्रे० च०)

बात ही बात में : बातचीत के दरमियान, बातचीत के सिलसिले में।

बातों-बातों में : दे० 'बात ही बात में।'

यही बात बातों-ही-बातों में सभी दासियों तथा सेवकों तक पहुंच गई। (वि० स० खां०)

बात बिगड़ना : किसी बात का ऐसा रूप धारण करना कि काम बनते-बनते बिगड़ जाय, काम नष्ट होना, काम बिगड़ना।

बात बिगाड़ना : काम बिगाड़ना।

बात मारना : असली चीज़ को छिपाकर इधर-उधर की बात कहना।

बात मुंह पर लाना : चर्चा करना।

बात रखना : वचन पूरा करना, हठ करना।

सब पण्डितों ने अमावस्या बताई। तब राघव चेतन ने द्वितीया कहकर सिद्ध यक्षिणी के बल से अपनी बात रखनी चाही। (रा० च० शु०)

बात रहना : 1. प्रतिष्ठा बनी रहना।

यह सब आप लोगों की और डाक्टर साहब की कृपा का फल है जो मेरी बात रह गई। (म० प्र० द्वि०)

2. वचन का पालन होना।

विद्यावती ने सारी कथा सुनाने के बाद ज्ञानशंकर से कहा, तुम्हें ज्वालासिंह के यहां चले जाना चाहिए था, चाचाजी की बात रह जाती। (प्रे० च०)

बात लगना : बात अप्रिय या खराब मालूम होना।

श्रद्धा ने कुछ जवाब न दिया। यह बात उसे लग गई। (प्रे० च०)

बात हारना : प्रतिज्ञा करना, वचन देना।

मैं ज्ञानशंकर से बात हार चुका हूं। अब लखनऊ जाना पड़ेगा। (प्रे० च०)

बायें हाथ का खेल : बहुत आसान काम।

बारह बाट करना : तितर-बितर करना; नष्ट करना।

बाल की खाल निकालना : व्यर्थ में सूक्ष्म आलोचना करना।

छोटी-से-छोटी बातों पर तर्क करना; दे० 'हिन्दी के चिन्दी निकालना।'

बाल खिचड़ी होना : बाल अधपके होना, बुढ़ापा आना।

ताहिर अली के सिर के बाल भी खिचड़ी हो गए हैं। (प्रे० च०)

बाल धूप में पकना : बूढ़ा होकर भी अनुभवहीन होना।

ओह; आपको इतना भी नहीं मालूम है ? क्या आपके बाल धूप में पके हैं ?

बाल पकना : बाल सफेद होना।

दुनियादारी का चक्कर देखते-देखते मेरे बाल पक गए हैं। (वि० स० खां)

बाल बराबर न समझना : बहुत तुच्छ और नगण्य समझना, कुछ परवाह न करना।

बाल बांका न करना : तनिक सी हानि न पहुंचाना।

वहाँ कोई तुम्हारा बाल भी बांका न कर सकेगा। (च०)

बाल बांका न होना : ज़रा भी हानि न होना।

बाल-बाल बचना : हानि होने में थोड़ी ही कसर रहना, विपद् में पड़ने से थोड़ा-सा बच जाना।

तांगा राजीव के ऊपर चढ़ने ही को था कि वह तत्काल पीछे की ओर हटकर बाल-बाल बच गया। (इ० चं० जो०)

बालाए ताक रखना : अलग रखना, दूर रखना, नियम आदि के अनुसार काम न करना।

बालू की भीत : ऐसी वस्तु जो शीघ्र ही नष्ट हो जाय या जिसका भरोसा न हो।

विनसत बार न लागहीं, ओछे जन की प्रीत।
अम्बर डम्बर सांझ के, ज्यों बालू की भीत ॥ (वृं०)

बावन तोले पाव रत्ती : बिल्कुल ठीक, सही।
आपकी सभी बातें बावन तोले पाव रत्ती हुआ करती हैं। (हि० श० सा०)

बासी कढ़ी में उबाल आना : बुढ़ापे में जवानी की उमंग उठना। बहुत समय बाद किसी काम के लिए यत्नशील होना।

बाहों में भरना : आलिंगन करना।

बिजली गिरना : बिजली का आकाश से पृथ्वी की ओर आना; किसी चीज़ का बिजली के निशाने में पड़ना, घोर विपत्ति आना।

बिना दाम गुलाम बनाना : किसी का बहुत बड़ा उपकार करके उसे अत्यन्त आभारी बनाना।
हुज़ूर ने बेगार बन्द करके बिना दाम गुलाम बना लिया है। (प्रे० च०)

बिना पेंदी का लोटा : जो मनुष्य अपनी राय पर दृढ़ नहीं रहता।

बिना सिर-पैर की बातें करना : ऊटपटांग बातें करना, बेतुकी बातें करना।

बिल खोजना : बहुत व्याकुल होकर शरण या रक्षा का उपाय ढूंढ़ना।
जिसने सिंह से पंजा लिया था, वह चूहे को देखकर बिल खोज रहा है। (प्रे० च०)

बिल्ली के गले में घंटी बांधना : खतरे का काम करने का यत्न करना।

बीच में कूदना : अनावश्यक हस्तक्षेप करना।
मैं तो इनसे पूछता था। तुम क्यों बीच में कूद पड़े ? (ज० शं० प्र०)

बीच में पड़ना : 1. झगड़े निपटाने के लिए पंच बनना 2. जिम्मेदार बनना।

बीच रखना : भेद करना, छिपाना, दुराव रखना, पराया समझना।

बीस होना : अपेक्षित रूप से जेष्ठ होना।

बीड़ा उठाना : कोई जोखिम भरा काम करने की जिम्मेदारी लेना।
फ्लोरेन्स नाइटिंगेल ने युद्ध-क्षेत्र में घायलों की सेवा का बीड़ा उठाया था। (च०)

बीड़ा देना : 1. कार्य करने का भार सौंपना। 2. किसी काम की पेशगी।

बीस बिस्वे : पूरे पूरे।
राधा मोहन मजूमदार गौरीपुर के ज़मींदार तो थे ही—जाति में भी बीस बिस्वे के कुलीन थे। (च०)

बुढ़ापे की लाठी : बुढ़ापे का सहारा।
मंगर के कोई सन्तान भी नहीं रही जो बुढ़ापे की लाठी बनती। (प्रे० च०)

बुद्धि चरने जाना : अकल गायब हो जाना; मूर्खता का काम करना।
कठिनाई में मेरी बुद्धि जैसे चरने चली जाती है। (प्रे० च०)

बुद्धि पर पत्थर/बज्र पड़ना : अकल ठीक न रहना।

आज तुम्हारी बुद्धि पर पत्थर पड़ गए हैं। (वृ० ला० व०)

बुरा-भला कहना : अपशब्द कहना, गाली देना।

बुरा मानना : नाराज़ होना।

बुलबुल होना : थोड़ी सी बात से अत्यन्त प्रसन्न होना।

यह हज़रत छोटी-छोटी रकमों पर गिरते हैं। जहां आसानी से सौ रुपये मिल सकते हैं वहां पांच रुपये में बुलबुल हो जाते हैं। (प्रे० च०)

बू तक न लगना : ज़रा भी खबर न होना, गुप्त रखना।

बूटी छानना : भंग पीना।

बूढ़ा तोता : बूढ़ा आदमी जिसके पढ़ने-लिखने की उम्र बीत गई हो।

बेगार टालना : मन लगाकर काम न करना।

बेड़ा गर्क करना या डुबाना : नष्ट करना, काम बिगाड़ना।

बेड़ा पार लगाना : संकट से मुक्त करना, दे० नाव पार लगाना।

बेड़ा पार होना या लगना : संकट से मुक्त होना, दे० 'नाव पार होना।'

बेंत की तरह कांपना : डर से थर-थर कांपना।

बेंत खाना : बेंत से पिटना।

बेतुकी हांकना : ऊट-पटांग बात करना, बिना सिर-पैर की बातें करना।

बेपर की उड़ाना : व्यर्थ अथवा निराधार बातें करना।

यह सभा वाले जो कुछ न करें वह थोड़ा। इन सबों को बैठे-बैठे ऐसी बेपर की उड़ाने की सूझती है। (प्रे० च०)

मुंशी मोहनलाल तो हमेशा बेपर की ही उड़ाया करते थे। (च०)

बेपेंदी का लोटा : दे० 'बिना पेंदी का लोटा।'

बेबात की बात : व्यर्थ की बात।

शर्माजी ने कहा, क्या सदन वहां तुम्हारा कंगन उठाने गया था? बेबात की बात करती हो। (प्रे० च०)

बेभाव की पड़ना : बहुत पिटना।

जानते हो कि नहीं रानी जी को? निकाले भी जाओगे और गरदन भी नापी जाएगी। ऐसी बेभाव की पड़ेगी कि चांद गंजी हो जाएगी। (प्रे० च०)

बेमोल बिकना : अत्यन्त अनुरक्त होना, मुग्ध होना, किसी के वश में होना।

बेमौत मरना : अत्यन्त कष्ट सहना, अप्राकृतिक मौत मरना।

बेलाग बात करना : साफ या यथार्थ बात कहना।

बड़ी बहू ने कुटिल नेत्रों से ज्ञान शंकर को देखते हुए कहा—मैं तो बेलाग बात कहती हूं, किसीको भला लगे या बुरा। (प्रे० च०)

बेसिर-पैर की बातें करना : दे० 'बिना सिर पैर की बातें करना।'

बैठे बिटाए : 1. अकारण, व्यर्थ । 2. अचानक ।

बैठे बैठाए यह आफत कहां से आ पड़ी । (हि० श० सा०)

बैर मोल लेना : व्यर्थ शत्रुता करना ।

किसी को ऐसी क्या गरज पड़ी है कि तुम्हारे मुंह पर तुम्हारी शिकायत करे और तुमसे बैर मोल ले ? (प्रे० च०)

बोझ उठाना : किसी बड़े काम की जिम्मेदारी लेना ।

बोझ उतरना : चिन्ता दूर होना ।

बोटी-बोटी काटना : कठोर से कठोर दण्ड देना ।

बोटी-बोटी फड़कना : सर्वांग में स्फूर्ति का अनुभव होना, अंग-अंग फड़कना ।

बोतल पर बोतल चढ़ाना : बहुत अधिक शराब पीना ।

वह बोतल पर बोतल चढ़ाता गया और अन्त में बेहोश हो गया ।

बोरिया-बंधना समेटना या बांधना या लेकर जाना : सब सामान बांधकर प्रस्थान करना ।

बोल मारना : व्यंग्य करना, ताना मारना ।

भूप ने कहा—न मारो बोल, दिखाऊं कहो हृदय को खोल । (मै० श० गु०)

बोलती बंद कर देना : भय या आतंक के अतिरेक से बोलने में असमर्थ कर देना, न बोलने देना ।

पत्तों के गहन अन्तराल से सन्नाती गोली उसकी कनपटी का स्पर्श करती एक पल को उसकी बोलती बंद कर गई । (शि०)

बोलती बंद होना : भय या आतंक के अतिरेक से बोलने में असमर्थ हो जाना, न बोल सकना, निरुत्तर हो जाना ।

आभा का मुंह एकाएक सफेद हो गया और उसकी बोलती बंद हो गई ।(च०)

बोलबाला होना : प्रभाव होना, ख्याति होना, दबदबा होना ।

बोली बोलना : 1. किसी को लक्ष्य करके उपहास या व्यंग्य के शब्द कहना । 2. नीलामी के समय मूल्य की बोली देना ।

ब्रह्मा उतर आएं : चाहे जो कुछ हो ।

अब ब्रह्मा भी उतर आएं तो मुझे विचलित नहीं कर सकते (प्रे० च०)

भ

भंडा फूटना : भेद खुलना, रहस्य पता लगना ।

भंडा फोड़ना/भंडाफोड़ करना : पोल खोलना, रहस्य या भेद प्रकट करना ।

वारेन हेस्टिंग्स और क्लाइव पर मुकदमा चलाकर उनकी काली करतूतों का भंडाफोड़ किया गया था । (च)

भगदड़ मचना : लोगों का इधर-उधर भागना।

राजपूतों की वीरता के कारण शत्रुदल में भगदड़ मच गई। (ह० शं० श०)

भगवान को प्यार हो जाना : मर जाना।

मेरी सास को तार करना मत भूलना कि बहू भगवान को प्यारी हो गई। (शि०)

भगीरथी प्रयत्न : भारी प्रयत्न, जैसा राजा भगीरथ ने गंगाजी को स्वर्ग से मर्त्य-लोक में लाने के लिए किया था।

भट्टी में जाना : नष्ट होना, लापरवाही से, उपेक्षा करना।

भनक पड़ना : आवाज़ पहुंचना, सुनाई पड़ना।

जब तक लिखा-पढ़ी पूरी न हो जाय विद्या के कानों में इसकी भनक भी नहीं पड़नी चाहिए। (प्रे० च०)

भरी थाली में लात मारना : लगी लगाई रोज़ी छोड़ना।

ईश्वर की कृपा से तुम्हारी नौकरी लग गई है। भरी थाली में लात मत मारो।

भरपाई लिखना : कर्ज वसूल पाने की रसीद लिखना।

मैंने महंगू से दस सेर और अनाज लाने को कहना। वे बोले—अब इतनी दूर कहां लेने जायगा ? भरपाई लिख दो। (प्रे० च०)

भभूत रमाना : शरीर में भभूत लगाकर साधु बनना।

भरम खुलना : भेद खुलना, शंका समाप्त हो जाना।

भरम गंवाना : बेइज़्ज़ती करना।

भांग खाना/खा जाना : नशे में होने की-सी बातें करना।

बूढ़े पंडितजी आंखें फाड़कर बोले, "आप भांग तो नहीं खा गए हैं ?" (प्रे० च०)

भांजी मारना : बाधा डालना, किसी के बनते काम को बिगाड़ना।

भांवर देना : विवाह के समय वर और बधू का अग्नि की परिक्रमा करना।

भांवर पड़ना : दे० 'भांवर देना।'

भांवर फेरना या फिरवाना : विवाह के समय वर और वधू से अग्नि की परिक्रमा करना।

पढ़े-लिखे नारदजी के साथ उन्होंने अपनी बेटी की भांवरें फिरवा दीं। (अ० ला० ना०)

भाई-चारे का बर्ताव करना : मित्रता का व्यवहार करना।

प्रेमशंकर नौकरों से भाई-चारे का बर्ताव करते थे। (प्रे० च०)

भाग्य का फेर : भाग्य का चक्कर, भाग्य का दोष, दुर्भाग्य की बात।

क्या कहूं, मेरे भाग्य का फेर है। नहीं तो एक गंवार छोकरा, जिसको

चपरासगीरी करने का भी ढंग नहीं, मुझे खड़ाऊं से मारकर यों न अकड़ता। (प्रे० च०)

भाग्य का मारा : अभागा।

भाग्य का मारा वह राजकुमार अब घास ही छीलता और दिन काटता। (म० भं०)

भाग्य खुलना/चमकना/जागना : भाग्य का अच्छा या अनुकूल होना।

कौन जाने किस समय भाग्य खुल जाय और तुम भी कुछ हो जाओ। (वृ० ला० व०)

भाड़ झोंकना : 1. व्यर्थ समय नष्ट करना।

2. नीच काम करना।

भाग्य फूटना : दुर्भाग्य होना, भाग्य का प्रतिकूल होना।

जब तू गाली बकती थी तब भली थी। इस गुंडे के बहकावे में आ गई। हाय ! मेरा भाग्य फूट गया। (वृ० ला० व०)

भाग्य में बदा होना : भाग्य में लिखा होना।

हाय ! नहीं मालूम बिरजन के भाग्य में क्या बदा है। (प्रे० च०)

भाड़ में जाय : चूल्हे में जाय, नष्ट हो जाय (एक प्रकार का शाप)।

भाड़ में झोंकना : नष्ट करना, चूल्हे में डालना, त्याग करना।

भाड़े का टट्टू : किराये का आदमी, रुपया लेकर दूसरे की ओर से काम करने वाला मनुष्य।

तुम अपनी बजाय भाड़े का टट्टू दे गए थे। (अ० प्री०)

भात खाना : बिरादरियों में बैठकर भोजन करना।

भात देना : बिरादरी को खिलाना।

भैरों ने कहा—अंधे ने मेरी आबरू बिगाड़ दी। बिरादरी में यह बात फैलेगी, तो हुक्का बन्द हो जाएगा, भात देना पड़ जाएगा। (प्रे० च०)

भानमती का कुनबा जोड़ना : भांति-भांति की छोटी-बड़ी चीजें एकत्र करना।

भानमती का पिटारा : कहते हैं कि भानमती एक जादूगरनी थी जिसके पिटारे में बहुत-सी आश्चर्यजनक वस्तुएं थीं। इसलिए 'भानमती के पिटारे' का अर्थ होता है आश्चर्यजनक वस्तुओं का संग्रह।

भारत के राजनीतिक दल राजनीति के विविध तत्वों और विचारधाराओं का मिलजुला समझौता अथवा भानमती का पिटारा है। कांग्रेस भी भानमती का पिटारा थी, जनता तो है ही। (अज्ञेय)

भार उठाना या लेना : उत्तरदायित्व लेना।

भार उतरना : किसी काम का पूरा होना। कर्त्तव्य के ऋण से मुक्त होना।

सैनिक ने कहा—मैंने अभी तक दुर्ग की रक्षा की है। आप आ गए। अब मेरा

भार उतर गया।

भार उतारना : बोझ हल्का करना।

भार देना : बोझ रखना, ज़िम्मेदार देना।

भारी होना : किसी से प्रबल होना, ज़बरदस्त होना।

हम तीनों तीन सौ पर भारी हैं : गांव के गांव ढोल बजाकर लूटते हैं। (प्रे० च०)

भिड़ के छत्ते को छेड़ना या भिड़ के छत्ते में हाथ देना : झगड़ालू आदमी को छेड़ना।

बड़ी कठिनाई से इसे शान्त किया था। तुमने आकर फिर इस भिड़ के छत्त को छेड़ दिया। (ब० च०)

भीगी बिल्ली : भय आदि से अति नम्र तथा दीन बना हुआ व्यक्ति।

भीतर बाहर एक करना : जल्दी-जल्दी भीतर से बाहर और बाहर से भीतर जाना।

माधवी भीतर बाहर एक किये हुए थी। (प्रे० च०)

भीतर ही भीतर : मन ही मन।

कुलवती स्त्रियां अपनी विपत्ति-कथा नहीं कहतीं, भीतर जलती हैं पर ज़बान से हाय नहीं करतीं। (प्रे० च०)

भीम के हाथी : कहते हैं कि एक बार भीमसेन ने सात हाथी आकाश में फेंके थे। वे आज तक वायुमंडल में घूमते हैं। इसलिए इस मुहावरे का तात्पर्य है जाकर न लौटने वाले पदार्थ।

भूत उतरना : प्रचंड क्रोध का शान्त हो जाना।

भूत का पकवान : 1. भ्रमवश दिखाई देने वाला पदार्थ। 2. सरलता से मिला हुआ धन जो शीघ्र नष्ट हो जाए।

भूत चढ़ना या सवार होना : 1. गुस्से में पागल-सा हो जाना।

कैलाश पर इस समय भूत सवार है। (प्रे० च०)

2. बहुत अधिक आग्रह या हठ होना, धुन सवार होना।

भूनी भांग न होना : अत्यन्त निश्चय होना, जैसे।

घर में भूनी भांग नहीं, उसपर इतना घमंड। (प्रे० च०)

भूमिका बांधना : किसी बात को सीधे-सीधे थोड़े में न कहकर उसे कहने के लिए इधर-उधर से बहुत-सी बातें लाकर जोड़-तोड़ भिड़ाना।

"तुम्हारी कहानी तुम्हीं से सुनने आई हूं," मैंने हंसकर भूमिका बांधी। (शि०)

भृकुटि चढ़ना : क्रोध आना, भौंह चढ़ना।

मनोहर को देखकर रामेश्वरी की भृकुटि चढ़ गई। (प्रे० च०)

भृकुटि चढ़ाना : क्रोध करना।

भृकुटी तन जाना : भौंहें चढ़ जाना, क्रोध आना।

भेड़ बना लेना (किसी को) : अपने वश में करके जो चाहना वह करवाना।

दुलरिया ने सदानन्द को अपने हुस्न व कमाल से भेड़ बना लिया। (अ० ला० ना०)

भेड़ की खाल में भेड़िया : देखने में सरल तथा भोला-भाला पर वास्तव में खतरनाक।

भैंस के आगे बीन बजाना : वज्र मूर्ख के सामने बुद्धिमानी की बातें करना।

भोग लगाना : नैवेद्य चढ़ाना, देवता या भगवान् को भोजन चढ़ाकर तब खाना।

भौंह चढ़ना : दे० 'भृकुटि चढ़ना।'

भौंह चढ़ाना/टेढ़ी करना : दे० 'भृकुटि चढ़ाना।'

भौंहें टेढ़ी करना : दे० 'भृकुटि चढ़ाना।'

भौंहें तन जाना : दे० 'भृकुटि चढ़ना।'

म

मंजिल मारना : लम्बी यात्रा पूरी करना, बहुत बड़ा काम सफलतापूर्वक पूरा करना।

सैनिक कड़ी मंजिल मारने के बाद कुछ खा-पीकर गाफिल पड़े हुए थे। (प्रे० च०)

मंत्र चलना : युक्ति सफल होना।

ज्ञानशंकर को ज्ञात हो गया कि मेरा मंत्र न चला। (प्रे० च०)

मंत्र देना : 1. परामर्श देना। 2. शिष्य बनाना।

मंत्र मारना : जादू करना, मोहित करना।

यह मनुष्य पक्का जादूगर है। इसने मुझ पर ऐसा मंत्र मारा कि मैं अपने को बिलकुल भूल गई। (प्रे० च०)

मक्खन लगाना : चापलूसी करना।

मक्खी की तरह निकाल देना/निकाल फेंकना : किसी को किसी काम से बिल्कुल अलग कर देना।

मक्खी निगलना : जानबूझकर कोई ऐसा अनुचित काम करना जिसके कारण पीछे हानि हो।

मुझसे यह अन्याय न हो सकेगा, देखकर मक्खी न निगली जायगी। (प्रे० च०)

मक्खी मारना : बेकार रहना।

मक्षिका स्थाने मक्षिका : जैसी की तैसी नकल या अनुवाद।

मगज खाना या चाटना : बोल-बोलकर या पूछ-पूछकर तंग करना। दे० 'दिमाग खाना' और 'दिमाग चाटना।'

मगज पच्ची करना : समझाने के लिए बहुत बकना।

इस काठ के उल्लू के साथ कौन मगजपच्ची करे। (ब० च०)

मगरमच्छ के आंसू : दिखावटी शोक या सहानुभूति प्रकट करना, बनावटी सहायता प्रकट करना।

मजा उड़ाना या लूटना : भोग-विलास में लिप्त रहना, सुख भोगना, आनन्द करना।

मजा किरकिरा करना : मज़ा बिगाड़ना, आनन्द नष्ट करना।

सरल शब्द मिलते ही नहीं, मिलते हैं तो भाषा में खपते नहीं, भाषा का रूप बिगाड़ देते हैं, खीर में नमक के डले की भांति आकर मज़ा किरकिरा कर देते हैं। (प्रे० च०)

मजा किरकिरा होना : मज़ा बिगड़ना, आनन्द नष्ट होना।

मजा चखना : किये हुए अपराध का दंड पाना।

मजा चखाना : किये हुए अपराध का दंड देना।

मजाक उड़ाना : हंसी करना, उपहास करना।

मति मारी जाना : बुद्धि का नाश होना।

मतलब गांठना : स्वार्थ सिद्ध करना।

जापान ने अपना मतलब गांठ लिया। (च०)

मत्था टेकना : नमस्कार करना, सिर झुकाना।

मन अटकना : किसी से प्रेम होना।

मुझे इसका दुःख नहीं है कि यह महाशय क्यों इतनी रात गए आते हैं, या उनका मन और किसी से अटका हुआ है। (प्रे० च०)

मन उड़ा या उड़ा-उड़ा सा रहना : मन स्थिर न रहना, मन अपने वश में न रहना।

कई दिन उसका मन उड़ा-उड़ा सा रहा। (म० व०)

मन कच्चा करना : साहस छोड़ना, दिल छोटा करना।

इस वर्ष असफल हो गए तो क्या हुआ ? मन कच्चा मत करो। अगले वर्ष अवश्य उत्तीर्ण हो जाओगे।

मन करना : इच्छा होना, जी चाहना।

मन का चोर : मन में छिपा हुआ दुर्भाव।

इसका कारण उसके मन का चोर ही था। (च०)

मन का मैला : खोटा, कपटी, धूर्त, धोखेबाज़।

मन की भड़ास निकालना : दिल का गुबार निकालना।

फिर भी एक दिन मैंने उनके आगे मन की भड़ास निकाल ही दी। (इ० च० जो०)

मन की मन ही में रहना : इच्छा पूरी न होना।

लाला समरकान्त ने कल्पना की थी कि जीवन संध्या में अपना सर्वस्व बेटे को सौंपकर किसी एकान्त में बैठकर भगवत्-भजन में विश्राम लेंगे; लेकिन मन की मन ही में रह गई। (प्रे० च०)

मन के अरमान मन ही में रहना : दे० 'मन की मन ही में रहना।'

मन के मोदक/मन के लड्डू खाना : काल्पनिक आनन्द लेना।

मेरी शिक्षा ने मुझे किताबों का कीड़ा बनाकर छोड़ दिया और मन के मोदक खाना सिखाया। (प्रे० च०)

मन खट्टा होना : विरक्ति, वितृष्णा या घृणा होना।

इन पदच्युत राजाओं का मन हमारी तरफ से खट्टा है। (च०)

मन खिलना : अत्यधिक हर्ष होना।

मन गिरना : उदास होना।

मन चलना : इच्छा होना।

मन चुराना : प्रेमाकृष्ट करना, मुग्ध करना।

मन छोटा करना : निरुत्साह या निराश होना।

अम्माजी, मन छोटा मत करो। (कम०)

मन जल उठना : क्रोध आना।

मन टटोलना : मन की थाह लेना।

मन टूटना : साहस छूटना, हताश होना।

अन्त में मुंशीजी का मन टूट गया, और फिर कुछ न बोले। (प्रे० च०)

मन डोलना : 1. मन का विचलित न होना।

मरम वचन जब सीता बोला।
हरि प्रेरित लछिमन मन डोला। (तु०)

2. इच्छा होना, लालच उत्पन्न होना।

मन देना : किसी पर आसक्त होना।

मन फट जाना (किसी से) : अरुचि या विरक्ति हो जाना, प्रीति न रह जाना।

मन फिरना : विरक्ति होना, चाह-प्रीति न रह जाना।

मन बढ़ना : हौसला, उत्साह या साहस बढ़ना।

मन बढ़ाना : हौसला, उत्साह या साहस बढ़ाना।

कह देते, "भाई, अभी रुपये नहीं हैं, तब तक किसी तरह काम चलाओ।"

इस तरह मन बढ़ाना कौन-सी अच्छी बात है ? (प्रे० च०)

मन बाग़ बाग़ होना : दे० 'बाग़-बाग़ होना।'

मन भरना : तृप्ति होना, अघाना।

मन भारी होना : मनस्ताप होना, खिन्न होना।

मन मसोस कर रह जाना : अत्यन्त मानसिक वेदना होना।

मन मानना : 1. अच्छा लगना, पसन्द आना। 2. निश्चय या प्रतीति होना। 3. प्रेम होना। 4. सन्तोष होना, तृप्ति होना।

मधुकर कहि कैसे मन माने।
जिनके एक अनन्य व्रत सूझै क्यों दूजो उर आवै। (सू०)

मनमानी करना : अपनी इच्छानुसार व्यवहार करना।

मनमानी घरजानी करना : जो इच्छा हो वह करना, स्वेच्छाचारी होना।

यदि राजा अयोग्य हो तो मन्त्री मनमानी घरजानी करने लगता है। (का० प्र० गु०)

मन मारना : मनोनिग्रह करना, मन को वश में करना।

विवशता में मन मार लेने के अतिरिक्त कोई चारा न था। (य०)

मन मारकर रह जाना : मन के भाव को मन ही में दबा रखना।

मन मिलना : दो मनुष्यों की प्रवृत्तियों का एक समान होना, प्रीति होना।

मन में आना : इच्छा होना, चाहना।

उसके मन में आया कि वह अपनी मां के पास जाय।

मन में गड़ना : प्रिय लगना, पसन्द आना।

मन में घर करना : मन में स्थान बनाना, मन में रहना। (अ० प्री०)

बड़ी दीदी के मन में अपनी बेटी कलावती के लिए एक नफरत घर कर गई है। (कम०)

मन में चोर होना : मन में कोई धोखा-फरेब होना।

मन में नक्श करना (या कराना) : किसी के मन में बात अच्छी तरह बैठना या बैठाना।

मन में बसना : प्रिय लगना, पसन्द आना।

मन में बैठना : ठीक प्रतीत होना, पसन्द आना।

मन में मैल होना : मन में बैर या दुर्भाव होना।

मैं ईश्वर की साक्षी देकर कहती हूं कि तुम्हारी ओर से मेरे मन में तनिक भी मैल नहीं है। (प्रे० च०)

मन में रखना : 1. गुप्त रखना। 2. स्मरण रखना।

मन मैला करना (अपना) : अप्रसन्न या असन्तुष्ट होना।

मन मैला करना (दूसरे का) : रुष्ट करना, चित्त में दुर्भाव पैदा करना।

उन्हीं ने मेरी ओर से गायत्री का मन मैला किया। (प्रे० च०)

मन मैला होना : दुखी होना।

मन मोटा करना : अप्रसन्न, रुष्ट या असन्तुष्ट होना।

क्यों उससे मन मोटा किए हो ? (प्रे० च०)

मन मोल लेना : हृदय मुग्ध कर लेना।

मन रखना : इच्छा पूरी करना।

राजा गांव वालों का मन रखना चाहता था। (वृ० ला० व०)

मन लगाना : 1. प्रेम करना।

एक दिन रसखान श्रीमद्भागवत का तर्जुमा पढ़ रहे थे। उसमें गोपियों के अनन्य और अलौकिक प्रेम को पढ़ इन्हें ध्यान हुआ कि उसीसे क्यों न मन लगाया जाए जिस पर इतनी गोपियां मरती थीं। (रा० च० शु०)

2. ध्यान देना, चित्त लगाना।

मन लेना : 1. मन की बात जानना। 2. मन हरना।

मन से उतरना : 1. याद न रहना। 2. मन में अनादर या तिरस्कार हो जाना।

मन हरना : मन मोहित करना।

मन हरा करना : चित्त प्रसन्न करना।

आप शाम को घर आवेंगे तो उसकी चहक आपका मन हरा कर देगी। (उ० ना० अ०)

मन ही मन : अन्दर ही अन्दर, हृदय में।

मर मिटना : 1. मर जाना, नाश हो जाना।

मैं अपनी ज़मींदारी ठेके पर दे दूं तो सब झंझटों से मुक्त हो जाऊंगी, लेकिन असामी मर मिटेंगे। (प्रे० च०)

2. (किसी व्यक्ति या वस्तु पर) जान देना, अत्यन्त आसक्त होना।

उसके कंठ के इसी जादू पर मेरी सह-कर्मचारिणियां मर मिटती थीं।(शि०)

मरने को भी छुट्टी न होना : तनिक भी अवकाश न होना, अत्यधिक व्यस्त रहना।

वह प्रातःकाल से रात देर तक काम में व्यस्त रहता है। उसे मरने की भी छुट्टी (या फुरसत) नहीं है !

मरम्मत करना : पीटना।

मरे को मारना : दुखी को और दुख देना।

मल्हार गाना : बहुत प्रसन्न होकर कुछ कहना, विशेषकर गाना।

आप दिन-भर घर पर बैठे मल्हार गाया करते हैं। (हि० श० सा०)

मशाल लेकर ढूंढ़ना : खूब अच्छी तरह ढूंढ़ना।

मसें भीगना : मूंछों का निकलना आरम्भ होना, जवानी का आरम्भ।

उसकी मसें अभी ठीक से भींगी भी नहीं थीं। (शि०)

मसान जगाना/साधना : तन्त्रशास्त्र के अनुसार श्मशान पर बैठकर शव की सिद्धि करना।

क्या सचमुच ही हीरावती मसान साध रही होगी ? (शि०)

मस्तक ऊंचा करना : किसी का सम्मान बढ़ाना, प्रतिष्ठा बढ़ाना।

मस्तक झुकाना : 1. अधीनता स्वीकार करना, हार मानना। 2. सादर स्वीकार करना। 3. प्रणाम करना।

मस्तक नीचा करना : सम्मान घटाना, बेइज़्ज़ती करना।

सुमन, तुम्हारे इस कर्म ने ब्राह्मण जाति ही का नहीं, समस्त हिन्दू जाति का मस्तक नीचा कर दिया। (प्रे० च०)

मस्तक पर हाथ होना : कृपादृष्टि होना, छत्रछाया होना।

कृष्ण मन्दिर में प्यारे बन्धु, पधारो निर्भयता के साथ।
तुम्हारे मस्तक पर हो सदा, कृष्ण का वह शुभचिन्तक हाथ।
(सु० कु० चौ०)

मस्ती झड़ना : घमंड या ऐंठ दूर होना, अकल ठिकाने आना।

मस्ती झाड़ना : घमंड या ऐंठ दूर करना।

मस्ती मारना : मौज उड़ाना।

महाभारत मचना : खूब लड़ाई-झगड़ा होना।

महाभारत मचाना : खूब लड़ाई-झगड़ा करना।

मांग उजड़ना : विधवा होना।

मांग का सिन्दूर मिटाना : विधवा बनाना।

योगिराज अपनी भातृपुत्री की मांग का सिन्दूर कदापि न मिटायें। (अ० ला० ना०)

मांग-कोख से सुखी रहना : स्त्रियों का सौभाग्यवती तथा सन्तानवती रहना।

मांग पारना : मांग काढ़ना।

मांग में सिन्दूर चढ़ना : विवाह होना।

माई का लाल : सपूत; वीर, साहसी पुत्र।

है कोई माई का लाल अपने समाज में जिसका बेटा ऐसी फर्राटे की अंग्रेज़ी बोलता हो ? (अ० रा०)

मात करना (या देना) : हराना।

महाराज ने मदरासियों को भी मात कर दिया। (प्रे० च०)

मात खाना : पराजित होना, हारना।

माथा घिसना : अनुनय-विनय करना, खुशामद करना।

माथा टेकना : 1. भूमि से सिर लगाकर प्रणाम करना। 2. आत्म-समर्पण करना।

माथा ठनकना : किसी दुर्घटना की आशंका होना, खटका पैदा होना।

माथा ठोंकना : सिर पर हाथ मारकर दुख या कष्ट प्रकट करना।

माथापच्ची करना : बहुत अधिक बकना या समझाना; सिर खपाना; 'दे० मगज-पच्ची करना।'

वकीलों और गवाहों के साथ कितनी माथापच्ची करनी पड़ी है, वह मेरा दिल ही जानता है। (प्रे० च०)

माथा फिरना : दिमाग़ खराब होना; 'दे० सिर फिर जाना।'

तेरा माथा फिर गया अन्त में ऐसे
हम लघुजन हैं, गुरु भार सहेंगे कैसे। (मै० श० गु०)

माथा मारना : सिरपच्ची करना।

पहले वे सिर खाते रहे, अब इनसे माथा मारना पड़ रहा है। (ब० ना० कपूर)

माथा रगड़ना : दीनतापूर्वक याचना करना, खुशामद करना।

माथा सिकोड़ना : असन्तोष प्रकट करना।

बदरी प्रसाद ने ज़रा माथा सिकोड़कर पूछा—कमाने का ढंग कैसा ? मैं नहीं समझा। (प्रे० च०)

माथे का लिखा, माथे की लीक : भाग्य की बात।

काम करके ही जगह से जो हटा;
वह सका है टाल, माथे का लिखा। (प्र० सिं० उ०)

माथे चढ़ाना या धरना : शिरोधार्य करना।

माथे टीका होना : किसी तरह की विशेषता होना।

माथे पर बल पड़ना : आकृति से क्रोध, दुख या असन्तोष आदि प्रकट होना।

मान रखना : बड़प्पन का सम्मान रखना, प्रतिष्ठा की रक्षा करना।

मामला रफा-दफा करना : मामला समाप्त करना।

माया जोड़ना : धन एकत्र करना।

माया रचना : प्रपंच रचना, करामात करना, लीला करना।

मार खाना : पिटना।

मार-मारकर चमड़ी उधेड़ देना : बहुत पीटना।

इस पुस्तक के बीस पेज रोज़ पढ़ा करो ··नहीं तो मार-मारकर चमड़ी उधेड़ दूंगा। (अ०)

मारा-मारा फिरना : दुर्दशा भोगते फिरना, ठोकरें खाते फिरना।

साक्षात्कार के लिए मैं एक जगह से दूसरी जगह मारा-मारा फिरता था। (बच्चन)

मार्के का : उल्लेखनीय, महत्वपूर्ण।

मार्ग का रोड़ा या कांटा : प्रगति का अवरोधक, कार्य-सिद्धि में बाधक।
चन्दा उन लड़कियों में से नहीं है जो पति के मार्ग का रोड़ा बन जाय। (उ० ना० अ०)

मार्ग जोहना/मार्ग देखना : दे० 'बाट जोहना।'

माल उड़ाना : अच्छी-अच्छी चीजें खाना; रुपये गायब करना।

माला जपना : 1. माला के दाने गिनकर जप या भजन करना। सबकुछ देखकर भी वे निरन्तर माला जपती रहतीं। (शि०)
2. अत्यधिक प्रेम के कारण किसी को बराबर याद करते रहना।

माला फेरना : माला के दाने गिनकर जप करना।

मिज़ाज आसमान पर होना : बहुत घमण्ड होना।

मिज़ाज गरम होना : चिड़चिड़ा होना।
त्यौहार के दिन उनका मिज़ाज गरम हो जाया करता है। (प्रे० च०)

मिज़ाज ठंढा या ठीक करना : अकड़ या ऐंठ दूर करना, पीटना।
बाबूजी का लिहाज़ न होता तो मैंने उस चुड़ैल का मिज़ाज ठीक कर दिया होता। (प्रे० च०)

मिज़ाज दिखाना : अकड़ या ऐंठ दिखाना, अभिमान व्यक्त करना।

मिज़ाज न मिलना : घमण्ड के कारण सीधी तरह से बात न करना।
आजकल तो उनका मिज़ाज ही नहीं मिलता। (ब० ना० कपूर)

मिज़ाज पाना : स्वभाव से परिचित होना।
यद्यपि तुम उनके साथ दो वर्ष रहे तथापि उनका मिज़ाज न पा सके।

मिज़ाज पूछना : तबियत का हाल पूछना, कुशल प्रश्न करना।

मिज़ाज में आना : 1. मन में आना; ध्यान में आना; समझ में आना, 2. घमण्ड करना।

मिट्टी उठना : 1. मरना।
लोग रात-दिन मनाया करते हैं कि इसकी मिट्टी उठे। (प्रे० च०)
2. लाश को जलाने या दफन करने के लिए ले जाना।

मिट्टी करना या मिट्टी में मिलाना : नष्ट करना, बरबाद करना।

मिट्टी का पुतला : मानव शरीर।
तुम अपने सुन्दर शरीर पर घमण्ड मत करो। इस मिट्टी के पुतले को नष्ट होते देर नहीं लगती।

मिट्टी का लोंदा : निकम्मा आदमी, व्यर्थ का, आलसी।

मिट्टी का माधो : मूर्ख।
यह तो मिट्टी का माधो है। इसे समझ बिल्कुल नहीं है। (गु० रा०)

मिट्टी के मोल : बहुत सस्ता।

मिट्टी खराब करना : दुर्दशा करना।

लालाजी की ऐसी मिट्टी खराब करूंगा कि जन्म भर याद रखेंगे। (ब० च०)

मिट्टी छुए सोना होना : ऐसे भाग्यशाली के विषय में उक्ति है जिसके हर काम में लाभ हो।

नसीव का सिकन्दर यहां तक था कि इसके भाग से मिट्टी छूते सोना था।

मिट्टी ठिकाने लगना : शव की उचित अंत्येष्टि क्रिया होना।

अच्छा हुआ, भाग्यवान् चली गयी। अब मेरी मिट्टी भी ठिकाने लगे तो अच्छा है। (उ० ना० अ०)

मिट्टी ठिकाने लगना : किसी की समुचित अन्त्येष्टि-क्रिया होना।

सब हैं भैया, बेटे हैं, पोते हैं, बहुएं हैं, पोतों की बहुएं हैं; पर जब अपना कोई नहीं तो किस काम का? नहीं लेते मेरी सुध न सही। हैं तो अपने। मर जाऊंगी तो मिट्टी तो ठिकाने लगा देंगे। (प्रे० च०)

मिट्टी डालना : किसी के दोष को छिपाना।

मिट्टी देना : लाश को दफन करना।

मिट्टी पलीद करना : दुर्गति करना, बहुत परेशान करना; दे० 'मिट्टी खराब करना।'

मिट्टी पलीद होना : दुर्दशा होना।

ब्राह्मणों की मिट्टी पलीद है। (अ० ला० ना०)

मिट्टी पार लगाना : उचित अन्त्येष्टि क्रिया करना।

मैंने तो समझा था, तुम मेरी मिट्टी पार लगाओगे। (बच्चन)

मिट्टी में मिलना : नष्ट होना, बरबाद होना।

मिट्टी में मिलाना : नष्ट करना।

मिली भगत : गुप्त सम्मति या सहमति।

यह सब चन्द्रगुप्त द्वारा आयोजित मिली भगत का नाटक मात्र था। (अ० ला० ना०)

मीठी छुरी : कपटी मनुष्य, जो मीठी-मीठी बातें करके लोगों को अपने जाल में फंसा लेता है।

मीन-मेख निकालना : छिद्रान्वेषण करना, नुक्ताचीनी करना।

बुढ़िया दुनिया भर की लड़कियों में मीन-मेख निकालती थी। (शि०)

मील के पत्थर : प्रगति मार्ग के चिह्न जो आगे की यात्रा का संकेत करते हैं।

अवतार और ये पैगम्बर, जो पहरे पर हैं लगे हुए,
ये महज़ मील के पत्थर हैं, मत इन्हें मील का अन्त मान। (दिनकर)

मुंह अंधेरे : बहुत तड़के।

हम यहां से मुंह अंधेरे ही निकल जाते है। (ब० च०)

मुंह आना (किसी के) : अपने से बड़ों के आगे उद्दण्डतापूर्वक बातें करना।

यह पहला ही अवसर था जब सुमन गजाधर के मुंह आई थी। (प्रे० च०)

मुंह उजला होना : प्रतिष्ठा बढ़ना।

सदानन्द का मुंह उजला हो गया कि वह पराये धन से नहीं चिपके हैं।

मुंह उजाले : बहुत तड़के।

मुंह उतरना : मुंह पर तेज या कान्ति न रहना, उदास होना।

मुंह का कच्चा : 1. जो व्यक्ति कोई बात गुप्त न रख सके। 2. जो घोड़ा लगाम का झटका न सह सके।

यह घोड़ा मुंह का कच्चा है। इससे उसके मुंह पर घाव हो गया है।

मुंह का कड़ा : 1. कठोर या उद्दण्डतापूर्ण बातें करने वाला, मुंहज़ोर। 2. लगाम का अंकुश न मानने वाला।

मुंह का कौर : बहुत सरल काम या बात।

डेढ़ सौ रुपये तब मिलते हैं जब डेढ़ सौ थान कपड़ा या डेढ़ सौ बोरे चीनी बिक जाए। मुंह का कौर नहीं है। (प्रे० च०)

मुंह का चिकना या मीठा : मिष्टभाषी।

वह मुंह का तो चिकना है पर उसका हृदय साफ नहीं है।

मुंह का कौर छीनना : किसी की रोज़ी मारना।

मुंह का-सा उड़ जाना : भय, घबराहट आदि से चेहरा पीला या सफेद पड़ जाना।

मुंह काला करना (अपना) : 1. बुरा काम करना, कलंकित होना। 2. व्यभिचार करना।

मुंह काला करना (दूसरे का) : 1. कलंकित करना।

2. किसी बुरी वस्तु या व्यक्ति को दूर करना।

जो कुछ देना था वह कुर्क अमीन को देकर उसका मुंह काला किया और वह खिसक गया।

मुंह काला होना : अपमानित होना, कलंकित होना।

मेरा मुंह काला हो गया, अब मैं लोगों को कैसे मुंह दिखलाऊंगा ? (च०)

मुंह खाना : पराजित होना, हारना।

मुंह की बात छीनना : जो बात कोई कहना चाहता हो वही वात उससे पहले दूसरे व्यक्ति द्वारा कही जाना।

तुमने तो मेरे मुंह की बात छीन ली।

मुंह की मक्खी न उड़ा सकना : अत्यन्त कमज़ोर हो जाना।

मुंह की रोटी छीनना : जीविका से वंचित करना, रोज़ी लेना।

हमारे मुंह की रोटी छीन ले तो उसके गले में उंगली डालकर निकालना हमारा धर्म हो जाता है। (प्रे० च०)

मुंह की लाली रखना : प्रतिष्ठा बचाना।

मुंह खिल उठना/खिलना : चेहरे पर प्रसन्नता छा जाना।

मुंह खुलना : 1. मुश्किल से कुछ कहना, बोलना।

तहसीलदार साहब के सामने तो मुंह खुलता नहीं, लाट साहब से कौन फरियाद करेगा? (प्रे० च०)

2. उद्दंडतापूर्वक बातें करने की आदत पड़ना।

मुंह खोलना : बोलना, कुछ कहना।

उस पार्टी में फिर प्रोफेसर देव ने मुंह नहीं खोला। (बच्चन)

मुंह गिरना : निराश, अप्रसन्न या उदास होना।

विशम्भर का मुंह गिर गया। (प्रे० च०)

मुंह चढ़ाना (किसी को) : उद्दण्ड बनाना, गुस्ताख बनाना; दे० 'मुंह लगाना।'

तुम्हें नौकरों को मुंह नहीं चढ़ाना चाहिए।

मुंह चलाना : 1. खाना। 2. ज़बानदराज़ी करना।

मुंह चाटना : प्यार करना; खुशामद करना।

मुंह चिढ़ाना : किसी की आकृति, हाव-भाव या कथन की बहुत बिगाड़कर नकल करना।

शीशे में स्वयं अपनी ही परछाईं देखकर उसे लगा कि कोई एकदम अपरिचित स्त्री उसे मुंह चिढ़ा रही है। (इ० चं० जो०)

मुंह चुराना या छिपाना : लज्जा के कारण सामने न होना।

मुंह चूमना : बहुत उत्कृष्ट या प्रशंसनीय समझकर यथेष्ठ आदर करना।

खुदा की कसम, जी चाहता है मुंह चूम लूं तुम्हारा। (भू० वन०)

मुंह छूना : हृदय से नहीं, केवल ऊपरी मन से कहना, दिखावटी व्यवहार करना।

मुंह जहर होना : मुँह बहुत कड़वा होना।

मुंह जूठा करना : कुछ खाना, थोड़ा-सा खाना।

इतने दिनों पर आए हो, मुंह जूठा करके ही जाओ। (ब० ना० कपूर)

मुंह जूठा कराना : चखाना, ज़रा-सा खिलाना।

मुंह जोहना : 1. कृपा की आकांक्षा करना, आशा भरी दृष्टि से किसी की ओर देखना।

राजा दिलीप इतने दयालु, उदार और गुणशाली थे कि उनके सेवक उनकी कृपा पाने के लिए उनका मुंह जोहते रहते थे।

2. सुख-दुख का ख्याल करना।

हमारे घरों में स्त्रियां केवल इसलिए पतियों का मुंह नहीं जोहतीं कि वे आर्थिक रूप से उन पर अवलम्बित हैं।

3. आज्ञा की प्रतीक्षा करना।

मुंह झुलसना : मुंह में आग लगाना (स्त्रियों की एक गाली)।

स्त्री क्रुद्ध होकर बोली—यहां से हट जाओ, नहीं तो मुंह झुलस दूंगी।

मुंह तक आना : लबालब होना, कोई बात कहने की इच्छा होना।

मुंह ताकना : 1. लाचारी से या शर्मिन्दा होकर किसी की तरफ देखना।

यह जवाब सुनकर दोनों तरफ के सिपाही एक-दूसरे का मुंह ताकने लगे। (सु०)

2. कुछ पाने आदि की आशा से किसी के मुंह की ओर देखना।

3. अकर्मण्य होकर चुपचाप बैठा रहना।

मुंह ताकते रह जाना : कुछ समझ न पाना, हताश होकर किसी को देखते रह जाना।

मुंह तो देखो : अपनी हैसियत, शक्ति या योग्यता आदि देखो।

मुंह तोड़ जवाब देना : अकाट्य जवाब देना, ऐसा जवाब देना कि दूसरा आगे कुछ बोल ही न सके।

पंडितजी ने विपक्षियों को वह मुंह तोड़ जवाब दिया कि बेचारों से फिर कुछ कहते न बना। (ब० च०)

मुंह तोबड़ा-सा लटक जाना : असन्तोष सूचक आकृति बन जाना, अप्रसन्नतासूचक शक्ल हो जाना।

मुंह दिखाई : वह धन, आभूषण आदि जो दुलहिन का मुंह देखकर उसे दिया जाय।

जाऊंगी तो मुंह दिखाई के लिए कुछ ले जाना होगा। (च०)

मुंह दिखाना : सामने आना।

मुंह देखकर उठना : शुभाशुभ फल के विचार से, सोकर उठते ही किसी का दिखाई देना।

न जाने आज किसका मुंह देखकर उठे थे कि दिन भर खाने तक को न मिला। (ब० ना० कपूर)

मुंह देखकर जीना : परम प्रिय होने के कारण किसी के भरोसे जीना।

मुंह देखते-देखते रह जाना : चकित, हतबुद्धि या हतप्रभ होकर ताकना।

मुंह देखकर बीड़ा देना : पात्रता का विचार कर किसी के साथ व्यवहार करना, जो जिस स्तर का हो उसका वैसा सम्मान करना।

मुंह देखकर बीड़ा देना बम्बई वाले जानते हैं, इसीलिए वे इतने कामयाब हैं। (अ० रा०)

मुंह देखना : 1. चारपाई से उठते ही दर्शन होना। 2. शीशे में अपना मुंह देखना। 3. सामने जाना, पास जाना। 4. आश्चर्य से या किंकर्तव्य विमूढ़ होकर देखना। 5. आज्ञा पालन करना, खुशामद करना।

अगर तुमने इस औरत को सज़ा दी, तो समझूंगी, तुमने अपने प्रभुओं का मुंह देखा। (प्रे० च०)

6. दुलहिन का मुंह देखने की रस्म करके उसे आभूषण आदि देना।

मुंह देखी बात : लिहाज़, मुरौवत, तरफदारी या चापलूसी की बात।

मुंह देखे की प्रीति/प्रेम/मुहब्बत : दिखावटी प्रेम।

मुंह धूआं होना : बहुत उदास, खिन्न या दुःखी होना।

मुंह धोना/धो रखना : किसी पदार्थ की प्राप्ति की आशा न रखना।

मुंह निकल आना : बीमारी, कमज़ोरी या लज्जा से चेहरा उतर जाना।

मुंह पकड़ना : बोलने से रोकना, न बोलने देना।

मुंह पड़ना : कुछ कहने का साहस होना।

मुंह पर कहना/मुंह पर बात कहना : सामने या मौजूदगी में कहना।

पीठ पीछे है बुरा कहना बुरा।
चाहिए जो कुछ कहें मुंह पर कहें ।। (अ० सिं० उ०)

मुंह पर कालिख लगना : कलंकित होना। बदनाम होना।

मुंह पर जाना : किसी का लिहाज़ करना।

मैं आपके मुंह पर जाता हूं; नहीं तो इनकी खूब मरम्मत कर देता। (गं० प्र० गु०)

मुंह पर झाड़ू-सी फिर जाना : बहुत खिन्न हो जाना।

देखते-देखते पहली वाली औरत के मुंह पर झाड़ू-सी फिर जाती है। (अ० रा०)

मुंह पर ताला डालना/लगाना/जड़ना : मुंह बंद करना, बोलने से रोकना।

मुंह पर ताला पड़ना/लगना/होना : चुप रहने के लिए विवश होना, बोलने की स्वतंत्रता न होना।

सबके मुंह पर ताले पड़े थे। (कम०)

मुंह पर थूकना : अपमान, तिरस्कार या निन्दा करना, बुरा-भला कहना।

मुंह पर मक्खियां भिनकना : बहुत ही घिनौनी और हीन दशा में होना।

मुंह पर मुहर/मोहर लगना : दे० 'मुंह पर ताला पड़ना।'

मुंह पर मुहर/मोहर लगाना : दे० 'मुंह पर ताला डालना।'

मुंह पर लाना : कहना या बोलना।

मुंह पर हवाइयां उड़ना : लज्जा या भय आदि से मुंह पीला या सफेद हो जाना; दे० 'चेहरे पर हवाइयां उड़ना।'

मुंह पर हाथ रखना : अपने आपको या अन्य किसी को बोलने से रोकना।

वह कुछ कहने वाला था परन्तु उसके भाई ने उसके मुँह पर हाथ रख दिया था।

मुंह पीला पड़ना/होना : भय या शोक के कारण चेहरा सफेद हो जाना।
ज्ञानशंकर का मुंह पीला पड़ गया, मानो किसी ने उनके घर में आग लगने का समाचार कह दिया हो। (प्रे० च०)

मुंह-पेट चलना : कै दस्त होना; हैज़ा होना।

मुंह फक होना : लज्जा या भय से मुंह पीला पड़ जाना।

मुंह फाड़कर कहना : निर्लज्जतापूर्वक कोई बात ज़बान पर लाना।

मुंह फिरना/फिर जाना : 1. मुंह टेढ़ा या कुरूप हो जाना। 2. लकवा मारना।
3. सामना या मुकाबिला करने लायक न रह जाना।

मुंह फुलाकर बैठना/मुंह फुलाना : अप्रसन्नता या असन्तुष्ट होकर रोष की मुद्रा धारण करना।
फूंको अलग ही अपना मुंह फुलाए घूम रही हैं। (म० भं०)

मुंह फूलना : अप्रसन्न, असन्तुष्ट, रुष्ठ या नाराज़ होना।

मुंह फेरना : 1. पीठ करना, जाना, प्रस्थान करना। 2. कृपा-दृष्टि हटाना।
गुरुदेव ने ही हमसे इस तरह मुंह फेर लिया, तो हमें समुद्र में डूब मरने के अलावा चारा ही क्या रह जायगा? (वि० स० खां०)
3. पराजित करके भगाना। 4. कार्य आदि से विमुख होना।

मुंह फेरकर चला जाना/मुंह फ़ेर लेना : रुष्ट, उदास या खिन्न होकर अलग या दूर हो जाना।
गायत्री ज्ञान शंकर से मुंह फेरकर चली जाती थी। (प्रे० च०)

मुंह फैलाना : 1. अधिक लेने की इच्छा करना।
2. लेने के लिए अत्यन्त इच्छुक होना।
उन दिनों असामी मुश्किल से मिलते थे, अब एक टुकड़े के लिए सौ-सौ आदमी मुंह फैलाए हुए हैं। (प्रे० च०)

मुंह बंद कर लेना : चुप हो जाना।

मुंह बंद करना/कर देना : बोलने से रोकना, चुप करना।

मुंह बंद हो जाना : निरुत्तर हो जाना।

मुंह बनाना : मुंह बिगाड़कर असन्तोष, उपेक्षा, रोष आदि प्रकट करना।
बक्सा ढोने वाले ने मुंह बनाते हुए हीराबाई की ओर देखा। (फ० ना० रे०)

मुंह बांधकर बैठना : 1. चुप बैठना, कुछ न बोलना।
इससे बड़ी सज़ा दूसरी नहीं है कि मुह बांधकर बैठो, किसी की बुराई न करो। (अ० रा०)
2. भूखा रहना।

मुंह बाना : 1. मुंह खोलना। 2. जंभाई लेना। 3. और अधिक पाने के लिए इच्छुक होना दे० 'मुंह फैलाना।' 4. भौंचक्का हो जाना।

मुंह बिगड़ना : 1. मुंह का स्वाद खराब होना। 2. चेहरा खराब होना। 3. असन्तोष या अप्रसन्नता प्रकट होना।

मुंह बिगाड़ना : 1. मुंह का स्वाद खराब होना। 2. चेहरा या आकृति खराब करना। 3. मारते-मारते कुरूप कर देना। 4. अरुचि, असन्तोष या अप्रसन्नता प्रकट करना।

मुंह बिचकाना : अरुचि, असन्तोष या अप्रसन्नता प्रकट करना।

वह बुरी तरह मुंह बिचकाती हुई बोली, 'वह नाट्योत्सव था या भंडाचार ?' (इ० चं० जो०)

मुंह भरना : 1. घूस देना। 2. खाना खिलाना।

मुंह भर पाना : भली-भांति दंड पाना, अपने कुकृत्यों का फल पाना।

मुंह भर बोलना/बात कहना : प्रेमपूर्वक बातचीत करना।

मुंह मलना : दंड देना।

मुंह मांगा फल पाना : यथेच्छ परिणाम प्राप्त करना।

मुंह मांगी मुराद पाना : मनोकामना, मनोरथ या अभिलाषा पूर्ण होना; दे० 'मुंह मांगा फल पाना।'

अगर पापा यह कारखाना खोलने का विचार त्याग दें, तो मैं मुंह मांगी मुराद पा जाऊं। (प्रे० च०)

मुंह मारना : 1. पशुओं आदि का किसी चीज़ पर मुंह लगाना, खाना। 2. मात कर देना, कान काटना।

क्या इस्तरी करती है छोकरी ! एकदम धोबियों का मुंह मारती है। (शि०)

3. प्राप्ति के लिए अग्रसर होना।

जब कभी चित्त का विद्रोही घोड़ा इधर-उधर मुंह मारता, वह विवेक की लगाम खींचकर उसे राह पर ले आता। (शि०)

मुंह मीठा करना : 1. मिठाई खाना। 2. घूस, इनाम आदि के रूप में कुछ देना।

ठाकुरदीन ने साफ-साफ कह दिया—'साहब, तखमीना किसी हिसाब से थोड़े ही बनाया गया है। जिसने मुंह मीठा कर दिया, उसकी चांदी हो गई; जो भगवान के भरोसे बैठा रहा, उसकी बधिया बैठ गई।' (प्रे० च०)

मुंह मीठा कराना : मिठाई खिलाना।

मुंह में आग लगना : मुंह जलना, स्त्रियों की एक गाली।

मुंह में आना : कहने की इच्छा होना।

मुंह में कालिख पुतना/लगना : बुरा काम करने पर कलंक लगना, बदनामी होना।

वह अपने पिता की निगाह में गिर गई, उसके मुंह में कालिख लग गई। (प्रे० च०)

मुंह में कालिख पोतना/लगाना : दुष्कर्म करके कलंकित करना, कलंक लगाना।

मुंह में कीड़ा पड़ना : बहुत दुर्दशा होना, कठोर दण्ड मिलना, एक प्रकार का शाप।

मुंह में खून/लहू लगना : अनुचित लाभ या प्राप्ति होने पर उसका चस्का लगना, अनुचित लाभ की आदत।

मुंह में घुनघुनिया भर लेना : चुप्पी साध लेना, मूक बन जाना।

वाह, यह भी अच्छी रही, मुझे डांट-डपट रहे हैं और इनसे कुछ नहीं कहते जो मुंह में घुनघुनिया डाले या भरे बैठी हैं।

मुंह में जबान/जीभ न होना : 1. बोलने की शक्ति न होना।

जब दु शासन द्रौपदी की साड़ी खींच रहा था तब द्रोण, भीष्म आदि शूरवीर चुपचाप बैठे थे। मालूम होता था कि उनके मुंह में जबान नहीं थी। (सुधीर कुमार राय)

2. अल्पभाषी होना।

हमारा लड़का तो गऊ है, उसके मुंह में जबान तक नहीं है।

मुंह पर ताला पड़ना/लगना : मुंह से शब्द न निकलना, बोलती बन्द होना।

अब चौधरी को किसका डर था? होरी के मुंह में तो ताला पड़ा हुआ था। (प्रे० च०)

मुंह में तिनका लेना : अति दीन बनना, दांतों में तिनका दाबना।

मुंह में दही जमाया होना : चुपचाप रहना, कुछ न बोलना; (प्राय: व्यंग्य के रूप में प्रयुक्त)।

चक्रधर को हरिसेवक सिंह के यहां से चार महीने से वेतन नहीं मिला था। न वह आप ही देते थे न चक्रधर संकोचवश मांगते थे। घर में रोज तकरार होती थी। मुंशी बज्रधर बार-बार कहते थे—मांगते क्यों नहीं? क्या मुंह में दही जमाया हुआ है? (प्रे० च०)

मुंह में पड़ना : खाया जाना।

मुंह में पानी भर आना : 1. कोई अच्छी चीज़ देखकर उसे पाने के लिए मन ललचना।

अवध के इलाके को देखकर अंग्रेजों के मुंह में पानी भर आया। (च०)

2. कोई अच्छी चीज खाने की इच्छा होना।

ताजे कबाब की सुगन्ध से प्रभाकर के मुंह में पानी भर आया। (प्रे० च०)

मुंह में बोलना : धीमे या अस्पष्ट बोलना।

मुंह में मक्खियां भिनकना—भूखों मरना, असहाय होना।

मुंह में स्याही लगाना—कलंकित करना; 'दे० 'मुंह में कालिख पोतना।'

मुंह में लगाम न होना : बोलने के समय उचित-अनुचित का ध्यान न रहना, अशिष्टता या उद्दण्डता के साथ बोलना।

मुंह मोड़ना : 1. बेरुखी करना, ध्यान न देना, उपेक्षा करना।

उन्होंने अपनी प्रिय पुत्री से मुंह मोड़ लिया। (च०)

2. मुंह दूसरी तरफ फेर लेना। 3. विमुख होना, पंथ-च्युत होना।

मुझे अपने कर्तव्य का ज्ञान है। उससे क्यों मुंह मोड़ूं? (प्रे० च०)

4. किसी ओर से प्रवृत्ति हटा लेना।

हम कठोरता से भागते हैं, भद्देपन से मुख मोड़ते हैं। (रा० वृ० बेनी०)

5. इन्कार करना।

रामू की मां, एक तरफ तो बहू के लिए कुम्भीपाक नरक है और दूसरी तरफ तुम्हारे जिम्मे थोड़ा-सा खर्च है। सो उससे मुंह न मोड़ो। (भ० च० व०)

मुंह रखना : लिहाज़ करना, बात या प्रार्थना मानना।

मुंह लखना : आज्ञा की प्रतीक्षा करना, कृपा की आकांक्षा करना।

मुंह लगना : 1. ढिठाई से बोलना, 2. गुस्ताखी करना, हुज्जत करना, 3. सवाल-जवाब करना, सिर चढ़ना।

राजाओं के मुंह भला कोई लग सकता है? (वृ० ला० व०)

एक तो औरत की जात, ऊपर से ऐसी बेगैरत। कौन मुंह लगे? (शि०)

4. खाने का चस्का लगना।

मुंह लगाना : 1. उद्दण्ड, गुस्ताख या ढीठ बनाना।

अरी मेरी लाड़ली रानी, बुढ़िया को इतना मुंह न लगाना। (च०)

2. चखना, होंठों से छुआना।

अभी कौर मुंह लगाया ही था कि वह आ पहुंचा। (ब० ना० कपूर)

मुंह लटकना/लटक जाना : उदास, लज्जित या अप्रसन्न हो जाना।

मुंह लटकाना : उदास, लज्जित या अप्रसन्न हो जाना।

सभी चुपचाप मुंह लटकाये बैठे रहे। (च०)

मुंह लपेटकर पड़ रहना : दुःख या रोष में मुंह ढककर पड़ रहना।

मुंह लाल करना : तमाचे से मारकर चेहरा लाल करना, खूब पीटना।

मुंह लाल होना : 1. क्रोध से चेहरा लाल हो जाना, गुस्से से चेहरा तमतमाना, 2. लज्जा से चेहरा लाल हो जाना।

मुंह लेकर रह जाना/लौट आना या जाना : लज्जित होकर चुप रह जाना या वापस चला जाना; दे० 'अपना-सा मुंह लेकर रह जाना।'

मुंह संभालना/संभालकर बातें कहना : ज़बान को काबू में रखना, सोच-समझ कर बोलना।

मुंह सिकोड़ना : चेहरे से अरुचि, असन्तोष या अप्रसन्नता प्रकट करना।

आपको देखते ही उसने मुंह सिकोड़ लिया। (ब० ना० श०)

मुंह सिलना : न बोलना, चुप रहना।

मुंह सीधा होना : सन्तुष्ट होना, प्रसन्न होना।

हमारे प्रोफेसर साहब एक हज़ार से कम वेतन पाएं तो उनका मुंह ही नहीं सीधा होता। (प्रे० च०)

मुंह सीना : दे० 'मुंह सिलना'।

मुंह सूखना : 1. अत्यधिक प्यास के कारण गला और जीभ का सूख जाना।

कई घंटे धूप में चलने के कारण उसका मुंह सूख गया था। (ब० ना० श०)

2. निराशा, भय, लज्जा आदि के कारण चेहरे पर कान्ति या तेज न रह जाना।

आपकी फटकार सुनते ही उनका मुंह सूख गया।

मुंह से कच्ची-पक्की निकालना : अपशब्द कहना, गाली बकना।

इस पर वह बहुत बिगड़े और मुंह से कच्ची-पक्की निकालने लगे। (प्रे० च०)

मुंह से दूध की बू आना : बच्चा, नादान, नासमझ होना (परिहास या व्यंग्य में प्रयुक्त)।

मुंह से निकलना : सहसा या उतावली में या बिना विचार किए हुए कोई बात कह जाना।

मुंह से निकालना : कहना।

मुंह से फूल झड़ना : मुंह से बहुत ही कोमल, सुन्दर और प्रिय बातें निकालना।

हमारी साहबजादी जब बात करती हैं, मुंह से फूल झड़ते हैं। (च०)

मुंह से बात छीनना : जो बात कोई दूसरा कहने वाला हो उसको स्वयं कह देना; दे० 'मुंह की बात छीनना।'

मुंह से लगाना : 1. पीने के उद्देश्य से कोई चीज़ होंठों तक लाना। 2. खाने के उद्देश्य से कोई चीज़ मुंह में रखना।

मुंह से लार टपकना : पाने या खाने की इच्छा होना।

मुंह से लाल उगलना : मुंह से बहुत मधुर एवं सुन्दर शब्द निकालना; दे० 'मुंह से फूल झड़ना।'

मुंह स्याह होना : दे० 'मुंह काला होना।'

मुकदमा खड़ा करना : मुकदमा चलाना।

मुझे इन बेकसों पर सभी तरह की सख्तियां करनी पड़ती हैं। कहीं मुकदमे खड़े कर दिए, कहीं बेगार में फंसा दिया, कहीं आपस में लड़ा दिया। (प्रे० च०)

मुकदमा चलना : वादी और प्रतिवादी का झगड़ा न्यायालय में विचाराधीन होना।

और चालाकी देखो, ऊपर ही ऊपर काम करने वाले लोगों को खिला-पिलाकर मुकदमे का फैसला भी करा लिया। न पेशी हुई और न मुकदमा चला, न बयान लिए गए और न गवाह गुजरे। (भू० वन०)

मुकदमा दौरा सुपुर्द करना : मुकदमे को फैसले के लिए सेशन जज के पास भेजना।

मुकदमा लड़ना : मुकदमा चलने पर अपने पक्ष के समर्थन के लिए आवश्यक और उचित कार्रवाई करना।

मुकद्दर आज़माना : भाग्य की परीक्षा करना; कोई काम आरम्भ करके यह देखना कि सफलता प्राप्त होती है या नहीं; दे० 'नसीब आज़माना।'

मुकद्दर चमकना : दे० 'भाग्य खुलना / चमकना।'

मुकाबिले पर आना/जमना : विरोध करने या लड़ने के लिए सामने आना।

मुकाम बोलना : पड़ाव डालना, पड़ाव डालने के लिए कहना।

मुक्का चलाना : घूसे से मारना या आक्रमण करना।

मुख उज्ज्वल करना : यश, मान, प्रतिष्ठा बढ़ाना।

मुगालते में डालना : धोखे में डालना, भ्रम में रखना।

मैं क्लर्क के साथ यहां आई, उसे झूठी आशाएं दिलाईं और अब उसे मुगालते में डाले हुए हूं। (प्रे० च०)

मुट्ठी गरम करना : घूस देना, रिश्वत देना।

सिपाहियों की मुट्ठी गरम करके लालाजी मशोबरे पहुंचे।

मुट्ठी में आना/रहना/होना : अधिकार में आना, रहना या होना।

अन्य मामलों में वह माताजी की मुट्ठी में थे। (वि० स० खां०)

मुट्ठी में करना : वश या अधिकार में करना।

मुट्ठी में होना : वश या अधिकार में होना।

सहस्रों परिवारों के भाग्य इस समय मेरी मुट्ठी में हैं। (प्रे० च०)

मुफ्त की रोटियां तोड़ना : बेकार बैठकर दूसरों की कमाई खाना।

मुफ्त में : 1. यों ही, व्यर्थ। 2. बिना दाम लिए, बिना कुछ खर्च किए।

मुरदा करना : बहुत अधिक पीटना, पीटते-पीटते बेकार कर देना।

मुरदे से शर्त बांधकर सोना : बहुत अधिक और गहरी नींद सोना।

मुराद पूरी करना : मनोकामना पूरी करना।

मैं ईश्वर नहीं हूं कि सबकी मुरादें पूरी कर सकूं। (प्रे० च०)

मुराद पूरी होना : मनोकामना पूरी होना।

फकीर ने कहा—खुदा की मेहरबानी से तुम्हारी मुराद पूरी हो जाएगी।

मुर्दनी छाना : उदासी होना, भय या गहरी चिन्ता होना।

गली-गली में मुर्दनी छाई हुई थी। (अ० ला० ना०)

मुलाकात कराना : परिचय कराना, जान-पहचान कराना।

मुश्कें कसना : दोनों हाथों को पीछे करके पीठ पर बांधना।

मुसीबत का मारा : अभागा, विपद्ग्रस्त।

मुसीबत के दिन : दुर्दिन, कष्टकाल।

मुसीबत ढाना : बहुत कष्ट पहुंचाना, बहुत दुःख देना।

औरतें ही तो हैं, न जाने क्या कुछ कर बैठे। न जाने क्या मुसीबत ढा दें। (ह० शं० श०)

मुहर्रम की पैदाइश : मनहूस होना, हमेशा दुखी और रोनी सूरत बनाए रहना।

उसकी बात न चलाओ, वह सदा मुंह लटकाए रहता है। मालूम होता है, उसकी पैदाइश मुहर्रम की है। (ल० ना० प्र०)

मुहर्रमी सूरत : रोनी या मनहूस शक्ल।

सब लोग-लुगाई मुहर्रमी सूरत बनाए घूम रहे हैं। (अ० रा०)

मुहाल कर देना : मुश्किल कर देना, दूभर कर देना।

मूंछ आना : मूंछ निकलना।

मूंछ उखाड़ना : 1. गर्व नष्ट करना, 2. कठिन दंड देना।

मूंछ ऐंठना : वीरता दिखाना, अकड़ दिखाना, घमंड करना।

मूंछ का बाल : जिसका किसी के यहां बहुत मान-जान या प्रभाव हो, किसी के अत्यन्त निकट।

नायब साहब, डिप्टी साहब की मूंछ के बाल थे।

मूंछ नीची होना : 1. लज्जित होना, अपमानित होना। 2. अभिमान नष्ट होना।

मूंछ/मूंछों पर ताव देना : अभिमान से मूंछ मरोड़ना; वीरता की अकड़ दिखाना; दे० 'मूंछ देना।'

मूंछ मरोड़ना : दे० 'मूंछों पर ताव देना।'

मूंछ मुड़वाना : हार मान लेना, पुरुषत्व का दावा त्याग देना।

मूंछों पर हाथ फेरना : दे० 'मूंछों पर ताव देना।'

मूड़ चढ़ना : ढींठ होना, बेअदबी करना।

मूड़ चढ़ाना : किसी का बहुत आदर-सम्मान करके धृष्ट बनाना, सिर चढ़ाना।

मूड़ मारना : बहुत प्रयत्न करना, बहुत हैरान होना।

बहुत मूंड मारा लेकिन वह सवाल समझ में न आ सका।

मूंड़ मुड़ाना : बाल बनवाना, सिर पर का सब बाल उस्तरे से बनवा देना।

मूठ चलाना/मारना : मन्त्र पढ़कर शत्रु की तरफ कुछ फेंकना, टोना करना।

मूली-गाजर समझना : अति तुच्छ समझना। दे० 'गाजर-मूली समझना।'

मूसलों ढोल बजाना : अत्यन्त प्रसन्नता प्रकट करना, बहुत खुशी मनाना।

अगर आज मुझे मालूम हो जाए कि यह किसी रमणी पर लट्टू हो गए हैं, तो मैं मूसलों ढोल बजाऊं। (प्रे० च०)

मृत्यु की घड़िया गिनना : मृत्यु आने के अल्प समय की प्रतीक्षा करना।

यक्ष्मा की खांसी जिस किसी भाग्यहीन की पसलियां खटखटाती वह स्वयं सहम कर आसन्नप्राय मृत्यु की घड़ियां गिनने लगता। (शि०)

मेंढकी को जुकाम होना : किसी आदमी का कोई ऐसा काम करने का प्रयास करना जो उसके स्वभाव, क्षमता या स्थिति के विरुद्ध हो।

मेंहदी रचाना/लगाना : मेंहदी की पत्ती पीसकर हाथ-पांव में लगाना।

मेदा कड़ा होना : आंतों की क्रिया इस प्रकार होना कि जल्दी दस्त न हो।

मेदा साफ होना : खुलकर पाखाना होना, कब्ज़ न रहना।

मेरी बला से : मुझे उसकी कोई चिन्ता नहीं।

चड्ढा का लड़का रहे या मरे, मेरी बला से। (प्रे० च०)

मेल खाना/बैठना : संगति के उपयुक्त होना, सामंजस्य होना।

मैत्री का हाथ बढ़ाना : मित्रता करने के उद्देश्य से हाथ मिलाने का प्रयास करना।

मैंने मनोरमा चोपड़ा की ओर मैत्री का हाथ बढ़ाया था। (शि०)

मैदान छोड़ना : युद्धक्षेत्र से भाग जाना।

मैदान मारना : खेल, बाज़ी, युद्ध आदि में विजय प्राप्त करना।

मुझे यह देखकर बुरा लगता है कि दूसरे लोग मैदान मारे लिए जा रहे हैं और हम पड़े सो रहे हैं। (प्रे० श०)

मैदान में आना/उतरना : मुकाबिले पर आना, प्रतिद्वन्द्विता आदि के लिए सामने आना।

मैदान सर करना : खेल, बाज़ी, कुश्ती, युद्ध आदि में विजय प्राप्त करना; दे० 'मैदान मारना।'

मैदान साफ होना : मार्ग में कोई बाधा या रुकावट न होना।

मैदान हाथ आना/हाथ होना : खेल, बाज़ी, युद्ध आदि में विजय प्राप्त करना।

मोटा असामी : अमीर आदमी, धनी व्यक्ति।

मोटा खाना, मोटा पहनना : सादी चाल से रहना।

रामविलास महतो आप मोटा खाते थे, मोटा पहनते थे, लेकिन हरिविलास को कोई कष्ट नहीं देते थे। (प्रे० च०)

मोटाई चढ़ना : घमंडी, धनवान और शरारती हो जाना।

मोटाई झड़ना : घमंड या शरारत दूर होना।

मोटा शिकार : धनी आदमी जिसे फंसाने पर अच्छी आमदनी हो।

मोटी चिड़िया : दे० 'मोटा शिकार।'

मोटी बात : साधारण बात, मामूली बात।

मोटी भूल : भारी भूल।

मोटी रकम : बड़ी धनराशि, भारी रकम।

रामपुर से एक सुन्दरीबाई जी को एक मोटी रकम देकर बुलाया गया था। (शि०)

मोटे तौर पर : साधारण रूप से, स्थूल रूप से।

मोटे हिसाब से : अन्दाजन, लगभग, कुछ कमो-बेश।

मोतियों से मुंह भर देना : बहुत अधिक धन-सम्पत्ति देना, किसी को मालामाल कर देना।

मोती पिरोना : 1. मोतियों की लड़ी बनाना। 2. बहुत सुन्दर अक्षर लिखना। 3. सुन्दर, ललित और प्रिय भाषण करना।

मोती बींधना : मोती को पिरोए जाने के लिए उसमें छेद करना।

मोती रोलना : बिना परिश्रम अथवा थोड़े परिश्रम से बहुत अधिक धन कमाना।

मोम करना : किसी का हृदय कोमल या अनुकूल बनाना।

छदम्मी ने अपने भाषण-चातुर्य की बदौलत कमला देवी को बिल्कुल मोम कर लिया था।

मोम की गुड़िया : कोमल और सुकुमार स्त्री।

मोम की नाक होना : ऐसा होना जो शीघ्रता और सरलता से विचार बदल दे।

वह मोम की नाक है जो चाहो उससे कहवा या करवा लो।

मोम की मरियम : बहुत ही कोमल और सुकुमार स्त्री।

मोम हो जाता : दूसरों के कष्ट को देखकर अत्यन्त दयार्द्र हो जाना।

मोमियाई निकालना : 1. बहुत अधिक पीटना। 2. बहुत अधिक काम लेना।

मोर्चा खाना : मोर्चा या जंग लगने से खराब हो जाना।

मोर्चा जीतना : शत्रु को पराजित करके उसके मोर्चे पर अपना अधिकार कर लेना।

हमारी सेना ने शत्रु से मोर्चा जीत लिया।

मोर्चाबंदी करना : किले के चारों ओर यथास्थान सेना नियुक्त करना।

मोर्चा बांधना : दे० 'मोर्चाबंदी करना।'

मोर्चा मारना : दे० 'मोर्चा जीतना।'

मोर्चा लेना : 1. युद्ध करना।

2. झगड़ा करना।

चौधरी रूपराम सभी से मोर्चा लेते थे। (च०)

मोल करना : 1. किसी वस्तु का उचित से अधिक मूल्य कहना। 2. मूल्य घटा-बढ़ाकर तय करना।

मोल-तोल करना : दाम घटा-बढ़ाकर सौदा पटाना।

वह चीजों का मोल-तोल करने मे बड़ा दक्ष है।

मोल बिकना : वश में होना।

मोल लेना : वश में करना, मोहित करना।

मोहनी डालना : मोहित करना, वश में करना, जादू डालना ।

एक घण्टे तक व्याख्यान हुआ । सैयद साहब ने सभा पर मानों मोहनी डाल दी । (प्रे० च०)

मोहनी लगना : पूर्णतया मुग्ध हो जाना ।

मोहरा लेना : भिड़ जाना, मुकाबिला करना, लड़ना ।

मौका देना/ताकना : उपयुक्त अवसर की ताक में रहना ।

मौका देना : समय देना ।

मौका पड़ना : 1. आवश्यकता होना ।

जब कभी मौका पड़े आप मुझसे यह पुस्तक मांग लीजिएगा ।

2. संकट पड़ना ।

मौका पाना : समय पाना, फुरसत मिलना ।

मौका मिलना : 1. समय मिलना । 2. दाव या घात पाना ।

उससे सावधान रहना; मौका मिलने पर वह बदला अवश्य लेगा ।

मौका हाथ आना : अवसर मिलना ।

हिरामन ने अपने बैलों की पीठ सहलाते हुए कहा—देखो भैया, ऐसा मौका फिर हाथ नहीं आएगा ।

मौका हाथ से जाने देना : अवसर का लाभ न उठाना ।

इतना बढ़िया मौका हाथ से क्यों जाने दिया ? (गु० न०)

मौज आना : इच्छा होना ।

मौज उठना : मन में उमंग होना ।

मौज उड़ाना : मज़ा करना, सुख करना, चैन करना ।

अब तू देख ले, राजरानी बनकर मौज उड़ाना मंज़ूर है, या जूठे टुकड़े खाकर कुत्ते की तरह उम्र काटना । (च०)

मौज मारना : 1. सुख भोग, ऐश करना । 2. लहरें उठना ।

देखिए, दरिया कैसी मौजें मार रहा है ।

मौज में आना : धुन में आना, उमंग में आना ।

मौत का दरवाज़ा खटखटाना : मरणासन्न होना ।

मौत का सिर पर खेलना : मौत करीब होना, मरने के दिन आना ।

मालूम पड़ता है तुम्हारे सिर पर मौत खेल रही है; तभी तुम छेड़खानी करने से बाज़ नहीं आते । (ब० च०)

मौत के घाट उतारना : मार डालना ।

मौत के दिन पूरे करना : कष्ट से दिन काटना, कठिनाई से जीना ।

बुढ़ापा आ गया है । न शरीर में शक्ति है न पास में पैसे हैं । किसी प्रकार मौत के दिन पूरे कर रहा हूं ।

कर्तार के चेहरे का रंग उड़ गया, मानों घर से किसी के मरने की खबर आ गई हो। (प्रे० च०)

2. रंग का फीका पड़ना।

रंग उतरना : दे० 'रंग उड़ना।'

रंग कटना : आनन्द मनाया जाना।

रंग खिलना : 1. रंग निखरना या बढ़िया लगना। 2. मनोरंजक, हर्षप्रद या दुःखद घटना का घटित होना।

जब घरातियों और बरातियों में झगड़ा हो गया तो बहुत-से लोग प्रतीक्षा करने लगे कि देखें अब क्या रंग खिलता है।

रंग खुलना : पहले की अपेक्षा शरीर अधिक सुन्दर दीख पड़ना।

रंग खेलना : एक व्यक्ति का दूसरे पर रंग डालना।

होली में लोग खूब रंग खेलते हैं।

रंग गांठना : रोब जमाना।

रंग चढ़ना : 1. प्रभाव होना। 2. किसी वस्तु पर रंग आना या खिलना।

रंग चढ़ाना : प्रभाव डालना।

स्वामी रामानन्द की यह महत्ता अल्प नहीं है कि उन्होंने कबीर साहब के अधिकांश विचारों पर वैष्णव धर्म का रंग चढ़ा दिया है। (अ० सिं० उ०)

रंग जमना : 1. धाक जमना, रोब जमना, 2. प्रभाव होना।

रंग जमाना : 1. धाक जमाना, रोब जमाना।

मेम साहिबा ने अपने सौन्दर्य और सज-धज से यहां भी रंग जमाया हुआ था। (च०)

2. प्रभाव स्थापित करना।

वहां एक ही रात में मैंने अपना रंग जमा लिया। (प्र० ना० श्री०)

रंग डालना/फेंकना : दे० 'रंग खेलना।'

रंग-ढंग देखना : चाल-ढाल समझना।

पहले मैं जाकर ज़रा उन महात्माजी का रंग-ढंग देख लूं तो फिर तुम जाना। (प्रे० च०)

रंग दिखाना : 1. संकट में डालना, विपत्ति में फंसाना।

2. चारित्रिक विलक्षणताओं के प्रतीक आचरण करना।

रंग निखरना : 1. रंग चटकीला होना। 2. चेहरा साफ और चमकदार होना।

कश्मीर में कुछ समय रहने के उपरान्त उसका रंग निखर गया है।

रंग पकड़ना : चाल-ढाल अपनाना, आदत पड़ना।

गोसाइंजी का यह विश्वास था कि छोटी-छोटी कामनाओं की पूर्ति के लिए ही लोग प्रायः भूतों को माना करते हैं। और फिर उनकी प्रकृति कुछ ऐसा रंग

पकड़ जाती है कि उनका विश्वास परमेश्वर पर से सदा के लिए उठ जाता है। (वि० ह०)

रंग पर आना : ऐसी स्थिति में आना कि आनन्द की वर्षा होने लगे, रौनक या बहार पर आना।

हल्की-फुल्की गपशप और मधुर हंसी के साथ दावत रंग पर आ रही थी। (शि०)

रंग फक होना : निस्तेज, हतप्रभ या निष्प्रभ होना, चेहरे का रंग उड़ जाना।

रंग फीका पड़ना : 1. रोब, धाक या प्रभाव घटना।

उस किशोरी के आने से मिसेज़ हिप्ररर्स का रंग फीका पड़ गया। (च०)

2. मुख का तेज, सौन्दर्य या कान्ति घटना। 3. किसी चीज़ का रंग धूमिल या हल्का हो जाना।

रंग बंधना : रोब, धाक या प्रभाव जमना।

रंग बांधना : रोब गांठना, महत्व, प्रभाव स्थापित करना।

रंग बदलना : 1. स्वरूप, स्थिति आदि में परिवर्तन करना।

यह हंसी कहीं वातावरण का रंग न बदल दे। (अ० ला० ना०)

2. व्यवहार आदि में परिवर्तन होना।

रंग बरसना : रंग, शोभा आदि की वृद्धि होना।

रंग बिगड़ना : 1. पहले का-सा प्रभाव न रहना, धाक या रोब कम होना। 2. रंग खराब होना।

रंग बिगाड़ना : प्रभुत्व, रोब, धाक, प्रभाव आदि कम करना या नष्ट करना।

रंग में भंग होना : आनंद में विघ्न या बाधा पड़ना। दे० 'रंग में भंग पड़ना/होना।'

रंग भरना : 1. पेन्सिल आदि से बनाए हुए चित्र को रंगना। 2. किसी बात में नमक-मिर्च लगाना, कुछ घटा-बढ़ाकर कहना।

जान सेवक बोले—आप सोच रहे होंगे, मैंने बातों में इतना रंग क्यों भरा, केवल घटना का यथार्थ वृत्तान्त क्यों न सुनाया; किन्तु सोचिए, बिना रंग भरे मुझे यह फल प्राप्त हो सकता था ? (प्रे० च०)

रंग मचाना : 1. रणक्षेत्र में खूब युद्ध करना। 2. धूम मचाना।

रंग मात करना : प्रभाव या ख्याति कम करना, पराजित करना, अपनी श्रेष्ठता स्थापित करना।

अभी तीन-चार दिनों से ही सुमन ने दालमंडी में बैठना शुरू किया है, लेकिन इतने ही में उसने सबका रंग मात कर दिया है। (प्रे० च०)

रंग में आना : मौज में आना।

आज बहुत रंग में आ रहे हो, बात क्या है ? (य०)

रंग में ढलना : 1. किसी के प्रभाव या असर में आना। 2. किसी के अनुकूल

चलना, आचरण करना।

रंग में भंग करना/डालना : आनन्द और हंसी-खुशी आदि में विघ्न डालना।
उन लोगों ने सोचा, इस घर की इज़्ज़त की आड़ लेकर रंग में भंग कर दें। (कम०)

रंग में भंग पड़ना/होना : आनन्द और हंसी-खुशी आदि में विघ्न पड़ना, मज़ा किरकिरा होना।
देखते ही देखते सारे किए कराए पर पानी फिर गया ! रंग में भंग हो गया। (वि० रा० खां०)

रंग में मस्त रहना : अपनी धुन में रहना और दूसरे की बात न सुनना।

रंग में रंगा जाना : प्रभाव पड़ना।
आजकल के पढ़े-लिखे व्यक्ति पश्चिमी सभ्यता के रंग में रंगे हुए हैं। (गु० रा०)

रंग रलिया मचना : आमोद-प्रमोद होना, आनन्द मनाया जाना, खुशी मनाया जाना।

रंग रलिया करना/मचाना/मनाना : आमोद-प्रमोद करना, आनन्द मनाना, खुशी मनाना।
तुम्हारे यही दिन हंसने-बोलने और रंगरलियां करने के हैं। (अ० सि० उ०)

रंग लाना : 1. अपना नवीन प्रभाव या गुण दिखाना।
रंग लाती है हिना, पत्थर पै घिस जाने के बाद।
सुर्खरू होता है इंसान, ठोकरें खाने के बाद॥
2. स्थिति, दशा, अवस्था या हालत उपस्थित करना।
तुम्हारी ही शरारत यह सब रंग लाई है। (हि० श० सा०)

रंगा सियार : कपटी, धोखेबाज़ या ढोंगी आदमी।
उसका लम्बा टीका देखकर उसे सीधा न समझना, वह पूरा रंगा सियार है। (ब० च०)

रंगे हाथों पकड़ना : अपराध करते हुए पकड़ना।
हीरावती ने बहन की अनुपस्थिति में उसी के भाग्य-कोष पर डाका डाल दिया। रंगे हाथों पकड़ा था प्रभावती ने। (शि०)

रकम खड़ी होना : नकद प्राप्ति होना, किसी चीज़ का अप्रत्याशित ढंग से बिक जाना।

रकम डकार जाना : धन ले लेना, पचा लेना या हजम कर लेना।
कोई अपने किसी दोस्त की एक अच्छी मोटी-सी रकम डकार जाता है। (अ० रा०)

रक्त उबलना : दे० 'खून खौलना।'

रक्त का प्यासा : दे० 'खून का प्यासा।'

रक्त के आंसू बहाना : कठिन दुख भोगना।

ऐसा कौन-सा इलाका है जो ज़मींदार के हाथों रक्त के आंसू न बहा रहा हो। (प्रे० च०)

रक्त के आंसू रोना : दे० 'खून के आंसू रोना।'

रक्त खौलना : दे० 'खून खौलना।'

रक्त चूसना : दे० 'खून चूसना।'

रक्त बहाना : दे० 'खून बहाना।'

रग दबना : किसी दबाव, प्रभाव या अधिकार में होना।

उसकी रग केवल तुम्हीं से दबती है। (कृश्नचन्द्र)

रग-पट्ठे से परिचित/वाकिफ होना : खूब अच्छी तरह जानना।

रग-रग जानना/पहचानना/वाकिफ होना : दे० 'रगपट्ठे से परिचित होना।'

अजी वे मुझसे क्या छिपावेंगे, मैं तो उनकी रग-रग से वाकिफ हूं। (ब० च०)

रग-रग फड़कना : शरीर में बहुत अधिक उत्साह या आवेश आदि के लक्षण प्रकट होना।

रग-रग में : सर्वांग में, शरीर के सब भागों में।

शरारत तो उसकी रग-रग में भरी है।

पाजीपन तो तुम्हारी रग-रग में भरा है। (हि० श० सा०)

रट लगाना : बार-बार कहना।

सब उत्पात-पीड़ित मनुष्य बालाजी को बुलाने की रट लगा रहे हैं। (प्रे० च०)

रत्ती भर : ज़रा-सा, तनिक-सा।

तुलसीदास कहते हैं कि सन्त और भगवान में रत्ती भर अन्तर नहीं है। (वि० हरि)

रत्ती-रत्ती, पाई-पाई : पूरा-पूरा, सब कुछ।

मुझे सब मालूम है, देबू, सब मालूम है; रत्ती-रत्ती, पाई-पाई।

रद्दा जमाना : आरोप लगाना, इलज़ाम लगाना।

चेतन ने हंसकर रद्दा जमाते हुए कहा, "तो यह तुम्हारा काम करेगी, इस आशा से हाथ धो रखो।"

रद्दी की टोकरी में डालना : किसी के आवेदन-पत्र आदि को उपेक्षापूर्वक फेंक देना।

रफा-दफा करना : तै करना, फैसला करना, निबटाना।

रफू करना : 1. फटे हुए कपड़े के छेदों में सूत भरना। 2. असम्बद्ध, विपरीत बातों का सामंजस्य जोड़ना।

रफूचक्कर होना : चंपत, गायब, फरार होना; खिसक जाना।

रमता जोगी/रमता जोगी बहता पानी : घूमता-घामता मनुष्य जो कहीं निश्चित रूप से नहीं रहता।

साधु ने उत्तर दिया—'रमता जोगी बहता पानी, अपना क्या पता और कौन अभिप्राय बतला सकता है?' (बृ० ला० व०)

रस लूटना : आनन्द लेना।

रस लेना : मज़ा लेना, आनन्द करना।

रसना खोलना : कुछ समय चुप रहने के बाद बोलना आरम्भ करना।

रसना तालू से लगाना : बोलना बन्द करना, चुप होना।

रसातल को जाना : पूर्णतया नष्ट होना।

रसातल पहुंचना : पूर्णतया नष्ट हो जाना।

यदि इस प्रकार जीवन व्यतीत करोगे तो शीघ्र ही तुम्हारा धन और यौवन दोनों रसातल पहुंच जाएंगे। (भु० चं० जो०)

रसातल पहुंचाना/भेजना : पूर्णतया नष्ट कर देना, बरबाद कर देना।

रसीद करना : मारना, लगाना।

चुप रहो नहीं तो ऐसा तमाचा रसीद करूंगा कि ज़िन्दगी भर याद करोगे।

रसीद काटना : प्राप्ति-पत्र देना।

रसोई चढ़ना : भोजन पकना, खाना पकना।

रसोई तपना : भोजन या खाना बनाना, रसोइया का काम करना।

रस्म अदा करना/रस्म अदाई करना : खानापूरी करना।

बहुत-से कवियों के ऋतु-वर्णन रस्म-सी अदा करते जान पड़ते हैं। (रा० चं० शु०)

रह जाना : 1. खर्च या व्यवहार से शेष बचना।

मेरे पास अब पांच रुपए रह गए हैं। (ब० च०)

2. पीछे छूट जाना। 3. सफल न होना, लाभ न उठा सकना। 4. कुछ कार्रवाई न करना, रुक जाना। 5. थक जाना।

चलते-चलते हमारे पैर रह गए, पर आपका मकान न मिला। (गु० रा०)

रह-रहकर : रुक-रुककर।

रह-रह कर वह रो उठता था।

रहने देना : 1. परिवर्तन न करना। 2. छेड़छाड़ न करना।

रहम खाना : दया करना।

रहस्य खुलना : भेद प्रकट होना, किसी छिपी बात का पता चलना।

रहस्य खोलना : भेद प्रकट करना।

उनका रहस्य व्यर्थ न खोलो।

रहा न जाना : आत्म-नियन्त्रण न किया जाना।

अब तो खाए बिना रहा नहीं जाता।

राई का पर्वत बनाना : जरा-सी बात को बहुत बढ़ाकर कहना।

राई का पर्वत बनाना तो तुम्हारा स्वभाव ही है। (ब० च०)

राई का पर्वत होना : बात का बतंगड़ होना; छोटी बात के कारण बहुत बड़ा बखेड़ा होना।

मेरे कारण आज इतने आदमियों की जान गई। मैं क्या जानता था कि राई का पर्वत हो जाएगा, नहीं तो अपने हाथों से इस झोंपड़े में आग लगा देता। (प्रे० च०)

राई-काई करना : टुकड़े-टुकड़े करना।

राई-काई होना : टुकड़े-टुकड़े होना।

मेरे सारे वस्त्र राई-काई हो गए।

राई-नोन उतारना : नज़र लगे हुए बच्चे के सिर के चारों ओर राई-नमक घुमाकर आग में डालने का टोटका करना।

राई-नोन उतार दो तो बच्चा ठीक हो जाएगा। (भो० ना० ति०)

राई भर : ज़रा-सा

उसने मुझसे राई भर अफीम मांगी।

राई रत्ती : पूर्णतया, पूरा-पूरा, हर चीज़ को।

सभी स्थानों में राई-रत्ती टटोलकर पांडुलिपि को ढूंढ़ो।

राई से पर्वत करना/बनाना : 1. छोटी बात को बहुत बढ़ा देना। 2. हीन से महान बनाना।

भगवान् की गति कोई नहीं जानता। वह राई से पर्वत और पर्वत से राई कर देता है।

राग अलापना : 1. गीत गाना। 2. किसी धुन में मस्त होना, किसी चीज की रट लगाना। 3. अपनी ही बात कहते रहना और दूसरों की न सुनना।

वह हर समय अपना ही राग अलापता रहता है। (हो० प्र० सिं०)

राग-रंग में रहना : भोग-विलास करना, विषय-भोग में समय व्यतीत करना।

वाजिद अली शाह चौबीस घंटे राग-रंग में रहते थे। (रा० कै० उ०)

राज देना : राजा बनाना।

राज पर बैठना : राज-सिंहासन पर बैठना, राजा होना।

राड़ बढ़ाना : दुश्मनी करना, झगड़ा-तकरार करना।

मैं तुम्हें बराबर समझाती थी कि देहातियों से राड़ न बढ़ाओ। (प्रे० च०)

रात कटना : रात बीतना।

रात काटना : रात बिताना।

उस बैरक के कैदियों ने सारी रात बैठकर काटी। (प्रे० च०)

रात जाना : रात व्यतीत होना।

रात-दिन एक करना : निरन्तर कठिन परिश्रम करना।

कट्टो की तारीफ बिहारी के सामने न करो; नहीं तो वह शुरू करेगा तो रात-दिन एक कर देगा। (जै० कु०)

रात भारी होना : दुख के कारण रात का अच्छी तरह न बीतना।

रात भींगना : रात चढ़ना।

राम कहो : किसी बात को असंभव बताने के लिए ऐसा कहते हैं; यह बात असंभव है।

राम जाने : 1. मुझे नहीं मालूम।

जिस दिन यह निर्णय हमारे हाथ में आ जाएगा उस दिन राम जाने इस सृष्टि का क्या होगा। (अ० रा०)

2. यदि मैं झूठ कहता होऊं तो उसके साक्षी भगवान् हैं। यह एक प्रकार की शपथ है।

राम जाने, मैं आपसे छल-कपट की बातें नहीं कर रहा हूं।

राम नाम सत्त हो जाना : मर जाना।

क्या कहूं आखिर, यही न कि किताबें लिखता हूं जिन्हें न कोई पढ़ता है, न कोई खरीदता है, और अगर उसी से अपनी रोटी चलती हो तो आज ही राम नाम सत्त हो जाए ! (अ० रा०)

रामवाण औषध : अचूक दवा।

बहुत होता तो सुन्दर गाती-गाती काम करने चली जाती। हज़ार व्याधियों की एक दवा के समान उसकी यह रामवाण औषध थी।

राम राज/राज्य : आनन्द ही आनन्द; सब न्यायपूर्वक चलना।

अब आपकी दया से गांव में राम राज है। (प्रे० च०)

राम राज्य का सपना : ऐसे समाज का आदर्श जिसमें सब लोग सुखी हों, किसी को किसी प्रकार का कष्ट और चिन्ता न हो।

राम राम ! : घृणा, आश्चर्य आदि का सूचक शब्द।

राम राम करके : बड़ी कठिनाई से, किसी प्रकार, जैसे-तैसे।

राम राम करना : 1. नमस्कार करना।

दोनों खेतों में काम करने वाले किसान होरी को देखकर राम-राम करते थे। (प्रे० च०)

2. भगवान् का नाम जपना।

राम राम करो, यह दुख भी कट जाएगा।

राम राम हो जाना : मर जाना।

राम राम होना : भेंट होना, मुलाकात होना।

रोज़ प्रातः काल उनसे राम-राम होती है।

राम शरण होना : 1. साधु होना। 2. मर जाना।

रार मचाना : लड़ाई-झगड़ा करना।

मैं छोटी-छोटी बातों के लिए उससे रार मचाना अनुचित समझता हूं। (प्रे० च०)

रार मोल लेना : शत्रुता करना।

बड़ों से रार मोल लेने में अपना निबाह नहीं है। (प्रे० च०)

राल गिरना/टपकना : किसी चीज़ को देखकर उसको पाने की बहुत इच्छा होना।

जहां कोई अच्छी चीज़ दिखाई दी कि तुम्हारे मुंह से राल टपकी। (हि० श० सा०)

राशि रास बैठना : दत्तक पुत्र होना, गोद बैठना।

रास आना : अनुकूल होना, मुवाफिक होना।

वहां का पानी मुझे रास नहीं आता—तबीयत भारी रहती है। प्रे० च०)

आपकी सीख बहुत अच्छी है और इन्हें रास भी आवेगी। (अ० रा०)

रास बैठाना/लेना : गोद लेना।

रास्ता कटना : रास्ता समाप्त होना।

बाबा ने स्कूल की बातें छेड़ दी थीं, किसी को पता नहीं चला कि कब रास्ता कट गया।

रास्ता काटना : 1. यात्रा समाप्त करना। 2. रास्ते का एक तरफ से दूसरी तरफ जाना।

रास्ता दिखाना : नेतृत्व करना, परिपाटी निकालना।

नाटक लिखने का जो रास्ता भारतेन्दु ने दिखाया उस पर चलने वाले सिद्ध-हस्त लेखक उन्हीं के समय में तैयार हो गए थे।

रास्ता देखना : इन्तज़ार करना; दे० 'बाट जोहना/देखना।'

हम बड़ी देर तक आपका रास्ता देखते रहे। (ब० च०)

रास्ता नापना : चला जाना।

रास्ता पकड़ना : 1. मार्ग का अवलम्बन करना, राह से चलना। 2. चल देना, जाना।

रास्ते का कंटक : उन्नति या प्रगति का बाधक।

तब तो वह हमारे रास्ते का कंटक है। (च०)

रास्ते पर आना : सुधर जाना, ठीक हो जाना।

सत्संग करके वह रास्ते पर आ गया है।

रास्ते पर लाना : सुधारना, ठीक करना, उचित मार्ग पर लाना।

महात्माजी ने अनेक पथ-भ्रष्ट लोगों को रास्ते पर ला दिया है।

रास्ता बताना : 1. टालना, हटाना। 2. तरकीब बताना।

वह तुम्हारे जैसे को रास्ता बतलाता है। (हि० श० सा०)

रास्ता लेना : 1. चल देना।

मैं वेश्या नहीं हूं कि तुम्हें नोंच-खसोट कर अपना रास्ता लूं। (प्रे० च०)

2. जाना।

उसने अपने घर का रास्ता नहीं लिया। (च०)

रास्ता सूझना : उपाय समझ में आना।

राह का कांटा : दे० 'रास्ते का कंटक।'

राह का रोड़ा : दे० 'रास्ते का कंटक।'

राह खुलना : उपाय निकलना, तदबीर निकलना।

राह ताकना/देखना : दे० 'रास्ता देखना।'

राह नापना : दे० 'रास्ता नापना।'

राह निकालना : उपाय या तदबीर ढूंढ़ना, युक्ति निकालना।

अब सिवाय इसके और कोई सूरत न थी कि या तो फाके करूं या गुजरान की कोई नई राह निकालूं। (प्रे० च०)

राह पकड़ना : दे० 'रास्ते पकड़ना।'

राह पर आना : दे० 'रास्ते पर आना।'

मैं उद्योग करूंगी वश भर, ईश्वर पार लगावेगा।
आशा है मेरा भूला मन, कभी राह पर आवेगा॥ (गु० भ० सिं०)

राह पर लगाना/लाना : दे० 'रास्ते पर लाना।'

राह में आंखें बिछाना : श्रद्धापूर्वक प्रतीक्षा करना।

कभी उन्होंने पति की प्रतीक्षा नहीं की, उनकी राह में आंखें नहीं बिछाईं। (म० भं०)

राह में रोड़ा पड़ना : काम में बाधा उत्पन्न होना।

राह लेना : दे० 'रास्ता लेना।'

राहु होना : कष्टप्रद होना, दुखदायी होना।

रिस चढ़ना : क्रोध आना।

रिस मारना : क्रोध का दमन करना, क्रोध को रोकना।

रुख करना : किसी काम में लगना या किसी ओर अग्रसर होना।

रुख जानना : भाव या विचार जानना।

रुख ताकना/देखना : कृपा प्राप्त करने की चेष्टा करना।

रुख पाना : संकेत पाना, भाव या विचार जानना।

रुख फेरना : 1. दूसरी ओर देखना।

ज्यों ही मैंने दाहिनी तरफ रुख फेरा त्यों ही झाड़ी में एक बड़ा सांप देखा।

2. रुष्ट, क्रुद्ध या अप्रसन्न होना।

हे प्रभो! यदि आप मेरी तरफ से रुख फेर लेंगे तो मेरा कहां ठिकाना लगेगा?

रुख बदलना : होना; दे० 'रुख फेरना।'

रुख मिलाना : सामने देखना, बातचीत करने के लिए मुंह सामने करना।

रुचि आना : अच्छा लगना, पसंद आना।

रुचि रखना : इच्छा पूरी करना।

रुधिर शुष्क हो जाना : अत्यन्त व्यग्र या चिन्ताकुल हो जाना। बहुत घबरा जाना।

इतना सुनना था कि मुंशीजी का रुधिर शुष्क हो गया। (प्रे० च०)

रुपए खरे होना : रुपए मिलने का निश्चय होना।

रुपया उठाना : धन खर्च करना।

रुपया उड़ाना : 1. धन व्यर्थ खर्च करना।

तुमने अपने पूर्वजों का सब रुपया उड़ा दिया।

2. रुपया चुरा लेना।

रुपया ऐंठना : चालाकी से धन ले लेना।

रुपया खड़ा करना : रुपया तैयार करना, नगद रुपया उगाहना।

रुपया गलना : व्यर्थ खर्च होना।

रुपया जोड़ना : धन इकट्ठा करना।

रुपया ठनका देना : रुपया बजाकर लेना; रुपया वसूल कर लेना।

रुपया ठीकरी कर देना : खूब रुपया व्यर्थ खर्च करना।

रुपया डूब जाना : रुपया मारा जाना, किसी काम में लगाया हुआ धन व्यर्थ हो जाना।

लाला दीनानाथ का अनाथालय, अब एक दिन भी नहीं चल सकता। उनका एक लाख रुपया डूब गया। (प्रे० च०)

रुपया तुड़ाना/तोड़ना : रुपया भुनाना।

लाला की दुकान से यह रुपये तुड़ा लाओ।

रुपया पानी की तरह बहाना : बहुत अधिक धन खर्च करना।

तुम रुपया धनी की तरफ बढ़ाए जा रहे हो। (इ० चं० जो०)

रुपया पानी में फेंकना : रुपया व्यर्थ खर्च करना, बेकार व्यय करना।

रुपया पीटना : खूब रुपया पैदा करना।

'माधुरी मधुरा' के प्रोड्यूसर ने इतना रुपया पीटा कि बस कुछ पूछिए मत। (अ० रा०)

रुपया फूंकना : रुपया बरबाद करना।

इस पर वह हजारों रुपए फूंक चुका था। (प्रे० च०)

रुपया बरसाना : खूब रुपया मिलना।

इस लड़ाई के जमाने में रुपया बरस रहा है। (च०)

रुपए में तीन अठन्नी भुनाना : बहुत किफायत से रुपया खर्च करना और उससे अधिक से अधिक लाभ उठाना।

सेठजी रुपए में तीन अठन्नी भुनाते हैं। (अ० ए०)

रुई का गाला . 1. धुनी हुई रुई का गोला। 2. बहुत उज्ज्वल और मुलायम।

रुई की तरह धुनना : बहुत मारना-पीटना।

रुई-सूत में उलझना/लिपटना : अपने काम में लगे रहना।

रूखा होना : बेमुरौवती करना, क्रुद्ध होना।

रूखा-सूखा : बहुत साधारण भोजन।

रूप का बाजार : वह बाजार जहां वेश्याएं रहती हैं।

रूप बनाना : वेश धारण करना।

रूह कब्ज होना : होश गुम होना।

भारतीय सैनिकों की वीरता देखकर विदेशी सैनिकों की रूह कब्ज हो जाती थी। (ब्र० ना० श०)

रूह कांपना : बहुत डरना।

रूह निकलना : मर जाना।

रूह फड़कना : बहुत प्रसन्नता तथा उत्साह होना।

वह खबर सुनायें कि रूह फड़क उठे। (प्रे० च०)

रूह फना होना : होश उड़ना, बहुत परेशानी होना।

तुम्हारी छुरी की चमक और तुम्हारे तेवर देखकर ही उसकी रूह फना हो जायगी। (प्रे० च०)

रूह फूंकना : शक्ति का संचार करना, उत्साह और साहस बढ़ाना।

महात्मा गांधी ने भारतवासियों में रूह फूंक दी थी।

रेख भींगना : मूछें निकलना शुरू होना।

आगन्तुक नवयुवक था, उसकी रेख भीग रही थीं। (हो० प्र० सिं०)

मुश्किल से युवक की रेखें भींगी होंगी। (च०)

रेलपेल होना : भरमार या अधिकता होना।

नायक राम जिस गांव में जा पहुंचता वहां दूध, घी, फल-फूल और शाक-भाजी, आदि की रेलपेल हो जाती। (प्रे० च०)

रोंगटे खड़े होना : भय, शोक, हर्ष, आदि के कारण रोमांच हो जाना, डर या दुःख आदि से शरीर के रोयें खड़े हो जाना।

उस अमानवीय अपराध को सुनकर मेरे रोंगटे खड़े हो गए थे। (शि०)

रोआं कांपना : बहुत डर लगना।

रोआं दुखी होना : हृदय दुखी होना, मन में दुख होना।

गऊओं को दुहाते समय सुजान को बछड़ों का ध्यान लगा रहता था—कहीं बछड़ा भूखा न रह जाय, नहीं तो उसका रोआं दुखी होगा। (प्रे० च०)

रोआं न उखाड़ना : तनिक भी हानि न पहुंचाना।

रोआं पसीजना : दया आना, तरस आना।

रोकड़ मिलना : 1. आय व्यय का हिसाब बैठना 2. बड़ी सम्पत्ति मिलना, खजाना मिलना।

रोकड़ मिलाना : आय-व्यय का हिसाब लगाकर रकम के घटने-बढ़ने का पता लगाना।

आज खजांची साहब देर से रोकड़ मिला रहे हैं। (ल० ना० स०)

रोग का घर : बीमारी की जड़।

रोग पालना : जानबूझकर कोई मुसीबत मोल लेना।

रोजगार चमकना : व्यवसाय खूब चलना।

कुछ वर्षों से उसका रोजगार खूब चमक गया है।

रोजगार चलना : काम या पेशे में खूब लाभ होना।

रोजगार छूटना : काम छूट जाना, बेकार हो जाना।

रोजगार लगना : काम मिलना, नौकरी आदि मिलना।

रोज़ा खोलना : मुसलमानों का दिनभर व्रत रखने के बाद शाम को कुछ खाना।

रोज़ा टूटना : रोज़े का व्रत खंडित होना।

रोज़ी चलना : भोजन-वस्त्र मिलता जाना। जीविका का निर्वाह।

रोज़ी चलाना : भोजन-वस्त्र आदि की व्यवस्था करना।

रोटियों का मारा : भूखा, अन्न बिना दुखी।

रोटी-कपड़ा : भोजन-वस्त्र।

उस औरत ने रोटी कपड़े का दावा किया है। (हि० श० सा०)

रोटी कमाना : रोज़ी प्राप्त करना, जीविका उपार्जन करना।

रोटी की खाक झाड़ना : जीविका के लिए खुशामद करना।

आप मेरे आचरण को घृणास्पद समझते होंगे। किन्तु क्या करूं ? रोटी की खाक तो झाड़नी ही पड़ती है।

रोटी चलना : जीविका प्राप्त होना, खाना-कपड़ा आदि मिलना।

रोटी चलाना : भरण-पोषण करना।

नाराज़ हो जायेंगे तो हो जायं। कौन किसकी रोटियां चलाता है ? (प्रे० च०)

रोटियां तोड़ना : किसी के घर पड़े रहकर उसकी कृपा से अपना पेट पालना।

रोटी-दाल चलना : निर्वाह होना।

रोटी-बेटी का सम्बन्ध : एक साथ भोजन और परस्पर शादी-ब्याह का सम्बन्ध या व्यवहार।

वे देश के विभिन्न सम्प्रदायों और बिरादारियों के बीच से रोटी-बेटी के सम्बन्धों के भेदों को मिटाकर देश-भर में एक समाज और बिरादरी बना देना चाहते थे।

रोड़ा अटकना : विघ्न डालना, बाधा डालना।

रो धोकर/रो पीटकर : ज्यों-त्यों करके, किसी प्रकार।

रोना कलपना : बहुत विलाप करना।

रोना गाना : विनती करना, गिड़गिड़ाना।

रोना-धोना मचना : रोना और विलाप आरम्भ होना।

यदि जालपा से गहने मांगे जाएंगे तो रोना-धोना-मच जायगा। (प्रे० च०)

रोना-पीटना पड़ना : विलाप होना, शोक छाना।

श्री रामचन्द्रजी के वन-गमन के समाचार से घर-घर रोना-पीटना पड़ गया।

रो पीट कर : दे० 'रो धोकर।'

रोना रोना : रोते हुए अपनी करुण कहानी सुनाना, अपना दुःख सुनाना।

अपना रोना किसके आगे रोऊं?

रोब गांठना : शान बघारना।

रोब छाना : शान जमाना।

रोब जमाना : शान जमाना, आतंक पैदा करना।

रोब दिखाना : शान दिखाना, बड़प्पन का प्रस्ताव डालना।

रोब में आना : भय मानना, दूसरे से प्रभावित होना।

रोम-रोम कांपना : अत्यन्त भयभीत होना।

बधिक की छुरी के तले अपने बछड़े को देखकर गाय का रोम-रोम कांपने लगता है। (प्रे० च०)

रोम-रोम में : पूरे शरीर में।

उसके तीखे वचनों से मेरे तो रोम-रोम में आग लग गई।

रोयां रोयां असीसना : सच्चे हृदय से आशीर्वाद देना।

आपको मेरा रोयां रोयां असीसेगा (अ० ला० ना०)

रोयें खड़े होना : हर्ष या भय आदि से रोमांच होना, रोम-कूपों का उभारना।

रो-रोकर : 1. ज्यों-त्यों करके कठिनता से। 2. बहुत धीरे-धीरे।

रोशन होना : प्रकट होना, ज्ञात होना।

रोशनी डालना : समझाना, स्पष्ट करना।

रौला मचना : हलचल मचना, हल्ला मचना।

एक महीने तक यही रौला मचा रहा। (प्रे० च०)

ल

लंका कांड मचाना : लड़ाई-झगड़ा, मार-पीट करना।

यह बाहर से ताड़ी चढ़ाकर आता है, घर में घुसते ही लाठी बजाता है। क्रोध में आपे से बाहर हो जाता है और घर में आए दिन लंका कांड मचाता है।

लंका कांड होना : लड़ाई-झगड़ा होना, मार-पीट होना।

लंका ढहाना : किसी सम्पन्न देश या परिवार का सत्यानाश करा देना।

लंग खाना : लंगड़ाना, लंगड़ाकर चलना।

लंगर डालना : जहाज के लंगर को नदी या समुद्र में फेंकना, जहाज़ को खड़ा करना।

लंगर बांधना : 1. पहलवानी करना। 2. लड़ने को प्रस्तुत होना। 3. ब्रह्मचर्य धारण करना।

लंगर-लंगोट कसना : लड़ने के लिए तैयार होना।

लंगोट का ढीला : ब्रह्मचर्य व्रत स्थिर न रख सकने वाला।

लंगोट का सच्चा : वह मनुष्य जिसने कभी पर-स्त्री से संभोग न किया हो।

लंगोटिया यार : बालमित्र, बचपन का मित्र, परम मित्र। मैंने भोर में जगते ही पेरिस से पहला पत्र अपने ननिहाल के एक लंगोटिया यार को लिखा।

लंगोटी पर फाग खेलना : बहुत कम पूंजी होने पर भी आनन्द-मंगल और भोग-विलास करना।

लंगोटी बंधवाना : बहुत दरिद्र कर देना।

लंगोटी लगाना : फटे-पुराने कपड़े पहनना, अर्धनग्न रहना।

लंबा करना : 1. चलता करना, पीछा छुड़ाना। रवाना करना।

तुमने अपने अतिथि को क्यों इतनी जल्दी लंबा कर दिया।

2. पटक देना, गिरा देना, मारना-पीटना, चित कर देना।

लंबा होना : 1. चला जाना।

अच्छा, अब चल, लंबा बन, उनके आने का वक्त हो रहा है (च०)

2. लेट जाना।

लंबी-चौड़ी हांकना : डींग मारना, व्यर्थ बातें करना।

लंबी तानना : निश्चित सोना; लेट कर या हाथ-पांव फैलाकर सोना।

इस समय मेरे अतिरिक्त सब लंबी तान कर सोते होंगे। (अ० सिं० उ०)

लंबी बांह होना : बहुत अधिक शक्ति होना।

लंबी सांस लेना : शोक-दुःख से सांस लेना, आह भरना, बहुत निराशा में आहें भरना।

लंबे हाथ मारना : खूब धन प्राप्त करना।

लकड़ी चलना : लाठी चलना, लाठी से मार-पीट होना।

लकड़ी देना : मृत शरीर को चिता पर रख कर जलाना, आग देना।

लकड़ी होना : 1. बहुत क्षीण, दुर्बल या दुबला होना।

2. सूख कर कड़ा हो जाना।

रोटी सूख कर लकड़ी हो गई। (हि० श० सा०)

लकवा मारना : शरीर के किसी अंग में लकवे का रोग हो जाना। उसका निष्क्रिय हो जाना।

लकीर का फकीर : रूढ़िवादी या दकियानूस व्यक्ति, पुरानी परिपाटी का अनुसरण करने वाला, आंख बन्द करके पुराने ढंग पर चलने वाला व्यक्ति।

राय साहब कुछ बातों में एकदम लकीर के फकीर थे। (शि०)

लकीर पीटना : बिना समझे-बूझे पुरानी प्रथा पर चलना।

लक्ष्मण रेखा : अलंघ्य सीमा या मर्यादा।

जाने कैसी लक्ष्मण रेखा है यह अपने अहं या स्वाभिमान की कि इसके पार वह किसी को नहीं आने देना चाहती। (म० भ०)

लक्ष्मी नारायण करना : भोजन आरम्भ करना।

लक्ष्य साधना : निशाना लगाना।

लगती हुई बात कहना : चुभती हुई या मर्मभेदी बात कहना।

राजा साहब कोई लगती हुई बात कहना चाहते थे। (प्रे० च०)

लगन धरना/रखना : विवाह का शुभ दिन और मुहूर्त निश्चित करना।

लगन धराना/रखाना किसी मंगल-कार्य के लिए शुभ दिन तथा मुहूर्त निश्चित कराना।

लगन लगना : प्रेम होना, भक्ति होना।

लगन लगाना : प्रेम करना।

लगाई-बुझाई : पहले झगड़ा करवाकर उनमें शान्ति-सुलह करवाना।

लगाम कड़ी करना : कार्यादि का नियन्त्रण करना।

उन्होंने जिलाधिकारी से प्रशासन की लगाम कड़ी करने को कहा। (भु० च० जो०)

लगाम खींचना : किसी को अपनी इच्छा के अनुरूप नचाना।

लगाम चढ़ाना : नियन्त्रण करना, रोकना, मनमानी करने या कहने न देना।

लगाम ढीली करना : कार्यादि का नियन्त्रण न रखना।

लगाम हाथ में लेना : संचालन-सूत्र हाथ में लेना।

लगी न रखना : पक्षपात न करना।

लगी लिपटी कहना/हांकना : लल्लो-चप्पो करना, किसी को प्रसन्न करने की बातें करना।

लगी लिपटी रखना : साफ-साफ खरी बातें न कहना।

सदन ईमानदार था, सत्य वक्ता था, सरल था, जो बात कहता मुंह पर, लगी लिपटी रखना न जानता था। (प्रे० च०)

लगे हाथों : साथ ही साथ, इसी सिलसिले में।

लग्गा लगना : किसी काम का आरम्भ होना।

लग्गा लगाना : कोई काम आरम्भ करना।

सुशीला—क्या कहूं, जी तो चाहता है कि लग्गा लगाऊं परन्तु कुछ सोचकर रुक जाती हूं। (प्रे० च०)

लगी होना : 1. दो व्यक्तियों या पक्षों में स्पर्धा का भाव होना।

2. एक दूसरे को नीचा दिखाने की भावना मन में रखना।

लच्छेदार बातें : मज़ेदार बातें।

एक दिन मुंशी वज्रधर दीवान साहब के साथ रानी जगदीशपुर के दरबार में जा पहुंचे और ऐसी लच्छेदार बातें कीं, अपनी तहसीलदारी की ऐसी डींट उड़ाई कि रानीजी मुग्ध हो गईं। (प्रे० च०)

लज्जा करना : किसी बात की इज्ज़त का ख्याल करना।

लज्जा के मारे पानी-पानी होना : बहुत ही लज्जित होना। दे० 'पानी-पानी होना।'

लट्टू होना : आसक्त होना, फ़िदा होना।

लट्ठ लिए फिरना/लट्ठ लेकर पीछे पड़ना : किसी वस्तु का बराबर विरोध करना।

लोग ख्वामख्वाह अंग्रेज़ियत के पीछे लट्ठ लिए फिरते हैं। (प्रे० च०)

लड़कों का खेल : सरल बात या काम।

लड़ाई ठानना : झगड़ा करना।

ज्ञान शंकर ने बाप और चाचा से लड़ाई ठानी। (प्रे० च०)

लड़ाई पर जाना : योद्धा या सैनिक के रूप में युद्ध करने के लिए रणक्षेत्र में जाना।

लड़ाई मोल लेना/ठानना : स्वयं, बिना कारण, लड़ाई करना।

लड्डू खाना (मन के) : दे० 'मन के लड्डू खाना।'

लड्डू खिलाना : उत्सव मनाना, दावत करना।

लड्डू बंटना : लाभ या प्राप्ति होना।

लड्डू मिलना : कोई अच्छा लाभ होना।

लत पड़ना/लगना : आदत, विशेषकर बुरी आदत पड़ना।

लताड़ सुनाना : धिक्कारना, डांटना-फटकारना।

उस बेइज्ज़ती से तो मर जाना ही अच्छा है कि छोटे-छोटे आदमी मुंह पर लताड़ सुनायें। (प्रे० च०)

लथपथ/लतपत होना : कीचड़, पानी, खून आदि से पूर्णतया भीग जाना, सन जाना।

सारी देह लहू में लतपत हो गई थी। (प्रे० च०)

लपेट में आना : चक्कर, चंगुल या पंजे में फंस जाना।

इस बार वह नहीं बच पाया। खुफिया पुलिस की लपेट मे आ गया। (इ० च० जो०)

लबों पर जान आना : मरणासन्न होना।

लबड़ धों धों : अनुचित, अन्यायपूर्ण या मनमाना काम करना।

ललाट में लिखा होना : भाग्य में बदा होना।

लल्लो-चप्पो करना : खुशामद करना।

वह लल्लो-चप्पो करके आभा को प्रसन्न करता था। (च०)

लल्लो-पत्तो करना : दे० 'लल्लो-चप्पो करना।'

लहर आना : सांप के काटने से बदन में लहर उठना।

प्रभु सेवक को मानों काली नागिन ने डंस लिया जिसके काटे को लहर भी नहीं आती। (प्रे० च०)

लहालोट होना : मोहित होना, मुग्ध होना।

प्राणनाथ शब्दों की एक-एक योजना पर, भावों के एक-एक उद्गार पर लहालोट हुए जाते थे। (प्रे० च०)

लहू का घूंट पीकर रह जाना/लहू का घूंट पीना : दे० 'खून का घूंट पीकर रह जाना।'

लहू का प्यासा : दे० 'खून का प्यासा।'

लहू की नदी/नदियां बहाना : 'दे० 'खून की नदी'/नदियां बहाना।'

लहू के आंसू रोना : दे० 'खून के आंसू रोना।'

लहू खौलना : दे० 'खून खौलना।'

लहू चूसना : दे० 'खून चूसना।'

लहू ठंढा होना : दे० 'खून ठंढा/सर्द होना।'

लहू पीना : दे० 'खून पीना।'

लहू बहाना : दे० 'खून बहाना।'

लहू लगाकर शहीद होना/शहीदों में नाम लिखाना : दे० 'खून लगाकर शहीद होना।'

लहू सवार होना : दे० 'खून सवार/सिर पर सवार होना।'

लहू-लुहान होना : खून से भर जाना, अत्यधिक खून बहना।

लांग खुलना : बहुत डर जाना।

लांछन लगाना : कलंक लगाना।

लाख टके की बात : अत्यन्त उपयोगी और सारगर्भित बात।

लाख से लीख होना : सबकुछ से कुछ न रह जाना, बहुत बड़े से बहुत छोटा हो जाना, निर्धन हो जाना।

लाग-लपेट रखना : सम्बन्ध रखना, साफ-साफ न कहना।

लाज आना : लज्जित होना।

लाज के मारे/लाज से गड़ जाना : दे० 'लज्जा से गड़ जाना।'

लाज के मारे पानी-पानी होना : दे० 'पानी-पानी होना।'

लाज गंवाना : इज़्ज़त खोना।

लाज बेचना : इज़्ज़त खोना, कुख्यात होना, बदनाम होना।

बालियां और साड़ियां और मिठाइयां मुझे भी कम अच्छी नहीं लगतीं; लेकिन जो कहो कि इनके लिए अपनी लाज बेचती फिरूं तो भगवान् इससे बचावे। (प्रे० च०)

लाज रखना : प्रतिष्ठा रखना, इज़्ज़त बचाना।

लाज लूटना : शील भंग करना, अवैध संभोग करना।

लाज-शर्म धोकर पी जाना : बेहया हो जाना।

मुटल्ली क्या लाज-शर्म धोकर पी गई थी ? (शि०)

लाज से डूब मरना : अत्यन्त लज्जित होना।

लाठी का जोर : शारीरिक शक्ति, मार-पीट करने का जोर।

लगान लाठी के ज़ोर से नहीं मंगाया जाता। (प्रे० च०)

लाठी चलना : लाठी से मार-पीट होना; दे० 'लकड़ी चलना।'

लाठी चलाना : लाठी से मार-पीट करना।

लाठी जड़ना : लाठी मारना।

एक लाठी और क्यों न जड़ दी कि काम तमाम हो जाता ? (प्रे० च०)

लाठी बांधना : लाठी लिए रहना।

लाठी मारना : 1. लाठी से मारना।

2. अशिष्ट बातें कहना, कठोर शब्दों का प्रयोग करना।

ज़रा आदमी की तरह बोलना, लाठी मत मारना। (प्रे० च०)

लात खाना : पैरों की ठोकर खाना, मार खाना।

लात चलाना : पैर से मारना।

लात जमाना : पैर से मारना।

भगवती ने बहू से कहा—उतारती हो गहने या लात जमाऊं ? (च०)

लात मारना : 1. जानवरों का लात चलाना या लात से मारना।

2. तुच्छ समझकर छोड़ देना।

3. तुच्छ और उपेक्षणीय समझना, किसी की चिन्ता न करना।

लानत भेजना : धिक्कारना, कोसना।

मैं इस धर्म और इसे धर्म कहने वालों पर लानत भेजता हूं।

लानत-मलामत करना : डांटना-फटकारना।

सभी ने मेरी लानत-मलामत की। (प्रे० च०)

लाम पर जाना : लड़ाई के मोर्चे पर जाना।

लाम बांधना : सामान और बहुत-से लोगों को एकत्र करना।

लार टपकना : दे० 'राल गिरना/चूना/टपकना।'

लाल पगड़ी : पुलिस के सिपाही।

होरी गंवार था। लाल पगड़ी देखकर उसके प्राण निकल जाते थे। (प्रे० च०)

लाल-पीला होना : क्रुद्ध होना, नाराज़ होना।

आज गिरधर महाराज तुमसे क्यों बिगड़ रहे थे? लोग कहते हैं कि बहुत लाल-पीले हो रहे थे। (प्रे० च०)

लाल-लाल आंखें दिखाना : बहुत क्रोध व्यक्त करना।

लाल होना : 1. क्रुद्ध होना। 2. बहुत अधिक सम्पन्न होना।

लालच देना : किसी के मन में लालच उत्पन्न करना।

लाले पड़ना : किसी चीज को देखने या पाने के लिए तरसना।

लासा लगाना : किसी को फंसाने के लिए लालच या धोखा देना।

हां, यह मामला है, तो अवश्य फंसेगा। लासा लगा दिया है न? (प्रे० च०)

लिखना (किसी के नाम) : यह लिखना कि अमुक वस्तु किसी के जिम्मे है।

लिखना-पढ़ना : विद्योपार्जन करना।

लिखाना-पढ़ाना : 1. शिक्षा देना। 2. लिपिबद्ध कराना।

लिफाफा खुल जाना : भेद खुल जाना, भेद प्रकट हो जाना।

लिफाफा बदलना : नई वेश-भूषा धारण करना, भड़कदार कपड़े पहनना।

लिफाफा बनाना : ठाट बनाना, आडम्बर करना।

लिहाड़ी देना : उपहास करना, हंसी उड़ाना, किसी को निन्दनीय समझकर मज़ाक उड़ाना।

वह जहां जाता है वहां लोग उसकी लिहाड़ी लेते हैं। (ब० ना० श०)

लीक करके कहना : निश्चयपूर्वक कहना, पूरा ज़ोर देकर कहना।

लीक खींचकर : शर्त लगाकर, निश्चयपूर्वक।

लीक पीटना : दे० 'लकीर पीटना।'

लीक-लीक चलना : पुरानी प्रथा या परिपाटी का अनुसरण करना; दे० 'लकीर पीटना।'

लीक लीक गाड़ी चले, लीकहिं चले कपूत।
लीक छोड़ तीनहिं चलें, सायर सिंह सपूत॥ (क०)

लीप-पोतकर बराबर करना : नष्ट करना, चौपट करना।

लुटिया डुबोना : 1. प्रतिष्ठा नष्ट करना, कलंक लगाना; दे० 'नौका डुबाना।'
2. काम चौपट करना, काम बिलकुल बिगाड़ देना।
उसने तो भला दस-बारह रुपए का ही नुकसान किया था, तुमने तो लुटिया ही डुबो दी। (ब० च०)

लुटिया डूबना : काम चौपट हो जाना।

लुत्फ उठाना : आनन्द लेना, मज़ा लेना।

लू मारना/लगना : 1. बहुत अधिक गर्म हवा लग जाने से ज्वर आदि आ जाना।
2. पौधे आदि का सूख जाना।

लूलू बनाना : बेवकूफ बनाना, किसी की हंसी उड़ाकर मूर्ख बनाना।

लेखनी उठाना : लिखना आरम्भ करना।

लेखनी चलाना : लिखना।

लेखनी से निकलना : लिखा जाना।
अनेक प्रकार के गद्य-प्रबन्ध, नाटक, उपन्यास आदि इन लेखकों की लेखनी से निकलते रहे। (रा० च० शु०)

लेखा डेवढ़ करना : 1. हिसाब साफ करना, देन चुकाना।
2. चौपट करना (व्यंग्य)।

ले डालना : 1. चौपट करना, नष्ट करना। 2. कोई काम पूरा करना। 3. परास्त करना, हराना।

ले डूबना : अपने साथ दूसरे का भी नाश करना।
वह अपने तो बरबाद होगा ही, आपके पुत्र को भी ले डूबेगा।

ले-देकर : 1. कठिनाई से, किसी प्रकार। 2. जोड़-जाड़कर, सब हिसाब करके।

ले-दे करना : 1. हुज्जत करना। 2. बहुत चेष्टा करना।
बड़ी ले-दे की, तब जाकर काम पूरा हुआ।

लेन-देन न होना : 1. सम्बन्ध न होना।
2. रुपया-पैसा लेने-देने का व्यवहार न होना।

ले मरना : 1. अपने साथ बरबाद करना। 2. कुछ लेना, वसूल करना।
मेरी राजा साहब से घनिष्ठता नहीं है, नहीं तो उनसे भी कुछ ले मरता। (प्रे० च०)

लेने के देने पड़ना : लाभ के स्थान पर हानि होना।

लोक-परलोक साधना : ऐसा काम करना जिससे यह जीवन भी सुख से बीते और भविष्य भी उज्ज्वल रहे।

लोट जाना : 1. मर जाना। 2. बेहोश हो जाना।

लोट-पोट कर देना : विह्वल कर देना, बहुत हंसाना।

लोट-पोट हो जाना : मारे हंसी के लोटने लगना।

लोथ गिरना : युद्ध में मारे हुए व्यक्ति की लाश गिरना।

लोहा गहना : युद्ध करना।

लोहा बजना : युद्ध में शस्त्र चलना।

लोहा बरसाना : घमासान युद्ध होना, युद्ध-क्षेत्र में अस्त्र-शस्त्रों का खूब प्रयोग होना।

लोहा मानना : प्रभुत्व, महत्व या श्रेष्ठता स्वीकार करना।

उसके भारी कण्ठ के अनुपम आकर्षण का लोहा मैं भी मान चुकी थी। (शि०)

लोहा लेना : युद्ध करना।

भृगुवत्स वैष्णवों द्वारा बहकाई गई सेना से लोहा ले सकता है।

लोहे के चने चबाना : बहुत कठिन काम करना।

अकबर समझ गया कि प्रताप को नीचा दिखाना लोहे के चने चबाना है।

लौ लगना : धुन लगना, प्रेम होना।

प्रभु-कीर्तन सुनते हुए उनकी ऐसी लौ लगी कि खड़े-खड़े गिर पड़े।

लौ लगाना : प्रेम करना, किसी में ध्यान लगाना।

व

वकालत करना : 1. वकील का पेशा करना। 2. किसी पक्ष, व्यक्ति या दल का समर्थन करना, उसकी तरफ से बहस करना।

वकालत चमकना : वकालत के पेशे में अच्छी आमदनी होना।

वक्त आ जाना : मौत की घड़ी आ जाना।

वक्त काटना : किसी तरह समय व्यतीत करना।

वक्त देना : किसी से मिलने, बातचीत आदि के लिए समय नियत करना।

वक्त पड़ना : मुसीबत आना, कठिनाई में पड़ना; दे० 'रोज/दिन पड़ना।'

वक्त पड़े पर : विपत्ति के समय, मुसीबत के वक्त।

वक्त बेवक्त काम आना : जरूरत के समय काम आना।

इस धन को सुरक्षित रखो; यह वक्त-बेवक्त काम आवेगा।

वचन देना : प्रतिज्ञा करना।

वचन देता हूं मां, मैं कभी किसी सूरत में संन्यासी नहीं बनूंगा।

वचन/निभाना : प्रतिज्ञा पूरी करना।

वचन से फिरना : प्रतिज्ञा को पूरा न करना।

इतना तो मैं भी कह सकता हूं कि विनय अपने वचन से नहीं फिर सकता। (प्रे० च०)

वचन हारना : प्रतिज्ञा करना।

वज्र टूटना : भारी विपत्ति आना।

वर्षा होना (किसी वस्तु को) : 1. बहुत बड़े परिमाण में ऊपर से गिरना।

2. बहुत अधिक संख्या में मिलना।

वश चलना : कोई काम करने की शक्ति होना, अधिकार होना।

वश में होना : अधिकार या दबाव में होना।

वश होना : अधिकार या दबाव होना।

वार खाली जाना : चाल असफल होना।

उसने मुझे अपने चंगुल में फंसाने की बड़ी चेष्टा की, पर उसका वार खाली गया।

वारा-न्यारा करना : खतम करना, निपटारा करना, बरबाद करना।

जब मेरी धाक जम जाएगी तो ऐसे-ऐसे कई सौ का वारा-न्यारा कर दूंगा।

वारा-न्यारा होना : बरबादी होना, निपटारा होना, फैसला होना।

वारापार न रहना : सीमा न रहना।

वास्ता पड़ना : काम पड़ना, सरोकार होना।

वास्ता रखना : सम्बन्ध रखना।

वाह-वाह करना : बहुत प्रशंसा करना।

वाह-वाह : बड़ी प्रशंसा होना।

वाहवाही लूटना : प्रशंसा प्राप्त करना।

हमें कौन हलधर से वाहवाही लूटना है? (प्रे० च०)

वाही तबाही बकना : बेहूदी बातें कहना।

पद्म यों ही वाही तबाही बकता फिरता है। (प्रे० च०)

विचारों में डूबना : विचार-मग्न होना, विचारों में लीन होना।

विजय का डंका बजाना : जीत की घोषणा करना।

बिजय पताका फहराना : किसी को जीतना।

विधना के अक्षर : भाग्य, कर्म रेखा।

विधाता/विधि का वाम होना : भाग्य का प्रतिकूल होना।

विधि बैठना : 1. मेल खाना, पटरी बैठना।

पाखंडियों और बिना समझी-बूझी बातें कहकर अपने को ज्ञानी प्रकट करने वालों से उनकी विधि नहीं बैठती थी। (रा० च० शु०)

2. इच्छानुकूल व्यवस्था होना।

फिर क्या है, तुम्हारी विधि बैठ गई। (हि० श० सा०)

विपत्ति उठाना : कष्ट सहना, तकलीफ झेलना, मुसीबत सहना।

विपत्ति की घटाएं छाना : चारों तरफ से दुःख, कष्ट या संकट आना।

विपत्ति के दिन काटना : कष्ट में रहना।

विपत्ति झेलना : कष्ट सहना।

विपत्ति में पड़ना : दु:ख या शोक में पड़ना, मुसीबत में पड़ना।

विपत्ति मोल लेना : व्यर्थ में झगड़े या झंझट में पड़ना।

विश्वास उठ जाना : विश्वास या भरोसा न रह जाना।

जनता का विश्वास डाक्टर इर्फान अली पर से उठ गया। (प्रे० च०)

विश्वास जमाना : किसी के मन में बिश्वास उत्पन्न या दृढ़ करना।

पहले पहल उसने अपने मुवक्किलों के मन में यह विश्वास जमाया कि वकील साहब बड़े ईमानदार हैं। (प्रे० च०)

विष उगलना : कड़वी बात कहना, दुर्वचन कहना।

न जाने उन्होंने भरी सभा में तुम्हारे बारे में इतना विष क्यों उगला। (ब० च०)

विष का घूंट पीना : दे० 'ज़हर का घूंट पीना/पीकर रह जाना।'

विष की गांठ : अनेक बखेड़ों उपद्रवों या अपकारों आदि का करने वाला व्यक्ति; दे० 'ज़हर की गांठ।'

विष घोलना : 1. कोई ऐसा दोष या खराबी पैदा करना जिससे सारी भलाई नष्ट हो जाय। 2. सन्देह पैदा करना।

विष चढ़ना : जहर का प्रभाव होना।

विष झाड़ना : तन्त्र-मन्त्र से ज़हर का प्रभाव दूर करना।

विष बोना : बखेड़ा पैदा करना।

श्रद्धा, प्रेमशंकर और बड़ी बहू ने यह सारा विष बोया है। (प्रे० च०)

विष लगना : किसी बात का बहुत अप्रिय मालूम होना।

वीर गति को प्राप्त होना : मर जाना।

वीर शैया पर सोना : मृत्यु शैया पर सोना, मरना।

वेद वाक्य : ध्रुव सत्य।

वेश धारण करना : किसी के रूप और पहनावे की नकल करना।

वैर ठानना : दुश्मनी करना।

वैर लेना : बदला लेना।

व्यवस्था देना : पंडितों आदि का किसी विषय पर शास्त्रों का विधान बतलाना।

शास्त्रीजी ने व्यवस्था दी कि यदि तुम सौ ब्राह्मणों को भोजन करा दो तो तुम अपने कुकृत्य के दुष्परिणाम से मुक्त हो जाओगे। (रा० कै० उ०)

व्रत रखना : उपवास करना, किसी त्यौहार को भोजन न करना।

भूख सहन करना गोमती के लिए बड़ा कठिन था। इसीलिए वह कोई व्रत नहीं रखती थी। (प्रे० च०)

श

शंख के शंख रहना : मूर्ख के मूर्ख बने रहना।

शंख फूंकना : देश, व्यक्ति, जाति में जागरण, उत्साह आदि की भावना भरना।
स्वामी विवेकानन्द ने सम्पूर्ण विश्व में भारतीय सभ्यता का शंख फूंक दिया।

शंख बजना : सफलता मिलना, विजय प्राप्त होना।

शंख बजाना : 1. सफलता मिलने पर आनन्द करना। 2. (व्यंग्य) असफल होने पर पछताना, बकबक करना।

शकुन देखना/विचारना : शुभाशुभ विचार करना, कोई काम करने से पहले ज्योतिष या अन्य किसी उपाय से यह देखना कि इस कार्य में सफलता मिलेगी या नहीं।

शक्कर/शकर से मुंह भरना : खुशखबरी सुनानेवाले को मिठाई खिलाना, या प्रसन्न करना।

(अपनी) शक्ल तो देखो/देखिए : अपनी योग्यता और सामर्थ्य का विचार करो (अनधिकार चेष्टा पर व्यंग्य)।

शक्ल दिखाना : मिलना, सामने आना।

शक्ल देखते रह जाना/शक्ल देखा करना : चकित/मुग्ध हो जाना।

शक्ल निकालना : पहले की अपेक्षा स्वरूप में परिमार्जन।

शक्ल पहचानना : 1. सूरत से पहचानना।
2. चेहरा या सूरत देखकर शील-स्वभाव जान लेना।

शक्ल बनाना : 1. कोई चीज बनाकर उसका स्वरूप तैयार करना, चित्र बनाना। 2. रूप बनाना।
यह क्या पागलों की-सी शक्ल बना रखी है?

शक्ल बिगाड़ना : 1. चेहरे को असुन्दर कर लेना। 2. दूसरे के चेहरे को असुन्दर कर देना। 3. पीटकर मुंह को सुजा देना। 4. कुरूप करना, रूप बिगाड़ देना।
चेचक ने उसकी शक्ल बिगाड़ दी है।

शत्रु बन बैठना : किसी से शत्रुतापूर्ण व्यवहार करने लगना।

शरण आना : रक्षा के लिए किसी के पास आना।

शरण गहना : शरण में जाना।
जिसने कृष्ण का दामन पकड़ा, भक्ति की शरण गही, उसके लिए सांसारिक विभव क्या चीज है? (प्रे० च०)

शराब का दौर चलना : पान गोष्ठी में सम्मिलित लोगों का प्याले पर प्याला खाली करना, पीने वालों के प्यालों का भरा और खाली किया जाना।

शरारत की पुड़िया : बहुत शरारत करने वाला व्यक्ति।

चेहरे से साफ मालूम होता था कि लड़का क्या है, शरारत की पुड़िया है।

शरीर छूटना : प्राण निकलना, मृत्यु होना; दे० 'देह छूटना।'

उमेशचन्द्र विलायत ही में थे कि इधर भारत में उनके पिता का शरीर छूट गया। (म० प्र० द्वि०)

शरीर टूटना : शरीर में दर्द होना; 'देह टूटना।'

शरीरपात होना : मृत्यु होना।

पीछे से रुग्ण होकर बेनी प्रवीन सपत्नीक आबू चले गए और वहीं उनका शरीरपात हुआ। (रा० च० शु०)

शरीर पुलकना/पुलकायमान होना : आनन्दातिरेक के कारण रोमांच होना।

शरीर सूखकर कांटा होना : शरीर का अत्यन्त कमजोर हो जाना, हड्डी-पसली निकल आना।

शर्त बदकर/बांधकर सोना : बहुत देर तक सोना, बड़ी लम्बी नींद सोना।

शर्त बदना : शर्त लगाना, बाजी लगाना।

खाने के समय उनमें ऐसी हलचल मच जाती थी कि देखकर हैरानी होती थी। बढ़-बढ़कर हाथ मारते थे। दहाड़-दहाड़कर मांगते थे। एक-दूसरे से शर्त बदकर खाते थे। (सु०)

शर्त यह है : इस शर्त पर।

मैं तुम्हें एक घड़ी दूंगा, शर्त यह है कि तुम अपनी कक्षा में प्रथम स्थान प्राप्त करो। (मो० ला० व०)

शर्म खाना : लज्जा अनुभव करना, लजाना।

रुको नहीं, उल्टे पांवों तुम, फौरन वापस जाओ।
होकर कौन ? चले क्या करने ? ज़रा शर्म तो खाओ। (गु० भ० सिं०)

शर्म रखना : इज़्ज़त बचाना।

शर्म रहना : प्रतिष्ठा बची रहना, इज़्ज़त रहना।

शर्म से गड़ना : दे० 'लज्जा से गड़ जाना।'

शर्म से पानी-पानी होना : दे० 'लज्जा के मारे पानी-पानी होना।'

शह देना : उत्साह बढ़ाना, सहायता देना।

तुम शह न देते तो उनकी मज़ाल थी कि मुझे यों आंखें दिखातीं ? (प्रे० च०)

शह पाना : प्रोत्साहन पाना, सहायता पाना।

क्यों सिपाहियो ! मौन खड़े हो, नहीं निकालोगे तलवार।
कुतुब मियां की शह पाते ही, तुम पर शामत हुई सवार॥ (गु० भ० सिं०)

शहद लगाकर चाटना : किसी निरर्थक वस्तु को संभाल कर रखना (व्यंग्य)।

शान बघारना : रोब दिखाना, शान जमाना।

वहां शर्मिष्ठा राजकन्या के नाते अब भी शान बघारते हुए घूम रही है। (वि० स० खां०)

शान में फर्क आना/बट्टा लगना : प्रतिष्ठा घटना, हेठी होना।

शांबाशी लूटना : दे० 'वाहवाही लूटना।'

शामत आना : बुरे दिन आना, दुर्भाग्य आना।

शामत का मारा : अभागा, दुर्दशाग्रस्त।

शिकंजे में कसना : अधिकार में करना, वश में करना।

आप लोगों को तो सैंकड़ों हथकंडे मालूम हैं, किसी को शिकंजे में कस लीजिए।

शिकंजे में खींचना : सांसत करना, घोर कष्ट देना।

शिकस्त खाना : पराजित होना (हारना)।

शिकस्त देना : पराजित करना।

शिकार खेलना : शिकार करना, वन में जानवरों का पीछा करके मारना।

शिकार फंसना : कोई ऐसा आदमी वश में होना जिससे बहुत लाभ हो।

आये दिन ऐसे शिकार फंसा करते हैं, गोया उन्हें रुपयों से कोई चिढ़ हो। (प्रे० च०)

शिकार बन जाना : किसी के कारण या द्वारा मारा जाना।

अपनी सरलता के कारण वह अपने शत्रुओं का शिकार बन गया। (हो० प्र० सिं०)

शिकार बनाना : अपने लाभ के लिए किसी को फंसा लेना।

शिकार हाथ लगना : ऐसा व्यक्ति मिलना जिसके फंसने या वश में होने से अच्छा लाभ हो।

आजकल इनके हाथ कोई अच्छा शिकार लगा है, तभी इतने गुलछर्रे उड़ा रहे हैं। (ब० च०)

शिकार होना : 1. मारा जाना।

बंगाल के अकाल में न जाने कितने मनुष्य भूख के शिकार हो गए। (गु० रा०)

2. प्रेम में फंसना, किसी पर मोहित होना।

3. बीमारी में फंसना, रुग्ण होना।

शिगूफा खिलना : कोई अनोखी बात होना, कोई विलक्षण घटना घटित होना।

अमरकान्त को शंका हुई, इतनी रात गए यह 'जग-जग' किसलिए है। कोई नया शिगूफा तो नहीं खिला। (प्रे० च०)

शिगूफा खिलाना : कोई अनोखी बात करना, झगड़ा उठाना।

शिगूफा छोड़ना : दे० 'शिगूफा खिलाना।'

शिघा जमना : चांस लगना, युक्ति लगना, पटरी बैठना।

शीतल करना : सुख देना, शान्ति देना।

ऐसी बानी बोलिए, मन का आपा खोय।
औरन को शीतल करै, आपहुं शीतल होय ॥ (क०)

शीन-काफ दुरुस्त होना : शुद्ध उच्चारण होना।

शीन काफ दुरुस्त न होना : उच्चारण शुद्ध न होना।

ग्रामवासी की देहाती वेशभूषा और तौर-तरीके पर हंसने के लिए, उसका शीन काफ दुरुस्त न होना। या मुहावरों का गलत उपयोग उसके व्यंग्य विद्रूप की स्थायी सामग्री था। (प्रे० च०)

शीर शकर होना : बिल्कुल घुल-मिल जाना।

शील न होना : शालीनता का अभाव होना।

शील भंग करना : बलात्कार करना।

शीश महल का कुत्ता : पागल कुत्ते की तरह बकने या उछलने-कूदने वाला आदमी। (शीशे में अपनी ही शक्ल देखकर कुत्ता भौंकता और इधर-उधर दौड़ता फिरता है।)

शीशी सुंघाना : दवा सुंघाकर बेहोश करना।

शीशे में अपना मुंह/मुख देख लो : अपनी योग्यता और पात्रता का विचार कर लो।

शुक्र बजा लाना : कृतज्ञता प्रकट करना, धन्यवाद देना।

उन्होंने जो कुछ तुम्हारे लिए किया है उसके लिए तुम्हें उनका शुक्र बजा लाना चाहिए। (उमेश राय)

शुक्रिया अदा करना : धन्यवाद देना।

शेखचिल्ली के इरादे : हवाई योजना, ऐसे इरादे जो कार्य रूप में परिणत न किए जा सकें।

इस दशा में बड़े-बड़े मनसूबे बांधना शेखचिल्ली के इरादे हैं।
(प्र० ना० मि०)

शेखी बघारना/मारना : डींग मारना, अपने मुंह अपनी बड़ाई करना।

शेर के मुंह में जाना : जान-जोखिम वाले स्थान में जाना।

चम्बल की घाटी में डाकुओं को पकड़ने के लिए जाना शेर के मुंह में जाना है।

शेर-बकरी का एक घाट पानी पीना : शुद्ध न्याय का राज्य होना, छोटे-बड़े सबके साथ एक-सा व्यवहार होना।

अदालतों में सब कार्रवाई कानून से होती है, वहां छोटे-बड़े सब बराबर हैं, शेर-बकरी एक घाट पानी पीते हैं। (प्रे० च०)

शेर बनाना : निर्भय और धृष्ट बनाना।

इस नरमी ने तो इन आदमियों को शेर बना दिया है। (प्रे० च०)

शेर होना : निर्भय और धृष्ट होना।

अपनी गली में तो कुत्ते भी शेर होते हैं।

शैतान का कारखाना : दुर्भावनाओं एवं कुविचारों के उत्पन्न होने का स्थान।

शैतान का बच्चा : बहुत नीच और दुष्ट आदमी।

शैतान की आंत : बहुत लम्बी चीज।

उसकी कहानी शैतान की आंत की भांति बढ़ती जाती थी।

शैतान की खाला : बहुत ही दुष्ट स्त्री।

शैतान के कान काटना/कतरना : बहुत चालाक होना।

वह बहुत चलता पुर्जा है, शैतान के कान कतरता है। (ब० च०)

शैतान चढ़ना/सवार होना : 1. गुस्सा चढ़ना।

2. दुर्वृत्तियों का प्राबल्य होना, बुराई पर आमादा होना।

शोभा देना : 1. सुन्दर लगना। 2. उचित लगना।

शोर मचना : कोलाहल करना।

शौक करना : भोग करना; तम्बाकु, हुक्का, सिगरेट आदि पीना।

तम्बाकू आ गया, शौक कीजिए। (हि० श० सा०)

शौक चर्राना : इच्छा का तीव्र होना।

कमलाचरण कुछ देर तक तो कटाव देखता रहा। फिर शौक चर्राया कि क्यों न मैं कनकौए मंगाऊं और अपने हाथों की सफाई दिखलाऊं। (प्रे० च०)

शौक पूरा करना/मिटाना : किसी बात की प्रबल इच्छा को पूरी करना।

श्री गणेश करना : आरम्भ करना, किसी काम की शुरुआत करना।

श्री गणेश होना : आरम्भ होना।

श्वास खींचना/चढ़ना : सांस रोकना, सांस खींचकर भीतर रोकना।

श्वास छूटना : मृत्यु होना।

श्वास रहते : जीते जी।

श्वास रहते मैं उसकी अधीनता नहीं स्वीकार कर सकता।

स

संकल्प करना : दान आदि करना या करने का निश्चय करना।

संग लगना : साथ हो लेना, पीछे लगना।

संगत करना : 1. गाने वाले के साथ कोई बाजा बजाना।

2. किसी का संग करना।

संगत बैठना : दो चीजों या व्यक्तियों के मेल को उचित सिद्ध करना।

संग्राम ठनना : दे० 'युद्ध ठनना।'

संतोष की सांस लेना : राहत अनुभव करना, दुश्चिन्ता से मुक्ति पाना।

संयोग बनना : सुअवसर उपस्थित होना।

संसार की हवा लगना : दे० 'दुनिया की हवा लगना।'

संसार देखना : सांसारिक अनुभव प्राप्त करना।

आप ज्ञानी और विद्वान् हैं। आपने संसार देखा है।

संसार बसाना : विवाह करके कौटुम्बिक जीवन व्यतीत करना।

संसार सिर पर उठा लेना : बहुत उपद्रव करना।

कहां तो अभी-अभी इन वस्तुओं के लिए संसार सिर पर उठा लिया था और कहां आप ही उनका शत्रु हो गया। (प्रे० च०)

संसार सूना जान पड़ना : ऐसा जान पड़ना कि संसार तत्वहीन अथवा मिथ्या है।

विरजन के दुख का ध्यान करके सुशीला की आंखों में संसार सूना जान पड़ता था। (प्रे० च०)

संसार से उठ जाना : 1. मर जाना। 2. समाप्त हो जाना।

संसार से नाता तोड़ लेना : दीन-दुनिया से विरक्त हो जाना।

संसार से विदा हो जाना : मर जाना।

माताजी बीमार हो गईं और एक ही सप्ताह में इस संसार से विदा हो गईं। (प्रे० च०)

सकते में आना : किंकर्तव्यविमूढ़ हो जाना, चकित हो जाना।

सगुन देखना/विचारना : दे० 'शकुन देखना/विचारना।'

सज़ा काटना : दंड भोगना।

सट्टा करना : अधिक लाभ की आशा से जोखिम उठाते हुए भी चीजों का सौदा करना।

लाला साईंदास चांदी, सोने का सट्टा करते, लेकिन नुकसान के भय से कुछ कर न पाते थे। (प्रे० च०)

सट्टा-बट्टा लड़ाना : अपना कार्य सिद्ध करने के लिए किसी प्रकार की युक्ति करना।

सट्टी लगाना : 1. बहुत-सी चीजों को बिखेर कर रखना।

2. किसी जगह पर बिक्री के लिए तरह-तरह की दुकानों का लगना।

सठिया जाना : वार्धक्य के कारण मानसिक शक्ति का ह्रास हो जाना।

लोगों का ऐसा विश्वास है कि जब मनुष्य की आयु 60 वर्ष से अधिक हो जाती है तब वह निर्बुद्धि हो जाता है। दादाजी भी सठिया गए हैं, उन्हें मानापमान की ज़रा भी फिक्र नहीं, लौंगी ने उन पर न जाने क्या मोहिनी

डाल दी है कि इसके पीछे मुझसे लड़ने को तैयार रहते हैं। (प्रे० च०)

बाबू एकदम सठिया गए हैं। (शि०)

सड़क काटना/निकालना : सड़क बनाना।

सत पर चढ़ना : पति के शव के साथ पत्नी का चिता में जल मरना।

सत पर रहना : पतिव्रता रहना।

सती होना : 1. पति के शव के साथ जल मरना। **2.** बहुत अधिक कष्ट झेलना।

सतीत्व बिगाड़ना : स्त्री का पातिव्रत धर्म नष्ट करना, इज़्ज़त लूटना।

सत्तर घाट का पानी पीना : अनेक कुकर्म अथवा पाप करना।

सत्ता चलाना : अधिकार जताना, हुकूमत करना।

सत्तू बांधकर पीछे पड़ना : हाथ धोकर पीछे पड़ना, किसी काम में दृढ़ संकल्प से लगना।

हम भी अब सत्तू बांध के उनके पीछे पड़े हैं; एक-एक पाई वसूल करके रहेंगे।

सत्तू बांधकर खोजने जाना : खूब तैयारी करके या दृढ़ संकल्प करके खोजने जाना।

पास के दो-तीन शहरों में तो कोई दीखता नहीं, हां, बाहर की बात मैं नहीं कहती। सत्तू बांधकर खोजने निकलोगे तो मालूम होगा। (प्रे० च०)

सदा सुहागिन रहना : 1. पति का जीवित रहना। 2. सौभाग्यपूर्ण रहना। 3. पति के रूप में किसी का बने रहना।

सत्यानाश करना : चौपट करना, बरबाद करना।

सनक सवार होना : कोई काम करने के लिए धुन सवार होना, धुन लगना।

इस उम्र में कभी-कभी यह सनक सवार हो जाया करती है। (प्रे० च०)

सनसनी फैलना : भय और आश्चर्य के कारण स्तब्धता होना।

सनीचर सवार होना : बुरे दिन आना, दुर्भाग्य आना।

जब मनुष्य पर सनीचर सवार होता है तो उसे अनेक कष्ट सहने होते हैं।

सन्न रह जाना : स्तम्भित हो जाना, कुछ करते-करते न बनना।

सन्न-से हो जाना : जी धक से हो जाना।

अकस्मात् सदन को मालूम हुआ कि दाहिनी ओर कोई बन्दर बैठा हुआ है; कलेजा सन्न से हो गया। (प्रे० च०)

सन्नाटा खींचना/मारना : बिल्कुल चुप हो जाना।

गांव के गांव मुसलमान होते जाते थे। उधर हिन्दू सभा ने सन्नाटा खींच लिया था। (प्रे० च०)

सन्नाटा छाना : सब लोगों का चुप हो जाना, विकट खामोश होना।

सन्नाटे में आना : ठप्प-सा रह जाना, अवाक् रह जाना।

यह फैसला सुनते ही जुम्मन सन्नाटे में आ गए। (प्रे० च०)

जहांपनाह ने इशारा किया। काजी साहब आए और सलाम बजाकर दुआएं देकर बैठ गए। (अ० बे० च०)

सलाम बोलना : बुलाना।

चपरासी ने कहा—बड़े साहब आपको सलाम बोलते हैं।

सलाम लेना : सलाम का जवाब देना।

सलामी उतारना : किसी उच्च पदाधिकारी के स्वागतार्थ बन्दूकों या तोपों की बाढ़ दागना।

सवाल करना : 1. पूछना, जांच के लिए कोई बात पूछना। 2. याचना करना, मांगना।

फकीर ने उनसे रोटी का सवाल किया।

सवाल-जवाब करना : वाद-विवाद करना, हुज्जत करना।

जब तुमसे कोई काम करने को कहा जाता है तब तुम अनावश्यक सवाल-जवाब करने लगते हो।

सस्ते छूटना : ज्यादा खर्च आदि की जगह थोड़े में ही काम चल जाना।

सांचे में ढला : सुन्दर, सुडौल शरीर।

सांठ-गांठ करना : दुरभिसंधि करना, साजिश करना, कोई बुरा काम करने के लिए गुप्त योजना बनाना।

ऐसे कुत्सित कार्य में पुत्र से सांठ-गांठ करना दयानाथ की अन्तरात्मा को किसी तरह स्वीकार न था। (प्रे० च०)

साड़ की तरह घूमना : मोटे-ताज़े आदमी का बेफिक्र होकर बेकार घूमना।

सांप कलेजे/छाती पर लेटना : दे० 'कलेजे पर सांप लोटना' और 'छाती पर सांप लोटना।'

सांप का बच्चा : दुष्ट व्यक्ति, जालिम आदमी।

सांप की सी केंचुल/केंचुली झाड़ना : 1. नए और साफ कपड़े पहनना। 2. आरोग्य लाभ करना।

सांप लोटना : ईर्ष्या आदि के कारण अत्यन्त दुख होना।

उसने धोखा देकर मेरा खेत ले लिया। जब मैं अपने पुराने खेत में उसका हल चलते हुए देखता हूं तो मेरे कलेजे पर सांप लोट जाता है।

सांप सूंध जाना : सांप का काटना या काटने से मर जाना।

सांप से खेलना : खतरे का काम करना।

सांस आना : जीवित होना, चैन पड़ना।

सांस उखड़ना : 1. कुछ समय के लिए सांस रुक जाना। 2. मरने के समय रोगी का बहुत कष्ट से सांस लेना।

सांस ऊपर-नीचे होना : सांस रुकना।

जब वह पेड़ से गिरा तो उसकी सांस ऊपर-नीचे होने लगी।

सांस खींचना : दम साधना, सांस रोकना।

सांस चढ़ना : बहुत परिश्रम के कारण सांस का जल्दी-जल्दी आना-जाना।

सांस चढ़ाना : दे० 'सांस खींचना।'

सांस चलना : जिन्दा होना।

निराश मत हो, अभी उसकी सांस चल रही है।

सांस टूटना : 1. सांस का नियमित रूप से न चलना। 2. मर जाना।

सांस तक न लेना : बिल्कुल मौन रहना, कुछ न बोलना।

अपने पिता की उपस्थिति में वह सांस तक नहीं लेता।

सांस निकलना : मर जाना।

सांस पाना : फुरसत पाना।

सांस फूलना : 1. दमा की बीमारी होना। 2. बार-बार सांस आना और जाना, हांफना।

सांस भर आना : हांफना।

सांस रहते : दे० 'श्वास रहते।'

सांस लेना : 1. सांस फेफड़ों में ले जाना और बाहर निकालना, 2. विश्राम करना, रुकना, ठहरना। 3. जीवित रहना।

जन्म-जन्मातर तक भावनाएं सांस लेती रह जाती हैं। (कम०)

सांस लेने की फुरसत न होना : बहुत व्यस्त होना।

सांस साधना : प्राणायाम करना, देर तक सांस खींचे रहना।

मुझको अचम्भा होता कि वह इतनी लम्बी सांस, इतनी देर तक कैसे साधता होगा। (वृ० ला० व०)

साई देना : कोई काम करने के लिए कुछ पैसा पेशगी देना।

साका चलना : रोब माना जाना।

साख जमाना : लेन-देन सम्बन्धी प्रतिष्ठा या एतबार जमाना।

एक वीर पुरुष के नाते दुनिया भर में अपनी साख जमाने की दुर्दम इच्छा से मतवाला होकर मैं मचल रहा हूं। (वि० स० खां०)

सागपात समझना : बिल्कुल तुच्छ समझना।

साज छेड़ना : बाजा बजाना आरम्भ करना।

साढ़े साती आना/चढ़ना/सवार होना : 'साढ़े साती' का अर्थ होता है शनि ग्रह की अनिष्टकर दशा जो साढ़े सात वर्ष, साढ़े सात मास या साढ़े सात दिन चलती है। इसलिए इस मुहावरे का अर्थ होता है विपत्तिग्रस्त होना, अशुभ समय आना।

मेरे आते ही न जाने उन लोगों पर क्या साढ़े साती सवार हो गई है कि जब

देखो एक-न-एक विपत्ति सवार ही रहती है। (प्रे० च०)

सात खून माफ करना : बहुत बड़े-बड़े अपराध क्षमा करना।

पर चलो, घर में पहली बार सुन्दर बहू आई है, तुम्हारे भी सात खून माफ करती हूं। (शि०)

सात तालों के अन्दर रखना : बहुत हिफाजत से रखना।

मैं आपका बहुमूल्य उपहार सात तालों के अन्दर रखूंगा।

सात परदों में रखना : छिपाकर रखना, बहुत सावधानी से रखना।

सात परदे लगना : परदे में रहना। (उस स्त्री के लिए प्रयुक्त जो अमीर होने पर परदे में रहने लगी हो।)

सात-पांच : 1. कुछ लोग। 2. चालाकी, चालबाजी, छल-कपट।

वह बहुत सीधा आदमी है, सात-पांच नहीं जानता।

सात समुद्र पार : बहुत दूर।

सात समुद्र पार से आकर अंग्रेज भारत में राज करने लगे।

सातों भूल जाना : संकट आने पर पांचों इन्द्रियां, मन और बुद्धि का ठिकाने न रह जाना और ठीक तरह से अपना काम न कर सकना, होश-हवास खो जाना।

शेर को अपनी तरफ आते हुए देखकर उसको सातों भूल गए।

सात राजाओं की साक्षी देना : किसी बात की सत्यता पर बहुत जोर देना।

सातवें आसमान पर चढ़ना : गर्व से इतराना, अत्यन्त आह्लादित होना।

बाप तो मानो सातवें आसमान पर पहुंच गया था। उसकी बिटिया घर-गृहस्थी संभालने योग्य हो गई। (म० दे० व०)

सातवें आसमान पर चढ़ाना : अत्यधिक प्रशंसा के द्वारा मिज़ाज बिगाड़ देना।

सातवें आसमान पर पहुंचाना : शीर्ष बिन्दु पर या उच्चतम स्तर पर पहुंचाना।

साथ देना : 1. साथ यात्रा करना। 2. सहयोग करना।

साथ लगना : साथ-साथ जाने लगना।

ठग यात्री के साथ लग गए।

साथ लेना : किसी को अपने साथ लिवा लेना।

साधु साधु करना : किसी बात का अनुमोदन करना।

साधु साधु कहना : प्रशंसा करना, शाबाशी देना।

साधुवाद देना : प्रशंसा करना, बधाई देना।

चारण ने गोरा को साधुवाद दिया। (रा० चं० शु०)

सान रखना/चढ़ाना : हथियार आदि की धार तेज़ करना।

साफ करना : 1. सफाई करना। 2. धोना, मांजना, 3. मल दूर करना। 4. कटी-कुटी लिखावट को ठीक करके लिखना, 5. काटकर मैदान बना देना। 6. विघ्न-बाधा दूर करना, खोलना। 7. चुकाना, निबटाना।

8. सब कुछ उठा ले जाना, कुछ बाकी न छोड़ना।

चोरों ने रातोंरात उसका घर साफ कर दिया।

9. खा जाना।

तीन आदमियों ने पूरी रसोई साफ कर दी।

10. नष्ट कर डालना, बेच देना। 11. खत्म कर डालना, मार डालना।

साफ छूटना/छूट जाना : बिना सज़ा पाए हुए मुक्त हो जाना, कोई दंड न पाना।

साफ जवाब देना : बिल्कुल मना कर देना, स्पष्ट रूप से इनकार कर देना।

साफ बचना : बाल-बाल बचना, तनिक भी आंच न आना।

उस पर चोरी का मुकदमा चलाया गया था परन्तु वह साफ बच गया।

साबिका पड़ना : काम पड़ना, सरोकार होना।

चक्रधर को सभी श्रेणी के मनुष्यों से साबिका पड़ चुका था। (प्रे० च०)

सामना करना : 1. मुकाबिला करना। 2. सामने होकर जवाब देना, धृष्टता करना।

मैंने कभी स्वप्न में भी नहीं सोचा था कि बहू कभी इस प्रकार मेरा सामना करेगी।

सामने आना : 1. मुकाबिले में आना। 2. रूबरू होना, आमने-सामने होना।

सामने करना : 1. समक्ष करना, उपस्थित करना।

उन्होंने अपराधी को न्यायाधीश के सामने कर दिया।

2. मुकाबिले में लाना।

सामने ठहरना : बराबरी करना।

हिन्दी का कोई ग्रन्थ रामचरित मानस के सामने नहीं ठहर सकता।

सामने न होना : परदा करना।

उनके घर की स्त्रियां किसी के सामने नहीं होतीं। (हि० श० सा०)

सामने पड़ना : दिखाई पड़ना, आंखों के आगे आना।

सामने होना : परदा न करना।

उनके घर की स्त्रियां किसी के सामने नहीं होती। (हि० श० सा०)

साया उठ जाना : संरक्षण समाप्त हो जाना, संरक्षक का मर जाना।

साया पड़ना : 1. छांह पड़ना। 2. प्रभाव पड़ना, असर होना।

साये की तरह साथ-साथ फिरना/होना : सदैव साथ लगे रहना, क्षण भर के लिए भी विलग न होना।

साये में आना : जिन, परी आदि का असर पड़ जाना, प्रेतबाधा होना।

साये से भागना : बहुत दूर रहना, बहुत बचना।

सारा जमाना : सारा संसार, सब लोग।

सारा जमाना मुझसे छूट जाए; पर तुम मुझसे नहीं छूट सकतीं। (प्रे० च०)

साष्टांग प्रणाम करना : 1. जमीन पर पेट के बल लेटकर आठों अंगों से प्रणाम करना।

भरतजी ने श्री रामचन्द्र जी को साष्टांग प्रणाम किया।

2. (व्यंग्य) दूर रहना, बहुत बचना।

सिंदूर देना : विवाह के समय वर का कन्या की मांग में सिंदूर भरना।

सिंदूर धुल जाना : विधवा होना।

जवानी में ही बेचारी का सिंदूर धुल गया।

सिक्का जमना/बैठना : रोब, प्रभाव या अधिकार जमाना।

सिक्का जमाना/बैठाना : रोब, धाक, प्रभाव या अधिकार जमाना।

सिखाना-पढ़ाना : समझा-बुझा कर रखना, कोई अच्छी बात मन में बिठाना।

इन लोगों ने माया को खूब सिखा-पढ़ा कर रखा होगा। (प्रे० च०)

सिटपिटा जाना : डर जाना, घबरा जाना।

रतन को देखते ही मेरी नानी मर गई। ऐसा सिटपिटा गया कि उसकी ओर ताकने की हिम्मत न पड़ी। (प्रे० च०)

सिट्टी-पिट्टी गुम हो जाना : डर से होश-हवास न रहना, बहुत घबरा जाना।

सिट्टी-पिट्टी भूल जाना : दे० 'सिट्टी-पिट्टी गुम हो जाना'।

मामू साहब की तो जैसे सिट्टी-पिट्टी भूल गई। (प्रे० च०)

सितम ढाना : जुल्म करना, अत्याचार करना।

सितारा गर्दिश में होना : विपत्ति या मुसीबत में होना।

आजकल उनका सितारा गर्दिश में है।

सितारा चमकना : भाग्योदय होना, किस्मत खुलना।

सितारा बुलन्द होना : भाग्य अनुकूल होना, सौभाग्य-काल होना।

सिप्पा जमना/बैठना/भिड़ना/लड़ना : दे० 'शिप्पा जमना।'

सिप्पा जमाना/बैठाना/भिडाना/लड़ाना : युक्ति करना, किसी काम के अनुकूल परिस्थिति उत्पन्न करना।

सियापा छाना : उदासी छाना।

नगर में कहीं आनन्दोत्सव का चिह्न नहीं है, सियापा-सा छाया हुआ है। (प्रे० च०)

सियाह-सफेद करना : भलाई-बुराई करना, काम बनाना या बिगाड़ना।

जो कुछ सियाह-सफेद करना है तुम्हीं को करना है। (अ० रा०)

सिर-आंखों पर बिठाना : बहुत आदर-स्वागत करना, विनम्रतापूर्वक स्वीकार करना।

आ जा, मेरी निंदिया गूंगी।

आ, मैं सिर आंखों पर लेकर चन्द खिलौना दूंगी। (मै० श० गु०)

सिर-आंखों पर रहना/होना : 1. माननीय होना। 2. सहर्ष स्वीकार होना।
आचार्य का आदेश दास के सिर आंखों पर है। (ल० ना० मि०)

सिर आना : देवी-देवता या भूत-प्रेत का प्रभाव या आवेश होना, प्रेताविष्ट होना, खेलना।

सिर उठाना : 1. बीमारी से छुटकारा या फुरसत पाना।
2. प्रतिष्ठा के साथ खड़ा होना; जैसे—
जब तक हम भारतवासियों की यह दशा है तब तक हम सभ्य जातियों के बीच में कैसे सिर उठा सकते हैं? (ब० च०)
3. विरोध करना, विरोध में कुछ कहना। 4. विद्रोह करना।
औरंगजेब के शासन-काल में मरहठों ने सिर उठाना शुरू कर दिया था।

सिर उठाने की फुर्सत न मिलना : अत्यधिक व्यस्त होना।
ज्ञान शंकर को दूसरे ही दिन से दरबार की तैयारियों में दत्तचित्त होना पड़ा। प्रातःकाल से संध्या तक सिर उठाने की फुरसत न मिलती।
(प्रे० च०)

सिर उड़ाना/उतारना : सिर काटना, सिर को धड़ से अलग कर देना।

सिर ऊंचा उठाना : इज्जत से खड़ा होना।
इससे भारतवर्ष को अपना सिर ऊंचा उठाने का अवसर मिलेगा। (सु०)

सिर ऊंचा करना : 1. आत्म-सम्मानपूर्वक रहना; 2. (किसी अन्य व्यक्ति के लिए प्रयुक्त) सम्मान बढ़ाना, इज्जत बढ़ाना।

सिर ऊंचा होना : गर्व होना, अभिमान से फूल जाना।
जब गांव के लोग हरि विलास के पास अपने सम्मन या चिट्ठियां पढ़वाने आते तो गर्व से महतो का सिर ऊंचा हो जाता था। (प्रे० च०)

सिर ओखली में देना : दे० 'ओखली में सिर देना/डालना।' जान-बूझकर जान जोखिम में डालना।

सिर कदमों पर होना : नत मस्तक होना।

सिर करना : 1. जिम्मे करना, जिम्मेदार बनाना, गले मढ़ना; 2. (स्त्रियों के लिए प्रयुक्त) चोटी गूंथना, बाल संवारना।

सिर का पसीना एड़ी तक आना : कठोर परिश्रम करना।

सिर का बोझ उतरना : किसी काम से फुरसत पाना।

सिर का बोझ उतारना : लापरवाही से कोई काम करना।

सिर के बल जाना : बहुत अदब के साथ या आदरपूर्वक आना/जाना।

सिर के बाल नोचना : तड़पाना, कष्ट देना, सिर के बाल खींचकर मारना-पीटना।

सिर खपाना : माथा-पच्ची करना, व्यर्थ में मानसिक श्रम करना।
मैं खाम ख्वाह अपना सिर खपा रही हूं। (मो० ए०)

सिर खाना : व्यर्थ की बातों से परेशान करना ।

सिर खाली करना : बकवास करना; माथा-पच्ची करना ।

मेरे पास इतना समय नहीं है कि तुम्हारे साथ सिर खाली करूं ।

सिर गंजा करना : इतना मारना कि सिर पर बाल न रह जाएं ।

सिर घुटनों में देना : खिन्न होना; लज्जित होना ।

सिर घूमना/चकराना/चक्कर खाना : 1. सिर में दर्द होना । 2. चक्कर आना, बेहोशी होना ।

मुकदमे में अपनी हार का समाचार सुनकर उसका सिर घूमने लगा ।

सिर चढ़ना : मुंह लगना, अशिष्ट या उद्दण्ड होना, धृष्टता करना ।

मैं जितनी तरह देता हूं यह उतना ही सिर चढ़ी जाती है । (शि०)

सिर चढ़ाना : 1. देवी-देवता को बलि देना । 2. अशिष्ट, उद्दण्ड या गुस्ताख बनाना । 3. आदरपूर्वक स्वीकार करना, पूज्य भाव दिखाना ।

सिर चला जाना : प्राण जाना, मृत्यु होना ।

चाहे सिर चला जाय पर मैं अपना संकल्प नहीं छोड़ सकता ।

सिर झुकना : सिर नीचा होना, लज्जित होना ।

पराजय के कारण उसका सिर झुक गया ।

सिर झुकाकर चलना : नम्रता का व्यवहार करना ।

भगवान् दे तो सिर झुकाकर चलना चाहिए । (प्रे० च०)

सिर झुकाना : 1. नमस्कार करना, प्रणाम करना । 2. सत्ता स्वीकार करना, अधीनता स्वीकार करना । 3. लज्जा से गरदन नीची करना ।

कचहरी पहुंचकर मैंने देखा कि रमेश सिर झुकाये कटघरे में खड़ा है । (ब० च०)

सिर टेकना : अधीनता स्वीकार करना, हार मानना, आत्म-समर्पण करना ।

सिर तोड़ कोशिश/मेहनत करना : कठिन परिश्रम करना, जी-जान से कोशिश करना ।

सिर थामकर बैठ जाना/बैठना : शोक, क्षोभ, आघात आदि के वेग से सिर पकड़कर बैठ जाना ।

सिर दर्द मोल लेना : अपने जिम्मे झंझट लेना ।

न जाने किन-किन चिन्ताओं के गड़े मुर्दे उखाड़ने में उसने स्वयं ही सिर दर्द मोल ले लिया । (शि०)

सिर देना : प्राण निछावर करना, जान देना ।

तेग बहादुर जो किया, किया कौन मुरशीद ।
सिर दीन्हों सार न दिया, सांचा अमर शहीद ॥

सिर धरना : आदर सहित स्वीकार करना ।

सिर धुनना : पश्चात्ताप करना, पछताना, शोक या पश्चात्ताप से सिर पीटना।
आज क्या पछतावे से सिर नहीं धुनेगा आनन्द ? (शि०)

सिर नवाना : सिर झुकाना, नमस्कार करना, किसी के प्रति आदर अथवा अधीनता प्रकट करना।

सिर नीचा करना : 1. लज्जित करना; 2. सिर झुकाना, लज्जित होना; 3. पराजित करना, गर्व चूर्ण करना।
हे हनुमान् जी, तुम संगीत विद्या में गंधर्वों का सिर नीचा करने वाले हो। (वि० हरि)

सिर नीचा होना : पराजित होना, लज्जित होना, दे० 'सिर झुकना।'

सिर पटकना : 1. सिर धुनना, पछताना।
जब पढ़ने का समय था तब तुमने कुछ पढ़ा नहीं, अब सिर पटकने से क्या लाभ होगा ? (ब० ना० श०)
2. सिर फोड़ना; 3. बहुत परिश्रम करना, कोशिश करना।
उसने बहुत सिर पटका पर उसे नौकरी नहीं मिली। (वै० ना० श०)

सिर पड़ना : 1. हिस्से में आना; 2. जिम्मे पड़ना।

सिर पर आना : 1. बहुत समीप आ जाना, थोड़े ही दिन और रह जाना।
2. विपत्ति पड़ना। 3. भूत-प्रेत या देवी-देवता का किसी के ऊपर प्रभाव होना, आवेश होना।

सिर पर आ पड़ना : जिम्मे पड़ना, के ऊपर घटित होना।
हाय, हाय, बिचारी छूट गई, गोद में लड़का भी है। गाड़ी नहीं पकड़ सकी। सब बड़े निर्दयी हैं। हाय भगवान ! उसका हाल क्या होगा।···ऐसी गाड़ी पर कभी न सवार हो, पुण्य तो आगे-पीछे मिलेगा; यह विपत्ति अभी से सिर पर आ पड़ी। (प्रे० च०)

सिर पर आसमान उठाना : बहुत शोरगुल मचाना, उपद्रव करना।

सिर पर कफन बांधना : मरने के लिए तैयार रहना।
क्रान्तिकारी हर समय सिर पर कफन बांधे रहते थे।
तुम बहुत अच्छी और सुविधाओं से भरी जिन्दगी बिता सकती हो। मैंने तो सिर पर कफन बांधा है। (कम०)

सिर पर कयामत टूटना : बहुत बड़ी विपत्ति पड़ना।
पूरी जायदाद नीलाम हो जाने के कारण उसके सिर पर कयामत टूट पड़ी।

सिर पर काल नाचना : मौत समीप होना।

सिर पर कोई न होना : देखभाल करने वाला, संरक्षक या नियंत्रक, आदि न होना।

सिर पर खड़ा रहना : निकट खड़ा रहना, निकट प्रस्तुत रहना।

सिर पर खून चढ़ना : 1. जान लेने को तैयार होना। 2. हत्या करने के कारण आपे में न रहना।

उसके सिर पर खून सवार था, इसलिए उसने अपना पूरा अपराध साफ-साफ बतला दिया।

सिर पर खून सवार होना : दे० 'सिर पर खून चढ़ना।'

मेरे सिर पर खून सवार हो गया था। (य०)

सिर पर चढ़ना : मुंह लगना, उद्दण्ड होना।

सिर पर चढ़कर बोलना : स्वयं प्रकट होना।

क्या लुत्फ हो जो गैर पर्दा खोले। जादू वह जो सिर पे चढ़ के बोले।

सिर पर चढ़ाना : 1. मुंह लगाना, अशिष्ट या उद्दण्ड बनाना; 2. सम्मान करना, इज्जत करना, आदर-भाव से ग्रहण करना।

सिर पर जूता पड़ना : मार खाना, दंड पाना, अपमानित होना।

लालची कुत्ता जहां जाता है वहीं उसके सिर पर जूता पड़ता है। (वि० हरि)

सिर पर धरना : सादर स्वीकार करना।

सिर पर तलवार लटकना : खतरे में होना, बड़ी बेचैनी होना।

जब से श्रद्धा ने सुना था कि प्रेमशंकर घर आ रहे हैं, उसकी दशा उस अपराधी की-सी हो रही थी जिसके सिर पर नंगी तलवार लटक रही हो। (प्रे० च०)

सिर पर पहाड़ रखना : किसी को कोई कठिन काम सौंपना।

उस समय पंडित देवदत्त को ऐसा मालूम हुआ मानों किसी ने उनके सिर पर पहाड़ उठाकर रख दिया हो। (प्रे० च०)

सिर पर पांव रखकर भागना : बहुत तेजी से भाग जाना।

वह सिर पर पांव रखकर भाग निकला। (य०)

सिर पर बला लेना : अपने ऊपर विपत्ति लेना।

सिर पर भूत/शैतान चढ़ना/सवार होना : 1. कोई झक या सनक सवार होना।

अभी तो मेरे सिर पर शोध का भूत सवार था और उसी से निबटने के लिए मेरे पास समय न था। (बच्चन)

सुबह न जाने मेरे सिर पर कैसा शैतान सवार हो गया, व्यर्थ इतनी बकझक की। (च०)

2. एक प्रकार का पागलपन-सा होना। 3. सिर पर भूत-प्रेत का आना।

सिर पर मौत नाचना : दे० 'सिर पर काल नाचना।'

लगता है, तुम्हारे सिर पर मौत नाच रही है। (शि०)

सिर पर रखना : 1. आदरपूर्वक ग्रहण करना, शिरोधार्य करना।

2. किसी के जिम्मे मढ़ना।

स्त्री अपनी कुवृत्ति का दोष सदैव पुरुष के सिर पर रखती है। (प्रे० च०)

सिर पर लेना : उत्तरदायित्व लेना, जिम्मा लेना।

माता की मृत्यु के पश्चात् उसके पालन-पोषण का भार उसकी बुआ ने अपने सिर पर ले लिया। (ब० च०)

सिर पर शैतान सवार होना : दे० 'सिर पर भूत चढ़ना/सवार होना।'

सिर पर सवार रहना : निरन्तर साथ रहना, निकट उपस्थित रहना।

सिर पर सवार होना : 1. उपस्थित होना, मौजूद होना; 2. चिन्ता, दरिद्रता, आदि से व्यग्र होना; 3. भूत-प्रेत का आवेश या प्रभाव होना। (गं० प्र० गु०)

सिर पर सींग होना : कोई विशेषता होना (व्यंग्य और परिहास में प्रयुक्त)।

सिर पर सेहरा बंधना/होना : किसी कार्य का श्रेय प्राप्त होना; वाहवाही मिलना।

सिर पर हाथ रखना : रक्षा का भार लेना, सहायता करना।

सिर पर हाथ रखकर रोना : भाग्य को रोना, बहुत पछताना।

अभी तुमको कुछ नहीं सूझती, जब मैं मर जाऊंगा तब सूझेगी। तब सिर पर हाथ रखकर रोओगे। (प्रे० च०)

सिर पर होना : 1. पोषक, समर्थक या संरक्षक होना; 2. अत्यन्त निकट होना।

बिटिया का ब्याह सिर पर है। (प्रे० च०)

सिर पीटना : दे० 'सिर धुनना।'

सिर फटना : सिर में बहुत दर्द होना।

सिर फिरना/फिर जाना : 1. सिर घूमना या चकराना; 2. पागल होना।

भैया का सिर फिर गया है। (च०)

सिर मढ़ना : 1. कोई काम जबरदस्ती किसी के जिम्मे लगाना। 2. किसी को किसी बुराई, अपराध या पाप के लिए उत्तरदायी ठहराना।

सिर माथे पर होना : सहर्ष स्वीकार होना।

वह दुख मेरे सिर माथे है, वह अभाव मनभाया।
कृपया प्रभु की ओर मुझे जो, ले जाने को आया॥ (मैं० श० गु०)

सिर माथे पर चढ़ाना : सादर स्वीकार करना।

मैं पंच का हुक्म सिर-माथे पर चढ़ाऊंगा। (प्रे० च०)

सिर मारना : 1. समझाते-समझाते हैरान होना।

मैंने बहुतेरा सिर मारा पर उसकी समझ में एक न आया। (ब० च०)

2. सोचने-विचारने में हैरान होना, सिर खपाना; 3. अत्यधिक परिश्रम करना।

सिर मुड़ाते ओले पड़ना : कार्यारम्भ में विघ्न पड़ना।

यदि मैं जानता कि सिर मुड़ाते ही ओले पड़ेंगे तो विवाह के नजदीक ही न जाता। (प्रे० च०)

सिर मुड़ाना : 1. बाल घुटाना, सिर का बाल बनवा देना; 2. साधु या संन्यासी होना।

सिर रंगना : सिर फोड़ना, लहू-लुहान करना।

सिर सफेद होना : सिर के बाल पक जाना, बुढ़ापा आना।

सिर सूंघना : छोटों पर अपना प्रेम दिखाते हुए उनका सिर सूंघने की क्रिया करना, बड़ों का मंगल-कामना के लिए छोटों का मस्तक सूंघना।

सिर से कफन बांधना : दे० 'सिर पर कफन बांधना।'

सिर से खेल जाना : प्राण दे देना, जान-बूझकर मरना।

सिर से पैर तक : आदि से अन्त तक; ऊपर से नीचे तक, सर्वांग में, पूर्णतया।
मुझ में सिर से पैर तक अवगुण भरे हैं।

सिर से पैर तक आग लगना : अत्यन्त क्रुद्ध होना।

सिर से बोझ/भार उतरना : निश्चिन्तता, बेफिक्री होना, झंझट दूर होना।

सिर से बोझ/भार उतारना : 1. दायित्व से मुक्ति प्राप्त करना।
अभी तो एक उपन्यास लिखने का नैतिक भार भी पिछले दो वर्षों से मेरे ऊपर लदा है न, पहले उसे तो सिर से उतार दूं। (अ० ला० ना०)
2. बोझ टालना या हटाना।
वह कई दिनों से तुम्हारे यहां रह रहा था। उसे अन्यत्र भेजकर मैंने तुम्हारे सिर का बोझ उतार दिया। (गं० प्र० गु०)

सिर से लगाना : आदर-सम्मान करना।

सिर से साया उठना : अभिभावक, गुरुजन का देहावसान हो गया, अनाथ रह जाना।

सिर हथेली पर धरना : बहादुरी से जान देने के लिए तैयार रहना।

सिर हिलाना : 1. इनकार करना, प्रसन्नता जाहिर करना।

सिर होना : 1. जिम्मे होना, आरोपित होना, माथे मढ़ा जाना।
यह अपराध तुम्हारे सिर है। (ब० च०)
2. पीछे पड़ना, बार-बार किसी बात का आग्रह करके तंग करना। 3. भार या दायित्व के रूप में किसी के ऊपर होना।
खाने-पीने और घर के किराए की व्यवस्था भाई साहब के सिर थी। (उ० ना० प्र०)
4. उलझ पड़ना।

सिलसिला जारी रखना : किसी काम के क्रम को बनाए रखना।
इसके पीछे रामकृष्ण वर्मा ने बंगला के नाटकों का अनुवाद करके कुछ दिनों तक नाटकों का सिलसिला जारी रखा। (रा० च० शु०)

सिसकियां भरना : सिसक-सिसक कर रोना।

सींकिया पहलवान : बहुत दुबला-पतला आदमी जो अपने आपको बहुत बलवान् समझे। (व्यंग्य)

सींग-पूंछ लगी होना : कोई विशेषता होना।

अब तो किसी को किसी से मतलब ही नहीं रहता है। कलजुग के और नहीं क्या कोई सींग-पूंछ लगी होती है ? (अ० रा०)

सींग समाना : स्थान; मौका मिलना, ठिकाना दिखाई देना।

जहां सींग समाए वहां चले जाओ।

सींग होना : कोई विशेषता, कोई विशेष चिह्न होना।

क्या बेवकूफ के सिर में सींग होते हैं ?

सींगी लगाना : सींग या सींगी लगाकर खून चूसना या निकालना।

सी करना : चूं करना, कष्ट व्यक्त करना।

सीढ़ी-सीढ़ी चढ़ना : धीरे-धीरे उन्नति करना।

वह आरम्भ में सहायक अध्यापक नियुक्त हुआ था, परन्तु सीढ़ी चढ़कर बाद में शिक्षा-निदेशक हो गया।

सीधा करना : 1. कठोर व्यवहार करके या दण्ड देकर किसी को सीधे रास्ते पर ले आना। 2. रुपया वसूल करना, पैदा करना।

एक डाक्टर ज़रा-सा नश्तर लगाकर एक हज़ार सीधा कर लेता है। (प्रे० च०)

सीधा-सादा : सरल प्रकृति का, भोला निष्कपट।

वह सीधा-सादा आदमी है, बनावट नहीं जानता।

सीधे मुंह बात न करना : शिष्टता या भलमनसाहत से बात न करना, बेमुरौवत होना, घमंड करना।

रुपये लेते समय तो लोग सगे बन जाते हैं; पर देने की बारी आती है तो कोई सीधे मुंह बात नहीं करता।

सीने से लगाना : दे० 'छाती से लगाना।'

सीमा से बाहर जाना : औचित्य, मर्यादा या अधिकार का उल्लंघन करना।

सीस नवाना : दे० 'सिर नवाना।'

सुख की नींद सोना : निश्चिन्त सोना, आराम से सोना।

दुर्ग ध्वंस करने के लिए यन्त्र लगाए जा चुके हैं परन्तु मालव-सेना सुख की नींद नहीं सो रही है। (ज० शं० प्र०)

सुख की सांस लेना : निश्चिन्त जीवन व्यतीत करना, राहत महसूस करना।

इस बिल के कानून का रूप ग्रहण कर लेने पर इस प्रान्त के हिन्दू सुख की सांस ले सकेंगे। (सरस्वती)

सुख मानना : 1. किसी परिस्थिति में आराम मानना, परिस्थिति की अनुकूलता से ठीक दशा में रहना, बढ़ना और फलना-फूलना। 2. आनन्द अनुभव करना,

प्रसन्न होना।

सुख लूटना : सुखोपभोग करना, आनन्द करना, मजा करना।

सुख से सोना : निश्चिन्त जीवन व्यतीत करना।

सुदामा की कुटिया : गरीब की झोंपड़ी।

सुधि दिलाना : स्मरण दिलाना, याद दिलाना।

सुध न रहना : स्मरण न रहना।

सुध/सुधि पाना : पता पाना, समाचार पाना।

सुध बिसरना/ भूलना : याद न रहना।

सुध/सुधि लेना : 1. रक्षा करना, हिफ़ाजत करना। 2. हाल-चाल का पता लगाना, समाचार मालूम करना।

सुनी अनसुनी करना : बात सुनकर भी उस पर ध्यान न देना।

सुनते-सुनते कान पक जाना/बहरे हो जाना : एक ही बात को सुनते-सुनते ऊब जाना।

लड़की के रूप की चर्चा सुनते-सुनते उसके कान पक गए थे। (शि०)

सुनगुन मिलना : पता चलना।

जब ये लोग अपना कार्य समाप्त करके वहां से चलने लगे तो उस ग्रामवालों को सुनगुन मिल गई। (प्रे० च०)

सुपारी बंटना : निमन्त्रण मिलना, निमन्त्रित होना।

प्रातःकाल स्त्री और पुरुष गया करने चले। वहां से लौटे तो यज्ञ और ब्रह्म-भोज की ठहरी, सारी बिरादरी निमंत्रित हुई, ग्यारह गांवों में सुपारी बंटी। (प्रे० च०)

सुर अलापना : 1. गीत गाना। 2. कोई विलक्षण बात कहना।

सुर मिलाना : आवाज़ मिलाना, किसी के स्वर के अनुसार स्वर निकालना, बाजों या अन्य गायकों के साथ सामंजस्य स्थापित करना।

सुर में सुर मिलाना : कई आदमियों का एक साथ मिलकर कुछ कहना, दोहराना, हामी भरना।

सुरधाम सिधारना : मर जाना।

सुर्खरू बनना : सम्मानित बनना, प्रतिष्ठित बनना।

होरी घर का स्वामी इसलिए है कि सबका पालन करे, इसलिए नहीं कि सबकी कमाई छीनकर बिरादरी की नज़र में सुर्खरू बनें। (प्रे० च०)

सुर्खाब के पर लगना : कोई खास खूबी या विशेष गुण होना।

उसमें सुर्खाब के कौन-से पर लगे हैं जिससे आप उसका इतना आदर-सत्कार करते हैं?

सुहाग उजड़ना : विधवा होना।

सुहाग उतरना : 1. पति के मरने पर पत्नी के शरीर से सुहाग की चीजों (चूड़ियां,

सिन्दूर आदि) का उतारा जाना। 2. विधवा होना; दे० 'सुहाग उजड़ना।'

सुहाग मनाना : सौभाग्य, अहिवात की कामना करना।

तुम्हारी सब सहेलियां तुम्हारा सुहाग मनाती हैं।

सूई का भाला/फावड़ा बना देना : ज़रा-सी बात को बहुत तूल दे देना, व्यर्थ विस्तार करना।

वह सदैव सूई का भाला बना दिया करता है।

सूई की नोक के बराबर : तिल मात्र, ज़रा-सा।

सूई देना/लगाना : सूई के द्वारा शरीर के अन्दर दवा पहुंचाना।

सूई लेना : सूई के द्वारा कोई दवा शरीर के अन्दर प्रविष्ट कराना।

सूखकर कांटा होना : बहुत दुबला होना।

गृहपति सूखकर कांटा हो गए। (च०)

सूख जाना : सुन्न, स्तब्ध हो जाना।

सूखा जवाब देना : साफ इनकार करना।

सूखा टरकाना : किसी की इच्छा पूरी किए बिना लौटाना।

उसने तुमसे पचास रुपया मांगा था परन्तु तुमने उसे सूखा टरका दिया। (रा० कौ० उ०)

सूखा लगना : 1. सूखा रोग होना। 2. नीरस या अरुचिकर लगना।

सूखे धानों पानी पड़ना : नैराश्य की दशा में मनोकामना पूरी होना, निराशाजनक परिस्थिति में आशा का संचार होना, बहुत दुखी आदमी का सुखी हो जाना।

सूत्रपात करना : आरम्भ करना; दे० 'श्री गणेश करना।'

अब से वह एक नए जीवन का सूत्रपात करेगी। (प्रे० च०)

सूत्रपात होना : आरम्भ होना; दे० 'श्री गणेश होना।'

श्रीमती ने यह इच्छा प्रकट की कि हिन्दी में उत्तमोत्तम ग्रंथों के प्रकाशन के लिए एक अक्षय निधि का भी सूत्रपात हो जाय। (रा० च० शु०)

सूना लगना : सुनसान, उदास या निर्जीव मालूम पड़ना।

आपके न रहने पर घर सूना लगता है।

सूरज को दीपक दिखाना : जो स्वयं प्रसिद्ध, महान् या श्रेष्ठ हो उसके विषय में कुछ कहना।

आप जैसे व्यक्ति के विषय में कुछ कहना सूरज को दीपक दिखाना है। (गु० रा०)

सूरज ढलना : सूर्य का अस्ताचल की ओर जाना; दे० 'दिन ढलना।'

सूरज पर थूकना/धूल फेंकना : नितान्त निर्दोष व्यक्ति पर लांछन लगाकर खुद लांछित होना।

शरीरमाद्यं खलु धर्म साधनम् । (अ० रा०)

सौदा पटना : क्रय-विक्रय का मामला तै होना, भाव या दाम ठीक होना ।

सौदा पटाना : मोल-भाव करके दाम तै करना ।

स्तनपान कराना : स्तन का दूध पिलाना ।

स्यार लोटना : उजाड़ हो जाना, सूना हो जाना ।

भगवान् से कह दूंगा कि यदि इसको बैकुण्ठ में रखोगे तो तुम्हारे नरक में स्यार लोटेंगे । (प्रे० च०)

स्याह सफेद करना : बसाना और बिगाड़ना ।

हम इन ज़मींदारियों से, जिन पर आज तक हमें स्याह और सफेद तक का अधिकार प्राप्त था, अपना हाथ उठाते हैं और अपने सब स्वत्वों को त्यागते हैं । (म० प्र० द्वि०)

स्याही पोतना : मुंह काला करना, कलंक लगाना, बदनाम करना ।

स्वर उतारना : स्वर धीमा करना ।

कुछ समय पश्चात गायक ने अपना स्वर उतार दिया ।

स्वर चढ़ाना : स्वर ऊंचा करना ।

स्वर में स्वर मिलाना : किसी के स्वर के अनुसार स्वर निकालना, किसी की सम्मतियों को स्वीकार करके वैसा ही बोलना या लिखना ।

स्वर्ग के तारे तोड़ लाना : दे० 'आसमान के तारे तोड़ना/तोड़ लाना ।'

स्वर्गवास होना : मृत्यु होना ।

इसका व्यवस्था-पन्न बनते-बनते श्रीमती का स्वर्गवास हो गया ।(रा०च०शु०)

स्वर्ग सिधारना : मर जाना ।

स्वांग करना : कपट-जाल फैलाना, ढोंग करना ।

चर अरु अचर गगन जल थल में, कौन न स्वांग कर्‌यो । (तु०)

आपने क्या यतीमखाने का स्वांग खड़ा कर रक्खा है । (प्रे० च०)

स्वांग भरना : 1. दे० 'स्वांग करना, खड़ा करना ।' 2. किसी का वेश धारण करके मनोविनोद करना ।

स्वांग बनाना/रचना : दे० 'स्वांग करना/खड़ा करना ।'

स्वार्थ साधना : अपना मतलब निकालना ।

इस शरीर से सम्बन्ध रखने वाले जितने भी हैं, वे सबके सब मतलबी यार हैं; स्वार्थ साधा कि चट से अलग हो गए । (वि० हरि)

स्वाहा करना : नष्ट करना, धन व्यर्थ खर्च करना ।

स्वाहा होना : नष्ट होना, जल जाना ।

मेरा आत्म-सम्मान, मेरी बुद्धि, मेरा पौरुष, मेरा धर्म सबकुछ प्रेम के हवन-कुण्ड में स्वाहा हो गया । (प्रे० च०)